内蒙古自治区党委宣传部社科规划后期资助
（项目批号：2017ZHQ168）

百家文库

政治精英的记忆与自辩

ZhengZhi JingYing De JiYi Yu ZiBian

班瑞钧 著

中国书籍出版社
China Book Press

图书在版编目（CIP）数据

政治精英的记忆与自辩/班瑞钧著.—北京：中国书籍出版社，2018.11

ISBN 978－7－5068－7069－6

Ⅰ.①政… Ⅱ.①班… Ⅲ.①政治人物—人物研究—中国—元代 ②政治人物—人物研究—中国—宋代 Ⅳ.①K827=4

中国版本图书馆 CIP 数据核字（2018）第 239982 号

政治精英的记忆与自辩

班瑞钧 著

责任编辑	李　新
责任印制	孙马飞　马　芝
封面设计	中联华文
出版发行	中国书籍出版社
地　　址	北京市丰台区三路居路 97 号（邮编：100073）
电　　话	（010）52257143（总编室）　（010）52257140（发行部）
电子邮箱	eo@chinabp.com.cn
经　　销	全国新华书店
印　　刷	三河市华东印刷有限公司
开　　本	710 毫米×1000 毫米　1/16
字　　数	374 千字
印　　张	21.5
版　　次	2019 年 1 月第 1 版　2019 年 1 月第 1 次印刷
书　　号	ISBN 978－7－5068－7069－6
定　　价	95.00 元

版权所有　翻印必究

序　言

一

"背叛"话语是政治世界攻守兼备的利器。掌握对"背叛"的定义权、阐述权也就成为权力争夺的重要内容。"背叛者"当然有更加强烈的冲动要参与其中，争取"调适""回应"以及"回归"历史主流意识形态话语体系！

本书以宋元之际政治背叛者的个人文集为研究对象，以描述性、叙事性的行文风格，力图呈现政治背叛者自己笔下的自己，从而展现其记忆塑造的整体面相和实施记忆塑造的基本逻辑。以此建构出"政治背叛者以记忆塑造的方式进行自我辩护"的模型，为后续相关问题的研究提供又一种参照与导引。论文在此基础上展开陈述了以姚燧为中心的"政治背叛者社会圈"和他们从自发记录到自觉建构的记忆塑造，重点关照了政治背叛者记忆塑造的自觉意识和塑造中的"分工合作"。之后，本书紧紧围绕政治背叛者的文本、"无奈＋无我＋无私——→无错"的手法、"史事回归链"和"逻辑回归链"的路径，阐述其凭借自我记忆塑造达到自我政治辩护的方法、过程及细节。

二

政治背叛者记忆塑造的"史事回归链"，按照时间的先后顺序分析了政治背叛者在政治背叛前的生态、政治背叛的过程、政治背叛的结果，所展开的对其个人和群体经历的塑造。政治背叛者记忆塑造的"逻辑回归链",按照逻辑顺序先后阐述了政治背叛者在价值观念、"正统"观念、"忠节"观念三个层次的铺设,从而完成了把自身从"背叛者"塑造为"忠节者"的"以记忆塑造的方式进行自我辩护"的过程,完成了思维和行文的逻辑闭环。

"无奈"是政治背叛者在文本中对于自身所处生态的情绪塑造。无可选择的时空环境是所有历史人物的宿命,而政治背叛者所处生态的特点是"块裂"的、双方的边疆,犹如大旱之后遭遇公地悲剧的公共田地。基层精英就在这样的生态下以地方为本位而崛起,与暴力优势、知识象征优势、物质资源优势相辅相成,形成了局部的"正向连锁反应"。宋元之际,国家体系的局部崩塌成为华北政治突变的"奇点",由此形成的政治真空,吸引部分基层精英走上了权力竞争的高级舞台,也有部分基层精英是被"推"、被"挤"上了这个舞台。在后世看来理应充满挣扎和纠缠的政治背叛就在"精英的自立与流动"中"行云流水"般完成了。

"无我"是政治背叛者文本中对政治背叛瞬间进行塑造时的经典应对法门。对政治背叛瞬间进行典型化分类,可提炼为七种典型话语模式,分别为:"以民为本"型、"为国所弃"型、"国亡无主"型、"卫道传教"型、"知天命"型、"尽人事"型、"省略原因"型。但无论哪一种,在政治背叛者笔下都显现为"无我"的"合理"行动。然后再以个案分析对政治背叛瞬间进行综合复原,这使得典型化分类的漏洞得以适当弥补。同时,对政治背叛者文本中稀有的自相矛盾之处进行呈现和分析,从而出示了政治背叛者进行记忆塑造达到自我辩护目的的最直接证据。

"无私"是政治背叛者文本中展示政治背叛后的"功劳簿"时的基本语调。对政治背叛者笔下的政治背叛后以"公共世界的重续与发展"为指向的"功劳簿"进行梳理,政治背叛者从人伦秩序、经济秩序、政治秩序、文化秩序、教育秩序五个方面展开其记忆塑造过程。人伦秩序的塑造围绕"以民为本"而展开,分为止杀救民、弘扬孝悌、敬宗收族、济困救民四个要点。经济秩序的塑造围绕生活而展开,分为恢复农耕、重建家园、纳赋代价三个要点。政治秩序的塑造围绕行政而展开,分为政府体系、办公设施、揭贪树廉、保境救灾四个方面。政治背叛者对文化秩序和教育秩序的恢复和重建部分着墨良多,这也是他们最为自傲的部分。文化秩序从争取政治地位、保护文化遗产、文化外溢三个方面展开。教育秩序则从宣传奔走积极兴学、地方教育的恢复与发展、许衡在国子监的教育实践、教育守成和揭弊兴利、政治背叛者士人群、科举与理学六个方面来阐述。

三

　　思想内部的自洽和"思想——行为"结构的自洽是记忆塑造生命力的核心源泉,理论困境或理论与现实之间的困境会严重削弱记忆塑造话语的力量。因此,政治背叛者利用中国传统文化的缺口进行内在扩张性的政治背叛文化塑造,力图确定思想立场与"结构——历史"位置的经验相关性,"无错"是其实施记忆塑造的终极追求。

　　作为政治背叛者记忆塑造和自我辩护"逻辑回归链"的基石,政治背叛者的"价值"观念意图占据当时历史条件下有利的道德高地。他们从发掘中国传统文化的缺口出发,以充满实用倾向的"期于有用"为价值中枢构筑政治背叛价值观,最终对"保民而王"和"位德一体"进行捆绑式组合,并以"民"和"德"为草船,借到了"王"和"位"的箭,最终推衍到个人性价值归宿。

　　作为政治背叛者记忆塑造和自我辩护"逻辑回归链"的要旨,政治背叛者的"正统"观念要在学术和政治双重战场上进行权威竞争。以业已铺就的政治背叛价值观为基础,政治背叛者从"正统"暗渡到"大一统",实现金蝉脱壳,占据了当时历史条件下有利的舆论高地。政治背叛者中的两位大家——杨奂和郝经是政治背叛者典型"正统"话语,"王道之所在,正统之所在"[①]和"行中国之道,则中国之主"[②],尽管观点稍有差异,但逻辑主干依然是正统观念的权威竞争,以维护政治背叛者的根本政治地位和政治利益。

　　"忠节"观念是政治背叛者记忆塑造和自我辩护"逻辑回归链"的归宿。政治背叛者企图使之占据当时历史条件下有利的意识形态高地。政治背叛者的记忆塑造过程最后终究要直接面对"忠义"和"守节"的议题,通过对中间地带的争夺与塑造,政治背叛者利用传统话语的兼容与破损,尽量对"忠义"和"守节"的议题

[①] 杨奂. 正统八例. 总序. 元文类. 卷第32.

[②] 郝经. 郝文忠公陵川文集. 卷第37. 与宋国两淮制置使书. 太原:山西人民出版社,山西古籍出版社,2006:515.
按:据郝经文书所言(郝经. 郝文忠公陵川文集. 卷第24. 上紫阳先生论学书. 太原:山西人民出版社,山西古籍出版社,2006:343.),郝经于28岁时(1250年)曾拜访杨奂,聆听教诲。后又读杨奂《正统书》等著作。可见郝经曾受杨奂影响。

进行政治背叛话语的转换,依然在"无奈+无我+无私——→无错"的塑造路径中一路前行,并且通过"忠节"的转移来抵消政治背叛,甚至融入"忠节"者的行列。这一过程首先是通过"守节"与政治背叛组合,与传统的"忠节"者在实践上取得"共情效应";其次是通过"忠节"于新朝的政治归宿,与传统的"忠节"者在理论上前后呼应,从而使"忠节"的塑造在主流意识形态的权威竞争中占得一席之地,并逐步在对主流意识形态进行改造的基础上实现了复归其中。这样,政治背叛者最终完成了把自身的背叛经历"隐身"或"洗白",甚至把"背叛者"塑造为"忠节者"的过程组成记忆塑造的逻辑闭环。

  总之,本书所涉的政治背叛者文本显示,他们进行记忆塑造的基本方法是以回忆部分特定意象或事实为骨架,"形成"了一些"故事"。这些赖以塑造记忆的"故事"反过来促使读者"回忆"某些特定意象或事实,并"遗忘"另一些特定意象或事实。就文本来看,每个政治背叛者似乎都在自身内部进行过往复的主观厮杀,他们想通过一定程度的"再造"经历来型塑自我,最后的文本呈现就像是在这些主观对战中生存下来的获胜者,是当时"唯一可能的现实"。

引 言

背叛——作为一种双向度的行为——在政治世界屡见不鲜,只不过不同利益取向的政治集团、政治势力或政治人物会使用不同的词汇来指称而已。任何政治势力都会戒止己方倒向敌方的"背叛",同时大力鼓励敌方倒向己方的"背叛"。现有文献显示,几乎所有国家的政治史中都曾发生过背叛行为。有理智的人恐怕也会承认:在可以预见的未来,背叛行为也不会在政治领域消失!

背叛——作为一种单向度话语——在政治世界同样屡见不鲜,只不过不同利益取向的政治集团、政治势力或政治人物会使用它来指称不利于自身的背叛行为,即指称己方倒向敌方的"背叛"。于是,就世俗道德伦理层面来看,"背叛"从来都不是一个"好词"。因此,"背叛"话语就成为政治运作中攻守兼备的利器。掌握对"背叛"的定义权、阐述权也就成为权力争夺的重要内容。

"政治背叛者"当然有更加强烈的利益冲动参与其中。带有传纪性的个人文集就是"政治背叛者"力图达成这一目的而积极运用的"利器"。他们利用各种话语环境、创造各种文本,积极争夺话语权,从而塑造有利于自身的个人和群体形象,争取"调适""回应"以及"回归"历史主流话语体系!

毫无疑问:在这一权力场,谁都不肯束手就擒!

目　录
CONTENTS

绪　论 1

第一章　概　述 29
　第一节　政治背叛者——个体概念到具体群属　29
　第二节　记忆塑造——自发记录到自觉建构　38

第二章　背景——"无奈"的乱世宿命 47
　第一节　地缘环境　48
　第二节　基层精英的政治参与　57
　第三节　国家体系的局部崩塌　72
　第四节　精英的自立与流动　78

第三章　过程——"无我"的"合理"行动 85
　第一节　话语模式：典型归类与综合复原　85
　第二节　话语矛盾：难圆其说的托辞　113

第四章　结果——"无私"地重建公共世界 121
　第一节　人伦秩序　122
　第二节　经济秩序　137
　第三节　政治秩序　148
　第四节　文化秩序　163
　第五节　教育秩序　174

第五章 "价值"观念——本体论域的实用倾向与个人本位 …… **196**
  第一节　价值起点：文化缺口的再发掘　196
  第二节　价值中枢："期于有用"　204
  第三节　价值归宿："保民而王"到"位德一体"　215

第六章 "正统"观念——话语之场的学术政治与权威竞争 …… **223**
  第一节　"正统"与"一统"　223
  第二节　王道与正统　243
  第三节　中国之道与中国之主　251

第七章 "忠节"观念——主流意识形态的改造与复归 …… **258**
  第一节　政治背叛话语的"忠节"转换　258
  第二节　"忠节"的转移兑付　271
  第三节　"忠节"的极端呈现：主奴隐喻　282

结　语 …… **295**

附　录 …… **298**

参考文献 …… **324**

后　记 …… **332**

绪　论

中华文明历经几千年漫长的历史过程,为人类政治发展提供了内容和视角上异常丰富的思想资源。中国政治思想所包含的丰富政治经验、政治智慧、政治思维,以及对现实政治的关怀、对理想社会的追求、对政治问题的认识和解决方案,不仅是中华文明,也是全人类政治文明宝库的重要内容。

中国政治思想的资料散布在浩瀚的文献典籍中。有关政治思想的著作、文献等是反映政治思想的基本史料。其他关于政治思想产生、形成、演变、盛衰、更替等等的历史条件和历史过程的材料,关于各种政治思想之间的相互关系的材料,关于政治思想对当时社会政治、经济、文化的影响和历史作用等的材料,也是必不可少的史料。历史当中那些"政治背叛者"的个人文集即属于其中。通过相关的研究去揭露和展示历史发展进程中各种类型的"极端之恶"或"平庸之恶"。

一、问题旨趣

（一）核心问题

1. 问题

本研究以政治背叛者的个人文集（尤其是其中的碑传志记等文本）为基础材料,聚焦的核心问题是：政治背叛者如何以"第一人称""书写记忆"的叙事来"塑造"其政治背叛形象、进行自我辩护？从而"调适""回应"以及"回归"以"忠义"为主流话语的中国历史？

2. 限定

（1）关于政治背叛者的定性

很多学界先贤以"降臣""贰臣"等词汇来形容他们,界定标准为在前朝和后朝均有入仕的官员。本研究认为：这只是一部分"显性政治背叛者",还有大量"隐性政治背叛者"。"隐性政治背叛者"具体包括三大类：其一，该人物虽未在前朝入仕但其个人利益（尤其政治利益）与政治背叛后的"显性政治背叛者"是正相关，例如姚燧等；其二，该人物虽未在后朝入仕，但其个人利益（尤其政治利益）与政治背叛后的"显性政治背叛者"是正相关，例如元好问等；其三，该人物在前朝和后朝均未入仕，但政治态度和政治行为出现根本转折，例如丘处机等。

（2）关于时空和人物的量化范围

政治背叛现象在时空中的分布不是均质的。在特殊的时点、特殊的空间、特殊的人群，政治背叛现象会集中典型化地爆发。本研究所限定的时间范围为宋元之际的12世纪到13世纪，即蒙元先后灭金、灭南宋的时期；空间范围为华北地区（详见第二章第一节）。政治背叛者的范围限定其时其地的汉族群①和准汉族群②人士，并在汉族群主导的两宋、蒙古族群主导的蒙元、女真族群主导的金、契丹族群主导的辽之间的政治背叛。显然，易代之际——尤其是宋元之际——就是那个特殊的时点之一，而华北地区就是那个特殊时点的特殊空间。

宏观而言，限定是为了达到列维·斯特劳斯等结构主义理论家所谓的"缩短观测焦距"的效果。微观而言，之所以进行这样的限定，是因为考虑到政治背叛前后的反差越大越能凸显政治背叛的尖锐性，越能把政治背叛这种政治选择的相关特性推演到极致状态。较之在汉族群政权之间的政治背叛（如三国时期、五代时期等等），本研究的限定更能凸显政治背叛的典型特质。

同时，这样的限定既在作业对象的历史记忆范围之内，又可以和大历史形成"他者"的观照。政治背叛者的历史是"小"且有特殊性的。于是，政治背叛者进入一种成为大历史"他者"的语境，政治背叛者的写作也由此开始。政治背叛者文本展开后，大众熟悉的"大历史"将隐去而作为想象的"他者"存在。

（3）关于材料的范围

政治背叛行为涉及三方主体："政治背叛前归属阵营""政治背叛者""政治背叛后归属阵营"。三方对于政治背叛都会有自己的话语体系。本研究的学术兴趣在于"政治背叛者"自身的话语塑造。

如果以后学有余力，笔者希望能对三方的话语体系都展开研究并进行比较，那将是更加广阔的学术空间。笔者深知这一研究的难度，但始终希冀通过自己微

---

① 界定标准为：史籍或文献当中明确记载其为汉人．
② 界定标准为：史籍或文献当中推定其可能为汉人．

不足道的努力,加入人类历史长河中无数累积者的行列,"累积不好理解的东西,直到理解出现"①。本研究聚焦于"政治背叛者"自身话语塑造,就是这艰辛累积过程中的一跬步、一小流。

(4)关于研究目的

卢梭在《论人类不平等的起源》中指出:"我们此时所从事的研究,不可当作历史真相,只算是假设性和有条件的推论。它适合于解释事物的本性,并不适合于显示其真正起源。"本书也有类似之处,即本书研究的对象是文字及其呈现,而不是文字背后的现实世界实体!

显然,笔者并不完全认同政治背叛者笔下塑造的形象的政治合理性,但这不妨碍笔者描述政治背叛者塑造记忆的过程。本研究不是为某种政治选择提供辩护或批判,重点既不在于追究政治背叛者文本书写内容在历史学意义上的真与伪,也不在于用史料来复原政治背叛者的"实像"。

本书的研究目的,仅仅在于以下几点:

其一,对政治背叛者的"记忆书写"进行政治分析,自然地、客观地呈现其中关涉的"极端之恶"和(或)"平庸之恶"。

其二,呈现政治背叛者通过书写来实施记忆塑造的内容、方法和历程。

其三,展示政治背叛者在"有意"的忘却与特别的"记住"中是如何接续传统、实现记忆再生,如何赋予文本以既定的主观意义以及政治背叛者在文本中如何"发现"自身。

其四,凸显政治背叛者自身行为与其知识文化体系之间的紧张性构成的著述或言其记忆塑造的内在张力。

(二)衍生问题

本研究聚焦的核心问题之下衍生的相关问题还包括:

1. 历史中的"反面"政治人物

对比中国历史上的一些标靶性的"反面"政治人物(例如:秦桧)的所作所为,性质似乎更为严重的一些政治背叛者如何在历史中"成功""隐身"甚至"洗白"?

在杭州"西湖十景"之一的岳王庙②,矗立着"正""反"两景,政治象征的反差

---

① 张黎. 布莱希特研究[M].北京:中国社会科学出版社,1984:147.
② 杭州岳王庙始建于南宋嘉定十四年(公元1221年),明景泰年间改称"忠烈庙",历经元、明、清、民国时期相传至今。现存建筑于清康熙五十四年重建,1918年曾大修,1979年全面整修。

异常强烈:"正"景是岳飞塑像,受世人景仰;"反"景为秦桧夫妇等人的铸铁跪像,供世人唾骂。

现实中的世界,只要尚未实现哲人先贤预言下的"世界大同",只要还存在着国家、民族的区分,爱国主义就是一个永恒的主题。人类书写了历史文本,历史文本也塑造了人类自身。也许,我们曾经遗忘过历史,但历史却从未遗忘过我们。在很多普通人的意象中,秦桧作为宋元际卖国贼总代表的形象根深蒂固。但细翻历史我们不难发现:在出卖民族利益和国家利益方面,在为"敌"效命的"积极主动性"和"创造性"方面,当时的历史中有些人表现得更"出色"。实际上,在宋元之际,"由华北攻入南方以至最后追击宋代残余的、张弘范统率的武力,基本是华北的汉军"。① 对此,政治背叛者在文本中也并不隐晦。

姚燧在评价自己的养父姚枢一生的功绩时,认为对天下影响最大的事情有四件,其中之一竟然是为消灭南宋奠定了基础,即"起平宋之本","当世祖渊龙规一幅员之判裂也,请开屯田淮、蜀,移兵戍之,固已起平宋之本。及议南伐,而难大将,又上言,非中书丞相安图、同知宥密巴廷两人不可。"②姚燧毫不讳言政治背叛者姚枢在灭宋当中的作用,反而觉得是有功于天下,应该大书特书。

姚燧在《牧庵集》之《皇元故怀远大将军同知广东道宣慰司事王公神道碑铭并序》中介绍政治背叛者王守信的生平"功绩"时,也毫不隐晦其在灭宋过程中的作用:"自四年,用兵襄阳,十三年宋亡,与宋臣战,未尝日释介胄。宋亡至十六年,与两王战,未尝月释介胄。南海平矣,与反虏剧贼战,未尝岁释介胄。合是三者之战,凡二十七年。"③

元好问在《遗山集》之《顺天万户张公勋德第二碑》中,大段描写了政治背叛者张柔(最终灭宋的主将张弘范的父亲)与宋军反复作战(包括:归德之役、汝南之役、徐州之役、邳州之役、枣阳之役、鄂州之役、曹武之役、光州之役、黄州之役、滁州之役等等)的战况,今天读来依然震撼:

> 归德之役,城中兵夜斫营,并堤而进,其锋甚锐。北面守者,不战而走,多溺水死;西北一军,俄亦奔溃。公命军士系身南岸,示无还意。因谕之曰:"我辈得舟亦不得济,济亦不能免,惟有决死而已!"众心乃定。命一卒执帜立堤上,诸军隐堤自

---

① 许倬云. 我者与他者[M]. 上海:生活·读书·新知三联书店,2010:87.
② 姚燧. 牧庵集. 卷第15. 中书左丞姚文献公神道碑. 四部丛刊本.
③ 姚燧. 牧庵集. 卷第23. 皇元故怀远大将军同知广东道宣慰司事王公神道碑铭并序. 四部丛刊本.

蔽,待敌下舟,即力卷之。敌果不敢下。公命军士先渡,将校次之,公殿其后,竟不失一卒而还。汝南之役,宋人听节制。我欲决柴潭,城中兵阵于南门外决死战,宋兵瞻望不进。公率步卒二十余,涉水入阵,左右荡决,莫有当其锋者。诸军壮之!徐州之役,攻久不下。宋人出战,大帅大赤令曰:"田四帅先入,不能则张公继之,又不能则我当往!"既而田不克入,公率死士五十人逆击之,战于分水楼下,敌退走,公追及子门,俘获数人。明日急攻西南隅,城既隳缺,敌以重扉覆之,攻者不能上。公募死士乘城,拥一卒起推置靡之上,城随陷。论功第一。邳州之役,诸军筑垒环其外。城中危迫,溃围而出,望见公旗帜,即犯别帅军。公率兵救之,敌不能出。又犯别一军,公复救之,敌竟败而诸军亦赖之以全。枣阳之役,公夺傅城军垒二,又夺外城据之。城中人启南门出,诸军为木栅御之。公绕出其后,敌大溃,众十余万,多溺濠水。余军西走,复为史侯所袭,而公横荡之。皇太子壮其勇而惜其材,传呼止之;而公战愈力,迫宋兵尽乃已。郢州之役,城陷,州人夺西门出走。前即汉水,公乘胜拥之,溺水者如山然。曹武之役,公将度九里关。或言关路险恶,宋必设伏,不若候大军,与之偕进。公曰:"出其不意,可以得志。若止而不进,为彼所先,建瓴之下,吾得其便乎?"乃率二十骑直前,果得关。宋兵觉,由西山之间翼而下。我军方休息,不虞敌至,士皆轻衣、无铠仗,猝为所围,皆仓皇失措。公单骑驰突,溃围而出。宋军不敢迫,遂屯曹武北之长封岭,结阵而居,战守不易,缘山保聚,皆攻下之,连破濒江诸屯二十余所。秋八月,攻洪山,与宋大军遇,自日至暮,宋军溃,斩统制官十三人,脱走者才一人耳。光州之役,大帅令公取敌垒。以公喜深入,戒勿亲往。而公辄亲往。垒既下,明日而城降。黄州之役,道出三山寨,寨高险不可上,公率众攻。战方交,公引数卒视要害处,即引还。夜四鼓起,黎明至寨下,会天大雾,咫尺不相辨,公曰:"此天也。"即取昨所视路,发石伐木,横戈而先之。敌殊死斗,公旧击之。馘虏数万,自相践踏,坠崖谷而死者不胜计。遂攻黄州,州之西有大湖,曰张大,与江通流。公攻下之,得战舰万艘。选什之一,顺流而下,循江接战,十日乃至城下。营于西北隅。有乘小舟来觇,公策之曰:"此必欲伺吾隙来攻耳。"乃分军为三:一并江路为侦伺,一伏赤壁下,公自将一军,阵而待。是夜,宋果水陆并进,公遮击之,宋军不得前。会我军合,并攻之,不战而溃。往往溺水死,生获者尚数百人。州东门御备甚坚,矢石如雨,诸军为之少却。大帅命公取之。公被重铠,率死士三十余辈,奋戈而入,守干为之夺气。宋人请和,乃班师还。及淮水南岸,有保聚曰张家砦,军民十万余。诸帅议立炮攻之。公曰:"不必尔。"独率一军攻之。顾盼之顷,守卒崩溃。诸将慴伏,皆自谓不及也。滁州之役,

政治精英的记忆与自辩 >>>

公至自北观,从一百人而南。时庐泗、盱眙、安丰、濠州之间,皆宋重兵所宿。斥候旁午,屯戍相望,有以四千骑敛退者,或劝公无行,公不之顾。且战且前,一日独骑入一保聚,值敌兵二千余人,环射之,矢著铠如猬。公驰突回旋,每射辄中,敌不能近。良久,从兵至、合击之,敌人歼焉,遂会滁之兵。时大帅以城久不拔,议解围。公前请曰:"某起身细微,猥蒙宠遇,擢任非次,顾何功以堪之?况新被异恩,图报无所,知大军在此,故转战来会。诚不能奋力于诸君之后,遽尔北归,将不与初心相违背乎?请身率士卒,以决一战,虽死不恨也!"帅义而从之。公驰入围中,激石中其鼻,大帅谓公不能战,合军继之。公裹创跃马而出,帅止之不顾。率锐卒先登,城遂拔。自大河放而南杞为中潬,东连淮海,浩瀚无际。国朝方有事南鄙,彼争利舟楫间,殆无宁岁。朝议以杞为上流,不以大将镇守之,则一苇所航,河不能广矣!公以甲辰岁,被朝命节制河南路军马。因地之形,杀水之势,筑为连城,分戍战卒。冲要既固,奸谋坐屈。艨艟有横截之阻,而走舸无奔轶之便。北安濮、郓,西固梁、豫,公之力为多。①

甚至在"滁州之役"中发生这样的事情:蒙古大军的统帅都想要撤军,"以城久不拔,议解围"。但政治背叛者张柔反而不同意,他讲到:"某起身细微,猥蒙宠遇,擢任非次,顾何功以堪之?况新被异恩,图报无所,知大军在此,故转战来会。诚不能奋力于诸君之后,遽尔北归,将不与初心相违背乎?请身率士卒,以决一战,虽死不恨也!"最终,蒙古大军的统帅同意继续进攻宋军。在这场战斗中,张柔"驰入围中,激石中其鼻,大帅谓公不能战,合军继之。公裹创跃马而出,帅止之不顾。率锐卒先登,城遂拔。自大河放而南杞为中潬,东连淮海,浩瀚无际。国朝方有事南鄙,彼争利舟楫间,殆无宁岁。朝议以杞为上流,不以大将镇守之,则一苇所航,河不能广矣!公以甲辰岁,被朝命节制河南路军马。因地之形,杀水之势,筑为连城,分戍战卒。冲要既固,奸谋坐屈。艨艟有横截之阻,而走舸无奔轶之便。北安濮、郓,西固梁、豫,公之力为多"②。

显然,从政治背叛者自己的文本中展现的这些人物的所作所为,比之秦桧有过之而无不及。秦桧作为民族的败类和历史罪人的事实任何人也难以改变!把秦桧塑造为"民族败类和历史罪人"的"标靶"也无可厚非!但是,在某种层面上,这会便宜了更该被批判的人,让一些漏网大鱼逃脱或缺席了历史的声讨和正义的

---

① 元好问. 遗山先生文集. 卷第26. 顺天万户张公勋德第二碑. 文渊阁四库全书本.
② 元好问. 遗山先生文集. 卷第26. 顺天万户张公勋德第二碑. 文渊阁四库全书本.

审判。更为重要的是,这些大鱼是如何漏网的呢?历史之水是怎样被这些漏网大鱼"搅浑"的呢?这值得我们投以极大的关注并细挖深究。

2. 屯聚在地群体的政治历程和政治影响

"家"与"国"是中国传统社会千百年来形态相对稳定的社会构成和政治构成。在这一背景下,"政治背叛者"为什么会抛"家"弃"国"?他们又身处怎样的异乎他者的政治生态之中呢?

纵观历史,我们会发现:中国古代社会中,每逢北方游牧族群进入中原,导致中原社会战事频仍、民不聊生的时候,总会产生大量"衣冠南渡"的现象。移民们大都以家族或宗族为单位,兼有师生、乡党、部属等,逃往秦淮以南甚至长江以南客居。但是,也有大量的民众(甚至是大多数民众)基于种种原因(主要应当是财物原因)不得不屯聚其地、聚众自保,最终走上了和新生政权或外来政权"合作"的道路。简言之,屯聚其地的生活选择与政治背叛的政治选择之间存在巨大的重合度。政治选择与经济选择、政治选择与生活选择、政治选择与地域选择,种种之间纷扰纠缠。政治选择显然不仅仅只取决于政治领域的变迁。马克思主义关于"经济基础决定上层建筑"的论述在微观领域呈现出了相当的合理性。这种历史积淀的方式,留存在该区域或家族、宗族、乡党等人自觉或不自觉的记忆之中。陈寅恪先生认为:"决不能忽视北方不能走或不愿走的人们屯聚堡坞的作用,屯聚与人口的大流动对历史产生的影响是难分轻重的。"①

迄今为止,对中国历史中人口大流动、大迁徙的研究较多,而对于动荡年代屯聚在地群体的研究较少。而政治背叛者很多出自屯聚在地群体。作为对大量移民研究的对待,本研究希冀保持对于历史实践丰富性的感知能力,通过政治背叛者角度的研究为相关主题奉献微薄之力。

3. 政治背叛者的传统固化形象与本人陈述之间的张力

本研究无意在"众声喧哗"的舆论场中增加一种声音,但也无意以哈耶克所谓"必然的无知"为理由放过舆论场中曾经喧哗的某一种舆论。

历史政治学的研究一定要尊重历史人物在历史瞬间的选择的严肃性。"事件发展的逻辑"与"史家的逻辑"在时间与事件顺序上有可能恰恰相反,太过耽溺于"后见之明"式的思考方式,会偏向于以结果推断过程。王朝更迭本是一个发生在时间中的连续性过程。对宋元际的历史行动者——政治背叛者——而言,左右其

---

① 陈寅恪. 魏晋南北朝史演讲录[M]. 合肥:黄山书社,1987:141.

政治选择的模型参数包括不完全的客观信息和复杂的人生义务、道德律令、社会责任感等等纠结而成的主观网络。

历史,除了有针对性的非黑即白的简单呈现之外,亦有其自身的多面性与丰富性。中国拥有相当绵长的历史跨度,类型化概括顺理成章地成为传统史观、文化观甚至意识形态的常用技术手段。但研究者必须时时警醒:类型化概括总是不免以淡化差异为条件,仅据若干类型陈述甚至想象历史。这也决定了类型化的方法极易造成遗漏,不可避免地会简化历史,同时简化以"类"相从的"现实"。本书所涉及的政治背叛者,作为该段历史的物质生活的承担者,实际是复数而且形象千差万别甚至模糊不清。在本研究中,笔者力求兼顾常规视野之内外,尽量不以"此问题"替代"彼问题"——尤其不以"我们的问题"替代"他们的问题",不以"此时的问题"替代"那时的问题",不以"局外的问题"替代"当事的问题"——即使前一类问题确实不可避免,也确实在一定程度上构成了必要的研究进路。

4. 反思中国文化

中国传统文化是政治背叛者思考问题的文化底色、价值标尺、文化尺度、文化界限。身处中国文化中去研究中国文化似乎面对着巨大的反身困境。本书研究的宋元易代之际将政治背叛者政治背叛的条件、情境具体化、典型化了。政治背叛者就如同一个标本,提供了特殊机缘以考察中国人和因中国人而生的中国文化在历史一连串剧烈震荡、动乱和毁坏变动之时的反应及其运动,如此才能逼近所谓的中国文化的"本质"。

历史不是或不只是位于过去与未来之间的随时可拆可装的时序片段。中华民族有着数千年的文明史,"周虽旧邦,其命维新",文化使命也常新。昆廷·斯金纳说过:要了解真正的思想,必须把它放在脉络里。本研究尝试关切"文脉"和"血脉"两大方面,兼顾学术与当代文化使命两个维度,抓住政治背叛者这个"变态节点",来尝试探讨中国的"文化""思想"从何而来,又因何而变;围绕现代中国传统文化的"内在理路"和"外部环境"做一定的互动分析,反思如何继续发挥中国传统文化的教化作用,以及中国传统文化从世界性价值而言对人类未来发展的支持作用。

(三)行文结构

1. 整体框架

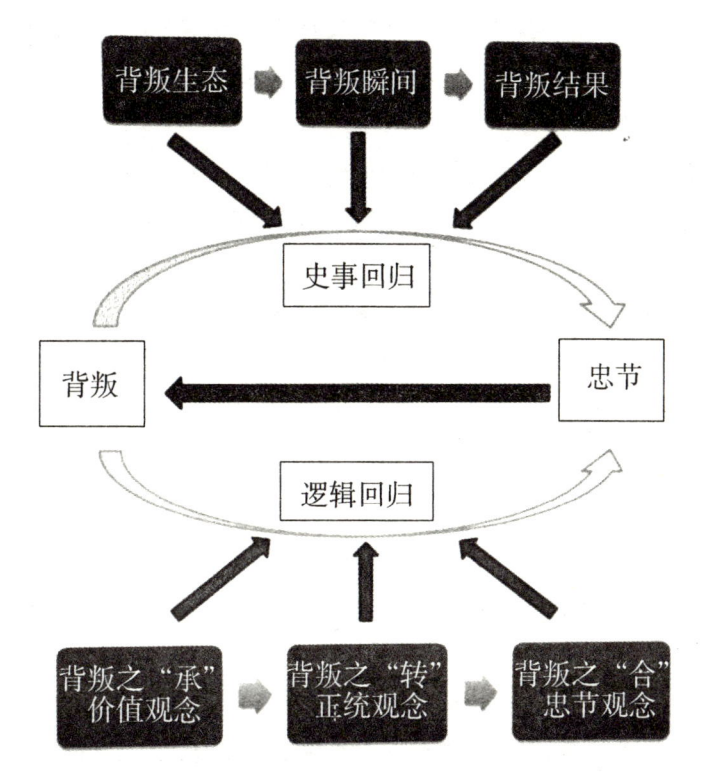

"以记忆塑造实施自我辩护"路线图

本书通过描述与叙事结合的框架,围绕姚燧的《牧庵集》等文本为中心,向大家描摹了一幅"通过记忆塑造进行自我辩护"的路线图。这一路线图的构想在很大程度上受到诺贝特·埃力亚斯"定居者——外来者"关系模式的启发。

政治背叛者记忆塑造的目的之一在于说服,说服的艺术在于"动之以情,晓之以理"。政治背叛者在进行记忆塑造时就同时使用了情感牌和理论牌,使得政治背叛形象一步步循着互相缠绕的、以感性塑造为主的"史事回归链"和以理性塑造为主的"逻辑回归链"向"忠节"形象改造性回归。

感性塑造为主的"史事回归链"依循时间线索,分析了政治背叛者在政治背叛前的生态、政治背叛时的过程、政治背叛后的结果三个阶段所展开的对其个人和群体经历的塑造,构成了本书的第二章、第三章和第四章。

以理性塑造为主的"逻辑回归链"依循逻辑线索,阐述了政治背叛者在"价值"观念、"正统"观念、"忠节"观念三个层次的"承""转""合",从而在理论上完成了把自身从"背叛者"塑造为"忠节者"的记忆塑造过程,完成了逻辑闭环。

"史事回归链"和"逻辑回归链"所完成的"回归",并非简单机械地回归"忠节者"的传统形象,而是树立了一个在潜移默化中结合了政治背叛者记忆塑造成果后形塑的"忠节者"的新形象。

政治背叛者记忆塑造历经"史事回归链"和"逻辑回归链"后,实现了向"忠节"形象的改造性回归。修复一新的特修斯战船再次扬帆!

2. 具体内容

本书在结构上分为三大块:分别是绪论、主体、附属部分等。

在"绪论"中,笔者首先概述了研究的缘起、研究的问题指向;其次,阐述了本书的研究策略和研究方法;最后,对研究材料和研究现状进行了综述。其中,还特别撰写了"研究自警"部分,提醒自己要始终保持对研究的科学性的关注。

论文的主体部分分为七章,紧紧围绕政治背叛者的文本和"无奈+无我+无私——→无错"的塑造路径,以时间顺序和逻辑顺序相结合为线索,阐述其自我记忆塑造的方法、过程及细节。其中,第二章到第四章是按照时间的顺序分析了政治背叛者在政治背叛前的生态、政治背叛时的过程、政治背叛后的结果所展开的对其个人和群体经历的塑造。第五章到第七章是按照逻辑的顺序,阐述了政治背叛者在价值观、"正统"观、"忠节"观念三个层次的铺设,从而完成了把自身从"背叛者"塑造为"忠节者"的记忆塑造过程,完成了逻辑闭环。

第一章围绕"政治背叛者"与"记忆塑造"两个重要概念展开陈述,对以姚燧为中心的"政治背叛者社会圈"和从自发记录到自觉建构的记忆塑造意识作了阐发,重点关照了政治背叛者记忆塑造的自觉意识和塑造中的"分工合作"。

第二章重点分析政治背叛者在政治背叛前就置身其中的政治生态。无可选择的时空环境是所有历史人物的宿命,而政治背叛者所处生态的特点是"块裂"的、双方的边疆,犹如大旱之后的公共田地。基层精英就在这样的生态下以地方为本位而崛起,与暴力、知识象征、物质资源优势相辅相成,形成了局部的"正向连锁反应"。国家体系的局部崩塌成为华北政治突变的"奇点",由此形成的政治真空吸引部分基层精英走上了权力竞争的高级舞台,也有部分基层精英是被"推"、被"挤"上了这个舞台。在后世看来理应充满挣扎和斗争的政治背叛就在"精英的自立与流动"中"行云流水"般完成了。

第三章首先对政治背叛瞬间进行典型化分类,提炼为 7 种典型话语模式。分别为:"以民为本"型、"为国所弃"型、"国亡无主"型、"卫道传教"型、"知天命"型、"尽人事"型、"省略原因"型。但无论哪一种,在政治背叛者笔下都显现为"无我"的"合理"行动。然后再以个案分析对政治背叛瞬间进行综合复原,这使得典型化分类的漏洞得以适当弥补。同时,对政治背叛者文本中稀有的自相矛盾之处进行呈现和分析,从而展现了政治背叛者进行记忆塑造的最直接证据。

第四章对政治背叛者笔下的政治背叛后以"公共世界的重续与发展"为指向的"功劳簿"进行梳理,从人伦秩序、经济秩序、政治秩序、文化秩序、教育秩序五个方面展示其塑造过程。人伦秩序的塑造围绕"民"而展开,分为止杀救民、弘扬孝悌、敬宗收族、济困救民四个要点。经济秩序的塑造围绕生活而展开,分为恢复农耕、重建家园、纳赋代价三个要点。政治秩序的塑造围绕行政而展开,分为政府体系、办公设施、揭贪树廉、保境救灾四个方面。文化秩序和教育秩序的恢复和重建部分,政治背叛者着墨良多,也是他们最为自傲的部分。文化秩序从争取政治地位、保护文化遗产、文化外溢三个方面展开。教育秩序则从宣传奔走积极兴学、地方教育的恢复与发展、许衡与国子监教育、政治背叛者士人群、科举与理学五个方面来阐述。

第五章对政治背叛者政治文化的基础——"价值"观念进行分析。从发掘中国传统文化的缺口出发,政治背叛者以充满实用倾向的"期于有用"为价值中枢,构筑政治背叛价值观,最终把"保民而王"和"位德一体"进行捆绑式组合,以"民"和"德"为草船,借到了"王"和"位"的箭,最终推衍到个人性价值归宿。

第六章对政治背叛者政治文化的要旨——"正统"观念在学术和政治双重战场的权威竞争进行分析。以业已铺就的政治背叛价值观为基础,政治背叛者以"正统"到"大一统"的暗渡实现金蝉脱壳,占据了有利的政治舆论高地。政治背叛者中的两位大家杨奂和郝经的政治背叛者典型"正统"话语"王道之所在,正统之所在"[①]和"行中国之道,则中国之主"[②],尽管观点稍有差异,但逻辑主干依然致力于维护政治背叛者的根本政治地位和政治利益。

[①] 杨奂. 正统八例. 总序. 元文类. 卷第32.
[②] 郝经. 郝文忠公陵川文集. 卷第37. 与宋国两淮制置使书. 太原:山西人民出版社,山西古籍出版社,2006:515.
  按:据郝经文书所言(郝经. 郝文忠公陵川文集. 卷第24. 上紫阳先生论学书. 太原:山西人民出版社,山西古籍出版社,2006:343.),郝经于28岁时(1250年)曾拜访杨奂,聆听教诲。后又读杨奂《正统书》等著作。可见郝经曾受杨奂影响。

第七章着重分析政治背叛者政治文化的归宿——"忠节"观念。政治背叛者的记忆塑造过程最后终究要直接面对"忠义"和"守节"的议题,通过对中间地带的争夺与塑造,政治背叛者利用传统话语的兼容与破损尽量对"忠义"和"守节"的议题进行政治背叛话语的转换,依然在"无奈+无我+无私——→无错"的塑造路径中一路前行,并且通过"忠节"的转移兑付来抵消政治背叛,甚至融入"忠节"者的行列。这一过程首先是通过"守节"与政治背叛的组合与传统的"忠节"者在实践上取得"共情效应",其次是通过"忠节"于新朝的政治归宿与传统的"忠节"者在理论上前后呼应,从而通过对"忠节"观塑造在主流意识形态的权威竞争中占得一席之地,并逐步在对主流意识形态进行改造的基础上实现了复归其中。这样,政治背叛者最终完成了把自身的背叛经历"隐身"或"洗白",甚至从"背叛者"塑造为"忠节者"的过程,完成了记忆塑造的逻辑闭环。

二、文本材料

本研究涉及的主要材料分为两个级别:第一级别为核心文献,以之为核心文本圈定核心人物和核心史迹等。第二个级别为其他文献,以之提供核心人物、核心史迹的支撑材料、背景材料和细节材料等。当然,涉及具体材料的注释等的文献也为数众多,统一列入文末参考文献。

(一)核心文献

本研究以姚燧《牧庵集》为核心文献展开研究。

姚燧的作品数量众多,品质上乘。目前,元刊本和明代《永乐大典》本均没有存世。当今遗世的《牧庵集》,据四库全书本中序言所说,系清代编撰四库全书时从《永乐大典》中辑出,仅剩三十六卷。计有:祝册3篇,诏制54篇,序25篇,记34篇;庙碑11篇,神道碑、坟道碑、先德碑、墓碣、阡表、阡碣、墓志铭86篇;传、行状2篇,经义、铭、赞、题跋、说18篇,赋1篇、古近体各类型诗歌(包括诗、词、小令、套曲等)192首,另有附录年谱,前有张养浩序、吴善序。后人在此基础上也各有研究,但部分尚未成为定论。其中,既有观点认为《牧庵集》中的个别篇章可能并非姚燧所作;也有观点提出有的文章在其他出处但未收录入《牧庵集》,但可能是姚燧所作等等。本研究中个别也有涉及。

《牧庵集》具有重要的政治研究价值。第一,姚燧具有雄厚的文化背景和政治背景。收养他的伯父姚枢是元初加入忽必烈幕府的著名汉族儒臣,后期官至宰相;有"关西夫子"之称的河南课税所长官兼廉访使杨奂是其岳父;他又师从元代大儒、著名理学家许衡。第二，姚燧本人从秦王府文学的低级职位走上仕途，逐步累官至翰林学士承旨、集贤大学士，这又使他非常熟悉当时的族群政治环境。第三，1307年姚燧受命修国史，主修《成宗实录》和《武宗实录》，这又使他掌握大量重要史料。当时的文人对他的修史为文多推崇有加，奉之为文坛盟主。第四，姚燧游历众多、行程辽阔：东至大海，西至新疆，南至桂林，北达蒙古。他一生南北迁徙数次，足迹几遍中国。今天可以具体考知的常住过的城市有长沙、武昌、龙兴、九江、彭蠡、铜陵、湖口、岳阳、金陵、杭州、旌德、江州、会稽、吴城、扬州等地，其中武昌、龙兴、吴城等地他都到过多次。

(二) 其他文献

《遗山集》，又名《遗山先生文集》，为元好问(1190－1257年)所撰。文集中包含"记、序、碑、铭、志、碣、表"等等元好问撰写的各式文体。元好问是金元之际大文豪，又身经金亡元兴的历史变迁，与诸多政治背叛者关系密切。由此形成的作品文本是研究金末元初历史人物和事件的重要一手资料，对于了解政治背叛者的生活史迹和政治思想具有重要学术意义。

《陵川集》，又名《郝文忠公陵川文集》，郝经(1223－1275年)撰写后，于1274年与其书状官苟仲道根据"记忆所及"编辑而成的一部综合性著述，现存39卷，约60万字，其中收入了郝经所创作的包括20余种文学体裁在内的900多篇(首)作品，内容涉及政治、军事、经济、哲学、史学、文学、书法以及天文历象等方面的诸多领域，是研究政治背叛者记忆塑造的一部重要文献。另外，还有《续后汉书》计120卷，百余万字。

《秋涧集》，又名《秋涧先生大全文集》，共100卷，王恽(1227－1304年)撰。该书卷47至卷61的部分收录了大量的记载政治背叛者人生履历的碑志文献。王恽行文严谨持重、实而不华，其文本是研究相对低层级政治背叛者的丰富资料。

《元朝名臣事略》和《元文类》均为苏天爵(1294－1352年)辑撰，前者共15卷，后者共70卷。它们都是元代重要总集，对于宋元际的人物研究有着极为重要的参考价值。元代文人王鹗、李谦、阎复、元明善、宋子贞等的文集今均不存，他们的部分作品赖苏天爵辑撰才得以保存流传。

本书研究的时段限定在12－13世纪的宋元之际，所以该时段的正史也是本书必需的支撑材料，具体包括496卷本《宋史》、135卷本《金史》、210本《元史》、15卷本《蒙古秘史》、赵珙的《蒙鞑备录》等等，为本研究提供基本的史料背景且可以用来与政治背叛者文集中交叉的内容互相印证、互为补充。

三、研究综述

(一)对姚燧和《牧庵集》的研究

归纳起来,学界关于姚燧和《牧庵集》的研究成果视角多是或明或暗的综合性的,抽象审察后可以发现以文学视角和史学视角为最,政治学视角非常少。学界关于姚枢与姚燧的研究取得的共识表明:姚氏家族多次政治背叛,背景非常显赫,在文功武绩等方面都有盛名。

查洪德教授对于姚燧和《牧庵集》都有全面和独到的研究,成果丰硕。2011年出版的点校本《姚燧集》是该主题的重要成果,其主要内容包括:牧庵集、牧庵集集外、牧庵集辑佚、牧庵集误收他人之作等等方面。查洪德教授的相关论文,如《四库辑本姚燧〈牧庵集〉漏收误收考》《以传奇为传记:姚燧散文读札》和《姚燧文章特色论》等都对本文的研究具有参照意义。

张建伟与武吉安的《地域文化与元代姚枢家族》阐述了姚枢的理学造诣和影响,同时对其政治作为也逐一择要点评。文中也关照了姚枢与元世祖忽必烈、姚枢与蒙元政权之间的紧密关系。俞樟华和郭亚磊的《略论姚燧墓志铭的史传文学价值》、张振雄《〈牧庵集〉的材料来源及所反映的元代社会》都对《牧庵集》的史学研究价值进行了梳理。张文澎的《张扬个性,因旧布新——谈元代初期古文家姚燧》指出了许衡与姚燧之间的师承关系和理学特色。相关观点的著作用杨新勋的《姚燧的文学思想》、赵平分的《文章以道轻重道以文章轻重——谈姚燧的散文理论与创作》、叶爱欣的《姚燧的散文理论和创作及对元代文风的影响》等,其中都有不同程度的论述,认为姚燧的个性因素造成了其特色的文章风格。他们还认为理学对于姚燧的为文和为人都有至关重要的影响,同时对姚燧生活的社会文化圈的结构与特色、社会交往圈的人员组成进行了阐述和研究。

张华清和李东菊的同名硕士论文《姚燧散文研究》对于姚燧文本的价值也有深入讨论,认为姚燧为文中肯、实事求是,一为"补史之阙";二为实录。徐艳丽、赵义山的《姚燧散曲创作初论》、张秋景的《姚燧散曲析》、王山林的《姚燧的诗论与元初南北诗学的调和》、杨明侠的硕士论文《理学家心境下的词——刘因、姚燧词研究》等文献对姚燧《牧庵集》的题材、风格、意义、影响给予了梳理,认为姚燧《牧庵集》有助于形成和推进元代"道源伊洛""文擅韩欧"的总体文章风骨。

(二)精英视角的研究

对宋元之际精英阶层的研究情况归纳起来有几个特点,首先,以政治学的精英视角来系统全面研究的专著作品较少。其次,对于这个联结着国家与民众的特殊阶层,学者们因选取对象、研究角度、议论重点不同,未有统一使用的概念。第三,许多学者专注于地方精英阶层中某些群体的研究,如儒士①、地主②、乡绅③等,成果丰富。但针对精英阶层的整体研究还稍显不足。综合来看,前人对元代地方精英的研究还缺乏整体性、系统性,对地方精英的内部结构和组成情况尚未明晰,对他们发挥的作用以及对元代社会产生的影响还需进行进一步的探讨与评价。

1. 个体视角

从个体视角展开的相关研究涉及本文的部分非常琐细庞杂,其视角大多是或明或暗的综合性的。经抽象审察后可以发现以儒学视角、文学视角和史学视角为最,政治学视角较少。近年来,政治人物研究从汉人世侯、儒士方向开展涉及政治

---

① 其代表如:陈得芝:论宋元之际江南士人的思想和政治动向. 南京大学学报1997年第2期;从"遗民诗"看元初江南知识分子的民族气节. 元史及北方民族史研究集刊第6辑. 申万里:从社会交往看元代江南儒士的社会网络. 武汉大学学报2003年第4期;元初江南儒士的处境及社会角色的转变. 史学月刊2003年第9期;元代江南隐士考述. 元史论从第十辑. 萧启庆:宋元之际的遗民与贰臣. 元朝史新论. 台湾允晨文化事业股份有限公司1999年;元代的儒户:儒士:地位演进史上的1章. 元代史新探. 台北新文丰出版公司1983年;元朝科举与江南士大夫之延续. 元史论从第6辑. 王明荪:元代的士人与政治. 台湾学生书局,1992年. 劳延煊:元代南方知识分子. 香港中文大学中国文化研究学报第十卷第上册.1979年. 植松正:元代江南地方官任用. 元代江南政治社会史研究. 东京. 汲古书院.1997年.

② 主要研究成果有陶希圣:元代江南的大地主. 食货1卷第5期.1935年. 蒙思明:元代社会阶级制度. 北京:中华书局,1980年. 陈得芝:元代江南之地主阶级. 元史及北方民族史研究集刊第6辑. 申友良、蓝东平:元代江南地方势力的持续增强初探. 湛江师范学院学报.2003年第5期.

③ 如吴小红:元代抚州乡绅研究. 南京大学2001级博士研究生毕业论文. 其文中"乡绅"概念包括"居乡的拥有功名和(或)官位者、在外当官但仍对故乡基层社会产生影响的官僚以及在地方有权有势而无任何功名与官位者。"见其论文第9页。

背叛者的相关研究所占比重最大①,还有一些学者从教育②、科举③、宗教④等方向开展相关研究和论述。还有一些文章与政治背叛者个人文集有一定的前后衔接,对本研究裨益良多。一些重要著作和论文在行文中已经有意无意地涉及了政治背叛者的政治态度变迁的议题,并且做出了初步的探讨,包括葛仁考《元朝重臣刘秉忠研究》(人民出版社)等等⑤。

在相关研究中,对于金石等的刊布、校订的研究,近年来贡献良多,提供了大量有价值的资料。这些资料本身的理论性并不强,更多的是关于政治背叛者的细节性知识点。这些点的累积逐渐堆叠出政治背叛者的个人信息和群体信息。本

---

① 相关的研究还包括:周少川、罗彧《许衡的政治实践与政治主张》(《历史教学》2014 第 5 期)、慈波《试策与黄溍的政治关怀》(《四川大学学报》2012 年 3 期)、慈波《地域、学派与士人网络:论黄溍的师友渊源》(《史学集刊》2013 第 6 期)、史甄陶《家学、经学和朱子学:以元代徽州学者胡一桂、胡炳文和陈栋为中心》(华东师范大学出版社)。吴建国、汤军根据永州现存两通题记考察了姚级的生平事迹(《元人姚级生平事迹考略——兼论元代肃政廉访司及地方教育》,《湖南第一师范学院学报》2013 第 4 期)。王晓娟考察了《光绪长子县志》中的《崔府君庙碑》(《〈崔府君庙碑〉考》,《学术论丛》9 期)。

② 如颜培建《元儒苏天爵教育思想初探》中对苏天爵在元代教育发展中的思想贡献进行了探讨(《江西社会科学》2011 年 4 期)。张国旺考察了张镇在朱子理学北传过程中弘扬学理、拓展教育的相关事迹(《张镇事迹考略》,《隋唐辽宋金元史论丛》第三辑)。蔡方鹿关注了虞集的思想及其为代表的宋元际易帜精英推动元代理学发展的相关史迹(《融贯博通,会归于道——从虞集思想看元代理学的走向》,《哲学门》总第 22 辑)。杨亮探讨了宋元之际四明文人面临易代所经历的心路、思路、文路的发展历程(《宋元易代之际南方文士心态蠡测——以舒岳祥、戴表元为例》,2013《元史及边疆民族史集刊》二十五)。

③ 张祝平探讨了彭士奇对科举经义的著述和编选(《彭士奇与元代科举经义的著述和编选》,《文献》2013 第 4 期)。蔡春娟通过《杨振碑》考察了宋元际的"前进士"(《〈杨振碑〉与宋元际的"前进士"》,《元史论丛 2》)。

④ 包括:慈波《佛学与学佛——元儒黄溍佛教思想论》(《宗教学研究》2014 第 4 期);佟洵《全真道龙门派始祖丘处机与道教中兴》(《北京联合大学学报》2014 第 4 期);王颋和王树林均探讨了诗僧性英(《金元之际"英上人"考索》,《论丛 13》;《金末诗僧性英考论》,《南通大学学报》2010 年第 5 期)。赵文坦分析了成吉思汗与丘处机的关系(《成吉思汗与丘处机关系辨析》,《东岳论丛》2009 年 10 期)。王颋考察了溥光和余阙的生平与作品(《书显昭文——元代书、画、诗僧溥光生平考述》,《史林》2009 年 1 期);仇王军对萨都拉的研究《元代回回诗人萨都拉与佛教人士的交游》(《宁夏师范学院学报》2009 年 4 期)。

⑤ 此类相关文献还包括:邓绍基探讨了马致远的生卒年、仕宦及其交游(《关于马致远的生平》,《文献》2013 第 1 期)。彭万隆利用新发现的佚文考察了卢挚的仕宦与交游(《元代文学家卢挚生平新考》,《浙江工业大学学报》2013 第 1 期)。陈广恩、高兰芳《蒲寿庚交游考》以《心泉学诗稿》为主要依据,指出蒲寿庚的交游对象主要在泉州及周边地区的持操守节之士(《北方民族大学学报》2010 年第 6 期)。刘青松、刘谨研究了察必皇后的事迹(《从〈萨迦世系史〉看王妃察必二三事——兼论忽必烈与八思巴间的一种认同》,《西藏民族学院学报》2009 年 6 期)。

研究直接涉及的包括:马晓娟对《故荣禄大夫平章政事巩国武惠公神道碑铭》的研究,陈丽华对许静山墓志的研究①,或刊布新资料,或深入研究,均值得关注。《元代郝经雁帛书事迹辨正》(《元史论丛》11)一文从史学角度对郝经出使南宋被扣留后的"雁帛书事",对于郝经的政治形象塑造多有裨益。"雁帛书事"此类的忠贞叙事有着悠久的历史,本文的研究内容有利于后续比较研究。② 还有一些考古发现③也对政治背叛者的研究提供了可资利用的素材。

2. 群体视角

儒士,作为世变之际的经历者和文字记录者,更有机会获得后世学术的青睐。一些学者从"士人与社会"互动的视角涉及了政治行为与政治文化的研究。如王瑞来的《士人流向与社会转型:宋元变革论实证研究举隅》,考察宋元之际士人的生活选择、政治选择趋于多元化的情况。在蒙古统治的社会环境下,士人政治上边缘化、生存环境恶劣,这是学术界的一个共识。不过,通过进一步的研究可以发现,元代士人仍然是一个积极的、有活力的社会群体。2013年出版展龙的《元明之际士大夫政治生态研究》一书,多视角地考察了元明之际士大夫群体的政治生活。他们怀念故时,努力争取生存条件,用他们自己的方式施加对元朝政权的影响。在地方社会,士人积极参加地方恢复和权威重塑,努力营造局部的盛世小气候。

---

① 相关的文献还包括:《〈故荣禄大夫平章政事巩国武惠公神道碑铭〉笺证》,《元史及边疆民族史集刊》二十五;《岱岳庙碑记所见孙履道之题名》,《宗教学研究》2013第4期;《大德八年出使异域兵部侍郎许静山墓志考》,《福建文博》2013第3期;《阜阳新出〈大元魏氏夫人墓志铭〉研究》,《阜阳师范学院学报》2013第5期;《元代皇姊大长公主残碑考释》,《赤峰学院学报》2013第3期;《元代〈刘氏祖宗大碑〉考释》,《中原文物》2013第4期。

② 相关研究还包括:杨玉彬对阜阳《大元魏氏夫人墓志铭》的研究,李俊义对《元代皇姊大长公主残碑》的解读,曹子凌对《刘氏祖宗大碑》的考释。王原茵对《刘处士墓碣铭》的考释(《京兆刘处士墓碣铭考释》,《文博》2014第1期),杜志勇对《元故太常博士敬君墓碣铭并序》的研究(《〈元故太常博士敬君墓碣铭并序〉的价值》,《河北师范大学学报》2014第5期),任江对《处士胡堂墓志》的考释(《元〈处士胡堂墓志〉考述》,《东南文化》2014第4期)。史金波、朱建路分别对小李钤部公墓志的研究(《河北邯郸大名出土小李钤部公墓志当议》,《河北学刊》2014第4期;《元代〈宣差大名路达鲁花赤小李钤部公墓志〉考释》,《民族研究》2014第6期)。高晓波分析了金元时期雁北的葡萄种植(《从〈姚天福神道碑〉钩沉金元时期雁北的葡萄种植业问题》,《文物世界》2009年3期)。

③ 具体包括:河北省文物保护中心等《元代张弘略及夫人墓清理报告》(《文物春秋》2013第5期),张小丽等《西安曲江元代张达夫及其夫人墓发掘简报》(《文物》2013第8期)等。李举纲、杨洁《蒙元世相蒙元易帜精英刘黑马家族墓的考古发现》(《收藏》2012年15期)。

2012年出版申万里的《理想、尊严与生存挣扎——元代江南士人与社会综合研究》一书，对于儒士生逢世变，在"国"与"乡"之间的文化游离和政治游离做出了深刻阐述，对相关研究贡献良多。①

还有一些学者从政治背叛者影响蒙元政权的上层转变入手，探讨了文化与政治之间的复杂关系。② 当蒙元际上层政权发生转变之时，基层被动或主动地进入应变状态。其代表性的作品是李治安先生的《元代华北地区研究——兼论汉人的华夷观念》、周鑫的《乡国之士与天下之士：宋末元初江西抚州儒士研究》、王霞蔚的《金元以来山西汉人世侯的历史变迁——以平遥梁瑛家族为例》。

兼具文化传统和意识形态意义的儒学也受到学者的关注。刘成群的《元初至元年间"南学北来"问题新探——以北方儒学格局变迁对忽必烈心态的影响为叙述中心》和周鑫的《世变与人生：宋末元初南方儒士出处之检讨》等文章均以某一地方的群体为标本，对其学术身份和政治身份进行分类，勾画了他们在易代之际

---

① 相关文章还包括：李超《元廷政治与江西士风和文风》(《河南科技大学学报》2013 第 3 期）马建春、徐虹利用杭州凤凰寺波斯文、阿拉伯文碑铭考察了杭州回回社区的人口结构、政治地位、经济活动、礼拜寺院、社会风俗和文化影响（《元一统与地方多元社会的构建——基于杭州回回社区史料与碑铭的考察》，《暨南史学》第八辑）。刁培俊、林明华《〈元代地方精英与基层社会——以江南地区为中心〉评介》（《中国社会历史评论》第十二卷第）。苏力《元代地方精英与基层社会——以江南地区为中心》。吴海航《中国传统法制的嬗递：元代条画与断例》（知识产权出版社）。段雪玉以《庐江郡何氏家记》所载何真家族事迹为线索，探讨了元末何真势力因控制东莞、惠州地区盐场而崛起的过程，认为就广东而言，宋元时期乡豪势力是盐场社会结构中的重要组成部分（《乡豪、盐官与地方政治——〈庐江郡何氏家记〉所见元末明初的广东社会》，《盐业史研究》2010 年第 4 期）。

② 相关主题文章包括：卢琳《论元世祖忽必烈任用汉人儒士的政策》（《西部刊》2013 第 4 期）、王传奇《试论忽必烈时期蒙元政权对汉文化的吸收及其影响》（《黑龙江民族丛刊》2013 第 4 期）。姜海军则探讨了蒙元政权的儒化过程和汉儒的反应，程朱理学官学化以及经筵制度等问题（《蒙元"用夷变夏"与汉儒的文化认同》，《北京大学学报》2012 年 6 期；《蒙元政权的儒化历程与程朱理学的官学化》，《南都学刊》2012 年 6 期；《经筵制度与蒙元政权的儒化、农业文明化》，《五邑大学学报》2012 年 4 期）。高福顺《北方民族政权历史文化认同的典型案例——〈辽金元史学研究〉评价》（《辽宁工程技术大学学报》2011 年 1 期）。

的行为模式。①

教育的发展是蒙元际政治背叛者的自傲之处,也是本研究非常关注的学术点。除了学术大家的基础性学术成果以外,近几年相关的基础研究包括:蔡春娟的《顺州庙学碑所见元代顺州儒学教育》《忽必烈时期北方的提举学校官与教授》和吴志坚的《元代的乡试——以有司为中心》等。②

3. 文集视角

文人之间的文章往来、诗词唱和一直是发掘他们之间人际关系的重要线索。政治背叛者社会圈的研究在很大程度上有赖于此。

就对个人文集展开的研究而言,尚衍斌的《读〈遗山先生文集〉杂识》对《遗山先生文集》的研究、党宝海的《李梁与刘秉忠文集》对刘秉忠文集的研究、任永安的《宋濂集类著述新考》对国内外宋濂文集的版本作了梳理等,都对本文思路的启

---

① 相关研究还包括:史伟考察了元初江南游谒的社会背景、地域和对象、干谒条件及其方式(《元初江南的游士与干谒》,《江西社会科学》2010 年第 9 期)。何雪芹探讨了儒家思想对元明之际忠义士人政治抉择的影响(《儒家思想对元明之际忠义士人政治抉择的影响》,《齐鲁学刊》2010 年第 5 期)。钱茂伟研究了宁波王应麟祖孙三代面对元统治者的不同态度(《由隐居而出仕:王应麟及其后裔在元代的人生轨迹》,《宁波大学学报》2 期)。包伟民论述了元初四明儒士的遗民心态(《略论元初四明儒士的遗民心态》,《中国史研究》2011 年 1 期)。陈彩云关注了温州宋遗民在元初的活动(《元初温州的遗民群体》,《学术探索》2011 年 8 期)。相关研究还有喻玲《元代士林阶层的旅游动机及特点》(《兰台世界》2014 第 18 期)、余来明、王勤考察了元前期江南士人在科举停废条件下的生存状态(《科举废而诗愈昌——科举废黜与元前期江南士人生存方式的转变》,《学术研究》2011 年 12 期)。周茶仙以李存《俟庵集》为切入点考察了元代陆学士人的生存状况(《元代陆学士人的日常空间与社会关系网络——以李存〈俟庵集〉为中心的考察》,《江西社会科学》2011 年 5 期)。杨亮考察了元代翰林国史院文士的生活方式(《文化传统的继承与发展——以元代翰林国史院文士的生活方式为中心》,《船山学刊》2010 年第 1 期)。

② 相关文章还有汤军《元代永州路教育研究》(《怀化学院学报》第 3 期),卢琳《论元代江南地区学官群体的形成》(《唐山师范学院学报》2013 第 6 期)。潘清从庙学分布、书院发展、教学内容以及经济收入等方面探讨了元代江淮地区的教育状况(《元代江淮地区的教育述论》,《江汉论坛》2012 年 12 期)。杨富有以上都扈从诗为中心探讨了元上都的教育(《元上都的多元教育及其意义——以元上都扈从诗为主要材料的分析》,《内蒙古师范大学学报》教育科学版 2014 年第 9 期)。于洪燕考察了元代哈剌和林的教育状况(《元代教育制度与哈剌和林教育》,《兰台世界》2014 年 24 期)。

发、研讨的方向确定有所裨益。①

综合类文献的研究对个人文集的研究形成巨大的支持辅助。陈高华、张帆、刘晓的《〈元典章·户部·租税〉校释》对本文涉及经济板块的部分有一定的影响。邱居里的《元代文献探研》（北京师范大学出版社）、陈子丹的《元朝文书档案工作研究》（中国社会科学出版社,）查洪德的《元代诗学通论》（北京大学出版社）、李新宇的《元代辞赋研究》（中国社会科学出版社）、王树林的《金元诗文与文献研究》等等也从宏观和微观两方面给本文的写作提供了支持。②

（三）海外研究

和本研究相关的有欧洲、北美、日本学者的研究。其他地方（尤其是欧洲、西亚、蒙古）的研究普遍注重纯史学和西亚、中亚、北亚的地理人文等等，普遍注重波斯文、蒙古文等文献，与本研究的关系主要体现在背景知识的提供。

1. 欧洲

17世纪，欧洲多国都已拥有相当数量的东方文献和东方学家。对欧洲影响深远的蒙古帝国的历史，自然成为东方学家们关注的研究领域。其中，法国的东方学居于领先地位。19世纪，东方学出现重大发展，完成了《多桑蒙古史》等著作。

---

① 相关研究还包括：高建国对《广客谈》的研究（《〈南村辍耕录〉与〈广客谈〉》，2014《元史论丛》14），李玉年对《青阳集》的研究（《论余阙〈青阳集〉的合肥地方历史文献价值》，《合肥学院学报》第6期），仝建平对《翰墨全书》的研究（《略谈〈翰墨全书〉利用的几个问题》，《史学集刊》2014第2期）谷建探讨了易学家胡方平的生平及著作（《胡方平生平及著作考订》，《儒家典籍与思想研究》第五辑）。张祝平探讨了彭士奇对科举经义的著述和编选（《彭士奇与元代科举经义的著述和编选》，《文献》第4期）。林友标、王颜考察了元人有关李陵台的诗歌（《李陵台及元人专题诗》，《西夏研究》2014第4期）。李超辑录了国内所藏《新刊类编历举三场文选诗义》、《新刊类编历举三场文选庚集》、《新刊类编历举三场文选辛集》中的考官批语（《元代科考文献考官批语辑录及其价值》，《中国典籍与文化》第3期）。

② 相关文章还包括：郑慧《元代档案文献辨伪成就评述》（《档案学通讯》2期），金华、闻军锋《王国维对〈蒙古秘史〉的研究》（《前沿》13期），张帆考察了《至正条格·断例·婚姻》，并与《元典章·户部·婚姻》相关条文做了比较，党宝海分析了《至正条格》中有关驿站交通的史料（《读〈至正条格·断例〉婚姻条文札记－与〈元典章·户部·婚姻〉相关条文比较》、《关于元代驿站交通的新史料》，《2009论文集》）。杨濂指出基本可以确定的元人别集伪书近六十种（《元诗文献辨伪》，2009《文学遗产》3期）。李红利用碑刻对元代南阳武侯祠的研究（《从元代碑刻看元代南阳武侯祠》，《中原文物》2014第4期）。吴国武对宋元书院本的定义、类型以及宋元书院刻书的相关问题做了研究（《宋元书院本杂考——以〈书林清话〉著录为中心》，《湖南大学学报》6期）。贾慧如探讨了元代类书的史学价值（《元代类书在元代社会史研究中的价值初探》，《内蒙古大学学报》4期；《元代类书在元史研究中的价值初探》，《史学史研究》4期）。

进入20世纪,涌现了一批卓越的蒙元史研究的带头人,东方学的学科析分也是越来越细。东方学大师伯希和(1878-1945年)是当时蒙元史研究领域的权威。①进入20世纪,海涅什(Erich Haenisch,1880-1966年)、傅海波(Herbert Franke,1914年-)、穆勒(A. C. Moule,1873-1957年)纷纷涌现,后期在蒙元史研究方面成就最大的是波义耳(J. A. Boyle)。前苏联也在相关领域的研究取得了不俗的成就。匈牙利等东欧各国也有相关研究的展开。

2. 北美

20世纪初,柔克义(William W. Rockill,1854-1914年)、劳费尔(B. Laufer,1874-1934年)、拉铁摩尔(O. Lattimore,1900-1989年)是最知名的学者。他们对有关中国北部边疆及蒙古政治、历史和地理的著述都很有影响。

北美当代蒙元研究的历程体现在分别于1981、1982和2003年出版的三部研究论文集上,初期以思想史和史学史研究为中心,近年来学者的研究范围已经延伸到了社会和经济史的各个方面。②

思想史一直是北美元代研究的重要课题。对北美学者来说,程朱理学在地方层面的传播及其立为正统思想的过程是一个至关重要的问题。狄百瑞的著作《理学正统和心学》(Neo-Confucian Orthodoxy and the Learning of the Mind-and-Heart)具有开拓性的意义。它阐述了许衡如何在元代朝廷推广朱熹对儒家思想的阐述,并对其做出调整以满足元代统治者的需要,在中国历史上产生了深远的影响。

1315年元朝政府以朱熹的《四书》为基础重开科举,于是理学由儒家思想的

---

① 德国的东方学研究也是大家迭出,涌现了著名汉学家夏德(F. Hirth,1845-1927年)、格鲁伯(W. Grube,1895-1908年)、奥托·弗兰克(Otto Franke,1863-1946年)等人。其卓越成就标志着德国的汉学(含满、蒙、藏和西域研究)有了长足的发展。
② 第一部元代研究文集是由牟复礼的学生蓝德彰(John Langlois)编辑的《蒙古统治下的中国》(China Under Mongol Rule)。这部文集中有数篇研究思想史和史学史的论文,也包括文学艺术方面的论文,此外还收入了傅海波和罗沙比的两篇重要论文(Franke 1981;Rossabi 1981年),研究在中国的外国人及其对中国的影响。第二部在美国出版的元代研究论文集名为《元代思想》(Yuan Thought,1982年),由牟复礼的另一位学生陈学霖(Chan Hok-lam)与狄百瑞(Wm. Theodore de Bary)共同编辑,进一步体现了思想史在早期元代研究中的突出地位。这部文集主要论述元代的理学思想,同时也包括佛教和政治思想。第三部文集《中国历史在宋元明时期的变迁》(The Song-Yuan-Ming Transition in Chinese History)于2003年出版,两位编辑史乐民(Paul J. Smith)和万志英(Richard von Glahn)最初都是宋史学家。

一个分支一跃成为新的正统,并得以传播到日本和韩国。在这部著作及其他著述中,狄百瑞阐明了理学实践的宗教特征及其宣扬的普世哲学,超越地域和民族、统治者与被统治者的界限。前文介绍过的由陈学霖和狄百瑞共同编辑的《元代思想:蒙古统治下的元代思想和宗教》更进一步指出元代是中国思想和宗教史的分水岭。该书中陈荣捷撰写的部分描述了元代早期蒙古人如何将朱熹的思想传入中国北方。达第斯也在一些重要著述中描述了元代晚期朝堂上充满儒家论争的情况,并指出理学正统地位的确立是引发明代朝廷独裁倾向的原因之一。

地方史在宋史研究中占有极其突出的地位。而在元代研究中,地方史与儒家思想研究一直密切相关。蓝德彰和包弼德都探索过浙江婺州(今浙江金华)一带的儒家精英对元明政治理念的影响以及他们对理学思想的认可。达第斯则撰写了一系列论文,研究理学思想对浙江地区家庭结构和土地改革的影响,1982年发表的论文被收入前文介绍过的《元代思想》一书。达第斯(John Dardess)撰写《蒙古人带来了什么?北宋至明初的疆域、权力和知识分子》(Did the Mongols Matter Territory, Power, and the Intelligentsia in China from the Northern Song to the Early Ming)一文指出"蒙古人给中国历史打上了深刻的烙印,为后来的清朝建立多民族帝国奠定了基础。而清朝的多民族帝国,对今天以多民族国家形式存在的中华人民共和国的形成也起到了重要的作用"。

包弼德的著作《历史中的理学》(Neo-Confucianism in History)一书将儒家研究向前推进了一大步。该书阐明了理学的新学说如何为地方精英提供独立于帝国之外的道德权威和地方领袖地位。包弼德还指出,理学思想赋予地方精英的领袖地位是得到统治者认可的,不仅如此,整个帝国的运转甚至还要依赖这种地方精英机制。他将对理学理论发展的分析和其他社会政治变革相结合,论述了理学如何在从元代开始的5个世纪中逐渐成为推动中国历史的一支主要力量。

北美学者关注的另一个焦点是儒家士人的退隐和拒绝辅佐蒙古人的官员。谢慧贤(Jennifer Jay)深入研究了1273至1300年的抗元战争及忠烈精神。她认为宋朝遗民的忠烈精神表现为各种不同的形式,即使是最典范的南宋忠臣也曾经向蒙古政权寻求各种通融的办法。她认为忠烈精神是相对而言的,并没有绝对的标准和价值。万安玲(Linda Walton)对宋元学校和书院的研究涉及理学传播的制度因素。但是元代由政府扶植的学校逐渐增多,教育不断发展,这一重要课题在北美学者当中还没有引起充分的关注。

伊佩霞(Patricia B. Ebrey)和华琛(James Watson)编辑的《晚期帝制中国的宗

族组织》(Kinshi:Organization in late Imperial China. l000 – 1940;1986 年) 中收入几篇重要的论文。伊佩霞撰写了书中的一章，综述了宋元时期父系亲族的习俗、制度及其发展变化。邓尔麟(Jerry Dennerline)的论文则描述了由宋至清无锡家族中的婚姻、收继及救济制度的情况。

3. 日本

日本的蒙元史研究始于 19 世纪末，虽然起步较晚但很快后来居上，迅速跃居世界前列。刘迎胜和姚大力在《西方及日本元史研究近况》对此有过专论。船田善之先生总结过从 1913 年到 2004 年日本蒙元史研究的主要成果。① 丁超的《表解百年本蒙元史研究——以研究者为主线(初编)》考究细腻，对百年来撰写、编纂和翻译过蒙元史论著或史料的 334 位日本学者及其作品进行了细致的整理和分类。②

著名汉学家那珂通世(1851 – 1908 年)开创了近代日本蒙元史的研究，新"东洋史学"就此起航。继那珂之后，箭内亘(1875 – 1926 年)、有高岩(1884 – 1968 年)、青木正儿(1887 – 1964 年)也都有丰富的理论和著述。

宫崎市定(1901 – 1995 年)是日本中国史学界的大家，其重要论作有《宋元之经济状况》《宋元时代之法制与裁判机构——＜元典章＞编成之时代、社会背景》《以元朝治下的蒙古官职为中心之蒙汉关系——恢复科举之意义再探》等篇。爱宕松男在士侯问题研究、元朝对汉人的政策研究等方面发表重要论文十余篇，后来结集为《爱宕松男东洋史学论集》第 4 集(元朝史)。

二战之后的蒙元史学者中，牧野修二研究元代教育成绩斐然，撰有《元代之儒学教育——以教育课程为中心》《关于元代庙学书院之规模》《金末元初士人的转变》等文。③ 柳田节子着重于乡村阶层研究，其代表作《宋元乡村制研究》对了解

---

① http://www.lsjyshi.cn/pdf/mymlj:df
② http://www.lsjyshi.cn/pdf/bjmy:df
③ 牧野修二在元代官制研究方面也很深入、细密，先后发表有《十道宣抚司——忽必烈政权集权化的布局》(1965 年)、《元朝中书省的建立》、《关于元代升官规定之一考察——特别是汉、南人路府州县官的情况》(1966 年)、《元代勾当官体系之研究》1 – 5 (1972 – 1976 年)等论文。

元代基层社会的结构和运作机理很有帮助。①

四、技术路径

（一）历史政治学框架

本研究主要以历史政治学为研究基底，力求在兼有政治学、历史学研究方法的基础上，通过两者的有机结合对宏观历史和微观个案展开探析。

历史学研究的历史与政治学研究的历史具有不同的意义。对于历史学而言，历史本身是研究对象，如何客观地还原历史的原貌构成历史学的题中之义。受到福柯思想启迪的新历史主义对于文本分析的犀利见解也对政治研究大有裨益。而对于政治学而言，所关注的是历史进程中的政治行为。历史现象或事件为政治学研究提供了各种历史例证。正如列文森在 China: an interpretive history（《中国：一个阐释性的历史》）中所言：历史是先例的储藏室。政治学的任务是对这些例证展开的过程、动因等因素从政治学的角度予以解释研究，并且运用一定的政治学理论将其组织起来进行概括抽象，以便推演或验证政治规律。

历史时间段的选择为 12 世纪到 13 世纪大蒙古国到元朝建立前后这段历史时期，简称"宋元际"或"宋元之际"。学术选择就包括了限定：限定论述范围、分析工具、解释框架等等。当然，选择"宋元际"并不只是因为上述原因。最简单的考虑是：限定时段有利于深入研究，避免泛泛之谈。

宋元之际还是中国统一多族群国家发展历史进程中由分乱到统一的最重要时期之一，出现了大量在族群间政治背叛的精英，具备强烈的样本意义，因而成为研究政治背叛者的极典型历史时期。这些政治背叛者留存了大量个人文献，从而提供了审视"人在历史中"的丰富且有深度的材料。过去是现在对未来的发声。这一动荡、"易代"的时段是"稀有"的，它决定了、改变了、重写了许多人的命运，它在学术解释方面的开放性、其可供学术追演的空间、再叙述的可能性都使其他时段难以望其项背。

蒙元帝国是中国历史进程中第一个实现全国统治的少数族群主导的政权体

---

① 本田实信《成吉思汗的千户》（1953 年）两篇论文，取得一定进展。冈本敬二撰有《元代之怯怜口与腰臣》（1953 年）、《元代之法律》（1961 年）、《<吏学指南>之研究》、《<元史>学规篇分析》（1962 年）、《元代之奴隶制》（1968）等多篇论文。胜藤猛参加了京都大学人文科学研究所元典章研究班的工作，其间撰有重要论文《关于元朝初期的胥吏》（1958 年）。

系,结束了中国历史上长期的分裂局面,更实现了农业和牧业文明区的实质统一,开创了中国历史上族群文化多元融合的新时代。广袤国土生活着众多族群,各自代表不同类型的族群政治文化。国家建构由于国家一体化与族群自我发展之间的内在张力和族群间的冲突与融合而变得尤为复杂。地理性族群边界的突破使得聚居区各族群无法忽视他者的存在,族群社会文化系统的解构和族群的演进博弈在所难免。"之际"既是中国史重要的时间点,又与族群史交集。族群间的遭遇虽非始于此种时刻,却在这一时刻,一个或多个族群深入到另一个或多个族群内部,族群间生活发生了长时间大面积的交织,意义重大。

(二)政治群体视角

莫里斯·哈布瓦赫说过:"孤独的人没有记忆。"不管身在何处,人总是处于"群体"(或言"集团",以下简称"群体")的交际模式中。除了非常偶然和非常短暂的活动以外,这些连续的活动,就像所有的人际关系一样,涉及权力。将政治圈中的某个或某些势力集团一笔带过,会造成整个历史过程的碎片化。这个或这些"势力集团"有自己的规矩和价值观,但是大都不愿公诸于世或抛头露面,但可以通过分析其文本的方式在社会交换论、冲突论、符号互动论和结构功能主义等理论支持中找到其内在逻辑。

政治群体的相关理论是分析古代中国精英层面政治斗争的一个简便而有效的分析工具,通过分析群体成员的出身、地域、血缘关系以及利益结合程度等基本情况,勾勒出政治群体的轮廓,借此可以较为便利地从纷繁复杂的历史记载中整理出清晰的线索,起到化繁为简的效果。同时也希冀在借鉴前辈研究的延长线上加以修正、发展,在政治立场、社会阶层、文化取向等多层面上对政治背叛者加以研究,揭示其作为历史当事人的群体性演绎。

以群体的视角对宋元际政治背叛者展开考察,是剖析和认识政治背叛者的有效途径。政治背叛者群体的产生与存续有着时代特定的政治、经济和文化条件。中国传统文化的内部结构以及某些结构性侵蚀和边缘畸变、分衍流质与结构性裂变,对游牧势力之结构性回应等诸多因素,为这一群体塑造自身的意识形态提供了可能。通过资料的收集和文本的分析,可以从结构上展示出这一群体的基本特征。这些基本特征为认识这一群体提供了重要的基础性信息和必要的前提性素材。

(三)文献研究法

历史是过去的事情,后人无法对它亲身体验。而史料是我们借以发现、了解历史的重要载体。政治人物的"生活"记录实际上是一笔巨大的政治遗产。中国历代的正史和文集中包含了数量极大的传记。这些传记是学术研究的重要资料之一。胡适就认为古代文人作墓志铭等是受中国初期几部史学著作的传记体裁的影响。① "政治"总发生在人的世界中,在错综复杂的人的诸种关系中。它不是外在于人的"背景""布景";在许多情况下,它确乎是"人的生活"的一部分,甚至不外在于"日常"。

"在历史中"较有自觉意识的当事人的经验,较为个人化的、具有某种直接性的文字,保留了具有某种现场感的珍贵材料。这种材料通常保存在个人文集中。个人文集的书写不是机械地铺叙历史事件,而是经过高度取舍剪裁。文集是记忆的聚合体:一方墓志就是一个以死者为中心的家庭、家族、族群、集团的简史。个人文集有表达且有可能存留而成为"文献",兼具经验性、情景性和叙事性。政治背叛者中的沉默的大多数,只能在代表性人物书写的个人文献中现身。这些文本的写作往往在形式上由个人完成,实质却是个人动手汇集家人提供的材料、参照群体中其他写作者的范例等"合作"完成。这些个人文集其实是政治背叛者不同形式的"集体表现"(collective representation):既体现了群体意识形态,也反映了个人的一般观念。

恰如法国年鉴学派的名言:"从恺撒到他的士兵,都共享着思想的心态。"就后世者而言,政治背叛者的"所作所为"乃至"精神气质"都系于他们言说的态度与方式。政治背叛者不世袭但其行为方式和思考方式却有超代际的承袭,所锻造的"精致"的表达方式、语义系统,为政治背叛者的研究提供了丰富的材料与特殊的精神深度。那些贴近政治背叛者人生境遇的文本表述,更直接地反映着他们作为历史当事人在易代瞬间的切身感受与思想行动。

基于此,本研究拟下沉到宋元际的个人文献——尤其是碑传志记等类似资料,以这些文本遗产和精神遗产为探讨基础,将之放在政治手术台上条分缕析。在具体操作中,将以《牧庵集》为代表的个人文献为核心材料,以其他相关材料为辅助,比较时间跨度数十年的材料书写,分析作者如何取舍材料,审视作者试图凸显什么、隐藏什么,进而从中透视政治背叛者群体意识形态有着怎样的内涵,它是如何被建构起来的,背后有着怎样的意图,从其直接的、个人的"感受"为依据去看待他们眼中的历史的意义乃至思想背后的利益关系和权力关系。

---

① 胡适. 胡适言论集(甲编)学术之部[M]. 台北:华国出版社,1953:53.

(四)研究自警

对自己的研究保持质疑反省并随时准备反观自身是极其必要的。"进入历史"时所携带的思想、工具等等,绝不可自以为客观、超然。这也正是学术研究所要求的基本态度、基本素养和"工作伦理"。

1. 注意文献材料

研究者既然能够发现,想必也会遗漏。这构成了研究的限度之一。研究者面对文献材料,也需时时注意历史叙事会"造成历史"——尤其是在史学传统如此强大、史学地位如此高拔的古代中国。"历史"由战胜者、征服者讲述,古今中外皆然。历史文献是能操弄文字的人留下的。史学据以考察的,无不是具有存史技能的知识分子的经验。编纂者不免要裁剪材料以就规范诸种叙事文本影响"事实"的建构,影响"标准叙事"和"官方文本"。

还应当考虑到,在整理"话题"时,不免将其时"公开发表"、有可能影响广泛的言论与私语(书札等)以至自语等,统统作为无差别的"言论"搜集与展示了。如若再考虑到文体在形成言论方式(以至态度)方面发生的作用——如"正史书法"之于叙事,时文、策论之于章奏等,以至于士人习用的其他政论文体之于他们的论证方式——问题自然有更为复杂的性质。

研究者还要注意材料的整理。文献研究法需要不断在材料中寻找、捡拾甚至裁剪、积攒历史残迹的"碎布头",然后借助于"专业技能"来进行谨慎的"织补"。研究者必须"断章",亦须尽量避免断章取义。而言说一旦被抽离了具体情境中的具体生命,失真度的上升是毋庸置疑的。就其所能自觉意识的范围,认识到这一类的局限,会使研究者在处理材料时随时意识到限度,保持慎重:力求节制,避免影射、比附、借题发挥等等。事实是,那些被我们认为相关的论说,有可能是在极其不同的情境中发表的,各有其动机以及针对性。当我们把它们组织在某种论述中,它们不可避免地被改造了。即使这种改造难以避免,意识到这一点仍然是必要的。研究者总是在"整理""梳理""清理",加之意图、旨趣的统摄,不但有可能掩盖差异,且有可能在抽取思想材料时,使之出离了原有的脉络。

同时,在方法论层面也要承认:研究者由参与者的个人经历中抽取演绎事件和运动的线索,在某种意义上也属于一种塑造历史或想象历史的方式。

2. 注意研究立场

"历史同时是对过去和现时的认识,是对已经发生的和正在进行的演变的认识,因而在每段时间内(无论是昨天或今天),都要区别持续存在的因素和转瞬即逝的因素。"①本研究的切入是自上而下的视角,主要限于政治背叛者层面的文献材料,缺乏从自下而上的视角进行关照。

　　进入研究,要面对时代立场问题。同一历史事件,旁观者(包括后人研究者)将之作为事件;当事人将之作为经历。二者显然会形成迥异的叙事。以历史注当代、据当代读历史,此种"互文性"的根据,都在当时当世的时代空气与知识者的自我认知中。从某种意义上可以说,很多时段的历史是因为发生于其后的事件、过程而得到强化解释,因而成为"历史"并获取特殊意义的。

　　进入研究,还要面对个人立场问题。人不可能空着手走进历史,当然也不能空着手走出历史。即使研究者决意不选择立场,并不能保证没有偏见、先入为主。审查自己展开论述时的状态,警戒着将有待澄清的东西作为不言自明的前提,是必要的。不能让研究变成想象与渲染、智力与文字的游戏。

　　研究者都是历史的参与性观察者。人绝非毫无准备地被打动。研究者既有的经验积累、已有的思考,做好了研究的准备。研究者虽然努力置身事外,但仍然不可能脱出自己所处的时代。研究者们的"问题意识"总是会反映在自己的学术研究中。研究者既要窥见镜子中的映像,又要考查那镜子,自身也照入其中,由此获得一种叠印的丰富性。一定要避免在"浪漫"的历史想象中去建构自己的合理性基础,然后从这种虚幻的基础上去寻找支持自己现实立场的历史资源。

---

① 布罗代尔. 资本主义论丛[M]. 北京:中央编译局出版社,1997:120.

第一章

概　述

政治生活总是由四大要素组成：人、价值、组织与制度。政治运行与互动的成果形成了政治文明。政治文明既受社会经济文化的左右，也以自身独特的面貌体现着人类文明的发展水平。其中，"政治人"无疑处在主导的地位。古老中国"社会基础停滞不动，而夺得政治上层建筑的人物和种族却不断更迭"①。因而研究中国古代政治更加不能不关注"政治人"的异质变化，尤其是在朝代鼎革之际的政治背叛者。而他们的自我陈述文本，显然为后人研判和理解他们提供了独有的视角。

第一节　政治背叛者——个体概念到具体群属

一、政治背叛与政治背叛者

在中华民族的文明发展史上，中原与游牧族群之间的政治背叛现象层出不穷，尤其是在战争期间。清代学者顾祖禹撰写的《读史方舆纪要》一书，梳理出古代大小战例共计6192次；其中，隋唐五代至辽宋夏金蒙时期，战争有2031次之多②。如此频仍的战争势必会产生大量政治背叛者。

（一）早期的原始杀戮

令人尴尬的是，人类之间对抗现象的出现是人类文明取得的进步之一。对抗

---

① 马克思恩格斯全集．卷第15. 中国记事．
② 顾祖禹．读史方舆纪要[M].北京：中华书局,2005.

现象的产生在考古学意义上可以追溯到旧石器时代。原始社会时期,部落氏族之间为了争夺生存资料而走上对抗的道路。在对抗中,"优胜者对于劣败者的处理,起初是斩尽杀绝"①,甚至将之吃掉,这曾普遍流行于原始时期。这样做,死者可以作为告慰祖先、祭祀神灵最好的祭品,甚至作为食物解决生存问题;既能彻底消除隐患,又能威慑更多敌对势力。

安阳殷墟的考古发现揭示了"殷民以羌人为牲为奴的记录"②。春秋战国时期战争规模进一步扩大,杀掉纳降对象祭祀神灵、告慰祖先的现象也同步增多,以此震慑敌军、鼓舞士气。如《左传》"鲁昭公十年"条记载到:"平子伐莒取郠献俘,始用人于亳社。"③;楚国"楚子灭蔡,用隐太子于冈山"④;"筑武军而收晋尸以为京观"⑤。长平之战后,秦国坑杀赵国近40万降卒;西楚霸王项羽大败秦将章邯后坑杀20余万降卒;项羽大败齐王田荣后,坑杀田荣军士等等。这样的历史案例不一而足。

(二)招降政治背叛的转变

春秋时期,各国对政治背叛者的才能加以利用的意识已初露迹象。先秦时期,随着生产水平的提高,劳动力的价值得以凸显。对俘虏的主要处理方式也由屠杀转为利用。秦末、楚汉战争时期,群雄逐鹿中原,为壮大实力而竞相广揽人才。项羽一方虽然也收降了包括章邯在内的诸多势力,但也多次"折辱秦吏卒"⑥。与之相比,刘邦一方常以"且人已服降,杀之不祥"⑦为由,宽容处置收编降军。项羽和刘邦作为两个典型案例在对待政治背叛方面存在较大的差异。

进入汉朝,卫青北击匈奴,纳降"右贤裨王十余人,众男女万五千余人,畜数十百万"⑧。后来,又有匈奴"凡四万余人"⑨降汉,呼韩邪单于在匈奴内乱中斗争失败后,也"入朝事汉,从汉求助"⑩。对汉朝而言,接纳他们既能提高己方实力,又

---

① 郭沫若. 奴隶制时代[M]. 北京:中国人民大学出版社,2005:11.
② 郭旭东. 甲骨卜辞缩减的商代献捷献俘礼[J]. 史学集刊,2009(3).
③ 杨伯峻. 春秋左传注昭公十年[M]. 北京:中华书局,1981:1318.
④ 杨伯峻. 春秋左传注昭公十年[M]. 北京:中华书局,1981:1327.
⑤ 杨伯峻. 春秋左传注昭公十年[M]. 北京:中华书局,1981:744. 按:春秋时期征战讨克敌制胜后,胜利方将失败方的尸体堆积成小丘,覆土掩盖,称之为"京观"以彰显军功.
⑥ 司马迁. 史记. 卷第6. 项羽本纪. 北京:中华书局,2006:310.
⑦ 班固. 汉书. 卷第1. 高帝纪. 北京:中华书局,2007:22.
⑧ 班固. 汉书. 卷第55. 卫青霍去病传. 北京:中华书局,2007:2475.
⑨ 班固. 汉书. 卷第94. 匈奴传. 北京:中华书局,2007:3769.
⑩ 班固. 汉书. 卷第94 匈奴传. 北京:中华书局,2007:3797.

能实现"以蛮夷攻蛮夷"①的战略目标。

自汉朝大开政治背叛之门后,游牧族群人员政治背叛加入农业族群就成了中国北疆的主旋律,但同时也一直有农业族群人员政治背叛加入游牧族群的案例发生。尤其是在中原发生大规模内乱的情况下更是如此。三国两晋之后,爆发了进入中原的游牧族群的起义,时局进入南北朝的混战。隋唐五代、宋辽夏金元时期,也不断上演类似的政治文化悲喜剧。

二、政治背叛世家——姚燧世系

在政治背叛者笔下呈现了多个政治背叛世家,姚燧世系即是典型之一。今存姚燧世系资料主要包括:姚燧的《宋太常卿陈公神道碑》《袁公神道碑》《中书左丞姚文献公神道碑》和刘致的《姚燧年谱》等;《辽史》中的《姚景行传》;《元史》中的《姚枢传》《姚燧传》;《元朝名臣事略》中的《左丞姚文献公传》以及《姚企晖墓志铭》《姚璹墓志铭》等,还有一些相关间接性传世文献,从中梳理出姚氏家族发展脉络和相对完整的家族谱系。现列文献可查实姓名的姚氏世系简况如下:

姚勔——姚汉英——姚衡之——姚居政——姚景行(禧)、姚景祥——姚去华——姚玠——姚佺——姚锜——姚渊(仲宏)——姚枢、姚祯、姚格——姚燧(姚格之子,父亡后由姚枢抚养长大)

相关的重大政治背叛情况如下(有记载的重大政治背叛间隔期间虽无资料记载,但逻辑推理可知应该也有政治背叛行为):陈——隋——唐,后梁——后唐,后周——辽,金——蒙元

1. "陈——隋——唐"年间的政治背叛

见于今存洛阳《姚氏族谱》中的《叙》。据文中记载,该文为姚枢之子"中丞行台陕西道御使"姚炜于元泰定四年(1327年)春,在陕州祭拜先祖文献公唐嶲州都督墓后所书。文中记载姚氏先祖"父子祖孙历宦于陈隋唐,为社稷重臣,其盛德大业昭垂史册"。

2. "后梁——后唐"年间的政治背叛:姚勔

分别作于乾统四年(1104年)的《姚企晖墓志铭》和天庆七年(1117年)的《姚璹墓志铭》,皆标榜本家姚氏之祖源出唐朝名相姚元崇,但在文献关系方面却无法传承接续。目前,文献可考的姚氏祖先实则为姚勔。据姚燧撰写的《中书左丞姚

---

① 班固. 汉书. 卷第46. 班超传. 北京:中华书局,2007:1576.

文献公神道碑》记载,"惟本五季梁、唐六镇节度使勋"①。"姚勋"之名在五代文献中出现三次:其一为《旧五代史》卷九《梁书》之《末帝纪中》贞明四年(918年)"正月庚辰条"记载:"以蔡州刺史姚勋权知感化军节度观察留后"②;其二为"六月己酉条"记载:"以权知感化军两使留后、特进、检校太保姚勋为感化军节度观察留后"③;其三为"十月辛丑朔"条记载:"以前感化军节度观察留后、特进、检校太保姚勋为左龙虎统军,充西都内外马步军都指挥使。"④据此可知,姚勋为后梁时期人,曾任感化军节度使,应当是《姚枢神道碑》所指之先祖。

3. "后周——辽"年间的政治背叛:姚汉英

后周——辽期间的主角为姚汉英,也是政治背叛世家——姚燧世系——发展中的一位关键人物,基本决定了姚氏家族发展之重大转型——即由中原农业政权融入北方游牧社会。

目前有诸多历史文献记述此事之原委,具体包括:《册府元龟》《旧五代史》之《周书》之《太祖纪第二》广顺元年五月己巳条、《辽史》之《世宗纪》天禄五年(951年)二月条、《辽史》卷九六《姚景行传》、姚燧的《牧庵集》中《宋太常卿陈公神道碑》、《袁公神道碑》、《中书左丞姚文献公神道碑》等。

据文献记载,姚汉英本为后周大将。后周太祖郭威于广顺元年(辽应历元年,951年)五月,遣姚汉英、华昭胤等出使契丹。辽世宗借口后周"书辞抗礼",将两人强行留用,姚汉英就此归顺了契丹。之后,姚汉英历经辽世宗、穆宗、景宗、圣宗四朝,位极人臣,无以复加。

姚汉英不仅个人显贵,且福泽家人,逐渐建立了显赫的政治背叛家族。据《辽史》之《圣宗本纪》记载,姚汉英的妻子刘氏、长子姚柬之、次子姚衡之等都受封无数,执掌大权。

4. "金——蒙元"年间的政治背叛:姚枢

辽亡后,姚燧世系家族成员政治背叛在金朝担任中下级官吏(具体过程目前无史料可考),后于朝阳辗转迁往中原,之后出现"金——蒙元"年间的政治背叛人物——姚枢。

姚枢(1201 - 1278 年),字公茂,政治背叛蒙元后受到忽必烈赏识,担任诸多

---

① 姚燧. 牧庵集. 卷第15. 中书左丞姚文献公神道碑. 四部丛刊本.
② 薛居正. 旧五代史[M]. 北京:中华书局,1976:133.
③ 薛居正. 旧五代史[M]. 北京:中华书局,1976:135.
④ 薛居正. 旧五代史[M]. 北京:中华书局,1976:136.

要职。卒谥"文献",元成宗即位后,追封其为"鲁国公"。

公元1250年,忽必烈延召姚枢至漠北访问帝王之学、治国之道。姚枢陈述后深受忽必烈器重。忽必烈受命总制漠南汉地军事,姚枢积极咨谋、预议朝政、参定制度。元世祖忽必烈即位后,姚枢以藩府旧臣参与国家大事、拟定制度。总之,姚枢是宋元际政治背叛者中的核心人物,是元朝初期重臣。元朝统一全国,元朝整体逐步的制度化,儒学在元朝的维系、繁盛等,均与姚枢关系巨大。

三、姚燧为中心的"政治背叛者社会圈"

(一)姚燧

1. 简要生平

姚燧(1238-1313年)字端甫,号牧庵,洛西(今属河南洛阳)人,祖籍营州柳城(今属辽宁朝阳)。伯父和养父是姚枢,岳父是有"关西夫子"之称的杨奂,元代大儒许衡为其老师。阎复、胡祗遹、吴澄、袁桷、元明善等是其友人,张养浩、贯云石、李术鲁翀等是他的学生。

2. 他者评价

姚燧是宋元际著名的政治、理学、史学、文学人物,在当时的政坛和文坛很有代表性,影响也广泛而深远。自元至清,人们对姚燧的文章都很推崇。尤其姚燧行文直爽,时人和后人都颇有赞誉。如龙兴寺佛教势力借外力强求以儒自鸣的姚燧写作"储宫赐龙兴寺永业田记",姚燧就在文中直言不讳地写道:"然以压于储皇之命,不敢礼辞。"①在《王宪副母夫人九十诗后序》中,姚燧更是直言不讳地批评了一些"言有矛盾"的阿谀奉承之徒。

吴澄(从祀孔庙的先儒)在《送卢廉使还朝为翰林学士序》中曾评价姚燧说:"众推能文辞有风致者,曰姚(按:指姚燧。)曰卢(按:指卢挚)。"张养浩评价姚燧说:"公才驱气驾,纵横开阖,倡鸣古人,群推牧庵一人。"(参见《牧庵文集》序)后来柳贯在《姚文公谥议》中把姚燧称为这一时期的文坛盟主。翰林待制贡奎(号云林)赋诗颂美姚燧:"柳城姚公天上客,海内文章今第一。"元朝末年的吴善《牧庵集序》将姚燧与司马迁父子、扬雄、班固、韩愈、柳宗元、欧阳修、苏轼等,并称为"一代之宗工"。

宋濂撰《元史》说他的文辞:"闳肆该洽,豪而不宕,刚而不厉,春容盛大,有西

---

① 姚燧. 牧庵集. 卷第9. 储宫赐龙兴寺永业田记. 四部丛刊本.

汉风。宋末弊习,为之一变。盖自延祐以前,文章大匠,莫能先之。"①黄百家案曰:"自石晋燕云十六州之割,北方之为异域也久矣,虽有宋诸儒叠出,声教不通。自赵江汉以南冠之囚,吾道入北,而姚枢、窦默、许衡、刘因之徒得闻程、朱之学,以广其传。由是北方之学郁起,如吴澄之经学,姚燧之文学,指不胜屈,皆彬彬郁郁矣。"②清初黄宗羲的《明文案序》给姚燧以极高评价,其说被《四库全书总目》称引,说:"国初黄宗羲选《明文案》,其序亦云:唐之韩柳,宋之欧曾,金之元好问,元之虞集、姚燧,其文皆非有明一代作者所能及。"清代四库馆臣认为,宋濂和黄宗羲的评价,可作"异代定论"。魏源《元史新编》卷四十七《姚燧传》对姚燧文章做了这样的评价:"燧学出许衡,而辞章英挺,则有天授。宋末文士,皆宗欧、苏,其敝也冗沓平易。至燧,始宗韩、柳,以绍秦、汉,不屑欧、苏以下,雄视元初,遂开一代风气。故元代古文,远出南宋之上。"③邓绍基、杨镰先生主编的《中国文学家大辞典》中称:"其(姚燧)碑志尤足以补史乘之阙。"④杨镰先生认为,姚燧的诗关注时事、忧国忧民,同时也是他情感的自白书。⑤

(二)社会圈

"亲属、师徒、朋友、同僚、同乡、同年、上下级"等,本来只是很普通的人际关系,但关涉到政治人物后便成为社会生活及政治活动中十分重要的社会关系。兹纳涅茨基在《知识人的社会角色》一书中提出了其研究的中心工具——"社会圈"⑥(social circle)。社会圈要求中心人物不辜负圈子的期望;反过来,社会圈将授予中心人物一定的权利和免疫性。在社会圈与角色之间,形成一个由大家所赞赏的价值复合体所构成的共同凝聚力。所有思考行动都受社会存在决定。社会圈是非正式组织的典型代表,构成了社会组织的基础和个人互动的平台。社会圈还会起到权力统治的作用,以形塑人们对于自我和行为举止的观念。

政治背叛者也是如此,"朋从则群居,群居则必有事为,而言及义必也"⑦。这个群体运用社会资源、掌握社会资本、拓展社会网络,努力在社会结构中向上流

---

① 宋濂. 元史. 卷第174. 列传第61. 姚燧传.
② 黄宗羲. 宋元学案. 卷第90. 鲁斋学案.
③ 魏源. 元史新编. 卷第46. 姚燧传. 江苏广陵古籍刻印社影印清光绪三十一年湖南邵阳魏氏慎初堂刊本.
④ 邓绍基,杨镰. 中国文学家大辞典(辽金元卷)[M]. 北京:中华书局,2006:273.
⑤ 杨镰. 元诗史[M]. 北京:人民文学出版社,2003:290-293.
⑥ [波兰]兹纳涅茨基. 郏斌祥译. 知识人的社会角色[M]. 南京:译林出版社,2000.
⑦ 姚燧. 牧庵集. 卷第8. 朋簪堂记. 四部丛刊本.

动。"天下之道有二,君子、小人而已矣。然各视其为势,孰主而孰宾之。己主而人宾,则人从己;己宾而人主,则己从人;无有无其朋者。"①就政治背叛者的社会圈来看,其核心要义包括三个层次:其一是中心人物对一批听众或公众发表"自己的思想";其二是这些属于"沉默的大多数"的听众或公众的思想集中反映在中心人物"自己的思想"中;其三,中心人物、听众或公众联结成为利益共同体,共同维护"自己的思想"。"个人权力的有效性依赖于他所处的社会结构和社会关系的强度,要想使个人权力有效,就必须把他组织到社会的集团或制度的模式中去。"②他们以姚燧为中心形成了一个既具实存意义也具抽象意义的社会圈:不具正式制度,不具组织领导,以关联利益为中心,依无形的习俗惯例相连,交换包括安全在内的各种资源。"损其一,则后其相与,而失于遗也。加其一,则所志不相如,而虽为辈也。虽有善权人物者,终亦不能推移其间,盖以语友也。"③

其中,以姚燧为中心重要的直接关系包括:姚枢(叔父、养父)、杨奂(岳父,元代大儒)、许衡(老师,元代大儒,从祀孔庙的先儒)、史天泽(同僚,元朝灭金的重要将领)、严实(同僚,元朝灭金的重要将领)、张荣(同僚,元朝灭金的重要将领)、元好问(朋友)、吴澄(朋友,从祀孔庙的先儒)、王恽(朋友)、刘因(朋友,元代大儒,从祀孔庙的先儒)、虞集(朋友)、张养浩(学生)、苏天爵(下级)等。以姚燧为中心的重要的间接关系包括:姚枢的同僚好友耶律楚材、赵复;杨奂的学生元好问、元好问的学生郝经、郝经的学生张弘范(元朝灭南宋的主将)等。这些关系相互叠加,形成复杂的社会圈。其现实表现形式还包括:各强大势力门下的养士集

---

① 姚燧. 牧庵集. 卷第8. 朋簪堂记. 四部丛刊本.
② 安东尼·M·奥勒姆. 政治社会学导论——对政治实体的社会学剖析[M]. 董云虎,李云龙,译. 杭州:浙江人民出版社,1989:234.
③ 姚燧. 牧庵集. 卷第7. 三贤堂记. 四部丛刊本.

团、封龙学派、苏门学派、东平学派等学术面相和"潜邸旧侣"等政治面相。

(三)社会圈举隅:派系合作与斗争

政治背叛者社会圈内部,相关政治人物在认同基础上,在政治生活中相互奥援,甚至胶固为党,进而再逐步影响政治进程。例如:姚枢、贾彦弼与时任平章关系匪浅,在举荐官员的时候,他们相互配合甚至相互背书,成败一体:"平章(按:官职名。)首荐彦弼可任,我左揆(按:指姚枢。)亦誉曰:'吾知斯人,有败则咎余。'"①

而在《东平贾氏千秋录后记》一文中出现了连环的两个案例,分别有四位政治背叛者参与其中:第一位政治背叛者元好问在个人文集中大加溢美之词,大书特书政治背叛者的个人记忆,呈现了第二位政治背叛者贾文元搭救后两位政治背叛者刘平和石元孙的"历史事迹":"康定间,刘平为元昊所得,边吏告以降敌,议收其族。文元时为御史,建言:'汉杀李陵母妻,陵不能归而汉有后悔;真宗抚王继忠家,而其后竟赖其力。事固未可知,今收其族,恐贻后日之悔。'上从其言而止。"②"庆历四年,元昊归石元孙,议赐死。文元言:'自古将帅被执而归,多贳其死。'上从之。"③

政治背叛者社会圈外部,则与其他派系发生各种形式的斗争。例如,在姚燧、王恽、郝经和苏天爵的文本中,都呈现了元朝中统初年,姚枢派系(包括窦默、许衡、姚枢、张文谦、王鹗、郝经、王恽等)与王文统派系之间的斗争,表面上以"汉法"与"回回法"的"义利之争"的形式展开,实质上是社会圈存在的证据和竞争的产物。相关史料记载还见于《元史》卷四《世祖本纪一》、卷一五八《姚枢传、许衡传、窦默传》、卷二〇五《王文统传》和《元朝名臣事略》引《窦默墓志》《鲁斋考岁略》《中书左丞姚文献公神道碑》《郝经行状》及《中堂事记》等等。主要塑造了如下数事:

其一,姚枢、许衡、窦默排斥王文统。

《中书左丞姚文献公神道碑》中记载到姚枢曾在忽必烈面前打击王文统的势力,进而预言:"王文统此人学术不纯,他日必反。"像这样性质严重的说辞表明,双方的斗争已经水火不容。《元史》之《许衡传》也记载了许衡与王文统之间的矛

---

① 姚燧. 牧庵集. 卷第21. 怀远大将军招抚使王公神道碑. 四部丛刊本.
② 元好问. 遗山先生文集. 卷第34. 东平贾氏千秋录后记. 文渊阁四库全书本.
③ 元好问. 遗山先生文集. 卷第34. 东平贾氏千秋录后记. 文渊阁四库全书本.

盾:"时王文统以言利进平章政事,衡、枢辈入侍,言治乱休戚,必以义为本。文统患之。"《窦默墓志》和《元史》之《窦默传》都述及窦默反对王文统用事:"……然平治天下,必用正人端士,唇吻小人一时功利之说,必不能定立国家基本,为子孙久远计。其卖利献勤乞怜取宠者,使不得行其计斯可矣。若夫钩距揣摩以利害警动人主之意者,无他,意在摈斥诸贤独执政柄耳,此苏、张之流也,惟陛下察之。伏望别选公明有道之士授以重任,则天下幸甚。"

《元史》之《王文统传》也有互相印证的文本:"默尝与王鹗及枢、衡俱侍世祖,面诋王文统曰:'此人学术不正,必祸天下,不可久居相位。'世祖曰:'若是,谁可为者?'默以许衡对,世祖不怿而罢。"此事据《元史》之《世祖本纪一》"中统二年六月己酉记事"的表述是:"(窦)默与王鹗面论王文统不宜在相位,荐许衡代之,帝不怿而罢。"

其二,王文统排斥郝经、许衡、窦默、姚枢、张文谦。

在卢挚为郝经所撰写的《元故翰林侍读学士国信使郝公神道碑铭》中两次写道王文统加害郝经:其一是"初,公(按:指郝经。)之使宋也,内则时相王文统忌公重望,排置异国,阴属边将违诏侵宋,沮挠使事,欲以款兵假手害公。"其二是"明年,世祖即皇帝位,诏公以翰林侍读学士使宋,号使曰"国信",锡金虎符。公方逾淮,边将李璮辄潜师侵宋。两淮制置李庭芝寓书于公,蔑以款兵,馆留真州,藉为口实。"①《鲁斋考岁略》和《元史》之《许衡传》都提及"时王文统秉政,……及窦公力排其学术之非,必致误国,文统始疑先生(按:指许衡。)唱和其说。(按:中统二年)五月,授雪斋(姚枢)太子太师,窦公(默)太子太傅,先生(按:指许衡。)太子太保,外侔尊之,实不欲顾问也。"《中书左丞张公神道碑》记载元世祖即位之初,张文谦与王文统共事遭王文统忌恨、施压,最后不得不请求离京去做地方官。

之后,《元史》之《王文统传》记忽必烈亲自审讯完王文统后,召来窦默、姚枢、王鹗、僧子聪(即刘秉忠)及张柔等人,问:"汝等谓文统当得何罪?"文臣皆言"人臣无将,将而必诛。"张柔独疾声大言曰:"宜剐!"世祖又曰"汝同辞言之。"诸臣皆曰:"当死。"由此可见两派斗争之激烈。

两个派系斗争的最终结果就是王文统被杀。之后,明初修史者借鉴宋元际政治背叛者的文集资料将王文统列入《元史》之《叛臣传》。可以说,以姚枢、许衡、

---

① 郝经.郝文忠公陵川文集.卷第24.元故翰林侍读学士国信使郝公神道碑铭(卢挚撰),太原:山西人民出版社,2006:14.

窦默、郝经、张文谦为主的派系获得了现实和历史的双重胜利。

后世有历史学家考证认为以上文本所述与历史事实不符。如果这种观点确实属实,就更证明了政治背叛者集体协调实施记忆塑造进行自我辩护的事实。

第二节 记忆塑造——自发记录到自觉建构

任何人都会死去两次:一次是他死了,另一次是记得他的人都死了。有的人对第二次死亡并不在乎,但有的人则恰恰相反。对于那些在乎的人而言,活着的时候自然会关注一件事:怎样让人记得他。具体到政治世界,让人记得并且按照事主希望的样子被人记得的意义更加重大,因为胜利者的话语权远大于失败者,掌握话语权者的胜利的机会也远大于失败。

一、文本与话语政治

马尔夏克曾说过:每一本书都有它自己的遭遇和寿命。有的书毁于一旦,有的书却能流芳百世。文学家认为流芳百世的书是因为其内在的文学美;政治学家则认为流芳百世的书是因为其话语权力的强大。

英文中,author(作者)和 authority(权威)是同一词源,由此可见二者之间的紧密历史渊源。惠特尼认为:语言是一种社会制度。安东尼奥德·内布里哈也认为"语言从来都是帝国的最佳伴侣"(安东尼奥德·内布里哈,《卡斯蒂利亚语语法》,1492 年)。许倬云把"完整的中国文字书写系统"作为商朝建立中国古代真正霸权的标志之一。他认为,"完整的中国文字书写系统"取得了记录与阐释中国历史的权力,即话语场就是权力场。政治背叛者对此也有明确的认知:"弓矢为物,以待盗也。待盗得之,亦将待人。文章固发闻士子之利器,然先有能一世之名,将何以应人之见役者哉? 非其人而与之,与非其人而拒之,钧罪也。非周身斯世之道也。"[①]文字、文章是重要的利器,爱国主义者会以它阐述爱国主义;背叛者也会以它为自己辩护。

话语的实质是语义政治,是人们在特定历史条件与社会环境下决定自己说什么、怎样说的潜在逻辑,它以有意识或无意识的方式悄无声息地框定群体或个人

---

① 姚燧. 牧庵集. 卷第 4. 送畅纯甫序. 四部丛刊本.

的言语、思想、行为的路径和主线。话语不仅有陈述功能,还有行动的力量。文字的撰写是表现话语权力的最有效的方式之一,是面对无法发声的历史的唯一见证。从某种角度而言,文字创造活动就是在争夺对过去的解释权力。权力和利益关系建立在他们对文字和意义之间的关系的控制上。"作者并不是知识分子。作者是担保人。他是精通文字者,能够澄清意义,因此能够在世界的喧嚣中主持公正;他的强大来源于通过文字的手段来平息争端和危机,通过辨认意义的能力来团结民众,并凭借此种先于权力实施的能力来实现安定。与那种充满创造性能量的活力相对立,他拥有的是增强破解意义的力量的象征能力,因而是一种能够促进社会的一致与和谐的能力。"①

宋元之际政治背叛者个人文集中的观点流露是世俗空间的镜像,是作者和作者所属群体在历史中经历的对应物。这些可能更有历史现场感和情感的渗入,更切近对象的精神接受层面,也是对对象较为合理的想象、理解与阐释。文本一旦从历史中获得相对独立的形态,便开始超越历史的羁绊,积极参与到现实中去,并在现实中获得其生命力:"文乃儒之一事,言之不文,则行之不远。"②宋元际政治背叛者通过文集来争取在历史的问题上的话语权,他们想表明自己不是匆匆过客,而是真正的主人,"延民之思,日远则忘。我诗之碑,百世昭章。"③

二、历史记忆、集体记忆与记忆塑造

1789 年 7 月 14 日晚上,法国国王路易十六在日记里写下了法国大革命历史叙述中一句著名的话——"今日无事"。那么历史中哪些能成为"事"呢?历史是一个学习的过程,也是一个忘记的过程,而且记忆正因它在其中的选择性而闻名。

(一)历史记忆与记忆塑造

历史记忆是指对历史事件的记录和回忆,以及对记录和回忆加以整理和编纂形成的历史文本,其主体狭义上是指历史事件的亲身经历者或目击者,广义上还涵盖了历史文本的撰写者甚至传播者。进入文明社会以来,记忆越来越依赖于书写,摩涅莫绪涅(Mnemosyne)是希腊神话中的记忆女神,是 9 位缪斯(文艺和科学女神)的母亲,这一隐喻的内涵非常明显。

---

① 朗西埃. 政治的边缘[M]. 姜宇辉,译. 上海:上海译文出版社,2007:8.
② 姚燧. 牧庵集. 卷第 10. 重建南泉山大慈化禅寺碑. 四部丛刊本.
③ 姚燧. 牧庵集. 卷第 17. 袁公神道碑. 四部丛刊本.

古代欧洲的先哲曾把人定义为一种"努力记忆、追索和验证自身历程的存在"。姚燧等人撰写文集即是如此,是政治人物与作家双重身份的分裂与重合。立言的目的就是创造一个新的"记忆之场"或去影响甚至改变一个已有的"记忆之场","毫无疑问,为了模糊自己的面孔而写作的远非我一个人。不要问我是谁,更不要希求我从一而终。"①唯有如此,才能实现此地在彼地的在场,此时在彼时的在场(尤其是现在在未来的在场)。其中包含对当时和未来的辩护词。记忆塑造包括历史的整容和化妆,是语言政治学的极佳体现。通过记忆塑造达到形象塑造的过程和方法具有拓展生存与发展空间、建构新秩序、动员社会民众等功能②。"作者并不是知识分子。作者是担保人。他是精通文字者,能够澄清意义,因此能够在世界的喧嚣中主持公正;他的强大来源于通过文字的手段来平息争端和危机,通过辨认意义的能力来团结民众,并凭借此种先于权力实施的能力来实现安定。与那种充满创造性能量的活力相对立,他拥有的是增强破解意义的力量的象征能力,因而是一种能够促进社会的一致与和谐的能力。"③

就某个既定范围而言,对记忆的影响和控制强度与权力等级呈现正相关。权力的目标之一是把自己的意志强加于人,依靠塑造它控制范围之下的人们的观念来维持和延续自己的存在。"这种政治被视作统治者的艺术、被作为政府的具体实践和哲学的宏大理论之间的古老关联。"④从某种角度而言,文字创造活动就是在争夺对过去的解释权力。权力和利益关系建立在他们对文字和意义之间的关系的控制上。"作者是精于传布信息者。他能在世界的喧哗之中辨识意义"⑤,并且通过文字这道关口来创造或选择保留某些记忆,消除或截停甚至消除某些记忆⑥。

(二)集体记忆与记忆塑造

哈布瓦赫确信,"记忆事实上是以系统的形式出现的……记忆联合起来的诸

---

① 米歇尔·福柯. 知识考古学[M]. 北京:生活. 读书. 新知三联书店. 1998:17.
② 王建华. 抗战时期中国共产党的形象塑造[J]. 福建论坛(人文社会科学版),2013(3).
③ 朗西埃. 姜宇辉. 政治的边缘[M]. 上海:上海译文出版社,2007:8.
④ 朗西埃. 姜宇辉. 政治的边缘[M]. 上海:上海译文出版社,2007:8.
⑤ 朗西埃. 姜宇辉. 政治的边缘[M]. 上海:上海译文出版社,2007:7.
⑥ 除忆诅咒(拉丁语:Damnatio memoriae),或称为记录抹杀之刑。按字面解释是"记忆上的惩罚",意指从人们的记忆中抹消某一个人的存在。相传在古罗马时期,一位罗马精英阶层的公民(特别是从事政治方面)或帝国时期的罗马皇帝亡故之后,由元老院讨论并决议是否对其施以这种惩罚。这是一种对于已故公民最严厉的惩罚。

种模式,源自人们联合起来的各类方式。只有把记忆定位在相应的群体思想中时,我们才能理解发生在个体思想中的每一段记忆"。

自然科学与社会科学对于记忆研究的共识是:记忆从来都不是对过去的机械式的拍照或录像留存,而是基于后续的需要而被重新建构。同样,集体记忆也绝不是个体记忆的简单求和。在符合这个集体的主导思想的前提下,集体记忆首先筛选然后重建关于过去的意象。集体记忆完成后需要通过不断强化的方式在个体记忆之中呈现自身。"岂文章也,作者难,而知之者尤难欤!"①群体成员只有当将其他成员的所有这些思想都紧密放置在一起,并以某种方式把他们重新结合起来时,这些思想才能够形成可以把握的脉络以及能被理解的构思。这些思想就构成了集体记忆活的灵魂和保护层。而从过去保留下来的许多客观要素和事情梗概,成了集体记忆的基本素材。正是在灵魂、保护层、素材组成的框架中,人和事才得以完成呈现,人都表达出一套完整的个性;事也都扼要地占据和重演着这一集体的某个完整的时域。"世无知公者,岂惟知之,读而能句,句而得其意者犹寡。"②

群体倾向于以其自有的方式解释它借用自社会的概念。每个群体最终都会拥有自己的逻辑和传统。集体记忆本身,过去的意象一般倾向于使现在的集体秩序合法化。这确保了群体的内聚力,并保证了群体的连续性。如果一个群体在一定时期对集体成员产生了影响,那么即使当集团成员在另一时间和空间独处时,也会像依旧生活在这个群体的压力下一样行为和思考。

三、政治背叛者记忆塑造的自觉意识

传统历史中的易代之际是为政治背叛者特设的大舞台。宋元际政治背叛者的身份自觉,使得他们较之其他同时代人,更紧张地感受着时间,体验着时间之于他们的考验。他们明白:

其一,文化"忠义"的要求由来已久。

草原文明对于"忠义"也有朴素的认知,例如元史中记载,政治背叛者张荣(济南公)曾在降前独抗蒙古军。政治背叛后,成吉思汗曾问他为什么敢孤军抵抗蒙

---

① 姚燧. 牧庵集. 卷第4. 送畅纯甫序. 四部丛刊本.
② 姚燧. 牧庵集. 卷第4. 送畅纯甫序. 四部丛刊本.

古大军那么多年？张荣回答："山东地广人稠,悉为帝有。臣若但有倚恃,亦不款服。"①元太祖成吉思汗非但没有生气,反而很赞赏地拍着张荣的后背说他是真正的英雄。

中国的传统文化语境更是如此,强烈的价值导向甚至政治背叛者本身亦不可免,遑论他人。元史中记载了这样一件事,忽必烈问一些宋朝政治背叛者："为何南宋会灭亡？"这些政治背叛者回答道："自从贾似道当了宰相掌握权力后,倍加推崇文人儒士而贬低压抑武将。武将对他怨声载道,所以才发生了政治背叛之事。"而政治背叛者董文忠回答道："贾似道贬低压抑你们,对你们不好。但南宋皇帝对你们很好啊,让你们身居高官,让你们家财万贯。现在,你们对丞相有怨言而把怨气撒在皇帝身上。你们不肯为国打仗、尽忠报国,坐视南宋灭亡,那作为臣子的忠节义气在哪里呢？这样看来,贾似道贬低压抑你们难道不是预知你们这班人根本靠不住吗？"董文忠言语之间流露出对那些南宋叛将的不屑和鄙视。

姚燧本人也非常钦佩"忠义""节烈"之士,如金朝的编修官丁公"及事胜国三朝,尝先显者,或无有伦焉宜。其文章之宏肆,年德之高邵,日闻。天朝累起而将官之,而公辞之,至今又于向见干进而不释者,之中所无也"②,姚燧"以是多公"③。两人竟成为莫逆之交。

其二,每个王朝对于"忠义"的意识形态要求在程度上可能会有差别,但本质上都会非常强烈,哪怕是辽、金、元这样的异族群王朝。

褒扬忠义、贬斥背叛从来都是新朝证明其合法性以及权威性的一种动作。表彰者借大规模的表彰活动和贬斥活动肯定自身,彰显其作为传统价值观的维护者和倡导者的身份——尽管被盛赞的忠义,有可能正是被它置于死地的;尽管被贬斥的背叛,有可能正是被它延揽于高位的。当时此类的例子就比比皆是。例如,辽朝围困后唐军于晋安寨(应在今山西省太原市附近),尽管形势逐渐恶劣但是后唐将领张敬达决不投降。不久,一些将领密谋并杀掉张敬达投降辽朝。而辽太宗则"嘉张敬达之忠,命收葬而祭之"④。在接见那些叛将时,辽太宗毫不掩饰地表达出对张敬达的崇敬和对这些叛将的蔑视,他对这些叛将说："汝辈亦大恶汉,不

---

① 宋濂. 元史. 卷第150. 列传第37. 张荣传.
② 姚燧. 牧庵集. 卷第4. 别丁编修序. 四部丛刊本.
③ 姚燧. 牧庵集. 卷第4. 别丁编修序. 四部丛刊本.
④ 司马光. 资治通鉴. 卷第280.

用盐酪哎战马万匹！"①又说，"汝曹为人臣,当效敬达也。"②另一个例子是北宋抗辽将领杨业，他与辽军孤军奋战，重伤被俘后绝食而死。辽人感其忠义，于古北口修建杨无敌庙，声其罪而悯其心，杀其身而高其义。令人感慨"威信仇方名不灭，至今遗俗奉遗祠"③，"驰驱本为中原用，尝享能令异域尊。"④

对于这一点，政治背叛者有着清醒的认识。"公之遗烈，今虽在人口耳，不镌之石，久或遗忘，来者或不闻。"⑤"殁不知所谓哀，久不知所谓忘，亦人之情宜然也。"⑥更为重要的是，王朝"有遇其时，未必见隆于后"⑦。新朝定鼎时，对政治背叛者加以利用是为了靖人心，事后则会黜之以砺臣节，实施道德方面的"教育运动"。"善用之者，能以杀人者生人，不善用之，则反以生人者杀人。"⑧政治背叛者明白自己当代和后世肯定要承受多方面、多轮次的审视、监察，稍有差池，就会遭到各种类型的历史审判，甚至"百谤百骂，嬉笑姗侮，上累祖祢，下辱子孙"⑨，甚至面临在历史领域被"封杀"的风险。姚燧在《榞庵集序》中谈到司马迁的《史记》对于皋陶⑩后裔在英、六一带（今安徽六安地区）的封国因为"无谱"而没有记载、逐渐淡出历史的事情愤愤不平，如"余读《陈杞世家》，叙舜禹契稷伯夷伯翳之裔，于帝王与显诸侯，曰'有本纪言''有世家言'。独于皋陶封英、六，曰'无谱'。尝为之废卷，曰：'呜呼，英、六，建国也，愿虞夏商周四代之间，将二千年，由无谱，虽以太史公之综博，犹不能推采其世，竟与滕薛驺小不足齿列者，同归于弗论，则清风素望之家，子孙能完有其谱，不隳世德者，岂不难其人焉！'"⑪姚燧的这种"不平"之论，多少恐怕也暗含了对自己及整个政治背叛者群体未来历史命运的担忧。

四、政治背叛者记忆塑造的"分工合作"

政治背叛者整体有意无意地存在着进行记忆塑造的强烈愿望。"匪刻金石，

---

① 司马光．资治通鉴．卷第280．
② 司马光．资治通鉴．卷第280．
③ 苏颂．苏魏公文集．卷第13．和仲选过古北口杨无敌庙诗．
④ 苏辙．栾城集．卷第16．过杨无敌庙诗．
⑤ 姚燧．牧庵集．卷第23．真定新军万户张公神道碑．四部丛刊本．
⑥ 姚燧．牧庵集．卷第3．冯松庵挽诗序．四部丛刊本．
⑦ 姚燧．牧庵集．卷第11．长春宫碑．四部丛刊本．
⑧ 元好问．遗山先生文集．卷第37．周氏卫生方序．文渊阁四库全书本．
⑨ 元好问．遗山先生文集．卷第39．答中书令成仲书．文渊阁四库全书本．
⑩ 中国上古传说中与尧、舜、禹齐名的"上古四圣"之一。
⑪ 姚燧．牧庵集．卷第3．榞庵集序．四部丛刊本．

将无以侈今而垂后。"①"余尝思古之人,惟其言之可以后行为恃,以待他日子云者出,将不病夫举一世之人不余知也。"②他们希望通过文本的方式与后人实现超越时空的对话和交流,以保障自身和后人可持续性的权力存在。

从某种意义上来说,将修饰后的记忆写成书,书中的内容也就可以公之于世、传诸后人、运往他乡,并能翻译、交流、传播、复制、散播。写成了书,就算是妥善保管了记忆,保管了一种态度和观念。写成了书,作者就可以引导读者从作者设定的视角来审视作者设定的内容。"至于量体裁、审音节、权利病、证真赝,考古今诗人之变,有戆直而无姑息,虽古人复生、未敢多让。"③这种文字"表达"无疑丰富了政治背叛者的生存,使他们更有了与前辈和后辈同在的感受,"窃尝泛观,大率古人之书,不行其时而传诸后"④。因此,元好问才会如此较真地要求后辈认真阅读其著作,"违吾此言,非元氏子孙。"⑤

当然,不是每个人都能进行预想中的书写,毕竟"学问有利钝,文章有巧拙。"⑥这一任务的完成就落到政治背叛者社会圈中心人物——"世名笃古善文者"⑦——的身上。对此,姚燧在《别丁编修序》有一个形象的隐喻:"十人为什,操杵负畚而力作者九人,逸者一人,袖手傍歌,俾九人者勤力而忘劳,乃董役而犒功,逸者与受直焉。"⑧十个人一组干活,九个辛勤劳作,一个在旁边承担记述那九个人劳作的"史迹"。等工作完成,大家共享其成。而对于政治背叛者社会圈中的"世名笃古善文者"⑨而言,著述本来就是其生存方式之一,也是他们借以思考、发现与论证自己和所属群体的生存方式、生存意义的重要途径。他们经由著述而自我界定、自我认同,其深度尤其在学术著作中,引导后世的看法朝自我期许的方向前进,规范后人的历史想象。

于是乎,在政治背叛者社会圈内进行记忆塑造"合作"的集体行动自然生成。

---

① 姚燧. 牧庵集. 卷第19. 资德大夫云南行中书省右丞赠秉忠执德威远功德开府仪同三司太师上柱国魏国公谥忠节李公神道碑. 四部丛刊本.
② 姚燧. 牧庵集. 卷第4. 送畅纯甫序. 四部丛刊本.
③ 元好问. 遗山先生文集. 卷第39. 答聪上人书. 文渊阁四库全书本.
④ 姚燧. 牧庵集. 卷第3. 樗庵集序. 四部丛刊本.
⑤ 元好问. 遗山先生文集. 卷第37. 南冠录引. 文渊阁四库全书本.
⑥ 颜氏家训. 文章第9.
⑦ 姚燧. 牧庵集. 卷第28. 蓟州甲局提举刘府君墓志铭. 四部丛刊本.
⑧ 姚燧. 牧庵集. 卷第4. 别丁编修序. 四部丛刊本.
⑨ 姚燧. 牧庵集. 卷第28. 蓟州甲局提举刘府君墓志铭. 四部丛刊本.

那些在表达领域作为"沉默的大多数"或"无暇于为言"①的政治背叛者便有了这样的举措："贤公卿之胄,或不远数千里及门,求表着其先烈者相踵也。"②"将相鼎族,辇金筐币,讬铭先世勋德者,路谒门趋,如水赴壑。"③这些政治背叛者希冀通过中心人物的笔触,可以"约要于繁,出奇于腐"④,"一揆义礼之正,褒以劝善,贬以诛恶,使地下之人,宠受华衮,耻蒙市挞。其效法《春秋》,扶植人极之功,何邕所敢跂及!"⑤

而这些如姚燧般的政治背叛者中的社会圈中心人物也决心"予所不知者亡可奈何;其所知者,忍弃之而不记邪?"⑥"在历史中"的政治背叛者的自觉势必规范着相关写作,参与对人、对事的塑造。"若夫立心于毁誉失真之后,而无所恤,横身于利害相磨之场而莫之避,以此而拟诸君,亦庶几有措足之地。"⑦"于是之时,彦亨求序《梅豀唱和》。余莞然笑之:非求序也,特诧彼十三人者之能言相媲焉耳。虽然,子见夫善奕之与拙奕乎?拙奕获偶善奕,则其智日增;善奕之避拙奕,则惧其术之退也;君惧退术耶?余智乌乎增?将日负博局,而惟夫子之是从也。"⑧

蒙元之际,世风动荡,政治背叛者的个人高水平著述势必成为实质上的修史或准修史。通过各类型修史和准修史就是要争夺乃至垄断对某段历史的解释权,建立一种"政治——学术"模式,即通过历史著述这样的学术行为来隐蔽地表达政治意图。托克维尔认为:"历史是一座画廊,在那里原作很少,复制品很多。"⑨各类型修史形式上是一种学术政治文化行为,实际上一头连着当下的政治利益,一头连着对未来的"关怀"。通过一套熟知的象征符号,使自己塑造的姿态呈现于前,便于辨识;又经由对独特符号的创造,传达其选择的更个性化的内涵。如果无法完成这样的塑造或无法高质量地完成这样的塑造,"其文如风花之逐水,霜叶之委土,朝夕腐耳,岂有一言之几乎古,可闻之将来乎?"⑩也就难以获得之后历史叙述中的位置或达到自身意图的位置。而各种经由塑造而规范化的历史书写又暗

---

① 姚燧. 牧庵集. 卷第4. 送畅纯甫序. 四部丛刊本.
② 姚燧. 牧庵集. 卷第28. 蓟州甲局提举刘府君墓志铭. 四部丛刊本.
③ 姚燧. 牧庵集. 卷第1. 原序. 四部丛刊本.
④ 姚燧. 牧庵集. 卷第1. 原序. 四部丛刊本.
⑤ 姚燧. 牧庵集. 卷第3. 读史管见序. 四部丛刊本.
⑥ 元好问. 遗山先生文集. 卷第37. 南冠录引. 文渊阁四库全书本.
⑦ 元好问. 遗山先生文集. 卷第38. 写真自赞崧山中作. 文渊阁四库全书本.
⑧ 姚燧. 牧庵集. 卷第3. 遐观台唱和诗序. 四部丛刊本.
⑨ 托克维尔. 旧制度与大革命[M]. 北京:商务印书馆,1992:104.
⑩ 姚燧. 牧庵集. 卷第4. 送畅纯甫序. 四部丛刊本.

中规范着后人的行为,提示着他们在类似情境中的应然反应。

在《怀远大将军招抚使王公神道碑》中,姚燧更将自己创作碑传的行为与司马迁作《史记》相提并论,其宏图大志可见一斑:"昔司马迁述汉传,皆访旧闻与遗老之一言为之,盖职史者宜然,非必其时功臣子孙一一求见,而始援翰也。燧文劣下,固不敢自方先贤,而其职亦太史也。"①正是秉持"治史""职史""志史"的高度"使命感"与"责任感",姚燧力所能及地记载、塑造政治背叛者人物的"正面"形象和"正面"史迹。如《金同知沁南军节度使事杨公传》②中,传主杨闰为金朝军官,跟随上司禹显征战多年。在战斗中,杨闰常常身先士卒、奋勇杀敌(按:指宋军或起义红袄军)、战功卓越。但金朝已近末年,朝廷腐败、动乱四起,杨闰以一己之力还是难以挽大厦之将倾。在一次战斗中,杨闰晚上和衣而卧,住在城墙隘楼戒备。当晚敌人来侦刺偷袭,杨闰赤手空拳与敌人搏斗,最终战死。姚燧遗憾如此壮烈之士其行迹居然没有正式记录,所以当传主之子找姚燧撰文纪念,以备后世不忘时,姚燧深为赞同并欣然援笔。而在《河东检察李公墓志铭》中,他这种借碑存史的观点表达得更加明确:"燧思古人揭之石者,上惟其统,下惟其绪,率不旁及宗从。佝乃详然,岂伤丧乱以还,其存今者已此,将俾来者有究所自耶?亦亲亲笃厚之道也,故不略而手笔之。"③

在政治背叛者笔下,丰富的"历史素材"参与了当事各方在这一历史关头的选择;"非独功如是,有言又如是"④,既往的历史绝不止在作为"言论"的层面上,而是经由当事者付之于行动!

---

① 姚燧. 牧庵集. 卷第21. 怀远大将军招抚使王公神道碑. 四部丛刊本.
② 四部丛刊本《牧庵集》中无此篇,但《全元文》辑自《元文类》卷第69,国家图书馆藏不分卷第旧抄本牧庵集也有此文。
③ 姚燧. 牧庵集. 卷第28. 河东检察李公墓志铭. 四部丛刊本.
④ 姚燧. 牧庵集. 卷第3. 郭野斋诗集序. 四部丛刊本.

第二章

背景——"无奈"的乱世宿命

戴维·伊斯顿在《政治分析的框架》一书中认为,把政治生活独立成一个系统是一种分析手段,切不可视之为实存。实存的政治生活总是处于自然的、生物的、社会的诸种外在环境和条件包围之中。政治背叛者在其著述中对于自身政治系统之外的生态环境的塑造其实是一种情境定义,即提出一个"实际"的问题:如何在给定条件下求取最优解。

通过研究具有典型意义的局部来展示整体的风貌是常用的研究方法。"追寻叛乱武装在地图上的运动轨迹有利于我们揭示这些人是通过何种渠道卷入冲突中心的,揭示各种市场等级层次上的动员类型。"①政治背叛现象在时空中的分布不是均质的。在特殊的时点、特殊的空间、特殊的人群里,政治背叛现象会集中典型化地爆发。显然,易代之际——尤其是宋元之际——就是那个特殊的时点之一,而华北地区就是那个特殊时点的特殊空间。这些时间和空间铸造了政治背叛者的"宿命"。

政治背叛者所处生态的特点是"块裂",犹如大旱之后的水田:本来悠然一体的有机和谐,被断裂分割的无机团块所替代。在政治背叛者的陈述中,他们是"太平不遇之民"②,正身处"天灾人祸——动乱——流民"这一再验证过的历史因果循环链中;其生存区域虽然是胡汉杂处的豪杰之地,但似乎正陷于因公共产品

---

① 李丹. 理解农民中国[M]. 南京:江苏人民出版社,2009:85.
② 姚燧. 牧庵集. 卷第25. 孙府君神道碣. 四部丛刊本.

极度缺失而引发激烈动荡的"金德尔柏格陷阱"(The Kindleberger Trap)①。对全国而言,华北区域整体呈现出原子化和离散化等现象;对华北而言,内部各个区域呈现为各自的原子化和离散化等特征。外面的世界仿佛康德的"彼岸世界"——明知它存在,却与我无关。在世变的一瞬间,外力成为原生态的国家与社会互动关系中的支配性变量。历史的过程作为时空连续体,丰富化、复杂化了这一时期的历史图景:诸种政治势力起伏消长,情势倏忽变化,人们盲目奔窜,士人裹挟于乱局、身不由己。此时的政治形势相当复杂,冲突各方色彩闪烁不定,井然有序、阵线分明的斗争形势似乎完全不存在,那种把中国政治制度的长期稳定性和地方社会连续性的因素联系起来的假定似乎完全空转。

第一节 地缘环境

"区域"本身是一个历史的过程,是很长时间历史积淀的结果。在依照不同的地理学原则被切割成多个区域的地域范围内,生活着一个有着相同语言、相近习俗、尤其是有着相关的历史记忆,且内部交往相当密切的人群。"区域"作为一种分析工具被使用,在一般意义上,其实就是要把"区域"与"人"联系在一起。这种情况下,"区域"所指称的就不仅是地理概念,更是一种与人的思想、实践相关的历史场域。

"区域"本身自有其发展脉络和内在运作机制。研析"政治背叛者"的地缘分布和区域内的权力散布轨迹,有利于揭示他们进入或卷入政治的诸种逻辑线条,有利于揭示各等级层次上的政治背叛类型。这也揭示了对国家制度的国家"话语"的深刻理解,让国家层面的政治文化可以在区域性的历史发展中全息地展现出来。

一、基本情势

长城两侧附近区域是典型的拉铁摩尔认知意义中的边疆地区,长期以来曾是

---

① 金德尔柏格是二战后美国马歇尔计划的思想构建者之一。他认为,20世纪30年代世界经济大萧条的原因是全球公共品的缺失。尽管美国取代了英国成为世界最大的国家,但美国未能接替英国扮演为全球提供公共品的角色,导致全球经济体系陷入衰退、种族灭绝和世界大战。

中国北方文明冲突对抗和交往融合的最前哨,常常以胡汉杂糅、精英辈出的文明过渡区、政治缓冲区的政治文化面相而出现。这一文化边际对文化接触后的冲突、调和与融合会产生深远影响。

(一)地理位置

宋元际大部分"政治背叛者"兴起的地理区域,主要集中于古代黄河流域的中下游,尤其是长城和燕山以南、太行山两侧、黄河(历史上黄河经常在河北和山东范围内改道)南北地区,大约为现代的北京、天津、河北、山西、河南中西部、山东省中北部等。其核心区域,即古代"三河"①"山东"②,金代的西京路、中都路、河北东路、河北西路、山东东路、山东西路、大名府路、河东北路、河东南路③,元代"腹里"地区(或称"中原汉地""中州内地"等)。

这一区域的地理重要性不言而喻。北部毗邻历来是游牧族群大本营的蒙古高原,而整个区域的准边缘——燕山、太行山、黄河、大海——是安全的重要屏障,尤其是燕山地区"地处雄要,北倚山岭,南压区夏,若坐堂隍,俯视区宇"④。整个区域内部则"河朔幅员二千里,地平夷无险阻"⑤。这里"地处雄要","控制南北"⑥。"山东重地所在,天下莫与为比。"⑦"兵戎冠天下之雄,与赋当域中之半,跨浩穰于三辅,据会要于万邦。"⑧

这一区域在历史上的重要性非常突出。《史记》当中就曾做出这样的评价:"昔唐人都河东,殷人都河内,周人都河南。夫三河在天下之中,若鼎足,王者所更居也。"⑨唐朝时期也有类似的看法:"山东重地所在,天下莫与为比。杜牧以为:'王者不得之则不可以王,伯者不得之则不可以伯。'古之山东,今河朔燕、赵、魏。是以就三镇较之,魏常制燕、赵之生死,而悬河南之重轻,故又重焉。"⑩元好问笔

---

① 在宋代以前,古汉语中的"河"一般专指古黄河。"三河"地区一般指河内郡、河东郡、河南郡,包括现在的山西、河南、河北地。
② 唐代之前,多把陕西华山以东的广大地盘皆称"山东",包括现在的河南、山东、山西和河北等地。
③ 脱脱. 金史. 卷第24、25、26. 地理志.
④ 梁襄. 谏幸金莲川疏[A]. 金文最:上册[Z]. 北京:中华书局,1990.
⑤ 脱脱. 宋史. 地理志.
⑥ 脱脱. 金史. 卷第96. 梁襄传:2134.
⑦ 元好问. 元好问全集. 卷第26. 东平行台严公祠堂碑铭有序.
⑧ 向南. 辽代石刻文编[M]. 石家庄:河北教育出版社,1995年:260.
⑨ 史记. 货殖列传第69.
⑩ 元好问. 遗山先生文集. 卷第26. 东平行台严公祠堂碑铭有序. 文渊阁四库全书本.

下的政治背叛者身处乱世,对于该区域的认知也更有历史之感,例如有文章言"山东地方数千里,齐、魏、燕、赵皆在其中,士马强富,豪杰辈出,耕蚕足以衣食天下,形势足以控制四方。彼疆此界,且在所必争。"①"在承平日若无患,及其弊,则天下有土崩之势。秦之胜、广,汉之张、鲁,唐之安、史,皆是也。"②

历代黄河北流变迁略图

（二）经济发展

相关考古发现显示,史前人类对宋元际政治背叛者兴起的这一地理区域进行了一定的开发,文明分布众多。早期,黄河从今天河南郑州市的西北方向处开始曾流经华北大平原北部,其下游支流众多,经常泛滥,史籍当中多有"九河"之称。由于黄河水患的影响和水利实施的难度,当时该区域的农业发展远远落后于当时

---

① 元好问. 遗山先生文集. 卷第19. 内翰冯公神道碑铭. 文渊阁四库全书本.
② 元好问. 遗山先生文集. 卷第17. 闲闲公墓铭. 文渊阁四库全书本.

陕西中部和河南中部的优势地区。

春秋战国时,铁器的推广促进了黄河流域进一步开发①,"九河"逐渐堙塞,开始具备开发条件。秦汉时期,这一区域的旱作农业区已经有了一定的发展。王莽时期和东汉章帝时期,黄河的自然改道和人工治理的大获成功使得水患逐渐减少。自此到唐末,黄河长期相对稳定,为华北大平原中部和东北部的开发创造了有利条件。三国时,曹操经营该区域,开凿了白沟、利漕、平虏、泉州诸渠,导流各河在天津附近汇流入海,形成海河水系,加速了该地区的开发。北朝后期到唐代,该区域已经高度开发,成为粮食和税赋的重要供应地,"国之资储,唯籍河北"②,"大内壮丽,城北有市,陆海百货,聚于其中;僧居佛寺,冠于北方。锦绣组绮,精绝天下。"③

二、双方的边疆

相对而言,游牧业所需的硬性自然生存生产条件比农业的低。因而就当时一般化的生产条件来看,农业难以在游牧业区域大面积展开,游牧业却较少受此影响,尤其是在黄河流域的农区。就华北长城一线来看,农业与游牧业的界线往往会随着游牧文明势力的强大而南移,却不能明显随着农业文明势力的强大而向北推移。就文明得以存在和发展的若干刚性需求来看,游牧文明对农业文明有一定的依赖性(如植物性食物、纺织品、铁质生产生活工具等),而农业文明对游牧文明的依赖性却相对较少。因此,游牧文明对农业文明的政治态度一般来说相对激进,在战争中,心理上能承受较大的冲突成本;而农业文明则相对保守,认为对付游牧文明"是无必定之规,亦无长胜之法"④。一般采取修城筑防、控制交流和贸易等防守性手段,"来则惩而御之,去则备而守之……盖圣王制御蛮夷之常道也。"⑤

秦汉以后,以农立国是农业文明政权的基本国策,由此产生的"重农本,抑商末"的政策使得举国成为土地和农业的依赖者和崇拜者。农业文明政权对自己的实控疆域的边界偏好,基本上以是否适宜农业生产为标准。在该范围以外的拓展

---

① 《纬宝乾图》《尚书中候》等记载:齐桓公为开拓疆土,填平了"九河"中的八条。
② 北史.卷第15.常山王遵附晖传.
③ 叶隆礼.契丹国志.卷第22.州县记载.上海:上海古籍出版社,1985:217.
④ 陆宣公奏议.论边缘守备事宜状.
⑤ 汉书.卷第94下.匈奴传.

往往是战术性和军事性的,而非战略性和生产性的。就现有资料来看,战术性和军事性行动更多的是在对游牧势力的反击或反击胜利后的延续行动,是一种以攻为守的策略。对于在该范围以外获得的疆域,帝制时代的中国一般会设立军政合一的消极管理机构(所谓"消极"是指其目的是通过确保当地原有部族或其政权对中央农业文明王朝的忠诚从而保证农业文明区域生产体系的正常运作)。隋唐以来,游牧文明对茶叶、纺织品、铁等农业文明产品的需求量很大,农业文明政权往往以此为施加压力的手段。而获得这些必需品往往又成为游牧势力剽掠或侵入的基本驱动力之一。

从魏晋南北朝开始,每逢游牧势力侵入农业区便会导致社会的大动荡,尽管有大量北方人逃往秦淮以南甚至长江以南,但也有一些北方人出于种种原因留居该区域。留居人口往往依托坞壁以自保,他们在有限的耕地上实行精耕细作的"坞壁农业"①。现有资料显示,这可能是该区域社会经济在战乱中得以继续生存发展的重要支撑点。陈寅恪认为,"决不能忽视北方不能走或不愿走的人们屯聚堡坞的作用,屯聚与人口的大流动对历史产生的影响是难分轻重的。"②这种影响对当时和以后的历史都产生了结构性扰动。它以历史积淀的方式留存在该区域人们自觉不自觉的记忆中,并在一代又一代的生命传承中被誊写和翻版、认可和批判。

战国后期,农业文明区(主要是赵国和燕国)的北界已经推进到今内蒙古的阴山山脉和东北的辽河中游。该区域遂成为农业文明和游牧文明双方的交错地带。"异域""边疆""国土"三者时而递进、时而递退。魏晋南北朝和五代十国时期,各族群政权在这里激烈争夺。在唐代,以本区域为基地的安史之乱开启了藩镇割据的局面。卢龙、成德、魏博三个藩镇的动荡难以平息,始终是唐王朝中后期的心腹之患。在此期间,这一区域的主导产业虽然仍然是农业,但大量契丹、女真、蒙古以及西域人等游牧文明人口移居进入形成移民社会(有学者称之为再度"胡化")。陈寅恪认为,从文化史观出发,这里自"安史乱后已沦为胡化藩镇之区域"③,在文化心理层面该区域也成为农业文明和游牧文明双方的"他者"。五代时期的后唐、后晋均是以上述大量迁入农业文明区域的原游牧族群(如沙陀等)人

---

① 唐启宇. 中国农史稿[M]. 北京:中国农业出版社,1985:363.
② 陈寅恪. 魏晋南北朝史演讲录[M]. 合肥:黄山书社,1987:141.
③ 陈寅恪. 论李栖筠自赵迁徙卫事(金明馆丛稿二编)[M]. 上海:上海古籍出版社,1980:1.

丁为主力。后汉、后周其实可算作是这些族群武力混合的政权。

当中原王朝陷入了混乱纷争不可自拔之时,以契丹为代表的游牧文明势力迅速崛起。涵盖控扼蒙古高原和东北地区的燕山诸要塞关口的幽云十六州,在公元938年被后晋正式割让给辽朝,导致这一区域的北方门户洞开、长城防御体系被打破,农业文明的安全形势发生了根本性的改变。"汉、唐以前,……盖当时中国据全燕之地,有险可守,匈奴不敢由此路而来也。自石晋割燕、蓟入契丹,无险可守,由是虏骑直出燕。"①这一区域前后归属契丹、女真与蒙古,"之为异域也久矣"②,到明代才真正回属农业文明政权控制。粗略来看,该区域在政治上脱离农业文明政权几乎长达500年之久。

三、南北歧见

这一地缘状况还引发了中国传统地缘政治语境中的"南北"问题,导致了农业文明区域某种程度的"南北隔阂"乃至"南北分裂"。

南北区分与肤色、族类等区分同样古老,属于造物为人类设置的生存情境。经典表述中的南北一直缺乏明确界定,随时代问题而不断游移。常态下,这是文化领域的事宜,但最"深刻"的文化歧视通常是由"政治"表达的。以"人文地理"知识援助政论、政治派系援手文化之争的历史案例屡见不鲜;特殊情境下,甚至可能直接转化为涉及到国家、民生等的政治问题和信仰问题,究其深层机理似乎又一直伴随不同政治利益集团和政治派系之间话语权的你争我夺。

在古代中国的语境中,"南北"问题一向有模糊影响——即使圣贤也难以例外。《中庸》第十章中就有"南方之强与? 北方之强与? 抑而强与?"之问。南北朝时,经学分为南、北两派。除《诗》《礼》外,南朝为魏晋之学,北朝为东汉之学。《隋书》之《儒林传序》中有言:"南北所治章句,好尚互有不同……大抵南人约简,得其英华;北学深芜,穷其枝叶。"还有"时北来人儒学者有崔灵恩、孙祥、蒋显,并聚徒讲说,而音辞鄙拙。惟广言论清雅,不类北人"③的记述。

在宋元际,"南北"问题在各方均有显像。在南宋方面常常表现为南方人对北方人的有意区隔。自从宋朝灭亡后,福建的郑思肖发誓不和北方人交往。如果坐

---

① 赵汝愚. 宋朝诸臣奏议[M]. 上海:上海古籍出版社,1999:1508.
② 黄宗羲. 宋元学案. 卷第90. 鲁斋学案.
③ 梁书. 儒林. 卢广传.

席间听到北方口音者,郑思肖起身就走。南方人当时称北方人为"北客"。"客"这一称谓显然表露出南方人警惕北方人争夺当地资源的意味。这体现出地方上——尤其是宋元际"政治背叛者"兴起的地理区域——与南宋江南地区之间相互兼容的有限性,也是北南之间长达一个世纪分裂的经济体现、政治体现和文化心理体现。

926—960年中央权力结构中该区域的影响力[①]

	A	B	C	D	合计	占比
该区域(河东道、河北道)	57	20	36	21	114	71%
其他区域	9	6	25	13	47	29%

南北歧见最典型、最残酷地体现在政治取向上的地缘、政权话语权争夺中的派系斗争手段与格局上。上方的列表反映了北宋建立前中央权力的分配结构。华北地区势力集团的优势赫然在目。北宋建国初,通过"杯酒释兵权"缓解了这一局面,而科举大盛则彻底终结了北方的权力优势。宋代以科举取士的机制来分配权力、构建官僚集团,南方文化迅速上升,福建、江西、四川等地都在科举上优势突显、成绩斐然,导致权力分配发生了变化。这引起当时身居权力中心的北方人的警惕。为减弱甚至阻止权力分配的地域流动从而保障既得利益,以"南北之争"为形式的权力斗争几乎贯穿两宋始终。政治名人纷纷涉及其中,在政治改革、科举改革等重要议题中缠斗不休。如欧阳修等人与司马光等人之间的南北科举之争。司马光代表北方传统势力,主张在进士录取中实行"逐路取人法",即按地区分配科举名额。而欧阳修则代表南方科举势力,提出"凭才取人法",即按照应试水平分配科举名额。而辽金时期,各自内部南北分治,斗争也类两宋,尤其金朝科举兴盛之时。这些党争使得有历史使命感的主流意识形态几于崩溃,思想之混乱莫此为甚。同时,现实政策也因党争政见不同而使主政者不断更迭、制度朝令夕改、和战形势丕变,令大众无所适从,彻底侵蠹了政治秩序。

[①] 王赓武. 五代时期北方中国的权力结构[M]. 胡耀飞,尹承,译. 上海:中西书局,2014:201.
表格说明:同一人在A到D中担任过不同职务的,在合计中记为一次。A:侍卫亲军都指挥使。B:枢密使。C:宣徽南北院使;内外客省使;三司使。D:枢密使僚属(包括端明殿学士和枢密院直学士)。

四、族群交融

在农业文明整体有南北歧见之时，华北地区却有另一种文化、政治现象出现，即族群的交融。在农业文明与游牧文明两种不同类型的文化接触过程中，首先受到影响的是浅层的生活层面，慢慢会潜移默化地集中于意识形态的转变。这两种有形与无形的转变，在古代中国常常通过相互之间的婚姻关系而形成妥协、完成融合。

从游牧文明方面来看，以北魏鲜卑族群为例，北魏自外兴安岭逐步南下，统治中心先由东北而至内蒙古草原，再由内蒙古草原而到山西大同，最后由大同而到河南洛阳。迁徙过程中族群交融显然不可避免。除了正常的迁徙融合之外，还有一些突发事件。例如公元386－534年，北魏设置在内蒙古草原中部的军镇将士意图叛乱，北魏政府将之迁徙发配到山东中部一带生存繁衍。史载"北魏祖宗本以冀、定、瀛、相、济、青、齐、徐、兖等州安置北边降人，使充营户"①，由此形成陈寅恪笔下的"山东豪杰"。"此'山东豪杰'者乃一胡汉杂糅，善战斗，务农业，而有组织之集团，常为当时政治上敌对双方争取之对象。"②

从农业文明方面来看，游牧文明最初需要的，并不是纯粹的农业文明，而是从农业文明中汲取统治经验。所以最初在政治上所引用的多是"居近塞下"有胡化成分的汉人或"往来国中"受农业文化熏陶的胡人。"自契丹侵取燕蓟以北……其间所生豪英皆为其所用，得中国土地，役中国人力，称中国位号，仿中国官属，任中国贤才，读中国书籍，用中国车服，行中国法令。"③他们的协调缓和了当时草原与农业文化接触的冲突。之后，随着游牧势力进入中原的范围、深度日渐扩展，他们的能力和经验显然不足以应付迅速发展的政治局面。于是游牧文明的人才需求转向政治经验更加丰富的中原士大夫。这方面的文献记载比比皆是，例如"昔者金人草居野处，往来无常……今也城郭宫室，政教号令，一切不异于中国。"④

在政治人物、文化人物交融之后，民间往来也日渐频繁。"东京当高丽倭奴用兵之冲，其间渤海女真契丹错居，俗各异宜。"⑤金朝在废掉山东的伪齐刘豫政权

---

① 陈寅恪. 论隋末唐初所谓"山东豪杰":243.
② 陈寅恪. 论隋末唐初所谓"山东豪杰":243.
③ 李焘. 续资治通鉴长编. 卷第150.
④ 脱脱. 宋史. 陈亮传.
⑤ 姚燧. 牧庵集. 卷第28. 中奉大夫荆湖北道宣慰使赵公墓志铭. 四部丛刊本.

后,为了稳定中原局面,在中原设置屯田军。这次部属使得大量女真、契丹、奚人族群迁居中原。"自本部族徙居中土,与百姓杂处,计其户口给以官田,使自播种,以充口食,春秋量给衣马,殊不多,余并无支给。若遇出军之际,始月给钱米不过数千。老幼在家依旧耕耨,亦无不足之叹。今日屯田之处,大名府路、山东东西路、河北东西路、南京路、关西路,四路即有之,约一百三十余千户。每千户止三四百人,多不过五百,所居止处,皆不在州县,筑寨处村落间,千户百户虽设官府亦在其内。"①据学者估计,"内迁的女真人,至少要占女真人口总数的一半左右。这些女真人户分布在中原广大区域内,形成同汉人错杂而居的局面"②。"自灭辽侵宋,渐有文饰,妇人或裹'逍遥',或裹头巾,随其所好。"③对于族群交融,还可以从反面得到很多例证。例如,金世宗出于对女真人服饰汉化的忧虑,于大定二十七年(1187年)下诏:"禁女真人不得改姓汉姓及学南人衣装,违者抵罪。"④凡是违反规定的,给予"杖八十"的严惩。法令肃然严格,但从结果来看则是禁而不止且愈演愈烈,金朝统治者不得不再次重申敕令。金章宗泰和七年(1207年)政令要求"女真人不得改为汉姓及学南人装束"⑤。这些政策的出台反向证明了当时民族交融势不可挡的局面。

每逢北方游牧民族进入中原导致社会大动荡时,尽管有大量北方人以家族为单位逃往秦淮以南甚至长江以南,但也有一些由于种种原因而留居当地并转而和少数族群政权合作。这种历史积淀的方式,留存在自觉或不自觉的记忆之中。随着北方族群斗争和族群融合的一次次高潮的到来,也就出现北方汉人居民和少数族群政权的一次次合作,规模越来越大、层次越来越高,甚至由单纯的军事合作进而发展到全面合作。这正如拉铁摩尔所指出的,长此以往,边境两边的人们会变成一个用"我们"指称的群体,而其本民族的其他同胞,尤其是本国官府,则被视为"他们"。这种情况会催生一种世界性的族群图景,这在后来世界殖民史上也比较常见,即移民们移民成功后转而将原来的母国视为下一个希望之乡,甚至不惜冒险采取征服行动。"冒险家们背对中国而向荒野出发,而其成功的标志,却是能够掉转身来,作为特权发源地之特权居民的一员,面向中国;于是,中国取代荒野之

---

① 三朝北盟会编. 卷第144. 金虏图经.
② 罗贤佑. 元代民族史[M]. 成都:四川民族出版社,1996:287.
③ 大金国志. 附录3. 男女冠服.
④ 脱脱. 金史. 卷第8. 世宗本纪下. 北京:中华书局,1975.
⑤ 脱脱. 金史. 卷第12. 章宗本纪四. 北京:中华书局,1975.

地成了'希望之乡',成了财富的源泉和行使权力的合适场地。"①

第二节 基层精英的政治参与

起点对于政治合法性的重要性不言而喻。政治背叛者对其崛起过程也是着墨良多,其重点在于描述客观的"不得不"和主观的"舍我其谁"。在政治背叛者笔下,地方权力关系格局的演化链条和地方权力关系的复杂面貌也由此得以整体性展示。

无论是宋还是金的中央政府,似乎都受困于武人精英制度吸纳的缺失和基层文人精英制度消化机制的缺失。这会引发某种程度的政权衰微甚至崩溃。一旦国家权威的影响减弱,家族主义和地方主义就会由幕后走向历史的台前。其过程一般包括三个层面:权力从中央向地方下移、地方权力向民间扩散、政府对地方武力的失控。国家政权与社会的恶性互动关系愈演愈烈,对立的方面日渐增多。

宋元之际的政治背叛者大都有出众的个人素质和号召力,往往在政治背叛前就已经在基层社会中具有一定的支配力量。他们以地方精英或基层精英的面相存在,从政治与社会两个角度作为切入点,在"基层社会"建立了复杂的人际关系网络,在客观上把血缘、地缘与文化缘相结合,整合结构与空间、政治与社会的关系,实现了暴力、知识、财富、权力、声誉、财富等各种政治资源的转换乃至增值。

一、基层权力的流变

中国封建社会长期建立在分散的小农经济基础之上,"一方面,权力分散于不同的经济、社会和文化单位;另一方面,有限的国家权力并不能有效渗透于社会,产生相应的权力效应。"②当然,国家并未放弃对基层社会的管理和控制,一方面,它建立了一套乡里制度来实施对基层社会的管理与控制;另一方面,它也倚靠基层社会的精英人物来对国家意志上传下达从而维系统治秩序。就中国古代社会而言,地方精英是国家政权机构与无组织的民众间的中介和触点。地方精英参与或涉足公共领域的行为,虽然从事者也许并非刻意去做,但客观上确实赢得了地

---

① 拉铁摩尔:满洲里——冲突的发源地:60-61.
② 徐勇.政权下乡:现代国家对乡土的整合[J].贵州社会科学.2007(11).

方社会的公共权威。国家政权力量向地方基层渗透的同时,地方基层社会也在向国家扩张。这共同构成国家与社会关系的二维视野下的复线逻辑。

宋金时期,基层社会的治理结构和权力秩序发生了较大的变化。中央与地方、统治者的主观意志与政策达到的客观效果之间往往存在不小的结构性张力,事实上造成了艾森施塔特意义上的社会政治"边际性变迁"和"调适性变迁"。从历史沿革来看,一方面,中央政府力图透过政治变革向基层伸展统治力;但另一方面,自中唐至五代十国割据政权各自为政的局面加剧了政治地方化色彩。从历史现实性来看,宋、金中后期内外交困的社会现实、政治现实、财政现实等之间紧密相关。加之时局的变化、朝廷上下缺乏长远政治眼光和行政策略、官僚士大夫们之间因党争政见不同而导致"变革"不休、州县官府和乡村社会因制度的朝令夕改而无所适从等原因,直接或间接加速了乡村秩序的混乱。

这种混乱导致了家庭个体生活的困难,正是最基本的生存文化和日常生活实践,产生了对集体行动的需求。甘地曾说过:"就物质而言,我的村庄就是世界;就精神生活而言,世界就是我的村庄。"村民们不得不求助于身边拉帮结伙式的非正式合作。与此同时,宋金时期,教育日益普及,培育和促成了地方上的知识精英群体;商业活动的发达,也造就了民间财富的爆发式增长,出现不少巨家大族和地方豪强。这些人逐步形成基层社会的优势群体。其中的精英人物都身处相对较多的社会圈交集,因而占有相对较多的动员力,把持较多的社会资本,也意味着掌握了相对较大的社会权力。经济困难和生活重压带来的挫折、不道德行为产生的内疚、虔诚减弱造成的彷徨等都是可以被精英利用的因素。于是,社会自主性空间在扩张,地方传统自然复兴,从而形成地方政治权力结构的新的稳定。

在新的稳态结构中,"地方家族——胥吏与基层武力——基层士人"三股势力相互嵌入交接,基本上构成了基层社会中除了地方官员之外的三个支柱。"从是而往,所以荣吾晋者,在吾百人而已;为吾晋羞者,亦吾百人而已。"[1]他们之间彼此合作、互相依存,"往者已矣,来者未可期;所以荣辱吾晋者,既有任其责者矣。凡我同盟,其可不勉。"[2]同时,各股势力之间也形成某种程度的竞争与紧张关系。基层精英的崛起是当时的时代特征,这一意象在政治背叛者笔下成为宋金时期中

---

[1] 元好问. 遗山先生文集. 卷第37. 兴定庚辰太原贡士南京状元楼宴集题名引. 文渊阁四库全书本.
[2] 元好问. 遗山先生文集. 卷第37. 兴定庚辰太原贡士南京状元楼宴集题名引. 文渊阁四库全书本.

二、特质鲜明的精英个体

在宋元之际的乱世,政治背叛者认为,"人之生纷纶尚武之时,懦者固不能以自立,惟强之依。而强者或径行而无谋,亦旋取败亡。善谋矣,其力不足以先众,则人亦莫之信而为之使。"①"懦者""强而无谋者""善谋无力者"之类的人物是无法得到民众认同,也就无法跻身精英之列。在政治背叛者的文本中,他们描摹了自身在区域社会的独特优势,他们大都有出众的个人素质和号召力,而且往往在政治背叛前就已经在基层社会中具有一定的支配力量。

在客观方面,他们或勇武过人、能征善战,如梁瑛"勇力绝人,善骑射"②;李聚"以材武善射,昏暮命中宿鸟"③;弋润"胆勇过人"④;赵琳"幼出大家,颇以裘马自熹"⑤;杨彦珍"脩干有力,驰马引强"⑥。他们或富有学识、善于谋略,如"尝闻郭野斋公,自其未冠时为士子时,喜鬪弓驰马,读韬钤书。其先公禁切之,每不为止。交游或近狂之,而弗善焉。迨筮仕也,连三佐戎幕,用其画,军旅率輙效,而先公始信其他日果縣武立劳者。"⑦还有的人相貌出众、仪表堂堂,如赵宪"资偫傥"⑧;严实"为人美仪观"⑨;王善"资仪雄伟,其音若钟"⑩。

在主观方面,他们或性格坚韧,如杨彦珍"质而义,沈而信"⑪;严实"公幼警悟,略知读书"⑫。他们或志向远大,如元好问"少日有志于世,雅以气节自许,不甘落人后"⑬;严实"及长,志节豪宕"⑭;王钧"为孤童子时,鞠于季父大有所,已

---

① 姚燧. 牧庵集. 卷第17. 袁公神道碑. 四部丛刊本.
② 魏初. 青崖集. 卷第5. 故征行都元帅五路万户梁公神道碑铭. 四库全书本.
③ 姚燧. 牧庵集. 卷第27. 招抚使李君阡表. 四部丛刊本.
④ 元好问. 遗山先生文集. 卷第24. 临海弋公阡表. 文渊阁四库全书本.
⑤ 元好问. 遗山先生文集. 卷第30. 龙山赵氏新茔之碑. 文渊阁四库全书本.
⑥ 姚燧. 牧庵集. 卷第18. 戍守邓州千户杨公神道碑. 四部丛刊本.
⑦ 姚燧. 牧庵集. 卷第3. 郭野斋诗集序. 四部丛刊本.
⑧ 元好问. 遗山先生文集. 卷第30. 龙山赵氏新茔之碑. 文渊阁四库全书本.
⑨ 元好问. 遗山先生文集. 卷第26. 东平行台严公神道碑. 文渊阁四库全书本.
⑩ 宋濂. 元史. 卷第151. 列传第38. 王善传.
⑪ 姚燧. 牧庵集. 卷第18. 戍守邓州千户杨公神道碑. 四部丛刊本.
⑫ 元好问. 遗山先生文集. 卷第26. 东平行台严公神道碑. 文渊阁四库全书本.
⑬ 元好问. 遗山先生文集. 卷第37. 南冠录引. 文渊阁四库全书本.
⑭ 元好问. 遗山先生文集. 卷第26. 东平行台严公神道碑. 文渊阁四库全书本.

荦然有立志"①。他们在主观上对个人角色有层次清晰的界定,如"不幸而与皂隶之室,混为一区,泯泯默默,无所发见,可不大哀邪!"②他们普遍具有乐善好施的史迹,"可谓积而能散者"③,如赵宪"好施予,人多以急难归之"④;严实"喜交结,好施予"。⑤ 他们豪侠仗义,如王钧"长以侠闻"⑥"为人知义理,排难释纷,有豪侠之风"⑦;严实"侠少辈爱慕之"⑧。

这些因素使得这些地方精英或基层精英为乡里所服,并能聚众自保,拥有一定的政治动员力,如潘汝劼"乡邻讼嚣,不愬公宫,司平其家,恚至欢去,仇解好合"⑨。严实"落魄里社间,不自顾藉,屡以事被系。侠少辈爱慕之,多为之出死力,以故得脱去"⑩。之后,严实"为众所伏,署'百夫长'"⑪。很多时候,他们在客观上就是地方社会最有势力的人群甚至主宰性力量,如王钧"自令而下,一县之豪,无不与之游"⑫。他们参与勤王与维护乡里安全的任务,如"官以公(弋润)家赀雄一乡,且胆勇过人,选之督捕盗贼。所至以恕心为质,盗亦不敢犯。由是名声籍甚,县豪杰多畏服之。乡之恶少,以犯法为常,每以理训谕之,遂有向善者"⑬。他们甚至取代部分宋金正规军的职能和功用,在一段时期内填补了政府统治力的空白。如"杨公讳彦珍,世汴之杞人。曾祖考某祖考某考直皆不仕。金垂亡也,乡里及旁县豪杰,以公质而义,沈而信,倚干有力,驰马引强,奔走服属之,至有二万众"⑭。

总之,地方精英或基层精英从政治与社会两个切入点不断俘获权力,在"基层社会"建立了复杂的人际关系网络,在客观上把血缘、地缘与文化缘相结合,整合结构与空间、政治与社会的关系,实现了暴力、知识、权力、声誉、财富等各种政治

---

① 姚燧. 牧庵集. 卷第21. 平凉府长官元帅兼征行元帅王公神道碑. 四部丛刊本.
② 元好问. 遗山先生文集. 卷第37. 南冠录引. 文渊阁四库全书本.
③ 姚燧. 牧庵集. 卷第9. 天宝坛记. 四部丛刊本.
④ 元好问. 遗山先生文集. 卷第30. 龙山赵氏新茔之碑. 文渊阁四库全书本.
⑤ 元好问. 遗山先生文集. 卷第26. 东平行台严公神道碑. 文渊阁四库全书本.
⑥ 姚燧. 牧庵集. 卷第21. 平凉府长官元帅兼征行元帅王公神道碑. 四部丛刊本.
⑦ 元好问. 遗山先生文集. 卷第30. 龙山赵氏新茔之碑. 文渊阁四库全书本.
⑧ 元好问. 遗山先生文集. 卷第26. 东平行台严公神道碑. 文渊阁四库全书本.
⑨ 姚燧. 牧庵集. 卷第27. 安西路同州儒学正潘君阡表. 四部丛刊本.
⑩ 元好问. 遗山先生文集. 卷第26. 东平行台严公神道碑. 文渊阁四库全书本.
⑪ 元好问. 遗山先生文集. 卷第26. 东平行台严公神道碑. 文渊阁四库全书本.
⑫ 姚燧. 牧庵集. 卷第21. 平凉府长官元帅兼征行元帅王公神道碑. 四部丛刊本.
⑬ 元好问. 遗山先生文集. 卷第24. 临海弋公阡表. 文渊阁四库全书本.
⑭ 姚燧. 牧庵集. 卷第18. 戍守邓州千户杨公神道碑.

资源的转换乃至增值,成为基层权力的重要分享者。

三、暴力优势:胥吏与基层武力

在宋代基层行政区中,政治运作主要依靠三个层面来共同操作实际业务:官员接到上级任务并转交下级执行后,胥吏和担任职役的民户——包括乡村管理体制中的里正、户长、乡书手、耆长、壮丁、都副保正、大小保长、甲头、承帖人等——开始漫长的讨价还价和妥协退让的政治过程和执行过程。期间,由维护治安的弓手和土兵等实施秩序维护和暴力后盾的角色。这些人介于代表国家机器的官员和普通的百姓之间,其角色具有二重性,一方面是体制性的,即以延展中央统治权的身份来奉行朝廷的命令、听从地方长官的指挥,在乡里之间执行公权力、获取国家利益;另一方面,这些人又具有反体制性。他们均来自地方,本身就是当地社会的一分子、是公权力的指向对象之一,是国家利益产生过程中的损失者之一。因而又有为维护自身或地方利益,共同对官府施压、影响地方施政的内在冲动。

"今之仕者,莫不由吏发轫。"①胥吏是很多政治背叛者政治背叛前的社会角色。由职役的民户及胥吏承担县级事务,是宋和金推动基层治理的一项特色。以北宋来看,大量执行事务的胥吏是县衙中需要与民众面对面的人员。这些胥吏主要是招募或轮差而来,也有部分具有家传性质。由于国家体制、政治文化的因素,使胥吏成为那些科举出身但缺乏行政经验或不屑于具体事务的官员所倚仗的重要代理人。

实际上,宋金官员的任用制度加重了胥吏在基层社会所扮演的社会角色的重要性。为了加强中央集权、防范官员把持地方及澄清吏治,宋金建立官吏任用"回避"制度,如凡担任路、州、县的亲民官,需要回避籍贯地、居住地、祖产和妻家田产所在地、亲属任职地等,并要定期轮调、转往他处任职。这些回避及轮调的规定,在完成了本意的积极方面后却呈现了诸多负面效应,尤其是对地方行政。如轮调制度的实施,常常形成"郡县之臣,率二岁而易,甚者数月或仅暖席而去"②的局面。任职官员还未熟悉地方环境、下属、所任岗位的具体细节操作等就到了轮调之期。而避籍制度所造成的语言障碍、沟通不易的情况也可想而知。一般而论,除了极少数强敏干练、业务精通的官员之外,大多数行政具体事务——尤其是对

---

① 姚燧. 牧庵集. 卷第26. 朝列大夫飞骑尉清河郡伯张君先墓碣. 四部丛刊本.
② 陈舜俞. 都官集. 卷第3. 经制五. 文渊阁四库全书本.

下的行政琐细事务——都不得不委诸胥吏。

当天下太平、政府权威鼎盛之时,地方也相安无事。但当边患众生、起义纷起之时,中央政府就无暇、无力顾及地方事务。这种情况下,地方势力必然蠢蠢欲动。宋金混战之时,内部又事变连连、内斗纷纭,地方势力迎来了绝佳的发展机遇。地方治安的维护逐渐由地方人士"应募为兵"①,后来连维持这批武力的费用也由地方官府提供②。这些体制性的基层武力与自发性的民间自卫武力,维护乡里安全,甚至参与勤王。他们客观上填补了政府统治力的空白。对于他们能发挥何种历史作用,主要取决于之后政府是否有能力控制其走向。能控制,则他们会成为政府的辅助力量并最终会被体制化;如果不能控制,则他们会成为从基础上动摇政府权威的溃堤之蚁。政治背叛者王善就是这样走上了政治舞台,"善资仪雄伟,其音若钟,多智略,尤精骑射。金贞祐播迁,田畴荒芜,人无所得食,善求食以奉母。乙亥,群盗蜂起,众推善为长。善约束有法,备御有方,盗不能犯,擢本县主簿。"③袁湘也是如此,"或言公贤,为书致之,三往返始来。用其策,以守则完,以战则捷,众论多之。闻诸汴京,官以忠显校尉,遥主延安之延长簿。再以功超武节将军,令临泉,石与岚之合河,恃公为藩援以安者五年。"④类似案例不一而足。

两宋和金后期,以文制武成为中央政府抑制军方势力坐大的政策工具。上有所好,下必甚焉,重文轻武日渐成为社会主流风气。书生儒士的社会地位迅速上升,而军人的社会价值日渐沉堕,文武官员的流品区别森严大限,如"状元及第,虽将兵数十万,恢复幽蓟、逐出强寇,凯歌劳旋、献捷太庙,其荣无以加。"⑤时人甚至有"好士人岂肯从军"之说。这都使得基层武力一方面对于地方运作不可或缺,另一方面又缺乏官方相应的认可和向上流动的机制。

总之,政治背叛者的文本显示了地方权力流动的一个经验链条。宋金中央政权意图借由基层武力深入地方,伸展王朝的政治力。但随着内外局势的演变,政策执行的结果反而让地方社会的力量有进一步发展的空间,使地方势力的角色与分量有逐渐坐大的趋势。从长远来看,当基层武力与行政事务都出现"地方化"趋势时,基层权力被基层精英俘获的可能性也大大上升。越孤立发展地方力量,就

---

① 姚燧. 牧庵集. 卷第27. 招抚使李君阡表. 四部丛刊本.
② 彭龟年. 止堂集. 卷第11. 上漕司论州县应副军粮支除书. 文渊阁四库全书本.
③ 宋濂. 元史. 卷第151. 列传第38. 王善传.
④ 姚燧. 牧庵集. 卷第17. 袁公神道碑. 四部丛刊本.
⑤ 田况:儒林公议. 卷上. 北京:中华书局,1985:3.

越有可能加速这种离心趋势。一旦外部条件支持,割据、独立、政治背叛等种种选择便都具有了相当的现实操作性。

四、知识象征优势:基层士人

古代中国以儒家文化为核心的传统信仰体系是合法性的主要来源。对政治而言,知识和知识分子是组织社会的有效手段、"教化之本,治乱之源"[①]。中国古代社会保持相对稳定达千年之久的关键因素之一是延续不断、相对稳定的基层人才。他们是国家的工具性的人才储备库,政权得以从中配置官僚机构的大部分行政人员。他们保证了基层村社那些例行事物的延续。离开这些事务,基层政权就难以有效运转,地方秩序就难以有效维持,户籍和税收制度就难以可靠地支持国家体系。基层士人阶层向上获得政治权力,向下获得社会权威,实现了权威与权力的统一。他们在全国范围内起到了中央与地方之间、正式的官僚机构和地方村社共同体之间、城市中心和农村腹地之间的不可或缺的关联作用。正是凭借他们落地性的社会影响、传统性的文化追求以及积极投身公益的伦理观念,才使得他们成为中国帝制政权"再生"——中央政权尽管一次次被推翻但也能以大致近似于从前的结构很快被重新建立起来——的基础性力量和重要推手。

古代中国的帝制时代,中央政治权力的集中化显而易见。与此形成鲜明对照的是国家意识形态化教育的受众的数量要巨大的多、分布要离散(discrete)的多。从北宋开始,知识成为士人的谋生工具——"书中自有黄金屋,书中自有颜如玉"。从当时的社会环境看来,大批潜心科举、意图学优则仕的士人,更是基层社会最具活力的群体。政府透过相对开放和公平的科举制度,提升了社会阶层的垂直流动性。而教育是达成此结果的主要途径,于是官办的各级别太学、府学、县学或私人主持兴办的书塾、书院都如雨后春笋般出现。加上雕版印刷发达,使书籍出版、流传更为容易,"今版本大备,士庶家皆有之","无汉以前耳受之艰,无唐以前手抄之勤,读书者事半而功倍"[②]。文化"下沉"开启了人们对知识渴望与需求的心理。新知识分子从普通群众中大量涌现出来,扩大了以知识分子为基础和特征的儒士大夫阶层的来源,从而改变了作为社会精英与中坚力量的士大夫阶层的基质成

---

① 李焘. 续资治通鉴长编. 四库全书本(314册)[M]. 上海:上海古籍出版社,1987:365.
② 吴澄:吴文正集. 四库全书第1197册. 上海:上海古籍出版社,1987年:368.

分,奠定了官僚士大夫大众来源的新格局。在政治背叛者笔下,出身于"儒士之家"①者不胜枚举。如袁湘世系"由高王父而下,皆以诸生学修于其躬,道行于其家,化及于其乡,不吏禄而本富于田者,四世一辙,而公受之,始克大施于今"②。

受教育者人数递增,但通过科举考试的层层考核并最终仕宦操权的人数却相对保持稳定。在科举社会,有限的行政岗位数量与无限的待岗人才形成鲜明的对照,转而又造成社会垂直流动性下降和待岗人才的大量积压。宋朝名臣富弼分析认为,"自古取士无如本朝路狭","故皆老于科场,至死不能得一官。"③国家意识形态化教育的主要内容之一就是要传递如下的信念:考虑"天下"的政治问题是受教育者的天职。这一教育是如此的成功,以致中国精英分子所怀的政治使命感中,始终包含着一种对于"天下"政治问题的"天然"兴趣。国家意识形态化教育的核心——主要包括由历史、哲学、道德理论等内容负载的有关国家利益以及政权合法性的那部分——是要培养受教育者通过对一些相关议题的关切来衍发"天下兴亡,匹夫有责"的责任感,这在科举考试中又被不断反复强化。然而,集权化的中国帝制在希望受教育者们服从"天下"的代言者"天子"并时刻准备为之奋斗和牺牲的同时,却又希望在现实政治生活中将受教育者中的大多数人排除在涉及"天下"具体管理议题的实践操作之外,即"勿谈国事"。这导致了一种"悖论"式的社会结构:受教育者之间在政治权力和政治地位层面显然存在巨大的差异,但在政治理想和政治追求层面又享有某种异乎寻常的、绝对化的平等。简言之,政治领域也出现了"千军万马挤独木桥"的情形。绝大多数希冀参与政治权力分配的受教育者发现在现实中他们只能置身于国家体制之外,于是不断泛溢着沮丧、抱怨乃至愤懑。

施坚雅认为,超量的不在官场的基层士人造就了一批"准政治性"的精英人物。一旦条件具备,他们就可能在官场之外投入广义上来看属于政治参与的活动。部分基层士人不再积极谋求显性的正式行政权力,转而力求巩固、提升其在地方基础上的影响力,积极扮演地方领袖的角色。换言之,部分士人已具有"地方精英"(local elite)的色彩。"士大夫故非天子所命",这些人的权力与身份的合法

---

① 元好问. 遗山先生文集. 卷第33. 史千神道碑. 文渊阁四库全书本.
　元好问. 遗山先生文集. 卷第29. 谢天吉神道碑. 文渊阁四库全书本.
　元好问. 遗山先生文集. 卷第26. 周献臣神道碑. 文渊阁四库全书本.
② 姚燧. 牧庵集. 卷第12. 袁氏先庙碑. 四部丛刊本.
③ 赵汝愚. 卷第83. 儒学门. 武举. 宋朝诸臣奏议[Z]. 上海:上海古籍出版社,1999.

性已非完全来自国家权力的认可,而是建立于其服务基层社会、领导基层社会时的积极作为之上。

杜赞奇的相关研究也表明了类似的结论。基层精英公共身份的确立与公共权威的增减,依赖于他们建构地方社会共同利益所做的贡献额度。基层精英或以个人或藉群体的力量,建构了活跃的基层社会圈,他们积极从事慈善救济、公共建设等公共事务,在基层社会中有意无意地攒聚着象征资本和公共认可。

中央政府要把教育当作维系统治的工具,而对基层士人来说,由于与国家联结的纽带科举制度的失效,他们与国家的文化联系和政治联系已经废弛,因此,维护自身现实利益的需求凸现,这是基层士人与政府有可能演化为一种对抗关系的大背景。这为基层士人与政府的角力预留了很大的空间。

基层士人社会基础扩大,来源更加广泛。官学发展到县学,各种形式的学校蓬勃发展,教育社会化程度上升。基层士人逐步在基层社会发挥作用,寻找新的社会结合点。基层士人具有极强的开放性和流动性,成为无组织的社会"自由流动资源"。在社会稳定时期,他们的奋斗目标是如何挤进上层统治集团成为官僚中的一员。一旦社会产生动荡或无从实现入仕愿望时,怨恨心理和相对剥夺感就会油然而生,可能疏离政府甚至采取各种手段与政府对抗。和平之时,危险还不明显,一旦形势出现危机,他们对政权的潜在威胁就可能现实化。

对于这一点,宋元之际的有识之士已经认识到精英流失对于政权的威胁所在,河北、河东、陕西"此数路之人虽不能为文辞,若其大才大行及强悍奸雄,则诸路不及"①。天下太平之时,这些人或在场屋、或在农亩、或为商贾、或为僧道,总之是"屈伏不能有所为,但怨望思乱而已"②。但是,一旦时局异动,例如,当"今昊贼寇边,西陲用武,覆军杀将,中外震恐,兵寡粮匮,调发无所"的情况发生时,这些人就踊跃快意、摩拳擦掌,"皆欲助贼为患,或更有盗贼屯聚,则为之倡首,掠劫州县,自图富贵之时也"③。"其间忠义者,尚思因时驻屯而愿为朝廷之用者。然朝廷至今未悟,不加搜访。臣恐为他人所得,则中国处处皆为敌国也。"④

对于此种议论,苏轼在他的"游士失职之祸"中非常认可:"六国之君虐用其民,不减始皇、二世,然当是时百姓无一人叛者,以凡民之秀杰者多以客养之,不失

---

① 赵汝愚. 武举. 宋朝诸臣奏议[Z].上海:上海古籍出版社,1999.
② 赵汝愚. 武举. 宋朝诸臣奏议[Z].上海:上海古籍出版社,1999.
③ 赵汝愚. 武举. 宋朝诸臣奏议[Z].上海:上海古籍出版社,1999.
④ 赵汝愚. 武举. 宋朝诸臣奏议[Z].上海:上海古籍出版社,1999.

职也。其力耕以奉上,皆椎鲁无能为者,虽欲怨叛,而莫为之先,此其所以少安而不即亡也。"①苏轼认为战国时期东方六国的残暴不亚于之后的秦朝,但民众并无大规模反叛,主要原因在于基层社会的精英分子得到了有效的社会控制,"向之食于四公子、吕不韦之徒者,皆安归哉?不知其能,槁项黄馘以老死于布褐乎?抑将辍耕太息以俟时也?"②一旦这些民间控制机制失灵,则那些有实力却又对政府抱有不满的社会精英就会借机发泄,如同"纵百万虎狼于山林而饥渴之",对政府和社会的威胁可想而知。虽然统治阶层想出包括特奏名③制度在内的各种办法来增强对精英的社会控制,但都无法从本质上解决这一问题。

于是,一旦秩序失控,一些社会精英就会抓住时机直接揭竿而起、举起造反大旗,如宋朝的侬智高。还有一些人选择投靠其他政治势力,找机会对之前归属集团反戈一击。如宋仁宗景祐末年,几次科举失败的张元、吴昊二人投奔西夏,出谋划策不断骚扰和侵犯北宋边境;宋神宗时曾发生交趾国进攻边郡事件,起因也与无法进入体制的基层士人有直接关系。这些案例都充分展示了当时郁郁不得志的基层士人对政权的离心力和不可小觑的社会影响力。而宋元之际的政治背叛者中很多都是如此,文本中比较典型的是杨奂,他"不三十,三赴廷试"④于金朝,但都未中。之后杨奂政治背叛蒙元,"戊戌,天朝开举选,特诏宣德课税使刘公用之,试诸道进士。君试东平,两中赋论第一"⑤。就此,杨奂在政治上背叛蒙元,一方面,他出任蒙元官员,先后操持税收、教育等事务,为蒙元消灭金、宋出力;另一方面,杨奂著书立说、积极宣传,为蒙元的正统性辩护不遗余力。

五、物质资源优势:宗族

古代中国,宗族是地方社会最重要的权力资源之一。在争夺权力的斗争中,所有重要的地方势力都会利用宗族这个工具来实施政治动员。宗族集体本身具有对外自卫保护、对内管理服务的双重职能,兼具集体生存理性和集体安全理性。

---

① 苏轼. 东坡志林[M]. 北京:中华书局,1997:110.
② 苏轼. 东坡志林[M]. 北京:中华书局,1997:110.
③ 特奏名,又名"特科""恩科",顾名思义,这不只是凭借士人自己的科举实力获得的功名,而主要是君主的"恩德"与"眷顾",是统治者对基层士人中的落第者的"恩惠"。
④ 元好问. 遗山先生文集. 卷第23. 故河南路课税所长官兼廉访使杨君神道之碑. 文渊阁四库全书本.
⑤ 元好问. 遗山先生文集. 卷第23. 故河南路课税所长官兼廉访使杨君神道之碑. 文渊阁四库全书本.

这种集体理性极具地方政治意义。

(一)中国整体社会结构

基于农业社会的相对稳定性,中国帝制时代的社会政治单位可以在理论上分为相互缠绕嵌入的两极:各级政府机构和地方自治社群。"劳动愈不发展,劳动产品的数量、从而社会的财富愈受限制,社会制度就愈在较大程度上受血的支配。"①这种支配关系,往往或深或浅、或明或暗地表现在社会的诸多方面。宗亲乡党——作为地方自治社群的核心力量——的强盛,正是其最集中的表现之一。从中国古代史来看,国家控制乡村的下层组织(保甲制与里甲制等)与"土生土长"的宗族乡党之间的关系一直无法严格区隔。

中国古代的宗亲乡党观念源于商周时期的王室宗法系统。"所谓故国者,非谓有乔木之谓也,有世臣之谓也。"②西周分封就是利用亲缘关系来维持封建政治体系,把宗统与君统、血缘与政治进行了政治捆绑,形成双螺旋结构。这种结构为中国文化传统留下了深刻的烙印。

两汉时期,北方演化出"强宗大族""豪族"等形式的宗族体系。他们世代聚族而居、称雄一方,在政治圈纵横开阖。西汉一直对其采取压抑打击政策。刘秀与豪族结盟建立东汉后,对豪族的态度表面上镇压控制,实则纵容庇护。汉魏之际,豪族势力膨胀形成世家大族,他们大都是以庄园的形式聚族而居,形成强有力的生产组织兼武装集团。当时近四个世纪几乎一直处在分裂战乱之中,偶有西晋的短暂统一。这样的时局下,在乡村基层社会中常态化运作公共事务的主要是家族组织,即各地的世家大族。这些世家大族日益显露出明显的政治、军事色彩,渐渐发展成为门阀士族。

东晋南北朝盛行门阀士族制度的时期,隋唐时渐渐由盛转衰。到五代宋初,原来那些显赫数百年的大姓实力大损,"唐朝崔、卢、李、郑及城南韦、杜二家,蝉联蛙组,世为显著,至本朝绝无闻人。"③"唐人推崔、卢之姓为甲族,虽子孙贫贱者皆家世所重,今人不复以氏族为事。"④这显示政治型的家族组织已经走到了尽头。

宋代家族由政治型转向血缘型,不再主要谋求家族的政治地位,而是转向"敬宗收族"。血缘为宗族权威的形成提供了契机,也使以血缘纽带所形成的权威成

① 马克思恩格斯选集. 卷第4. 家庭、私有制和国家的起源.
② 孟子. 梁惠王下. 十三经注疏本.
③ 王明清. 挥麈录[M]. 卷第2. 丛书集成初编.
④ 赵彦卫. 云麓漫钞[M]. 卷第3. 丛书集成初编.

为结构化权威的一部分。于是,再度形成维持、强化宗亲乡党结合的趋势,聚族而居的现象非常普遍。《宋史》和《金史》中就有大量官僚提倡、开展宗族活动的记录。宗族成为中国乡村普遍存在的社会组织,宗亲乡党成为农业文明社会差序格局中的极重要一环,经常以"大家庭"的方式作为一个行动单位而显现(这使得大多数人很难以个人身份获得参与或影响集体行动的合法资格)。基层的宗族乡党精英藉婚姻、同门等种种关系,编织了互相支持的族际网络,以致地方精英的实际影响力在某些情况下可能会超过行政体系的公权力。其中,宗族是其核心,乡党成为宗族关系在地域层面的泛化和拟化。

一般来说,宗族由家长、族长、房长等以及以他们为主而组建的乡约、义役、义田、义仓等组织的负责人来领导,形成一套与政权相仿的自上而下呈金字塔状的正式或非正式的组织系统来处理祭祀、处置族产、族内互助、族际交往、执行族规等事务。普通族人对宗族的归属感、依赖感和集体认同感逐步加强,从而奠定了宗族权威的民意基础。管控宗族的精英,往往出自宗族内最有权威的家族(即所谓的核心家族)。这样一来,宗族组织逐渐变得严密而有效,具备了一定的社会动员和组织功能,也使得宗族的领导者或潜在领导者具备了相当的政治潜力。"一个懂得如何最大限度利用其资源的领导者,与其说是他人的代理人,不如说他人是他的代理人。"①这在"政治背叛者"兴起的过程中起到了基础性的作用。

在社会问题严重的时期,宗族的政治性就可能被主动或被动地强化。国家权力能否得到地方社会的支持和保卫,取决于它能在多大程度上支持和保卫地方社会的整体利益。乡里与国家权力之间就这样建立起了相互支持、相互保护、相互建构的关系。当人口过剩相对严重、灾荒连年不断、土地兼并严重、战乱频仍等各种重大社会问题爆发的时候,国家与乡里的关系就有可能遭到破坏。宋元之际,既有秩序动荡不安,国家对此却无能为力,国家体制下的相互支持与相互保护关系逐步瓦解乃至冰消。地方精英不得不抱着"宁得罪于上,不可得罪于下"②的操作思路参与地方社会,尤其是组织濒临绝境的民众强化地方自治社群,组成各种不同性质的集团以团结自保。正是这些社群和集团在某种程度上实现了对民众的主体性再造,从而为宗族乡党及其领导者的政治参与和有效的集体行动创造了

---

① 罗伯特·达尔. 储复耘译. 谁管理. 格林斯坦、波尔斯比编政治学手册精选. 北京:商务印书馆,1996:407.
② 宋濂. 元史. 卷第192. 良吏二·耶律伯坚传.

(二)华北区域的历史沿袭

在农业文明区域,大家族势力的典型——门阀士族——作为庄园农奴制的代表者,从魏晋到隋唐几乎都是社会的主导阶层。"唐季之乱,四方豪杰与京都士族往往避地江湖。"①部分就流落到"政治背叛者"兴起的这一区域。同时,唐朝末年这一区域的藩镇大都持"实力至上"的原则:"今朝廷但观强弱,不计是非……约衰残而行法,随盛壮以加恩"②,已经逐渐形成了兵权自掌的事实和习惯。

宋臣富弼考察这一区域后曾向宋朝汇报"我沿边(指幽云十六州地区——引者)土人甚有豪杰,每一豪杰可自率子弟数百人为官军前驱。""所得边豪,令自率乡户,各成一队"③。边境"两属"之民,辽中期曾"有大姓举族南徙,慕而来者至二万"④。从这些资料可窥视,当时基层社会中宗族乡党的势力之大和影响力之强。

与之对应的是,游牧文明很多政权本来就是世家大族的联合统治。当他们渗透进入宋元际"政治背叛者"兴起的地理区域时,不但不反对该区域宗族乡党的势力,反而很容易接受甚至采取支持的态度。对此,苏辙也认为"北朝之政,宽契丹,虐燕人,盖已旧矣。然臣等访闻山前诸州祗候公人,止是小民争斗杀伤之狱,则有此弊;至于燕人强家富族,似不至如此"⑤。例如,辽朝统治时就广开荫补之门,自然对世家大族维持其家族仕宦群体十分有利。"韩、刘、马、赵不仅王恽、郝经称之为四大族,比诸唐代之崔、卢、李、郑,苏天爵则加上时、左、张、吕四家,称为辽金大族,影响所及,辽亡之后仍有二百四十年,不可不谓深远"⑥。再如,辽朝实行鼓励宗族乡党发展的政策之一是奖励数世同居。"民间有父母在,别籍异居者,听邻里觉察,坐之有孝于父母,三世同居者,旌其门闾。"⑦《辽史》所载被旌表的数世同居家庭共有6家,其中汉人家庭就有5家,占了83%。⑧具体见下表:

---

① 苏颂. 苏颂公文集. 卷第55. 北京:中华书局,1988:841.
② 司马光. 资治通鉴. 卷第259. 景福二年(893年)六月丁亥条之后.
③ 宋朝诸臣奏议. 卷第135. 上仁宗河北守御十三策.
④ 脱脱. 宋史. 卷第290. 张耆传附利一传.
⑤ 苏辙. 栾城集. 卷第42. 论北朝政事大略. 苏辙集. 中华书局点校本.
⑥ 漆侠,乔幼梅. 辽夏金经济史. 198.
⑦ 脱脱. 辽史. 卷第10. 圣宗纪一.
⑧ 王善军. 世家大族与辽代社会[M]. 北京:人民出版社,2008:103.

地区	家长姓名	同居世数	旌表时间	旌表内容
辽州	张庭美	六世	开泰元年（1012）	给复三年
仪坤州	刘光胤	四世	开泰元年（1012）	给复三年
庆州	靳文高	八世	咸雍八年（1072）	赐爵
锦州	张宝	四世	大康四年（1078）	命诸子三班院祗候
天德军	田世荣	三世	寿昌六年（1100）	官之，令一子三班院祗候

对元史、元人文集和金石资料的有关记载进行综合考察后可以发现，虽然宋元际"政治背叛者"的家庭背景具有多种类型，但大都有宗族乡党背景，甚至很多都是"官族"①"族大且滋"②或"以财雄乡里"③"以资雄乡里，有万千之目"④的地方精英。他们是在南北对峙的特殊环境下孕育发展起来一个特殊阶层，他们所在的地区归属不定，从而形成了他们独特的政治文化风貌。例如，政治背叛者及其家族很多都有"力穑致富，聚而能散"⑤之类的反资本积累的散财施义行为。游显的母亲是代地崞县的大族"岁为羊裘三千以衣寒者，佣工镵平太和岭石路艰崎步轫，售直白金为两五十。又伐石桥崞水，以通夏冬阂涨病涉，乡民惠之，目为崇善老人"⑥；张养浩的先祖"振粟其乡，御盗于家，脱人以刃，缒井取饮，活友于死者，有家乘详"⑦。这些因素"致使救济者和被救济者之间形成精神的结合关系，一旦有事，就会发挥巨大效力"⑧。

战乱频仍的情况下，由于宗族乡党有公产、义仓、邑产等资源，有抚恤救济的相关约定俗成，大规模的宗族乡党集团更容易组织力量自我保护。同时，中国古代中央集权崩溃后的惯常出现盗贼蜂起的现象，随着这种现象必然出现的是战乱区民众以宗族乡党为组织的结寨自保局面。这也引发、维持、强化了宗族结合的趋势。"当天下草昧，非强宗豪族，不能自保其室家"⑨。地方精英在宗族乡党所

---

① 宋濂. 元史. 卷第157. 刘秉忠传.
② 姚燧. 牧庵集. 卷第25. 孙府君神道碣. 四部丛刊本.
③ 宋濂. 元史. 卷第157. 赵天锡传.
④ 元好问. 遗山先生文集. 卷第. 文渊阁四库全书本.
⑤ 王恽. 秋涧先生大全集. 元人文集珍本丛刊.
⑥ 姚燧. 牧庵集. 卷第22. 荣禄大夫江淮等处行中书省平章政事游公神道碑. 四部丛刊本.
⑦ 姚燧. 牧庵集. 卷第26. 朝列大夫飞骑尉清河郡伯张君先墓碣. 四部丛刊本.
⑧ 谷川道雄. 中国中世社会与共同体[M]. 马彪, 译. 北京：中华书局, 2002：203.
⑨ 刘因. 静修集. 卷第3. 叙节妇贾韩氏事. 卷第4. 孙善墓志铭. 丛书集成初编本.

掌握的各种现实资源,在需要的时候可以迅速通过"聚族"①等类似手段转换为政治资源。"豪杰乘乱而起""直聚其乡党族属,结垒自保"②;而"四方之人无所归命"者纷纷投靠这些世家大族"依之以为重"③。这为地方精英与民众参与集体行动提供了基本的组织框架。"宗族内部精英分子的存在,是国家与宗族并存的机制。虽然传统中国的政治体制是中央集权制,但是它充分允许了地方社区的自主性。从中央政府的观点看,地方自主可以使中央减少它在行政上的负担,……不过如果从地方政府的角度看,这却造成地方宗族势力的强化。"④

族内精英掌握了较大的政治和社会动员力,是基于族众的依附。作为交换,精英必须发挥最大限度的能力去庇护其族众。因此,精英一定程度发挥了利益综合的功能,其利益诉求一定程度上也代表其庇护者。"依附——庇护"关系的存在直接推动和要求着精英对族内"政治"的兴趣和参与,进而一定程度上维持着族内"政治"的运作。这种族内依附关系打破了族内利益一致的格局,导致了或无名有实、或有名有实的客观存在的派性和派系。这种情况下,族内精英的参与是必要的也是必须的。只有不断的参与,才不至于丧失对族内重大事务的话语权和影响力,才能进一步把握更多资源、提升权威。"一个人的权力所能依赖的资源越多,他就越容易避免因提过多要求而剥削下级,这样,下级赞同他统治的公正性而不是否定它的不公正性的可能性越大。"⑤如此,其社会权力的获得、保持和运作就能进入一个良性循环。

在严酷的现实环境面前,他们面临着在双方的边疆如何立足的问题,过量的形而上的话题显然于事无补,儒家讲求现实层面的伦理道德观念则有利于维持其门第、家族、宗族、地方的团结,以期在动荡不安的局势中能够应付来自各方面的冲击,求取生存与发展。这为他们之后的政治背叛行为打下了一个现实基础。宋元际华北地方精英,政治背叛游牧文明,这并不否认双方存在矛盾,但是该区域的政治生态条件客观上确实为政治背叛者自觉或不自觉地产生政治背叛的政治心态和集体行动提供了重要的条件。

---

① 宋濂. 元史. 卷第 147. 张柔传.
② 宋濂. 元史. 卷第 192. 良吏二. 段直传.
③ 元好问. 遗山先生文集. 卷第 26. 东平行台严公神道碑. 文渊阁四库全书本.
④ 转引自:王铭铭. 宗族、社会与国家——对弗里德曼理论的再思考. 社会人类学与中国研究[Z]. 北京:三联书店,1997.
⑤ 布劳. 社会生活中的交换与权力[M]. 北京:华夏出版社,1988:25.

第三节 国家体系的局部崩塌

如前所述,宋元之际国家权威日益碎裂化。对全国而言,华北区域整体呈现出原子化和离散化等现象;对华北而言,内部各个区域呈现为各自的原子化和离散化等。地方政治力量深刻而透彻的嵌入普通民众日常生活之中。在这一集体化情境之下,一些突发事件、突发外力或外部行动者的卷入,一瞬间就成为当时国家与社会互动关系中的支配性变量,导致国家体系在局部地区的崩塌。国家不再作为目的而存在,而只具有工具意义:对人而言的工具和对文化而言的工具。

一、当事人的世变

在后人"事不关己"的阅读和理解模式中,王朝的建立日和灭亡日具有标志性的意义,如北宋的960年和1127年、南宋的1127年和1279年、金朝的1115年和1234年。但在历史当事人——宋元际政治背叛者——的笔下,情况则大不相同,"盖先之以靖康,后之以贞祐,再涉大变"①。对他们而言,靖康元年(1126年)的"靖康之变",贞祐二年(1214年)的"弃河北""贞祐南渡",农历壬辰年(1232年,金正大九年、开兴元年、天兴元年)的"壬辰之变"三个特殊时点的世变才是标志性、转折性,甚至是致命性的。

(一)三次世变

靖康元年(1126年)金兵攻克北宋都城汴京。靖康二年(1127年)三月,金军大肆劫掠后挟持宋徽宗、宋钦宗和其他大量人员北返,北宋随之灭亡。史称"靖康之变",或"靖康之难""靖康之祸""靖康之耻"。

崇庆二年(1213年)是蒙古与金朝之间战争的分水岭。当年秋,蒙古入攻金朝,金军虽有抵抗但最终大败、溃兵如潮。蒙古军轻取金朝西京后分三路南下。

---

① 元好问. 遗山先生文集. 卷第30. 冠氏赵侯先茔碑. 文渊阁四库全书本.

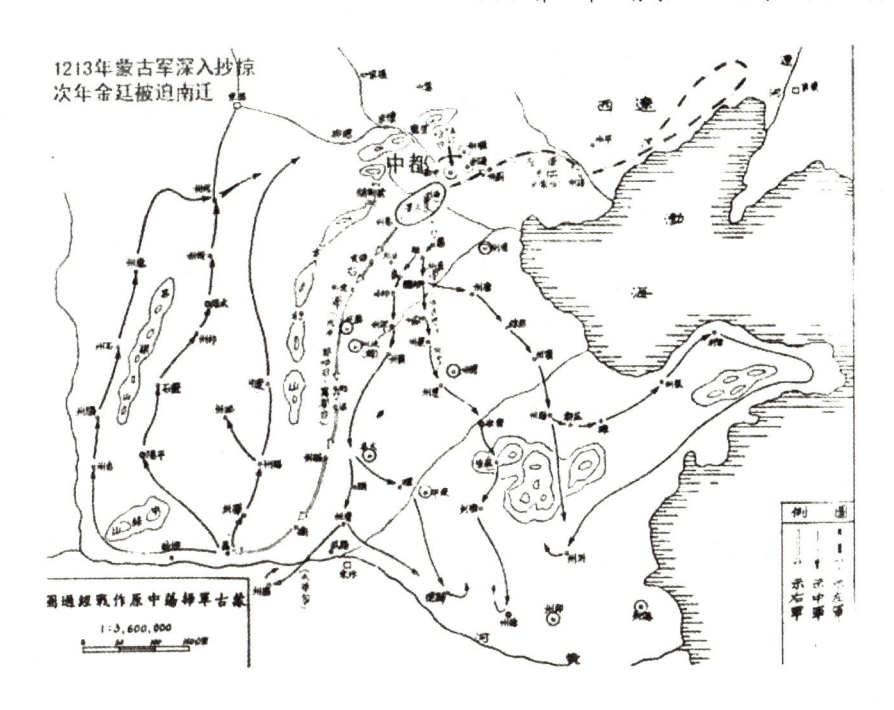

在蒙古军南下过程中，实行了残酷的屠城政策，兵锋所过无不残灭、荒芜。贞祐二年(1214年)逼迫金朝签订城下之盟；稍后，金宣宗执行"弃河北"政策，迁都汴京(今开封)，史称"贞祐南渡"，或"贞祐之变""贞祐之难"。金朝政府"弃河北"的政策导致基层政权的迅速崩溃，也加重了民众对政权的绝望和甚至愤恨。一部分民众背弃金朝政府而去，而那些追随金朝政府的民众苍遭横难，"时金迁汴，限河以国，流民南渡，为北兵所挤而厄于河，孟津渡尤为要塞……积流民数十万，蹈藉以死。"①"贞祐初，人争南渡而陷于河。河阳三城至于淮泗，上下千里，积流民数百万。饥疫荐至，死者十七八。"②这一世变后，金朝政府在华北民众中的合法性权威基本破产。

"壬辰"年(1232年)是蒙古摧毁金朝的关键时点。1232年二月，金军精锐主力在钧州三峰山(在今河南禹州市东南)与蒙古大军决战，结果被击垮消灭。金朝再无力组织大战，灭国已经不可避免，史称"壬辰之变"。姚燧《牧庵集》之《巩昌路同知总管府事李公神道碑》记载了后续的历史发展：获胜的蒙军围攻汴京，金哀

---

① 郝经. 郝文忠公陵川文集. 卷第35. 河阳道士苟君墓铭有序. 太原：山西人民出版社，山西古籍出版社，2006：494-495.

② 郝经. 郝文忠公陵川文集. 卷第36. 先大父墓铭. 太原：山西人民出版社，山西古籍出版社，2006：500.

宗坚持至年底放弃汴京，南逃归德（今河南商丘市），遭到政治背叛者史天泽追击后又逃往蔡州。1234年正月，金哀宗将皇位传给金末帝完颜承麟。然后蔡州被蒙古大军攻破。金哀宗自杀，金末帝死于乱军中，金朝覆亡。

整个战争中，蒙古军进占河南中原大地，军将大肆掳掠人口为奴，被俘虏者"几居天下之半"。其中，知识分子和精英人士的境遇更为悲惨。"大夫、士、衣冠之子孙陷于奴虏者，不知其几千百人"① 其中多数在战乱和北渡黄河途中丧命。

（二）世变世情

事变期间，世情糟破的惨象在政治背叛者笔下屡见不鲜。如"赵州庙学初废于靖康之兵。"②"自贞祐南渡，河朔丧乱者余二十年。赵为兵冲，焚毁尤甚；民居官寺，百不存一。"③"壬辰之变，静直君流寓燕、赵间"④ 等。

宋、金、蒙争雄之际，华北地区成了连年反复厮杀的战场，基层政权被严重破坏。"河北、河东、山东郡县尽废"⑤ "郡县守宰委印缓去"⑥ "河朔为墟，荡然无统"⑦。"山东西之间，豪杰并起，据保城壁，大抵非金署置之旧"⑧。"蹂山东河北，诸名城皆碎"⑨ "燕、赵、齐、魏，荡无完城"⑩。这一过程中，金朝难敌蒙古的攻势，金宣宗"弃河北"南迁，而且在南逃过程中金朝的官员和军队"多乘乱贪暴不法"⑪，鱼肉百姓。

"郡县尽废"必然造成权力真空，这样的结果又造成了烧杀抢掠的盗贼的蜂起。"时以金人南侵，朝命隔绝，盗贼踵起"⑫ "方今兵患有三：曰金人、曰土贼、曰

---

① 段成己. 山西通志. 卷第15. 创修栖云观记. 明成化本.
② 元好问. 遗山先生文集. 卷第32. 赵州学记. 文渊阁四库全书本.
③ 元好问. 遗山先生文集. 卷第32. 赵州学记. 文渊阁四库全书本.
④ 郝经. 郝文忠公陵川文集. 卷第首. 元故翰林侍读学士国信使郝公神道碑铭. 太原：山西人民出版社，山西古籍出版社，2006：13.
⑤ 刘因. 泽州长官段公墓碑铭. 山右石刻丛编. 卷第27.
⑥ 张起岩[M]耿福先世墓碑. 畿辅通志. 卷第169. 商务印书馆影印本.
⑦ 刘因. 郭弘敬墓铭. 静修先生文集卷第17. 四部丛刊本.
⑧ 虞集. 道园类稿. 卷第16. 陇右王汪氏世家勋德碑. 元人文集珍本丛刊.（台湾）新文丰出版公司印行：5册：464.
⑨ 姚燧. 牧庵集. 卷第21. 怀远大将军招抚使王公神道碑. 四部丛刊本.
⑩ 元好问. 元遗山集. 卷第28. 金太原郭珺墓表. 文渊阁四库全书本.
⑪ 宋濂. 元史. 卷第153. 王守道传.
⑫ 续鉴卷第99. 建炎元年8月乙酉条.

游寇"①,"所谓游寇者,皆江北剧贼。自去秋以来,聚于东南。"②甚至部分勤王义兵也因中央政策的失误而沦落为盗贼。"自宣和末,群盗蜂起,其后勤王之兵,往往溃而为盗"③。北宋抗金名将宗泽去世后,继任者杜充"无意恢复,尽反泽所为。由是泽所结两河豪杰,皆不为用","自宗泽卒,数日间将士去者十五。"④

如此种种对社会生产造成了惨重的破坏,"百姓耕稼失所"⑤,"平民愈不聊生"⑥。"贞祐丙子,潼关破,汝、洛被兵,居民保险,多以私怨相劫杀,官不能制。"⑦"存复者为土寇所扰"⑧。"兵兴,民既困征求之繁,馁饣单人畜,杂死道路,至不赖以生。"⑨"兵去而艰食,民死相籍。"⑩刀火之余,加之河朔饥馑,以致于饿殍遍野。"世传为蒙正文穆诸孙,以遭宋靖康、金贞祐河朔干戈弗靖者,皆二十年,生齿耗亡十七,何谱牒之能存?"⑪"呜呼!兵兴三十年,河朔之祸惨矣!盛业大德、名卿钜公之后遭罹元元,遂绝其世者,多矣!仅得存者,亦颠沛之不暇也。"⑫"金由岁甲戌宣宗播汴,河朔逃兵之民,皆扶携妇子,从之而南。蕞尔之土,其出惟是。一夫之耕,不足以食百人,有司又括粟饷军。以就尽之运,抗方兴之师,徭赋百至,犹不能支。"⑬

蒙古征金战争对人民财产的破坏亦极惨重,"自北兵(按:指蒙古军队。)入境,野战则全军俱殁,城守则阖郡被屠"⑭,"两河、山东数千里,人民杀戮几尽,金帛子女、牛马羊畜皆席卷而去,房庐焚毁,城廓丘墟。"⑮蒙古在侵掠过程中实行野蛮的屠城政策,"军法,凡城邑以兵得者,悉坑之。"⑯"国制,凡敌人拒命,矢石一发,则

---

① 要录卷第42. 绍兴元年2月乙酉条.
② 要录卷第42. 绍兴元年2月乙酉条.
③ 续鉴. 卷第99. 建炎元年6月己丑朔条.
④ 续鉴. 卷第102. 建炎2年6月甲申条.
⑤ 脱脱. 金史. 卷第122. 从坦传.
⑥ 脱脱. 金史. 卷第108. 侯挚传.
⑦ 元好问. 遗山先生文集. 卷第24. 临海弋公阡表. 文渊阁四库全书本.
⑧ 脱脱. 金史. 卷第109. 陈规传.
⑨ 姚燧. 牧庵集. 卷第21. 怀远大将军招抚使王公神道碑. 四部丛刊本.
⑩ 姚燧. 牧庵集. 卷第21. 怀远大将军招抚使王公神道碑. 四部丛刊本.
⑪ 姚燧. 牧庵集. 卷第23. 故从事郎真州路总管府经历吕君神道碑铭并序. 四部丛刊本.
⑫ 元好问. 遗山先生文集. 卷第30. 冠氏赵侯先茔碑. 文渊阁四库全书本.
⑬ 姚燧. 牧庵集. 卷第20. 资善大夫同知行宣政院事张公神道碑. 四部丛刊本.
⑭ 脱脱. 金史. 卷第109. 陈规传.
⑮ 李心传. 建炎以来朝野杂记. 乙集. 卷第19. 鞑靼款塞.
⑯ 姚燧. 序江汉先生事实. 四部丛刊本.

杀无赦。"①在此政策下,蒙古军所到之处,野蛮杀戮,生灵涂炭。"一鼓屠其城,无噍类遗"②"凡二十余年,数千里间,人民杀戮几尽,其存者以户口记,千百不一余。"③地方势力之间更是连年混战、争权夺利,百姓民不聊生:"诸方州皆事兼并,争地杀人,不恤其民,且荐饥,更相啖噬。"④同时,乱世导致瘟疫爆发:"贞佑初,人争相南渡,而厄于河阳三城,至于淮泗间上下千余里,积流民数百万,饥疫荐至,死十七八。"⑤

二、世变中的北渡者

除了战乱或自然灾害的原因之外,中国普通大众很少有像南北朝和宋元际那样集体迁徙的情况。在正常情况下,如果宗族空间内部的土地没有贬值,整体的生产连续性也没有中断,价值体系的稳固性丝毫也没有遇到挑战,这样就不会出现迁移的情况。金朝灭亡前后情况特殊,许多金朝官兵、民众遭遇蒙古大军胁迫,不得不被驱北上。但是,也有不少人在南宋王朝的积极争取下和自身文化认同心理的导引下,或自发、或随降宋的金朝降军、义兵进入南宋王朝境内。

在政治背叛者笔下,令人意外的是,还有大量汉族群的精英和民众自愿北上。如政治背叛者王善攻打郑州时,"令军中秋毫无犯,民皆按堵,愿从善北渡者以万计"⑥。这些人北上的原因可能多种多样,但应该有一些人是以行动说明他们做出了一个郑重的政治选择。

政治背叛世家冯氏在北归前经过了"议":"金亡,侍通议北渡河,崎岖齐鲁郊,以还真定。"⑦而北归之后的阎氏,经济状况可观,尚有余力周济多名寒士,显然不像是仓促逃难或被逼、被裹挟的情形,"壬辰,逾河而北,侨居宣德府,以所取医直,衣食寒士申岳、陈邃、孙周、郭通,至则馆其庐,去则赆之。"⑧贾居贞"年十五。汴

---

① 宋子贞. 中书令耶律公神道碑.
② 姚燧. 牧庵集. 卷第21. 怀远大将军招抚使王公神道碑. 四部丛刊本.
③ 静修先生文集. 卷第16. 武强尉孙君墓志铭.
④ 郝经. 郝文忠公陵川文集. 卷第35. 左副元帅祁阳贾侯神道碑铭并序. 太原:山西人民出版社,山西古籍出版社,2006:486.
⑤ 郝经. 郝文忠公陵川文集. 卷第36. 先大父墓铭. 太原:山西人民出版社,山西古籍出版社,2006:500.
⑥ 宋濂. 元史. 卷第151. 列传第38. 王善传.
⑦ 姚燧. 牧庵集. 卷第20. 中书右三部郎中冯公神道碑. 四部丛刊本.
⑧ 姚燧. 牧庵集. 卷第27. 医隐阎君阡表. 四部丛刊本.

乱已失兵部,奉妣夫人孙,逾河依舅氏,居天平甫。及冠,入官行台。"①龙山三老之一的张德辉"汴都下,北渡,侨居成安县,故相史公开府真定,闻其名,聘充经历官"②。元代大儒刘因的父亲刘述"岁壬辰,述始北归,刻意问学,邃性理之说,好长啸"③。等等。

更有甚者,跟随金朝"贞祐南渡"后显然后悔不迭,将蒙古军南下的"壬辰之变"视作北归的大好时机,甚至个别人还把这当作攀登权力阶梯的新机会:"金由岁甲戌宣宗播汴,河朔逃兵之民,皆扶携妇子,从之而南。蕞尔之土,其出惟是。一夫之耕,不足以食百人,有司又括粟饷军。以就尽之运,抗方兴之师,徭赋百至,犹不能支。故人心日离,望望焉而思大兵之至,以纾其急。岁壬辰,睿宗大殄其军钧之三峰山。义宗播归德,大河失守,故其祖得弃乡北渡,乐而家燕。会燕荐饥,尝散居积以振之。"④一个"得"、一个"乐",塑造了张天祐的先祖主动选择北归的政治背叛形象。

由此可见,不能过于简单化、脸谱化地将宋元之际的战场、政治场想象成两军对垒、阵线分明。其时更有诸多种性质不同的反复。对于普罗大众而言,毕竟生存理性处于人类理性结构的基础地位,"生活还在继续"。

对于这些自愿北上的精英和民众,似乎颇有用脚投票的意味。郝经《河阳遁士苟君墓铭有序》中记载的苟士忠的史迹即是典型证明。苟士忠是金朝孟州河阳的地方精英,"知世将乱,乃侠游京都,结纳豪右,以观时变。"⑤当家乡发生兵乱,苟士忠回乡并受民众推举建立地方武装以自保:"而河朔已受兵矣。州募民团守,号义兵,推君为都统,保青龙山。"⑥当时,苟士忠的政治态度还是倾向于金朝。然后时局发展急转直下,金朝迅速瓦解、蒙元势力大张,苟士忠觉得大势已去,"岁壬辰,河南亡,君知不可为,乃散所保,各归乡里。"⑦当蒙元逐步掌握局面后,苟士忠

---

① 姚燧. 牧庵集. 卷第19. 参知政事贾公神道碑. 四部丛刊本.
② 苏天爵. 元朝名臣事略. 卷第10. 宣慰张公(德辉).
③ 宋濂. 元史. 卷第171. 列传第58. 刘因传.
④ 姚燧. 牧庵集. 卷第20. 资善大夫同知行宣政院事张公神道碑. 四部丛刊本.
⑤ 郝经. 郝文忠公陵川文集. 卷第35. 河阳遁士苟君墓铭有序. 太原:山西人民出版社,山西古籍出版社,2006:494-495.
⑥ 郝经. 郝文忠公陵川文集. 卷第35. 河阳遁士苟君墓铭有序. 太原:山西人民出版社,山西古籍出版社,2006:494-495.
⑦ 郝经. 郝文忠公陵川文集. 卷第35. 河阳遁士苟君墓铭有序. 太原:山西人民出版社,山西古籍出版社,2006:494-495.

"遂北首以辟之,居燕、赵之间"①,实质上政治背叛于蒙元。

荀士忠的案例表明,当时很多人的政治抉择并非盲目,而是在分析当时的社会形势之后冷静做出的。标准似乎就是要看谁有实力入主中原,谁有能力结束战乱。一部分人以其丰富的社会阅历和敏锐的政治嗅觉,在分析了天下大势之后认为,当时的残金、余宋政权已经无法掌控中国大地的时局,将来入主中原的很有可能是蒙元势力。在这样的政治认知之下,当然会主动选择北上这条路了。

对于那些长期生活在金朝统治区域的民众,对于金朝和宋朝恐怕都有所了解。在蒙元崛起以后,尤其到了金宣宗时期,金廷成了一个无力抗击外侵,却对内部残暴横征暴敛的政权;南宋政权更是忙于内斗、羸弱不堪,这样一个处处受金人欺负、自顾不暇的政权,很难给精英和民众以实际的安全感。应该说,这时的精英和民众已经预见到蒙元势力必然要吞并中原,将来要主宰天下。既然如此,早早和强者结合在一起显然是"明智"的选择。

第四节 精英的自立与流动

贞祐二年(1214年),金朝"弃河北""贞祐南渡"的政策导致金朝国家体系局部崩塌。这也成为华北政治突变的"奇点",由此形成的政治真空吸引部分基层精英走上了权力竞争的高级舞台,也有部分基层精英是被"推"、被"挤"上了这个舞台。在后世看来理应充满挣扎和斗争的政治背叛,就在"精英的自立与流动"中自然而然对接了。

一、发展链条

面对前述的主客观条件,这一区域的内外势力都在斟酌相关的应对策略。总体而言,农业文明和游牧文明都意图利用这一区域的精英势力。但从历史实践来看,显然游牧文明在战略上更加重视,战术上也给予了这些精英更大的自主权。这也导致这一区域的精英势力一般采取"两属以求安求利"的策略。

中国历史上,游牧势力在向华北乃至中原地区发展自己的势力甚至取代农业

---

① 郝经. 郝文忠公陵川文集. 卷第35. 河阳遁士荀君墓铭有序. 太原:山西人民出版社,山西古籍出版社,2006:494-495.

文明政权的过程中,与地方精英势力相互合作或利用的例子最早可追溯到西周晚期。如《史记》记载的申侯与犬戎攻杀周幽王事件。西汉"是时匈奴以汉将众往降,故冒顿常往来侵盗代地"①。隋唐五代时期,这一区域地方精英势力和游牧势力的合作达到新阶段,"虽僭尊号,俱北面称臣"②。契丹势力崛起之时,陷入纷争的中原军阀势力为了争夺政权,多与契丹结盟。"幽涿之人多亡入契丹。阿保机乘间入塞,攻陷城邑,俘其人民,依唐州县置城以居之……自为一部以治汉城……阿保机率汉人耕种,为治城郭邑廛市,如幽州制度。汉人安之,不复思归。"③

契丹"以汉制待汉人"④"治渤海人一依汉法"⑤,这更吸引大批地方精英政治背叛。"自幽蓟陷敌之余,晋季蒙尘之后,中国器度工巧、衣冠士族,多为犬戎所有。"⑥辽代汉人的分布,已经远达黑龙江地区。齐齐哈尔市泰来县的塔子古城出土的辽大安七年(1091年)石刻就载有47个汉人姓名⑦。"自契丹侵取燕蓟以北……其间所生豪英皆为其所用,得中国土地、役中国人力、称中国位号、仿中国官属、任中国贤才、读中国书籍、用中国车服、行中国法令。"⑧出使过辽朝的苏轼曾阐述过这种状况:"山前诸郡既为所并,则中国士大夫有立其朝者矣。"⑨"观其朝廷百官之众,而中国士大夫交错于其间。"⑩由此可见,游牧文明势力的大发展,和"政治背叛者"势力的合作是分不开的。

与此形成对照的是,北宋在初期收复燕云十六州的行动屡遭失利后,转而认可宋辽两朝共存的局面。这使得北宋逐渐割裂了与这一区域的各种合法联系。在"澶渊誓书"中就规定:"沿边州军,各守疆界,两地人户,不得交侵。或有盗贼逋逃,彼此无令停匿。"⑪1060年,宋朝有针对性的重申《私出本州界罪》:"诏河北两地供输人辄过黄河南者,以违制论。"⑫"诸北界人私入国中者,许人告,其知情容

---

① 史记.匈奴列传.
② 通典.197.边防典·突厥条上.
③ 欧阳修.五代史记.卷第72.4夷附录.
④ 脱脱.辽史.卷第45.百官志1.
⑤ 脱脱.辽史.卷第61.刑法志上.
⑥ 夏竦.文庄集.卷第13.计北寇.四库全书本.
⑦ 孙秀仁.黑龙江历史考古述论(上)[J].社会科学战线,1979(1).
⑧ 李焘.续资治通鉴长编.卷第150.
⑨ 苏轼文集.卷第48.策断3.中华书局点校本.
⑩ 苏轼文集.卷第48.策断3.中华书局点校本.
⑪ 李焘.续资治通鉴长编.卷第58.注.
⑫ 李焘.续资治通鉴长编.卷第192."嘉祐5年6月庚寅"条.

止者,徒一年。"①

二、精英自立

宋、金、蒙争雄之际,金朝难敌蒙古的攻势,金宣宗"弃河北"南迁。对于华北的基层精英,金对他们采取了牢笼、羁縻的政策,"金誘以官,冀赖其力,复所失地"②,目的是为了"安反侧""备外兵""复失地"③。如1220年2月,金封建河朔"九公"(沧海公王福、河间公移刺众家奴、恒山公武仙、高阳公张甫、易水公靖安民、晋阳公郭文振、平阳公胡天作、上党公完颜开、东营公燕宁)。只能听任他们"除已划定所管州县外,如能收复临近州县者,亦听管属"④。对大金国而言,本想通过这些地方武装势力达到对抗蒙古的目的,但是由于金自身实力下降且失去民心,结果则是牢固地形成了华北地区基层精英的武装割据。

更为多见的是,华北地区"四方之人无所归命"者纷纷奔走投靠聚集于世家大族,"依之以为重"⑤。"今已委身饵敌,暴骨草野,且吾君已弃民,民尚谁死哉?"⑥一大批拥兵自保的地方势力迅速自立。时人这样描述各地方武装纷起的情状:"金源氏末,天造草昧,豪杰并起,于是拥兵者万焉,建侯者万焉,甲戈者、骑者、徒者各万焉,坞民者、保家者、聚而为盗者又各万焉,积粟、帛金、具子女以为己有者、断叶陌、占屋宅、跨连州郡以为己业者,又各万焉。"⑦他们在各所属地区内荡平各种势力,各自为境,渐次成为专制地方的军政长官。自立精英对其所攻占的州县或向其投诚的州县,具有很强的领属权。当时许多势力强大的自立精英,占有不少州郡,可自主承制封拜下级僚属。例如"蔡国张公柔开府满城,凡州县来归者,皆承制封拜"⑧,"国朝开创,棋布诸路,分选勋旧帅臣世之,其首令不必请于天子,听诸帅才而使之。有能胜任者,子以嗣职,然必上下同仁,如身之使臂,臂之使指,则治效斯立。燕南涞水县,顺天府之甸邑,万户张公实主之。方草昧之初,公威德

---

① 庆元条法事类. 卷第78. 藩蛮出入·卫禁敕.
② 姚燧. 牧庵集. 卷第22. 金故昭勇大将军行都统万户事荣公神道碑. 四部丛刊本.
③ 参见:何之. 关于金末元初的汉人地主武装问题[J]. 内蒙古大学学报,1978(1).
④ 脱脱等. 脱脱. 金史. 卷第118. 苗道润传.
⑤ 元好问. 遗山先生文集. 卷第26. 严实神道碑. 文渊阁四库全书本.
⑥ 姚燧. 牧庵集. 卷第21. 王兴秀神道碑. 四部丛刊本.
⑦ 参见:郝经. 郝文忠公陵川文集. 卷第25. 万卷楼记.
⑧ 畿辅通志. 卷第169. 怀孟万户刘公先茔碑.

并著,民之从者如市,故能抚定二十余城"①。

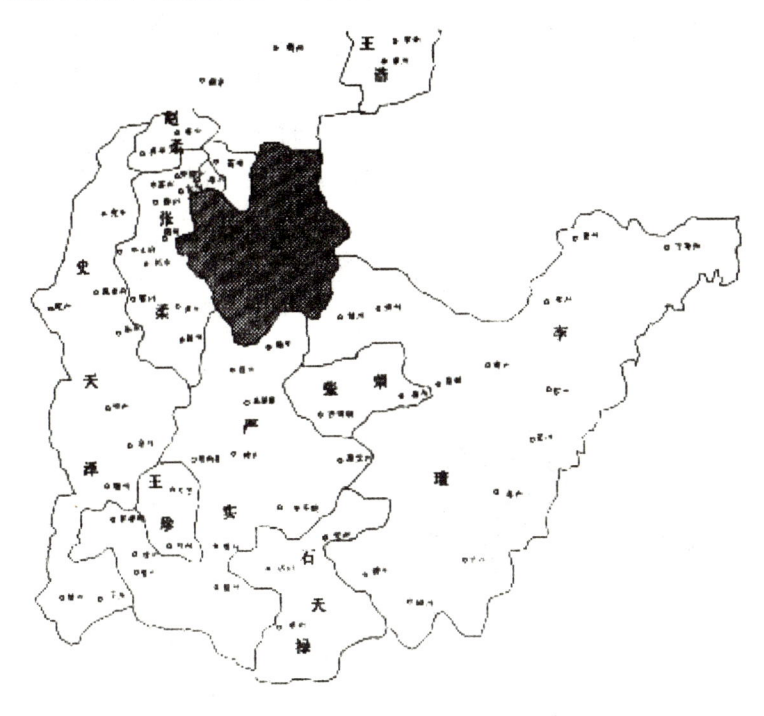

窝阔台八年丙申岁(1236年)"画境之制"前世侯占地示意图②

金元之际,由于河东山西地区多为中、小世侯,且呈散状分布;河北东西路、大名府路以及山东东西路地区有较多的大世侯,这些政治背叛者辖地跨州连郡,其中大者占有数十州县,小者亦有数城之地,所占地盘犬牙交错。其中大世侯主要有天成刘氏、真定史氏、保定张氏、东平严氏、益都李氏、济南张氏以及藁城董氏等等。彭大雅于壬辰岁(1232年)随南宋使节前往蒙古时,曾对华北汉地世侯势力叙述道:"汉地万户四人,如严实之在郓州,则有山东之兵;史天翼之在真定,则有河东河北之兵;张柔之在满城,则有燕南之兵;刘黑马之在天城,则有燕蓟、山后之兵。他虽有领众者,俱不若此四人兵数之多、势力之强也。"③而当时人们常常提

---

① 涞水县志.卷第末.敬铉所作李伯甫政绩.陈杰等纂修:涞水县志.光绪二十一年刊本.
② 转引自:温海清.金元之际的华北地方行政建置——《元史·地理志》腹里部分研究[D].上海:复旦大学,2008.
说明:1.图所反映的世侯占地状况.更多地反映出的是世侯们曾一度占有州、县的大致情形.2.阴影部分为河间府路地区.因其地世侯占地状况不甚明了.兹以此区别.
③ 彭大雅、徐霆.黑鞑事略.

及的最为显赫的三大世侯就包括了史天泽、严实与张柔,"窃念壬辰北渡后,诸侯各有分邑,开府忠武史公之于真定,鲁国忠武严公之于东平,蔡国武康张公之于保定,地方二三千里,胜兵合数万,如异时齐、晋、燕、赵、吴、楚之国。"①这几大世侯基本控制着原金朝河北东西路、山东西路以及中都路等地区。这些"河北群雄"②在政治军事悬空的情势之下,观望宋、金、蒙古对他们的态度和政策以做进一步选择。

窝阔台八年丙申岁(1236年)"画境之制"后世侯占地示意图③

三、精英争夺

在对该区域自立精英的政治沟通和政治争夺中,宋和蒙元针锋相对。对比双方的重要政策可以发现:蒙元的政策措施显然更加可行、更有成效。

---

① 魏初. 青崖集. 卷第5. 故总管工公神道碑. 四库全书本.
② 魏初. 青崖集. 卷第3. 重修北岳露台记. 四库全书本.
③ 转引自:温海清. 金元之际的华北地方行政建置——《元史·地理志》腹里部分研究[D].上海:复旦大学,2008.
    说明:1.图所反映的世侯占地状况. 更多地反映出的是世侯们曾一度占有州、县的大致情形. 2.阴影部分为河间府路地区. 因其地世侯占地状况不甚明了. 兹以此区别.

就双方的控制主体决策层来看,宋方决策层连年内斗,导致争夺政策的直接负责官员——楚州知州——在近20年间更换了7人①。以致宋方的有识之士直言"以乱救乱,安有穷已"②。而蒙方负责人为成吉思汗亲自任命的、极为相信的"国王"木华黎,经年不变。之后甚至直接由忽必烈负责。

就对该区域自立精英的信任程度来看,宋方对自立精英的不信任感强烈,甚至出现所谓"南方人"歧视、排挤"北方人"的情况。李纲曾说:"以金人夷狄之性,贪婪无厌;又有燕人狡狯以为之谋,必且张大声势,过有邀求,以窥中国。"董华也称金朝的不断攻宋"皆燕人及中原叛逆协谋所致",其憎恶之情溢于言表。

在双方会面的过程中,宋官员以礼示威,甚至在大敌当前的情形下因为礼仪问题而纠缠不清③。宋朝中央的管理素有"内重外轻、重文轻武"的传统。到了南宋,随着南北政治经济地位的升级,又有了重南轻北的地域界限,"这种畛域对归正、义军尤甚"④。

其间甚至发生对北方"归朝"者的屠杀。"时金人南侵,(沧州)郡中侨寓皆燕人来归者,(杜)充处为敌内应,杀之无噍类"⑤。"归朝官久在郡县,访闻官吏过有猜疑,非理拘囚,或擅行杀戮。"⑥"靖康初,金人入河北,而诸路州县军民皆杀归朝燕官"⑦。宋人的这种态度不仅针对出身华北幽州和燕云的官员和军人,并且扩展至平民身上,"初得燕山地,燕人有来京师居者,军民伎艺百色有之,杂居坊巷中,与汉人无异。金人犯京师,京城军民呼燕人为细作,皆执捉送开封府,无虑数百人"⑧。在宋人眼中,几乎一切来自幽云的汉人都成了金朝的奸细。金灭亡后,汉人将领赵祥带领数千人投奔南宋。南宋接收方的主将不加分辨,觉得降将太多,担心引发叛乱。但主将不是想办法去疏导,而是想把降军全部缴械活埋,"厌降将多,恐聚此叵测,漫为受犒,欲致尽阬之。"⑨政治背叛者笔下塑造的宋政权确实在战略和战术层面都出现了诸多问题。

---

① 符海朝. 南宋楚州知州与山东忠义关系之辨析[J]. 殷都学刊,2005(3).
② 魏了翁. 鹤山先生大全集. 卷第17. 直前奏六. 未喻及邪正一论.
③ 符海朝. 南宋楚州知州与山东忠义关系之辨析[J]. 殷都学刊,2005(3).
④ 黄宽重. 南宋时代抗金的义军[M]. 台北:联经出版事业公司. 1988:231.
⑤ 脱脱. 宋史. 卷第475. 列传第234. 叛臣上. 杜充.
又见:钦定续通志. 卷第六百二十三. 叛臣传四. 杜充. 四库全书本.
⑥ 李心传. 建炎以来系年要录. 卷第12. 建炎二年岁次戊申. 四库全书本.
⑦ 徐梦莘. 三朝北盟会编. 卷第114. 炎兴下帙十四.
⑧ 徐梦莘. 三朝北盟会编. 卷第28. 靖康中帙一.
⑨ 姚燧. 牧庵集. 卷第18. 邓州长官赵公神道碑. 四部丛刊本.

蒙元方面,基于于其本身的制度特点而支持"地方化"的趋势,更多意义上还只是一种"间接统治",所以对自立精英信任度颇高,放权颇大。"我国家初入中原,命太师招集豪杰,堪定未下城邑"①,"取才宋、金之遗,不乏用也。"②政治背叛者在向蒙古人纳赋、从征、纳质以及觐见的前提下,获得署僚自辟、刑赋专擅的权力,世享大权,专制各郡,维持地方统治秩序。"北人能以州县下者,即以为守令,僚属听自置,罪得专杀。"③而且"凡纳土及始命之臣,咸令世守"④"除已画定州县外,如能收复邻近州县者,亦听管属"⑤。这样,那种原先处于观望之中的自立精英们的政治态度渐趋明朗,逐步接受蒙古的招降,后期甚至发生多米诺骨牌效应、如雪崩般政治背叛而去。元史中记载,张荣的政治背叛凸显了这种多米诺骨牌效应,政治背叛者张荣(济南公)曾在降前独抗蒙古军。政治背叛后,成吉思汗曾问他,为什么你敢孤军抵抗蒙古大军那么多年?张荣回答:"山东地广人稠,悉为帝有。臣若但有倚恃,亦不款服。"⑥

---

① 苏天爵. 滋溪文稿. 卷第20. 郑澧神道碑. 文渊阁四库全书本.
② 苏天爵. 滋溪文稿. 卷第4. 燕南乡贡进士题名记. 文渊阁四库全书本.
③ 姚燧. 牧庵集. 卷第25. 高泽坟道碑. 四部丛刊本.
④ 苏天爵. 元朝名臣事略. 卷第7. 平章廉文正王. 文渊阁四库全书本.
⑤ 元好问全集. 卷第26. 严实神道碑.
⑥ 宋濂. 元史. 卷第150. 列传第37. 张荣传.

第三章

过程——"无我"的"合理"行动

易代之际,是不食周粟还是委身新朝?这是每一个前朝人士必须面对的道德与现实之间的选择困境。块裂的乱世中,突发的世变一瞬间将旧体系下的包括信任、互惠规范以及参与网络等在内的社会资本摧毁殆尽,旧式的集体行动显然无法继续。就纯理论视角而言,在经典性的囚徒困境和其他的集体行动困境中,对每一方来说,背叛都成为一种稳定的均衡策略。尽管其结果对大家都不利,但是对个人来说仍然是一种理性的选择。于是乎,一些自视"理性"的个体,跳脱传统意识形态要求,实施了后世视为"非理性"的政治行为。

第一节 话语模式:典型归类与综合复原

	样本总人数	以身殉国		隐遁不仕		降而仕元	
		人数	占比	人数	占比	人数	占比
植松正统计结果	151（南宋进士入元以后）			84	55.6%	57	37.8%
陈得芝统计结果	328（宋理宗、度宗二朝进士）	71	21.7%	174	53.0%	83	25.3%

日本学者植松正分析南宋进士入元以后的政治动向①,陈得芝教授也对所辑

---

① 植松正:关于元代江南的地方官任用.日本法制史研究.1988年总第38号.

得宋理宗、度宗二朝进士在宋元之际的动向做出统计①。两者在统计类别和结果上虽然有所差异,但可以看出,在中国古代改朝换代之际,普罗大众的政治选择具有多样性和开放性,既有殉国者及甘为遗民、不仕新朝的"忠节"志士,也有不少人改旗、投奔新势力。这和中国近现代"民族国家"缔造过程中反抗外侮、自强求富的情况不可同日而语。对于政治背叛者政治背叛原因和政治背叛细节过程的解释模式,以政治权力博弈中的利益驱动结合经济学领域的棘轮效应②来解释是最容易想到的。那就是面对蒙古大军压境、不降便性命难保之时,出于人的原始本能——对死的恐惧、对人生富贵的贪恋而政治背叛。

这样的解释肯定抓住了本质和重点,但是,在抓住本质和重点的同时是否也流于浅显、泛于粗糙了呢?活在历史中的人应该各自有各自的故事,却往往被讲成了一个故事、一类故事,类型化、标准化的故事。后世对宋元际政治背叛情况的记述和理解是否存在或在多大程度上存在简化模板想象、"超历史"的民族主义想象和意识形态想象?政治背叛者笔下又是如何塑造他们处理理论和历史问题的方式?抑或如何以来掩饰他们在历史中的表现?

当政治背叛者在叙述到政治背叛原因时,最鲜明的特点是文本中"本人"或"本人利益"的彻底"隐身",代之以种种或"合理"或"光怪陆离"的外部原因。

一、政治背叛原因的典型分类

现实中,政治背叛者的政治背叛总是多维度原因导致的结果。但为了分析的必要,需要对政治背叛原因择其要者予以典型化抽象归类,分述如下若干。

(一)"以民为本"型政治背叛

政治背叛者在叙述到他们政治背叛的原因时,提及最多的是"为民着想"。即使是那些驰骋沙场、杀人如麻的人物,政治背叛者的文本也会把他们描述为"以战止战"的"大爱"之人,"予于周侯,不独美其已试之功与兼爱之心,又以见其角逐

---

① 陈得芝:论宋元之际江南士人的思想和政治动向.南京大学学报(哲学社会科学版)1997年第2期.
② 由杜森贝利提出.古典经济学家凯恩斯主张消费是可逆的.即绝对收入水平变动必然立即引起消费水平的变化.杜森贝利认为这实际上不可能.因为消费决策不可能是一种理想的计划.它还取决于消费习惯.特别是个人在收入最高期所达到的消费标准对消费习惯的形成有很重要的作用.实际上棘轮效应可以用宋代政治家和文学家司马光的名言来概括:由俭入奢易.由奢入俭难.

风尘之际,虽有独扫千军之勇,果非乐于战斗,以人命为轻者。"①

政治背叛者熟稔于借史言事,这里也不例外。在谈及史籍中记载的张巡、许远守城"吃人"②事件时,元好问直截了当地表明态度:"守城之事小,食人之事大。三万口之命而谓之小事,何耶?"③在《袁公神道碑》中,姚燧也遥相呼应,认为为官者所谓的"为国捐躯"其实是以兵民的生命满足了敌人报复屠杀的愿望:"敌以不即下蕴怨积愤于我者,为日已久,吾死而捐兵民以甘其心。"④而这也成为政治背叛者的集体认知,以此指导自身的行动,这一认知就转化为一条重要"准则"和托辞。于是,为了家人家族、为了乡党下属、黎民百姓等等,均堂而皇之地成为他们政治背叛的理由。

1. 为了家人家族

家人和家族是时人最重要的社会关系。为了他们的生存和安全而政治背叛,最容易引起旁观者的心理同情。这样的例子也很多,史秉直家族比较典型。"当天兵南下,所向摧陷,公(史秉直)与其亲族谋曰:'今兹丧乱,血流成河,吾家百余口,何以自免?若散匿数处,或可得生,不然,无遗类矣。'"⑤后来,史氏家族"既而知降者得免,乃复议降"⑥整个家族集体政治背叛。而姚燧《牧庵集》中有多例更精彩而又隐讳的记载。

在《河东检察李公墓志铭》的文本中,李懋时本来只是山西榆次县的一个颇得民众信赖而坐拥地方权威的士人。当蒙元军队攻入山西、攻占太原之时,金朝榆次县令想要政治背叛蒙元,但一则担心蒙元是否加害;二则担心万一事情泄露或失败被金朝追责;三则担心民众不肯追随。于是,榆次县令请李懋时出面带头与蒙元协调政治背叛事宜。李懋时本不同意替榆次县令去向蒙元请降,但县令威胁他说:"当是人自为谋之时,一为狙黠所先,忌汝才而并除之,如汝母氏、二季

---

① 元好问. 遗山先生文集. 卷第37. 周氏卫生方序. 文渊阁四库全书本.
② 《新唐书》张巡本传记载:唐玄宗开元末年爆发安史之乱,张巡起兵守雍丘,抵抗叛军。至德二载(757年),安庆绪派军南侵江淮屏障睢阳,张巡与许远在内无粮草、外无援兵的情况下死守睢阳,前后交战四百多次,使安庆绪军损失惨重。战果有效阻遏了安庆绪军南犯之势,遮蔽江淮地区,保障了唐朝东南的安全。最终因粮草耗尽、士卒死伤殆尽而被俘遇害。
③ 王若虚. 滹南王先生文集. 卷第29:445.
④ 姚燧. 牧庵集. 卷第17. 袁公神道碑. 四部丛刊本.
⑤ 刘祁. 史秉直神道碑. 永清文征卷第.
⑥ 刘祁. 史秉直神道碑. 永清文征卷第.

何？"①大意为：现在是天下大乱、各自谋生的时候。一旦被别人掌握了主动权，你的家人、家族都在本地，他们的安全如何保障呢？榆次县令的说辞可谓语中带刀，既是劝诫也充满了杀气腾腾的威胁。李懋时听懂了县令话里有话，只好同意，"如教"②并赴蒙古军营请降，最终政治背叛蒙元。

在《孙府君神道碣》中，姚燧陈述孙显先人的政治背叛被描摹得更加隐讳。文中叙述了一个家族面临政治选择发生分裂的经过。文本的精彩之处在于从始至终都根本不谈政治，各方心照不宣，完全以"孝"言事：

> 孙氏，故郑管城力田人也。族大且滋，由兵兴，去平土即险而居。始迁今河南之登封。会岁荒，先人分族五百指，辇祖妣，就饶唐之比阳，先祖独留。祖妣卒，其族以干戈未靖，谋趋汉南。先人死怀先茔，生谋思先祖，偕先妣挺身西北。至则乡邑萧条，先祖已无可问其存殁矣。寓食河之北，数年复归，剪棘而田，斩茅而堂，日夜作苦，十年而能家也。复崎岖唐郑之郊，即遗龙故老，哀号百至，以求先祖之枢，竟负窆卢川。笃孝如是人！③

孙显家族一直在金朝境内居住，即使由于战乱迁徙也在金朝境内，"故郑管城（按：古县名，今河南郑州市管城区）力田人也。族大且滋，由兵兴，去平土即险而居。始迁今河南之登封。会岁荒，先人分族五百指，辇祖妣，就饶唐之比阳（按：今河南泌阳），先祖独留。"④但当时金朝已经显露败迹，孙显家族人心浮动，政治选择异趣是可想而知的。在孙显祖母去世后，家族政治选择的矛盾终于大爆发。家族大部分人主张南下移居归属南宋的汉南，"祖妣卒，其族以干戈未靖，谋趋汉南。"⑤这意味着他们的政治选择是南下投身南宋。但孙显的父亲显然不认同这样的政治抉择。但孙聚也没有谈及政治，而同样以"孝"言事，认为既然母亲去世，应该北上去归葬祖地。而北上意味着投身蒙元政权。显然，最终家族发生分裂，孙显的父亲母亲"死怀先茔，生谋思先祖"⑥，所以"挺身西北"，之后又"寓食河之北"⑦，最终以"笃孝"之名在文本中"悄悄"政治背叛蒙元。

---

① 姚燧．牧庵集．卷第28．河东检察李公墓志铭．四部丛刊本．
② 姚燧．牧庵集．卷第28．河东检察李公墓志铭．四部丛刊本．
③ 姚燧．牧庵集．卷第25．孙府君神道碣．四部丛刊本．
④ 姚燧．牧庵集．卷第25．孙府君神道碣．四部丛刊本．
⑤ 姚燧．牧庵集．卷第25．孙府君神道碣．四部丛刊本．
⑥ 姚燧．牧庵集．卷第25．孙府君神道碣．四部丛刊本．
⑦ 姚燧．牧庵集．卷第25．孙府君神道碣．四部丛刊本．

2. 为了乡党、下属、黎民百姓等

为了乡党、下属、黎民百姓等的政治背叛,虽然附会牵强之意颇浓,但在政治背叛者笔下,也在一定程度上拔高了政治背叛者"民本"型政治背叛的道德水准。

《刘会碑》就记载到,"兴定丁丑(1217 年),元兵徇代。及境,会率乡人归命"①。《泽州长官段公墓碑》也记载了段直的相关"史迹":"甲戌(1214 年),段直率领乡党族属,相聚自守。木华黎统兵前来时,段直以众归之。"②《贾德行状》也有类似记载,1221 年,蒙古军进攻景州,意图实施屠城。贾德至深州降附木华黎,向木华黎请求不要对景州实施屠杀,木华黎同意后,"阖城赖以全活"③。

在《怀远大将军招抚使王公神道碑》中,姚燧先平淡地陈述了王兴秀的政治背叛,"乃以是撼三十余村之民:'汝幸从我,我能活汝。'乃将壮士数百辈,出蠹疆,迎两大帅万户刘伯林、御史大夫萧公降。帅善其来,与之帜,曰:'张汝之乡,我兵自敛戢,不汝侵也。'"④然后通过强烈的对比展示了那个时代政治背叛和不政治背叛的差别,某城已经做好了防御准备"力完守具"⑤,但还是被蒙元军攻陷,随后蒙元军展开大屠杀,"一鼓屠其城,无噍类遗"⑥。而跟随王兴秀政治背叛的三十余村老百姓则是"无毫毛伤者"⑦。政治背叛者这样的书写,有意无意地给出了如下的暗示:其一,政治背叛是唯一的生存选择;其二,政治背叛者的政治背叛是保护百姓的唯一选择。

在《袁公神道碑》中,汾州县临泉令袁湘在 1218 年的政治背叛也是非常典型:"后王公佐卒镇,人心离异,不可复一。公叹曰:'吾爱一死哉,死而兵民完,何害?敌以不即下蕴怨积愤于我者,为日已久,吾死而捐兵民以甘其心,吾宁忍哉?'遂乘夜载鸥夷济河,款我大将孛罕营降。"⑧在《袁氏先庙碑》中,姚燧再度呼应《袁公神道碑》中袁湘"为了乡党、下属、黎民百姓等而政治背叛"的形象:

> 提王公佐一节度之师来归吾元,拔之锋镝之下,而卧之衽席之上,脱民兵死;

---

① 王诚. 刘会碑及碑记后按语. 山右石刻丛编. 卷第 27. 光绪年间刻本. 又见:金史. 卷第 15. 宣宗纪. 北京:中华书局,1975.
② 刘因. 泽州长官段公墓碑. 山右石刻丛编. 卷第 27.
③ 王恽. 秋涧先生大全集. 卷第 47. 贾德行状. 元人文集珍本丛刊.
④ 姚燧. 牧庵集. 卷第 21. 怀远大将军招抚使王公神道碑. 四部丛刊本.
⑤ 姚燧. 牧庵集. 卷第 21. 怀远大将军招抚使王公神道碑. 四部丛刊本.
⑥ 姚燧. 牧庵集. 卷第 21. 怀远大将军招抚使王公神道碑. 四部丛刊本.
⑦ 姚燧. 牧庵集. 卷第 21. 怀远大将军招抚使王公神道碑. 四部丛刊本.
⑧ 姚燧. 牧庵集. 卷第 17. 袁公神道碑. 四部丛刊本.

狗地廊延,拓境千里,凡负险群聚资人为粮者,莫不投甲相率而至,去民盗死;治延之初,假之种牛而授以耒耜,免民饥死;自燕市药,负以百十马牛,即城为楼居之,致医司掌,为剂其间,有以疾来者,视所宜药与饵,不求赢利,去民疫死。①

姚燧发挥其文学撰写的优势,以"脱民兵死""去民盗死""免民饥死""去民疫死"这样工整的排比,感性地渲染拔高了袁湘政治背叛的道德水准。文末,姚燧甚至夸张地写下这样的文本:"至今州民戴白者,道旧相语,犹泫然指城楼谓曰:吾司命也。"②大意为,虽然已经过去了多年,当地仍然有人为袁湘戴孝。路经城楼时,人们相互谈论往事,一些戴孝的人还会指着城楼、眼泪汪汪地说:"就是他救了我。"这种过于夸张的行文,明显可见政治背叛者实施记忆塑造的迫切心理。

(二)"为国所弃"型政治背叛

政治背叛者的笔下叙述到他们政治背叛的原因时,最出乎意料的是很多政治背叛者并不认为是他们背弃了国家,而是国家背弃了他们!之前文中述及的三次世变即为分水岭所在,尤其是"贞祐南渡"前后金朝政府"弃河北"的政策。当时迫于蒙古的军事压力,金朝于1214年仓皇放弃燕京,迁都汴京。结果导致了金国政治体系崩盘式的连锁反应:短期内黄河以北地区、辽东辽西迅速失陷或者叛乱或者自立。金廷只能控制河南、淮北与关中一带。同时黄河泛滥改道,流向东南,造成广泛的河患。在政治背叛者的文本中,原来金朝控制区的精英和民众对金政权的绝望、甚至愤恨溢于言表,"朝廷弃三路如弃土埂,弃两淮如弃敝屣。使敌入数千里,如蹈无人之境。不战而败,不守而陷,二百年之天下,不因民之怨叛而直失其大半。"③

在《河东检察李公墓志铭》文本中,姚燧通过榆次县令之口也直言不讳地指出:"金主弃河北与河东,播汴者五年,天方北顾如是,马足所及,无不靡灭。太原,河东钜镇,犹不能支,吾侪偎塞此方,因谓之固,一日移兵,势如崩山之压卵,必无幸矣。"④

王兴秀则讲得更加直白、更加接"地气":"丈夫生三十年,而劳苦耒耜,屈压极矣。今已委身饵敌,暴骨草野,且吾君已弃民,民尚谁死哉!吾有自图富贵耳。"⑤

---

① 姚燧. 牧庵集. 卷第12. 袁氏先庙碑. 四部丛刊本.
② 姚燧. 牧庵集. 卷第12. 袁氏先庙碑. 四部丛刊本.
③ 建炎以来系年要录. 卷第29. 建炎三年11月壬戌条. 引吕中大事记.
④ 姚燧. 牧庵集. 卷第28. 河东检察李公墓志铭. 四部丛刊本.
⑤ 姚燧. 牧庵集. 卷第21. 怀远大将军招抚使王公神道碑. 四部丛刊本.

大意为:我们这么多年辛苦地从事农业劳作,本来就够憋屈的了。而如今,我们还要面对入侵的敌人。我们的力量如此微小,面对残暴的敌人如同喂鱼的饵料,肯定将战死荒野。但皇帝已经抛弃了我们,我们有什么理由还要为他尽忠呢?我们还是自己谋生、谋富贵吧。当王兴秀把这套理论告知百姓后,结果"三十余村之民"①追随他政治背叛蒙元。由此可见,百姓对于王兴秀这套说辞从心理上的认可程度。

金朝"弃河北"的政策导致了华北政治体系的崩盘。一部分金朝控制区的精英和民众对金政权既绝望又愤恨。这种情绪很容易产生所谓的"移情"效应,即把对金政权的绝望和愤恨转移为对新领袖的忠诚,寄望于新领袖带领他们宣泄这种绝望和愤恨。元好问在《东平行台严公神道碑》就把严实塑造为这样的新领袖。在"贞祐南渡,豪杰乘乱而起,四方之人无所归命"之时,严实拥有强大的军队、卓越的威望,实力可与国家抗衡,"公(按:严实。)据上流之便,据劲锋之选,威望之著,隐若敌国。"于是,严实自然就被一些基层"无所归命"人士视为心目中的新领袖,希望依靠他来成就一番大事业:"人心所以为楚为汉者,皆倚之以为重。"②

在《仪氏先茔碑》中,仪氏先人也描述了这样的历史场景:金宣宗迁都汴京以后,黄河以北政治秩序迅速崩塌,蒙古军、金军、地方武装、盗贼连番混战、难以辨识,"大河之北,血丹原野,骸集如阜"③。当蒙古军派出使者前来劝降时,已经对金朝彻底失望死心的仪氏先人明确宣称:"金不足为之死!"④不但如此,而且金朝已经转化为"虐",进入夏桀、商纣时期的政治窠臼。对于这样的"虐",已经不存在背叛的问题,而是必须"去虐"。所以"与其束手待尽,孰若去虐,效顺为升平新民乎?"⑤仪氏先人"遂以州归职方氏"⑥。这样,在政治背叛者的笔下,原来的"祖国"已经被摆到了道德审判的被告席,政治背叛已经被转塑为合乎正义的伦理选择。政治背叛者不再背负道德压力,反而转身成为道德的卫士。

元史中记载了这样一件事,忽必烈问一些宋朝政治背叛者:"为何南宋会灭亡?"这些政治背叛者回答道:"自从贾似道当了宰相掌握权力后,倍加推崇文人儒

---

① 姚燧. 牧庵集. 卷第21. 怀远大将军招抚使王公神道碑. 四部丛刊本.
② 元好问. 遗山先生文集. 卷第26. 东平行台严公神道碑.
③ 陈孚. 山右石刻丛编. 卷第30. 仪氏先茔碑.
④ 陈孚. 山右石刻丛编. 卷第30. 仪氏先茔碑.
⑤ 陈孚. 山右石刻丛编. 卷第30. 仪氏先茔碑.
⑥ 陈孚. 山右石刻丛编. 卷第30. 仪氏先茔碑.

士而贬低压抑武将。武将对他怨声载道,所以才发生了政治背叛之事。"而政治背叛者董文忠回答道:"贾似道贬低压抑你们、对你们不好。但南宋皇帝对你们很好啊,让你们身居高官、让你们家财万贯。现在,你们对丞相有怨言而把怨气撒在皇帝身上。你们不肯为国打仗、尽忠报国,坐视南宋灭亡,那作为臣子的忠节义气在哪里呢?这样看来,贾似道贬低压抑你们难道不是预知你们这班人根本靠不住吗?"同样都是叛将,为什么董文忠敢于嘲笑别人呢?关键就在于董文忠自认为其政治背叛的原因是"为国所弃",而那些南宋叛将则是在"为国所用"的情况下政治背叛的。因而董文忠觉得自己完全站在道德的高地,言语之间自然流露出对那些南宋叛将的不屑和鄙视。

(三)"国亡无主"型政治背叛

"国亡"之后选择政治背叛也是政治背叛者笔下经常出现的情形。"国亡"型政治背叛不像"国弃"型政治背叛那样把政治背叛者和故国摆在针锋相对的位置,而是以一种接近自然主义的方式来处理政治背叛者在前后两国之间的政治背叛。有些情况下,"国亡"型政治背叛者还会被作为易代之际"忠节"的代表。如《平凉府长官元帅兼征行元帅王公神道碑》中的王钧,金朝存在时,在金朝统治下抵抗蒙元军队;金朝灭亡了,他转而政治背叛蒙元。蒙元势力"义其后服,释不罪也"①。

在《巩昌路同知总管府事李公神道碑》中,有多位政治背叛者的史迹呈现。其中一段,姚燧借易代之际的12名人员之口,塑造了自身在那个特殊的历史时点和特殊的历史空间所面临的境遇。首先,姚燧不吝笔墨地描摹了这些人对金朝的忠贞,也潜在地批判了金朝统治者的无能和对人才的漠视。在金朝即将灭亡,"金社将臲"的时候,"三千人东援"②。但路途中遭到阻击,只剩下三百人。等到达汴京,金朝皇帝已经逃跑。三百人继续追赶,终于找到皇帝。这些人向皇帝献策,应该向西到陕西、甘肃交界地带的石门。因为秦地士兵骁勇,而且凭借地利可以去占领巴蜀以图未来。但金朝皇帝不听,先逃亡归德,后兵败,再逃蔡地,最后自杀身亡。三百人中很多都追随而亡,但这12人觉得形势已经明朗,白白送死毫无意义,应该返回基地以图将来,"势今业然,石门日夜望吾东音,计今日即徒死无益,必归必报。"③

---

① 姚燧. 牧庵集. 卷第21. 平凉府长官元帅兼征行元帅王公神道碑. 四部丛刊本.
② 姚燧. 牧庵集. 卷第21. 巩昌路同知总管府事李公神道碑. 四部丛刊本.
③ 姚燧. 牧庵集. 卷第21. 巩昌路同知总管府事李公神道碑. 四部丛刊本.

李节是《巩昌路通知总管府事李公神道碑》中的传主。姚燧行文以李节不同的人生阶段为剖面，选取每个时期的典型事件，突出他在不同人生阶段的个性特征和行为方式，在勾勒他整个人生轨迹的同时也塑造了一个血肉丰满的政治背叛者形象。政治背叛者文本中的李节，很多陇西人说他可能是汉朝名将李广的后人。金元鼎革、天下大乱之际，李节正值青年，渴望建功立业。当时他官及校尉，"慨然曰：吾自求树立，如人曰吾薄门公何？"①所以，当他察觉时任巩昌元帅的田瑞想要发动叛乱时，当机立断，只身一人、"乘夜缒出，走平凉"②，传递消息，协助金朝官军擒获田瑞。之后直到金灭亡，李节与汪世显一直固守巩昌。金灭亡一年多后，蒙元势力越来越强盛，众人商议对策。汪世显意识到，随着金朝的灭亡，他和李节固守巩昌、抵抗蒙元势力的政治合法性正在丧失。于是提出金朝已经灭亡，我们向谁尽忠呢？老百姓会把我们当成盗贼的，"主今亡矣，谁与为忠？人以群盗遇余。"③于是，李节与汪世显率其控制境内军民十万多人政治背叛蒙元。当时蒙元皇子奎腾（按：《元史》中作阔端），"义其后服"④，让二人仍然担任原来的职务。就姚燧撰写的文本来看，政治背叛之后，李节管理的地域风清气正、平安祥和，人民得以休养生息，"至今西平种族殷繁"⑤全赖其力。其功绩人所共睹，其官职也一路升迁。但就在仕途亨通之时，李节却急流勇退、归隐田园。在政治背叛者的笔下，人物在不同历史生态下的不同政治选择，既有性格的影响又是环境的产物。姚燧的塑造把握住了人物成长历程中的重大政治变迁，从而勾勒出墓主的一生，塑造了一个既"渴望功名"又能"急流勇退"，既"为国尽忠"又"为民尽义"的政治背叛者形象。

（四）"卫道传教"型政治背叛

在政治背叛者的文本中，直接涉及"卫道"型政治背叛的精英人数虽然不多，但其延展性却超乎寻常，很多政治背叛者都与这种政治背叛类型的当事人有着经济与政治往来，对承担"文化延续"的历史使命攀龙附凤的意味较为强烈。许衡、刘因和赵复的政治背叛即关涉其中。

---

① 姚燧．牧庵集．卷第21．巩昌路同知总管府事李公神道碑．四部丛刊本．
② 姚燧．牧庵集．卷第21．巩昌路同知总管府事李公神道碑．四部丛刊本．
③ 姚燧．牧庵集．卷第21．巩昌路同知总管府事李公神道碑．四部丛刊本．
④ 姚燧．牧庵集．卷第21．巩昌路同知总管府事李公神道碑．四部丛刊本．
⑤ 姚燧．牧庵集．卷第21．巩昌路同知总管府事李公神道碑．四部丛刊本．

1. 许衡和刘因

许衡(1209－1281年)，字仲平，号鲁斋，世称鲁斋先生。去世后被蒙元赐以"文正"的谥号。刘因(1249－1293年)，字梦吉，号静修，世称静修先生。去世后被蒙元赐以"文靖"的谥号。许衡和刘因是元朝前期北方的两大理学名儒，在当时思想界具有重要影响，后世也得到了历史的认可，均入祭孔庙。《辍耕录》和《元诗选》有非常接近的文字记载谈及许衡和刘因的政治背叛原因，即是围绕"道"而展开；这条材料流传甚广，后人时常引用。但是，关于许衡传记的其他著作如《元史》《许文正公遗书》《许文正公世家谱》《元朝名臣事略》《元文类》等史料中，此事都不见记载。关于刘因传记的其他著作如《静修先生墓表》《静修先生祠堂记》和《元史》本传中，此事也都不见记载。据相关史学同仁考证，此材料的史实性存疑。不过，本文研究的对象是文字及其呈现，而不是文字背后的现实世界实体！因此对于这条流传甚广的材料所彰显的塑造意图也理当做一浅析。

《辍耕录》中的表述如下：

中书左丞魏国文正公鲁斋许先生衡，中统元年应召赴都。道谒文靖公静修先生。因谓曰："公一聘而起，毋乃太速乎？"答曰："不如此，则道不行。"至元间征刘先生以为赞善大夫，未几辞去。又召为集贤学士，复以疾辞，或问之，乃曰："不如此，则道不尊。"①

而《元诗选》的文本如下：

当世庙初，姚文献公枢、许文正公衡、杨文献公果、商文定公挺辈布列台省，号称盛治。既而诸公相继告老，中朝贤士大夫多属意于静修，丞相不忽木尤力荐之，卒未竟其用。许文正公之应召也，道过静修，静修谓之曰："公一聘而起，毋乃太速乎？"文正曰："不如此，则道不行。"及静修不就集贤之命，人或问之，乃曰："不如此，则道不尊。"②

这两部文献的记载反映了同样的意象，中统元年(1260年)，忽必烈即汗位后征召许衡入朝。许衡应征赴任的途中拜访了刘因。刘因以历史上的三顾茅庐、三辞三让的循例揶揄许衡："人家一聘请，你就接受去赴任。这是不是太快了？"许衡回答道："不这样的话，则大道如何推行天下呢？"多年后，朝廷又征召刘因担任"集贤学士"，刘因称病不去赴任。别人问他为什么？刘因回答："不这样的话，则大道

---

① 参见：陶宗仪．南村辍耕录．卷第2"征聘"条．北京：中华书局，1959：21.
② 元诗选．卷第五．四库全书本．

如何被天下所尊奉呢?"

许衡为了推行"道",转而服务蒙元政权;刘因为了尊奉"道",拒绝为蒙元服务。双方合作共同推升了大"道"。同时,政治背叛者也通过这样的合作悄悄缩短乃至消弭了政治背叛蒙元和拒绝政治背叛之间的鸿沟。这样的塑造一旦成功,不但可以规避别人的批判,进而可以给政治背叛者戴上超越旁人的无上的光环。也正是由于许衡和刘因这种组合式"卫道"型政治背叛塑造得非常成功,当世就名声大噪,所以姚燧在《中书左丞姚文献公神道碑》中塑造姚枢的历史形象时,仍不忘攀龙附凤、见缝插针式地链接了姚枢启发、支持许衡"卫道"的史迹:

> 时先师许魏国文正公鲁斋在魏,出入经传子史,泛滥释、老,下至医、卜筮、兵刑、货殖、水利、算数,靡所不究。公(按:姚枢,本段同。)过魏,与窦汉卿相聚茅齐,听公言,义正粹,先师遂造苏门,尽录是数书以归。谓其徒曰:"曩(nǎng,以往)所授受皆非,今始闻进学之序。若必欲相从,当尽弃前习,以从事于《小学》、《四书》,为进德基。不然,当求他师。"众皆曰:"惟先生命。"则魏国公由穷理致知、反躬践实,为世大儒者,又公所梯接云。①

姚燧试图以此告诉后世,许衡是受姚枢的启发才走上程朱理学之路,是许衡接了姚枢"穷理致知、反躬践实"的学术大旗,双方像云梯一般前后相接、共同攀高。

2. 赵复

与此类似的是,姚枢"劝降"赵复一事在姚燧笔下也多次或详或略地提及,显然姚燧希望达到同时塑造、推高姚枢、许衡、赵复"知己携手卫道"形象的目的。这段情节在《元史》和《宋元学案》当中均有记载;在姚燧笔下也是多次或详或略地提及,尤其是在《牧庵集》的《序江汉先生事实》和《中书左丞姚文献公神道碑》两文中。各种文献中的情节记载大同小异。

在《序江汉先生事实》中,赵复接连上演了两出大戏:一则是"求死而未死"的传奇经历,这给事件和当事人披上某种神秘的面纱,以印证之后的政治背叛选择在天命层面的合法性。二则是反复拒绝了姚枢的劝降,翻拍了三辞三让的历史案例。这又给事件和当事人披上某种高尚的面纱,以印证之后的政治背叛选择在道德层面的合法性。

在做足了铺垫之后,姚枢以"卫道"之名再度劝降赵复。首先,姚枢以赵复"求

---

① 姚燧. 牧庵集. 卷第15. 中书左丞姚文献公神道碑. 四部丛刊本.

死而未死"的经历言事:"果天不生君,与众已同祸。"①既然"求死而未死",则"生"是天意。既然"生"是天意,则天必然对赵复的"生"安排了与众不同的任务,"爰其全之,则上承千百年之统,而下垂千百世之洪绪者,将不在是身耶?"②这个任务就是把承继道学传统并把它流传千古、发扬光大。之后,赵复也按照这一逻辑来发展自己,"至燕,名益大著。北方经学,实赖鸣之。游其门者将百人,多达材其间。"③

在《中书左丞姚文献公神道碑》中,姚燧再次对这一故事大书特书:"乙未(公元1235年,宋为端平二年),诏二太子南征,俾公从杨中书即军中求儒、道、释、医、卜、酒工、乐人。会破枣阳,并公所招,将尽坑之。大将幕竹林间,公前辩析:'明诏如此,他日将何以复命。'乃蹙数人逃入竹中,潜归其营,匿严侯军中,才脱死数十人。继拔德安,得江汉先生赵复仁甫,见公戎服而髽,不以华人遇之。至帐中。见陈琴书,骇曰:'西域人知事此乎?'公为一莞。与之言,信奇士。出所为文数十篇。以九族殚残,不欲北,与公诀,祈死。公留宿帐中。即觉,月皓而盈,惟寝衣存,乃鞍马号积尸间,求至水裔,脱履被发,仰天而号,欲投溺而未入也。公晓以徒死无益,'汝存,则子孙或可传绪百世。吾保而北,无他也。'遂还,尽出程、朱二子性理之书付公。江汉至燕,学徒从者百人,北方经学自兹始。"④

为何姚燧对这一事件如此钟情、不吝笔墨?从姚燧随后的感慨中可见端倪:"呜呼!自先公言之,夫既受诏,出之军中,而使之死不以命,非善其职;且儒同出者乎千数,才得如先生一人,而使之泯没无闻,非崇其道。此公所惧而必生之也。自先生观之,孰亲亲其七尺之躯,而大其所关?人持瓦缶,将败之,犹有惜而不果者,必茹毒罹祸不可一日居,故忍而为此,出处非不思也。乃中夜以兴,蹀膏血以御魑魅,径竹莽以触虎豹,而始及水,仰天而祝,其行非不决也。夫思而后行,行之以决,则其势多难夺于中路。使非先公自行,而他人赴之,能舍所忍为,以回其复生之志,收其已游之魄,反就是一日不可居之祸毒乎?由是言之,先生之死,求以无辱,不全以归。其生也,不以有赴,而以知己。此其胸中撑制一时,相为高下之权衡也。然古之人,为知己死者有之,无有为知己而生者,先生以古人所不为者报

---

① 姚燧. 牧庵集. 卷第4. 序江汉先生事实. 四部丛刊本.
② 姚燧. 牧庵集. 卷第4. 序江汉先生事实. 四部丛刊本.
③ 姚燧. 牧庵集. 卷第4. 序江汉先生事实. 四部丛刊本.
④ 姚燧. 牧庵集. 卷第15. 中书左丞姚文献公神道碑. 四部丛刊本.

之先公,而先公所受先生也已多矣,奚德哉!"①

(五)"知天命"型政治背叛

孔子提出"畏天命"思想,认为"小人不知天命而不畏也"。之后的政治世界,"天命""天意"云云常常沦为临文便辞,成为政治人物的政治借口。在政治背叛者的文本中,很多都选择以"知天命"的借口来为政治背叛遮掩。

1. 神秘主义的"天命"借口

刘秉忠本已经遁入空门,但后参与到蒙元势力中出力巨大,他在诗中借口天意来注解自己的政治选择:"王戈定指何方去,天意仍教我辈参。"②吴信,晋宁(今临汾)荣河人。金末丧乱,吴信招集武勇,被推为总领。1222年,蒙古重兵至蒲州,州郡不支,荣河县乡兵长吴信"私念天命有在,力不可抗"③,于是率众诣木华黎军门请降。山西平遥梁瑛的史迹与吴信非常类似:"金季,中原受兵,所在郡邑望风奔溃。戊寅,圣元太师国王领兵南下。公曰:'天也,死填沟壑何益!'乃率众诣军门上谒"④,率众诣木华黎军门降。两人的史迹分别来自周从善撰写的《吴信碑》和魏初撰写的《故征行都元帅五路万户梁公神道碑铭》,行文颇有相似之处,除了有赖史学界考证其原因之外,恐怕撰写者具有一致的政治背叛政治身份与政治利益也是一个重要原因。

元好问后半生基本依赖政治背叛者供养,当然想尽办法为其开脱,对于反复政治背叛的严实,元好问也只好以"天命"为其圆场,多次政治背叛后,严实发现蒙元势力越来越强,就依附蒙元死心为之效命,"至是晓然知天命所在,莫敢有异志"⑤。这次最终政治背叛蒙元后,严实转手严厉攻击宋金两方,这也被元好问解释为"天命"所在的证据,"至是晓然知天命所在,莫敢有异志,国家亦藉之以成包举之势。故自开创以来,功定天下之半,而声驰四海之表者,惟公一人而已!非天使之倡大义、建大事,以应兴王之迹,其能若是乎?"⑥

2. 丘处机(全真教)的"推波助澜"

丘处机(1148-1227年),也作邱处机。字通密,道号长春子,曾长时间担任

---

① 姚燧. 牧庵集. 卷第4. 序江汉先生事实. 四部丛刊本.
② 藏春集. 岭北道中.
③ 周从善. 山右石刻丛编. 卷第26. 吴信碑.
④ 魏初. 青崖集. 卷第5. 故征行都元帅五路万户梁公神道碑铭. 四库全书本.
⑤ 元好问. 遗山先生文集. 卷第26. 东平行台严公神道碑. 文渊阁四库全书本.
⑥ 元好问. 遗山先生文集. 卷第26. 东平行台严公神道碑. 文渊阁四库全书本.

道教之全真道的掌教,是全真教龙门派的创立者,金元之际的重要宗教人物和政治人物。从传统视角来看,丘处机并非正统意义上的"政治人"。但无可否认的是,在中国语境下,丘处机及其代表的全真教乃至宗教势力历来都不会缺席现实的政治操作。其政治行为和思想在《元史》、姚燧《牧庵集》中的《长春宫碑》①和道教很多文献均有记载。

据相关文献显示,丘处机生逢乱世,家乡山东当时是金、宋反复争夺之地。生为汉人的丘处机初期的政治态度并未亲近宋,反而倾向于金朝。金贞祐二年(1214年),丘处机帮助金廷劝降杨安儿所部。丘处机去世后所立的"长春真人本行碑"有这样的介绍:"贞祐甲戌(贞祐二年)之秋,山东乱,驸马都尉仆散公将兵讨之,时登(登州,州治今蓬莱市)及宁海(宁海州,州治今烟台市牟平区)未服,公请师抚谕,所至皆投戈拜命,二州遂定"②。时间稍晚些的元代《金莲正宗仙源像传》《金史》中《仆散安贞列传》也有类似的、详略不等的记载。

后期,丘处机的政治态度发生巨大转变:不应金、宋之召,转而倾向蒙元。"(贞祐)四年(1216年),金宣宗皇帝命东平监军王廷玉召师,不赴。"③"兴定三年己卯(1219年),师居莱州昊天观,时齐鲁陷宋。八月,宋宁宗皇帝命大帅彭义斌召师,亦不赴。"④"是岁(1219年),元太祖成吉思汗皇帝在奈蛮国(今阿富汗一带),命侍臣刘仲禄捧诏聘师。十二月,仲禄至莱州,师慨然应命。"⑤之后,丘处机"经数十国,为地万有余里。盖蹀血战场,避寇叛域,绝粮沙漠"⑥,远赴中亚觐见成吉思汗,最终率领全真教开始与蒙元合作。

对丘处机不赴金、宋之召,而要去会见成吉思汗的举动,确实令人迷惑费解。金、宋统治者当时都表现出崇尚道教的倾向。金朝皇帝还多次召见过全真道的掌教,金世宗也多次会见过丘处机本人。而当时蒙古以武立国,尚未接受道教。在解释做出这一重要选择的原因时,各种文本几乎众口一辞——天命使然!

首先,《元史》做了一个"天命"暗示的铺垫:"岁己卯,太祖自乃蛮命近臣札八儿、刘仲禄持诏求之。处机一日忽语其徒,使促装,曰:'天使来召我,我当往。'翌

---

① 姚燧. 牧庵集. 卷第21. 长春宫碑. 四部丛刊本.
② 《道藏》第19册,第734页.
③ 道藏. 正统道藏洞真部. 326部. 谱箓类. 金莲正宗仙源像传. 长春子.
④ 道藏. 正统道藏洞真部. 326部. 谱箓类. 金莲正宗仙源像传. 长春子.
⑤ 道藏. 正统道藏洞真部. 326部. 谱箓类. 金莲正宗仙源像传. 长春子.
⑥ 宋濂. 元史. 卷第202. 列传第89. 释老. 丘处机传.

日,二人者至。"①蒙古的使臣还未到,丘处机就已经未卜先知,这当然是"天命"的最好注脚。

然后,对于转变政治态度的原因,丘处机自己也以"天命"搪塞。拒绝金朝的征召时,丘处机说:"我循天理而行,天使行则无敢违也。"②拒绝宋朝的征召时,丘处机说:"我之行止,天也,非吾辈所知。"③这样的回答,既是对金、宋两朝的一种借口和托辞,也为自己政治选择的转变披上了循天行道的神秘外衣。

但更合情理和逻辑的解释恐怕是丘处机所指的"天理""天也",其中主要指的是"天时",是当时的天下大势,是丘处机在分析了当时的社会形势之后而做出的重要政治抉择。丘处机依据当时的形势进行思考,权衡利弊,最终做出自己的决断。丘处机的政治视野看得更加长远,有着更加远大的目标。丘处机以其丰富的社会阅历和敏锐的政治嗅觉认为,当时的金、宋政权已经自顾不暇、朝不保夕,将来入主中原的必定是成吉思汗所代表的游牧势力。在得出这样的政治判断后,丘处机当然会拒绝金、宋的延召,选择转向蒙元的政治怀抱了。

3. 理论化的"天命"论证

没有理论化的论证,"天命"观显然会落于迷信之流。政治背叛者的处理手法是引入"南北方位与王朝政治强弱间的关联"这一古老议题来加以支撑。

(1)历史论述

在中国历史上,南北方位与王朝政治强弱关联的议题并不新鲜,几乎历代都有人提出过,并企图加以论述。

较早提出此议题的重量级人物当属司马迁。司马迁《史记》之《六国年表》在简要回顾了夏商周三代以及秦、汉的历史后,分析总结了它们政权交替与地理方位的关联,得出结论:"作事者必于东南,收功实者常于西北。"④司马迁在《史记》之《天官书》中进一步阐述其认知,推理提出中国"东南为阳、西北为阴"的神秘主义认知。班固在《汉书》之《天文志》中也引用了司马迁的这一论述。

北宋,邵雍在其《观物外篇》中沿袭神秘主义路线,更为激进地指出:"天地之气运,北而南则治,南而北则乱。乱久,则复北而南矣。天道人事亦然,推之历代

---

① 宋濂. 元史. 卷第202. 列传第89. 释老. 丘处机传.
② 道藏. 正统道藏洞真部. 326部. 谱箓类. 七真年谱.
③ 李志常. 长春真人西游记. 卷第1. 王国维校注本.
④ 司马迁. 史记. 六国年表.

可见消长之理也。"①北宋丞相李纲对中国的南北方位问题也有借题发挥式的论述。时值北宋和南宋交替之际,由于金兵不断南下寇边和朝内主和派不断建议,在南京(应天府,今河南商丘)即帝位的赵构打算以巡幸为名移都江南。在此形势下,宰相李纲对赵构分析道:"天下形势,关中为上,襄、邓次之,建康又次之。今宜以长安为西都,襄阳为南都,建康为东都,各命守臣葺城池,治官室,积糗粮,收备巡幸。"②李纲明确指出:"自古中兴之主,起于西北,则足以据中原而有东南,起于东南,则不能以复中原而有西北,盖天下精兵健马皆在西北。"③但宋高宗赵构未能采纳李纲的建议,最终南宋定都杭州。

(2)郝经的政治论述

郝经在其《上宋主陈请归国万言书》中洋洋洒洒阐述其对于"南北方位与王朝政治强弱间的关联"这一议题的看法:

"夫南北之势,一定之势也。南之不能有于北,一定之理也。理之所在,非人力之所能强,又非一时之势可以轧,盖本然不易之道也。天下之势,始于北而终于南;一气之运,建于子而屈于午。动本于静,阳本于阴。日北至而阳生,南至而阴生。屈者,信之本也;死者,生之原也。所以死而不厌,而为北方之强;宽柔以教,则南方之强也。故凡立国者,莫不自北而南也。

是以周自戎狄迁幽,去幽国岐,而都丰镐;至于成周,则极矣。平王东迁,于是不能复古,盖自西北而入于东南也。秦人自泾、渭霸关中,并六国,最后灭楚,亦自西北而始也。汉自关中取韩、魏、梁、赵,麾项氏于彭城,亦自西北而至于东南也。至世祖都洛,而汉氏极矣。昭烈入蜀,辅以孔明之英贤,关、张之忠勇,仗义复汉,攻樊城,震许都,屡出岐山,久驻渭滨,终不能有关洛一郡。孙氏立国江东,据三州以虎视天下,有陆逊之沉鸷,吕蒙之谋画,出濡须,下皖口,攻合肥,以战为守,终不能得淮北一民。元帝渡江,有王导之懿,陶侃、温峤、谢安之贤,亦尝经略中原,取河南,入关中,出彭城,胜洎水,而山桑、代陂、枋头,折败相继,终不能救江沱日车之侧。当是之时,蔡谟之言、羲之论,最为见理审势,而竟不见用。宋武帝举江淮之众,平广固,灭姚秦,入长安,其势甚张,竟不敢登大河北岸,而其所得弃不旋踵。文帝以元嘉之盛,欲恢复河南,两为大举,到彦之败还,而王玄谟退走,遂使代

---

① 邵雍. 观物外篇.
② 毕沅. 续资治通鉴. 卷第98.
③ 毕沅. 续资治通鉴. 卷第98.

马饮江,建康震骇,两淮郡县,赤地无徐,春燕来归,巢于林木。至于齐、梁,出入于彭城、悬瓠之间,争夺于雍、豫、青、兖之地,错连纷拂,殆无宁岁。陈庆之乘魏之乱而纳元颢,未几而狼狈以归。梁武帝以妖梦之故,思中原牧伯之朝,卒自贻侯景之祸。只为揭其本根,而以之召乱。是数朝数君者,夫岂不欲帝中华而奄北海哉?理不可也。见夫势而不见夫理,欲以东南之众,争衡于西北,顿掷人命,违易天常,是以卒不能有成,而自致折败也。

夫终南、剑门在乎西,长淮、大江在乎东,首尾相呀,重险相蔽,而天地之形势定,所以隔区宇而限南北也。且其土风不同,材技不一。河朔之人,豪劲猛厉,长于骑射,善于驰逐,而重厚耐久,故能去国而远斗。江淮之人,剽勇轻疾,长于舟楫,利于速战,上岸杀敌,洗脚入船,故能冯险而善守。四海混同,南北为一,则都无所用。苟为分裂,各恃所长,好聘不通,则卒相折并。康节(邵雍,1011-1077年),字尧夫,北宋著名理学家、数学家、道士、诗人,生于林县上杆庄即今河南林州市刘家街村邵康村;一说生于范阳,即今河北涿州大邵村,与周敦颐、张载、程颢、程颐并称"北宋五子"。)有云,"自北而南则治,自南而北则乱",盖其气数使之然也。如此则南北之理,天下之势,灼然见矣。

伏惟贵朝,肇基王迹则自夫燕、赵之交,一时将相皆幽、蓟、常山之豪杰,二祖功德则著于淮南,受命启土则始于汴宋,是以自北而南也。既正皇极,平唐、蜀,灭楚、汉,自江南至于岭南,则又自北而南也。江、淮之间,至于闽越,户口滋殖,十百诸夏,文物学校,盛于上国,亦气数使然,应夫万物相见南方之卦,所以开后王而有今日也,是亦自北而南也。是以太祖不取燕、云,真宗不战澶、魏,仁宗不伐灵夏,高宗不绝金源。义理之疆,巍巍荡荡,所以不害其继三代,逾汉、唐,致治享国之美,礼乐文物之盛,仁爱忠厚之俗,直壮克己之道,公普便利之泽,正大高明之域,结人心,固天命,非晋、宋、六朝,偏驳杂乱,敢望其万分之一者也。"①

就笔者所掌握的文献来看,郝经对于"南北方位与王朝政治强弱间的关联"这一议题的阐述文本是当时此议题下的文章行文用字最多的,兼具理性论证与感性渲染,具有相当的政治动员动能。

首先,郝经在文中断言:"南之不能有于北",是"一定之理",是"道"。然后以阴阳、太极等哲学终极概念说起,理论推衍证明其政治主张。

---

① 郝经. 郝文忠公陵川文集. 卷第18. 思治论. 太原:山西人民出版社,山西古籍出版社,2006:282.

其次，郝经以中国古代历史发展来论证其"故凡立国者，莫不自北而南也"的观点。他从西周谈起，论述了周、秦、汉政权皆起自西北的史实。谈到三国时期，郝经列举了蜀和吴拥有的泱泱地理和济济人才。但在"南之不能有于北"这一"理"和"道"面前，蜀和吴奋斗多年最终一无所获并最终灭国。源自北方的匈奴刘汉政权灭亡西晋王朝后，司马懿的曾孙司马睿于公元318年建立东晋。在一百多年的历史中，东晋政权多次组织北伐，意图收复中原。计其大者，有祖逖北伐、桓温北伐、谢玄北伐、刘裕北伐共四次。岁每次都慷慨激昂但终不免失败。东晋王朝因此也始终偏安江南一隅。东晋灭亡后的南朝时期，历经宋、齐、梁、陈四朝。期间也发生多次北伐战争，但都未能扫平六合、实现统一，依然只能偏安于江东一隅，等待最终被北方统一的宿命。

再次，郝经开始论证邵雍"自北而南则治，自南而北则乱"的观点并分析当下的宋蒙分立给天下带来的创伤。郝经认为，各地风土人情差异巨大，人才技能也各不相同。华北的人擅长陆战，江淮的人擅长水战。国家统一、天下太平之时，这些人能安分守己。分裂之时，则各恃所长、互相伤害、争夺无休。

最后，郝经在直接论述宋朝前期的历史时指出，宋朝初创依靠的也都是北方豪杰并自北而南基本实现统一。但对于更北方的辽、金、西夏却无可奈何，宋太祖、宋真宗、宋仁宗、宋高宗也无计可施。

就文本来看，这一番论述逻辑严谨、气势磅礴，想必给南宋王朝造成的心理压力也是巨大的。

（3）姚燧的政治表达

姚燧在《江汉堂记》中也大张旗鼓地论证蒙元统一中国的"天命所在"：

"江汉，南北之限也。三王之德之封建，嬴秦之力之郡县，汉氏则曰：吾王霸杂，兼封建郡县而犬牙之。是时无有裂幅员而自帝者，殆汉始有之。德不能以相高，力不能以相卑，虽皆画是为守，而帝南者终不能北。有尺地借以一天下，能一之者，皆自北而南也。故吴自帝，晋平之；宋齐梁迭自帝，迄之于陈，隋平之；宋自帝，我元又平之。岂江汉能限世道之否，不能限天运之通与！尝合二代而观之，以皇上之冠古无伦，晋武隋文，何人斯哉！然非有君，无以开其功；非有臣，孰能成是功？古今人不相及，而谋或一揆。隋臣不道也。晋羊祜首策平吴，吴平而身不及见。武帝追念其功，封其夫人万岁乡君。与太尉忠武史公，其事差似。"①

---

① 姚燧. 牧庵集. 卷第7. 江汉堂记. 四部丛刊本.

首先，姚燧陈述了中国古代政治文化中的一个常见谶语："江汉，南北之限也"①，以长江和汉水为界，在此界线以北的势力才能统一中国，"帝南者终不能北。有尺地借以一天下，能一之者，皆自北而南也。"②其次，姚燧又以上古到宋的历史发展为例，论证这一古谶。上古三王依靠"德"来分封建制一统天下，秦朝依靠"力"推行郡县制统一中国，汉朝则"德"和"力"兼备、以封建和郡县兼有并错杂分布、相互制约也实现了统一。这都证明了古谶的有效性，"皆画是为守"③。三国时期，南方的东吴自立称帝，被来自北方的晋所消灭。五代时期，南方王朝更迭，宋齐梁接连称帝，被陈所替代。而南方的陈最终也被北方的隋所消灭。自居南方的南宋称帝后，最终也被来自蒙元所消灭。"故吴自帝，晋平之；宋齐梁迭自帝，迄之于陈，隋平之；宋自帝，我元又平之。"④最后，姚燧得出结论：长江和汉水为界，能限制普通世人的生活，但挡不住天命通达，"岂江汉能限世道之否，不能限天运之通与！"⑤当然，姚燧也抓住机会，对元朝大发赞美之辞，认为蒙元比终结了三国分立的西晋、统一南北的隋朝还要伟大；元世祖忽必烈当然也就比晋武帝和隋文帝更伟大了，"尝合二代而观之，以皇上之冠古无伦，晋武隋文，何人斯哉！"⑥

接着，姚燧笔锋一转，回到他万变不离其宗的描述对象——政治背叛者。"然非有君，无以开其功；非有臣，孰能成是功？"⑦王朝的成功离不开皇帝，而皇帝的成功又离不开大臣。从古至今，人物虽然不同，但道理是一样的，即"谋或一揆"⑧。这与另一位政治背叛者郝经的思想不谋而合。郝经的观点是"盖虽有愿治之君，而无知治体之臣，仅为一时之治而已。虽亦或有知治体之臣，而复无愿治之君，没没于世，卒不能用，一时之治亦难也。"⑨理论化的"天命"论证实现了从天的合法性到皇帝的合法性再到大臣的合法性的顺移。

然后姚燧以史天泽和西晋名将羊祜相提并论，"晋羊祜首策平吴，吴平而身不

---

① 姚燧. 牧庵集. 卷第7. 江汉堂记. 四部丛刊本.
② 姚燧. 牧庵集. 卷第7. 江汉堂记. 四部丛刊本.
③ 姚燧. 牧庵集. 卷第7. 江汉堂记. 四部丛刊本.
④ 姚燧. 牧庵集. 卷第7. 江汉堂记. 四部丛刊本.
⑤ 姚燧. 牧庵集. 卷第7. 江汉堂记. 四部丛刊本.
⑥ 姚燧. 牧庵集. 卷第7. 江汉堂记. 四部丛刊本.
⑦ 姚燧. 牧庵集. 卷第7. 江汉堂记. 四部丛刊本.
⑧ 姚燧. 牧庵集. 卷第7. 江汉堂记. 四部丛刊本.
⑨ 郝经. 郝文忠公陵川文集. 卷第18. 思治论. 太原：山西人民出版社，山西古籍出版社，2006：282.

及见。武帝追念其功,封其夫人万岁乡君。与太尉忠武史公,其事差似。"①史天泽与羊祜类似的"功绩"——为元朝统一所做的"贡献"——被大书特书,但史天泽与羊祜的差异——史天泽的政治背叛——就被政治背叛者的文本简单忽略了。这样的行文显然影响到了后世,在明朝官修的宋濂版本的《元史》中就简单沿袭了政治背叛者的文本,主要描述了史天泽"出入将相五十年,上不疑而下无怨"②的"功绩"和"贡献",其他的部分则悄悄隐身在了历史的大幕之中。

(六)"尽人事"型政治背叛

政治背叛者的笔下,有些时候也流露了大量的无奈,表达了历史现实的残酷性。当然,这样的无奈也难免授人款以托辞、遮蔽真相之嫌。《元史》中的《刘伯林传》记载了刘伯林被成吉思汗的军队包围后政治背叛的情形:"壬申岁,太祖围威宁,伯林知不能敌,乃缒城诣军门降。"③在《提刑赵公夫人杨君新阡碣》中,姚燧也以"尽人事"型政治背叛来描述赵璶:"天马南牧,度形势不支,倡县民以城下之。"④

乔惟忠是张柔的部下,在其家乡据险聚族自保,相对独立,"公从今万户张公聚族属、乡曲,保西山之东流埚,别自为一军。"⑤1218年,蒙元军对出紫荆口南下,张柔因马失蹄仆倒而被执后政治背叛,而乔惟忠不知,继续固守,"其守东流者如故也"⑥。后来,蒙元军队让张柔去劝降,乔惟忠不从,继续抵抗,"公盛为御备,日战数十合,力尽乃降"⑦。

程矩夫的《雪楼集》卷十六《济南公世德碑》记载了政治背叛者张荣(济南公)曾在政治背叛蒙元之前独抗蒙古军,《元史》中的《张荣列传》也有类似论述。张荣政治背叛蒙元后,成吉思汗曾问他,为什么你敢孤军抵抗蒙古大军那么多年?张荣回答:"山东地广人稠,悉为帝有。臣若但有倚恃,亦不款服。"⑧政治背叛者文本中、文字间透露着的无奈,塑造了张荣为臣子已经"尽人事"的政治背叛形象,通过其"悲情"获得了读者一定的"同情"。但他的政治背叛,又让多少正在抵抗

---

① 姚燧. 牧庵集. 卷第7. 江汉堂记. 四部丛刊本.
② 宋濂. 元史. 卷第155. 列传第42. 史天泽(格)传.
③ 宋濂. 元史. 卷第149. 列传第36. 刘伯林传.
④ 姚燧. 牧庵集. 卷第27. 提刑赵公夫人杨君新阡碣. 四部丛刊本.
⑤ 元好问. 遗山先生文集. 卷第29. 千户乔公神道碑铭. 文渊阁四库全书本.
⑥ 元好问. 遗山先生文集. 卷第29. 千户乔公神道碑铭. 文渊阁四库全书本.
⑦ 元好问. 遗山先生文集. 卷第29. 千户乔公神道碑铭. 文渊阁四库全书本.
⑧ 宋濂. 元史. 卷第150. 列传第37. 张荣传.

或准备抵抗的人失去了"倚恃"呢？

郝经《河阳遁士苟君墓铭有序》中记载的苟士忠"知不可为"后政治背叛于蒙元的史迹也是一例。苟士忠是金朝孟州河阳的地方精英，"知世将乱,乃侠游京都,结纳豪右,以观时变。"①当家乡发生兵乱,苟士忠回乡并受民众推举建立地方武装以自保、抵抗蒙元军队："而河朔已受兵矣。州募民团守,号义兵,推君为都统,保青龙山。"②然后时局发展急转直下,金朝迅速瓦解、蒙元势力大张,苟士忠觉得大势已去,"岁壬辰,河南亡,君知不可为,乃散所保,各归乡里。"③当蒙元逐步掌握局面后,苟士忠"遂北首以辟之,居燕、赵之间"④,实质上政治背叛于蒙元。

赵天锡家族是政治背叛者中的知名群体,长期招募知名士人,所以名声大噪。元好问就是其中之一,所以元好问有多篇文章与赵天锡家族有着千丝万缕的联系。在《冠氏赵侯先茔碑》中,元好问谈及了赵天锡家族的政治背叛,依然以其卓越的文字能力为其史迹铺张装饰,塑造了一个典型的"尽人事"型政治背叛模板：蒙古与金战事频仍,地方精英纷纷自立,大名、东平豪强割据。在这样的背景下,赵氏先人在那些强敌之间周旋,率领伤兵、劳民想尽办法坚守城池。在坚守过程中,赵氏先人"百诱而不变,百战而不沮"⑤。直到最后,"人事既穷,与城俱陷"⑥。元好问发出感慨："概之当世,孰与伦比？"⑦在这里,政治背叛者记忆塑造的功力确实惊人,一幅相对简单的政治背叛画面被整容作"斯巴达三百壮士"般壮怀激烈！

(七)"省略原因"型政治背叛

部分政治背叛者的碑传在叙述他们其政治背叛原因时不详述细节。其实个中原因应是"常规"型政治背叛,即在大军压境的情势下,为保全个人、家室性命、财富、权力等而政治背叛。

---

① 郝经．郝文忠公陵川文集．卷第35．河阳遁士苟君墓铭有序．太原：山西人民出版社,山西古籍出版社,2006：494－495.
② 郝经．郝文忠公陵川文集．卷第35．河阳遁士苟君墓铭有序．太原：山西人民出版社,山西古籍出版社,2006：494－495.
③ 郝经．郝文忠公陵川文集．卷第35．河阳遁士苟君墓铭有序．太原：山西人民出版社,山西古籍出版社,2006：494－495.
④ 郝经．郝文忠公陵川文集．卷第35．河阳遁士苟君墓铭有序．太原：山西人民出版社,山西古籍出版社,2006：494－495.
⑤ 元好问．遗山先生文集．卷第30．冠氏赵侯先茔碑．文渊阁四库全书本．
⑥ 元好问．遗山先生文集．卷第30．冠氏赵侯先茔碑．文渊阁四库全书本．
⑦ 元好问．遗山先生文集．卷第30．冠氏赵侯先茔碑．文渊阁四库全书本．

一部分文本中使用了相对隐讳的用词来减轻政治背叛文本的视觉冲击和听觉冲击,包括"并应""来归"等。例如,《段直墓碑》中谈及蒙元军队攻来的时候,就隐讳地使用了"两河、山东,豪杰并应"①这样的说法。

政治背叛者文本中写到很多人物的政治背叛原因时如此惜字如金的案例比比皆是,例如"宋末奏补,金朝初出官。"②"挺身逾河,至仪封,万夫长孟公熟其父,访名而客之,署其军弹压。寻陞长千夫,与总帅李成同戍皇陵冈。癸巳正月,义宗由此渡河,播归德,始从成来归,隶大将阿咱尔麾下,仍将千夫,从攻归德亳州考县。"③游显的"岁壬辰,拔许,公隶大帅巴尔斯布哈帐下"④。贾居贞的"贾氏之显,在金叔世,由大考、银青荣禄大夫、上柱国、尚书右丞、河东郡襄献公,讳守谦;相宣庙故曾大父衍,金紫光禄大夫;曾妣石、其夫人焦皆从封河东郡夫人。考颐,武节将军、兵部主事、蔡州观察推官。生公郑州。年十五,汴乱已失兵部,奉妣夫人孙,逾河依舅氏,居天平甫。及冠,入官行台。"⑤冯渭的"其先居定之中山,尝臣五代晋,由齐王房于辽,从徙北京,家长兴。辽灭来南。"⑥等等。

姚燧部分篇章的撰写也是如此。在《戍守邓州千户杨公神道碑》中写到杨彦珍的情况时,以一大段描述了杨彦珍的个人优势、在乡党中的权威影响和建立的地方武装,只在句末以"来归"两个字对杨彦珍的政治背叛敷衍了事:"金垂亡也,乡里及旁县豪杰,以公质而义,沈而信,脩干有力,驰马引强,奔走服属之,至有二万众。将之来归"⑦。在撰写政治背叛者李贞献的神道碑时,姚燧如法炮制,以近乎不变的套路来处理。先把李贞献的个人优势、家族传承、个人权威影响和率领的地方武装一一介绍,再把蒙古大军的强悍渲染一番,"康懿之先,七世相夏,同其王李姓,以小大称,及贞献生,配姓与官名以色尔勒结。太祖戡定天下,夏氏既臣。会其西征,复贰。帝闻,旋师入讨,势如颓山之压卵。"⑧当写到李贞献由西夏政治

---

① 魏初. 青崖集. 卷第5. 段直墓碑. 四库全书本.
② 元好问. 遗山先生文集. 卷第34. 东平贾氏千秋录后记. 文渊阁四库全书本.
③ 姚燧. 牧庵集. 卷第27. 招抚使李君阡表. 四部丛刊本.
④ 姚燧. 牧庵集. 卷第22. 荣禄大夫江淮等处行中书省平章政事游公神道碑. 四部丛刊本.
⑤ 姚燧. 牧庵集. 卷第19. 参知政事贾公神道碑. 四部丛刊本.
⑥ 姚燧. 牧庵集. 卷第20. 中书右三郎中冯公神道碑. 四部丛刊本.
⑦ 姚燧. 牧庵集. 卷第18. 戍守邓州千户杨公神道碑. 四部丛刊本.
⑧ 姚燧. 牧庵集. 卷第19. 资德大夫云南行中书省右丞赠秉忠执德威远功德开府仪同三司太师上柱国魏国公谥忠节李公神道碑. 四部丛刊本.

背叛蒙元的情节时则写得"精炼"无比、势如儿戏,如"贞献总兵游徼,遇之,遂来归。"①

在这些案例中,政治背叛者的文本上下文之间的过渡如"行云流水"般"天衣无缝"。如果不加留意,极容易在阅读间一闪而过。这样做的原因可想而知,那些试图在历史中隐身或在历史的特定时段、特定内容中隐身的政治背叛者似乎也不在少数。

二、政治背叛个案析:综合复原

对政治背叛类型进行抽象的典型化分类,可以迅速掌握政治背叛者的标识化特点。但是,还需要在逻辑上进行综合复原,才能把这些标识化特点在一个个鲜活的个体身上激活,呈现出现实中政治背叛者身兼多个特点的具象。在政治背叛者笔下,有一些政治背叛者与其政治背叛经历比较典型,对于深层次理解宋元之际的政治背叛者群体有重要影响。在此截取几例予以廓清。

(一)反复的政治背叛

现实中政治背叛者,很多都有不止一次的政治背叛,如李璮、武仙、张鲸、李全②、彭义斌等③。"时金源既弃河朔,在所寇夺,首鼠反侧。"④这显示了部分政治背叛者在战争期间基于对各方势力此消彼长的个人判断所做出的政治选择。在这方面,严实是一个典型代表,他反复政治背叛的标准似乎只有一个,即永远与强者在一起。每当严实力穷情急之时,看到蒙古、金、南宋哪一方更加强盛、更能保障自己的权益,便倒向那一方。这与很多普通人对政治背叛者的意识形态想象较为一致。

以《东平行台严公神道碑》的文本为例,其中记载了严实4次主要的政治背叛。

1. 第一次:金→南宋

"癸酉(按:1213年)之秋,国兵(按:蒙古军队)破中夏,已而北归。东平行台

---

① 姚燧.牧庵集.卷第19.资德大夫云南行中书省右丞赠秉忠执德威远功德开府仪同三司太师上柱国魏国公谥忠节李公神道碑.四部丛刊本.
② 易帜精英董俊麾下判官,与李璮之父李全同名。
③ 可参见《元史》中的相关传记。
④ 郝经.郝文忠公陵川文集.卷第35.左副元帅祁阳贾侯神道碑铭并序.太原:山西人民出版社,山西古籍出版社,2006:486.

调民为兵，以公为众所伏，署'百夫长'。"①严实在地方拥有一定的权威，因此被金朝的东平行台看中。不久，金朝的东平行台任命严实为"百夫长"，后来又升为长清令。但从之后的文本来看，金朝的这种任命似乎仅仅只是对一个既成事实的确认而已。严实似乎并非因金朝的任命而拥有武力，而是因为得到地方武力的支持才获得金朝的承认。也就是说，实际上严实的权威主要来自于基层的认可。这使得他做政治选择时显然会以地方利益为重，而不是主要考虑金朝的利弊得失。这样的状况显然埋下了严实与金朝分裂的伏笔。果然，后来有人"谮于行台"，"谓公与宋有谋"②。"行台疑公，以兵围之。"③坐拥地方权威的严实当然不会束手待毙，于是"挈老幼壁青崖崮，依益都主将（按：指当时已经归附宋朝的将领张林），以避台兵之锋。宋因以公为济南治中"④。

在这里，"谮""依益都主将""宋因以公为济南治中"三个事件的行文顺序，是政治背叛者记忆塑造的关键所在。元好问与严实关系匪浅，"客公幕下久"。先表述"谮"，再表述"依"，最后表述"因"的行文顺序把他实施记忆塑造的行径表露无遗，也把自己的政治利益与严实的政治利益之间的正相关性表露无遗。

2. 第二次：南宋→蒙元

庚辰年（1220年）三月，金朝军队进攻彰德之时，"守将单仲力不支"，多次向严实求救。为此，严实向上级张林请命。而张林军队逗留不前行，严实还好独自去救彰德守军。等严实赶到彰德，守将单仲已经被金朝军队活捉。严实觉得南宋朝廷靠不住，于是去见蒙古统帅木华黎，率部政治背叛蒙元："首谒先太师于军门，挈所部以献。"⑤

3. 第三次：蒙元→南宋

乙酉年（1225年）四月，南宋大将彭义斌率军包围东平的严实。严实派人去找蒙古孛里海率领的军队求救，而救兵迟迟不到。元好问写道"城中食且尽，乃与义斌连和"⑥。严实又背叛蒙元投靠南宋。

---

① 元好问．遗山先生文集．卷第26．东平行台严公神道碑．文渊阁四库全书本．
② 元好问．遗山先生文集．卷第26．东平行台严公神道碑．文渊阁四库全书本．
③ 元好问．遗山先生文集．卷第26．东平行台严公神道碑．文渊阁四库全书本．
④ 元好问．遗山先生文集．卷第26．东平行台严公神道碑．文渊阁四库全书本．
⑤ 元好问．遗山先生文集．卷第26．东平行台严公神道碑．文渊阁四库全书本．
⑥ 元好问．遗山先生文集．卷第26．东平行台严公神道碑．文渊阁四库全书本．

4. 第四次：南宋→蒙元

严实背叛蒙元投靠南宋不到三个月，乙酉年（1225年）七月，严实跟随南宋大将彭义斌进攻蒙古孛里海率领的军队，彭义斌把自己的军队分给严实一部分，而元好问的文本显示，严实认为彭义斌的助军表面上是彭义斌在帮助自己，但实际上是试图找机会图谋灭掉自己。为何严实会这样认为呢？元好问的文本之前就已经埋下伏笔："义斌亦欲藉公取河朔，而后图之，请以兄事公。时麾下众尚数千，义斌不之夺，而青崖所掠则留不遣也。"①就元好问的文本来看，彭义斌对待严实有四件客观实事：一是以兄事之；二是不夺麾下；三是归还所掠物品；四是分兵助阵。而严实对待彭义斌只有两个主观判断：一是认为彭义斌接受自己的投降只是"欲藉公取河朔，而后图之"②；二是认为彭义斌分兵助阵是"阳助而阴伺之"③。严实的所思所想与之前他第一次政治背叛时别人的"潜"和上级的"疑"是否异曲同工呢？

不管怎样，严实觉得形势紧迫，就在真定临阵倒戈，"连趣孛里海军而与之合战"④，再次政治背叛蒙元。严实的这次政治背叛导致南宋在山东战场一溃千里，"宋兵崩溃，乃擒义斌。不旬月，先所失部分复之。是冬，郡王戴孙取彰德，明年取濮、东平，又明年，太师攻益都。"⑤南宋方面损失惨重，而蒙元则一举取得军事和政治主动权。

在严实的案例中，第一次政治背叛是因为有人的"潜"和上级的"疑"；第二次政治背叛是因为上级张林的不可靠；第三次政治背叛是因为蒙古孛里海军的不可靠；第四次政治背叛是因为彭义斌的图谋不轨。政治背叛者文本对政治背叛瞬间进行记忆塑造时"无我"的政治背叛特点展现得淋漓尽致！

由此看来，以严实为代表的政治背叛者在政治倾向上似乎没有任何形而上的原则，完全皈依实用性，无论宋、金、蒙或是别的什么政权，从谁那里获得的现实利益多就归附于谁，完全是基于极端的自身利益出发，左右叛附、首鼠两端，《金史》中《世宗本纪》记载金世宗曾经说过："燕人自古忠直者鲜，辽兵至则从辽，宋人至则从宋，本朝（按：金朝）至则从本朝，其俗诡随，有自来矣！虽屡经迁变而未尝残

---

① 元好问. 遗山先生文集. 卷第26. 东平行台严公神道碑. 文渊阁四库全书本.
② 元好问. 遗山先生文集. 卷第26. 东平行台严公神道碑. 文渊阁四库全书本.
③ 元好问. 遗山先生文集. 卷第26. 东平行台严公神道碑. 文渊阁四库全书本.
④ 元好问. 遗山先生文集. 卷第26. 东平行台严公神道碑. 文渊阁四库全书本.
⑤ 元好问. 遗山先生文集. 卷第26. 东平行台严公神道碑. 文渊阁四库全书本.

破者,凡以此也。"① 而这一幕在本文论及的宋元之际的华北区域已经是屡见不鲜、见怪不怪,例如当地的政治本土在地势力"契丹至,则顺契丹;夏国至,则顺夏国;金人至,则顺金人;王师(按:宋朝军队)至,则顺王师,但营免杀戮而已"②。这种各方之间的政治信任完全崩溃的状态大约从唐中期的安史之乱开始,一直延续数百年之久。

(二)反转的政治背叛

华北地方精英之兴起,集中在"贞祐南渡"期间。很多都经历了从抗蒙到降蒙政治背叛的大反转。"在金叔世,宣宗蹙国播汴,河朔豪杰,所在争起,倡纠义兵,完保其乡。金誂以官,冀赖其力,复所失地。"③ 金朝末年,宋子贞先在大名起兵,归附南宋抗元将领彭义斌。彭义斌战死,他率领彭义斌的旧部投归东平(今山东东平)行台严实,间接政治背叛蒙元。攸哈剌拔都"国兵至,出保高州富庶寨。屡夺大营孳畜,又射死其追者"④,其中的"国兵"即蒙古兵,"大营"则指蒙古兵营。这几条陈述表明河朔及山东地区武装初起家时的政治动向在很大程度上是倾向金朝、反抗蒙元的。一直到木华黎率军征伐金朝期间,"及天子命太师以王爵领诸将兵来略地,两河、山东,豪杰并应"⑤,即越来越多的地方精英背金降蒙。其中既有政治背叛者自身的原因,也有整体国家政权和社会的原因。

1. 赵天锡:皇族政治背叛世家的最终选择

赵天锡是宋元际最有名的政治背叛者之一,出身于与北宋皇族赵氏同宗的皇族政治背叛世家。元好问和姚燧都曾为其家族撰写相关文献。赵氏在宋金蒙之间的政治背叛似乎颇有深意,其政治背叛似乎并不以哪一方势力强为唯一标准,而是有更理想化和更长远的计算。

在元好问《龙山赵氏新茔之碑》和《冠氏赵侯先茔碑》等文本中,五代入宋后的赵天锡家族先世在宋朝显赫一时,"赵氏世居保塞,以仕迁大梁。五代末有讳匡颖者,官至静江军节度使、兼桂州管内观察使;弟匡衡及八世孙襄,叠仕于宋,皆至通显。"⑥ 之后,金军攻破大梁,赵天锡家族先世被俘北上,由宋"被迫"政治背叛金

---

① 元好问. 遗山先生文集. 卷第26. 东平行台严公神道碑. 文渊阁四库全书本.
② 徐梦莘. 三朝北盟会编. 第15卷第. 卷第引. 茆斋自叙.
③ 姚燧. 牧庵集. 卷第22. 金故昭勇大将军行都统万户事荣公神道碑. 四部丛刊本.
④ 宋濂. 元史. 卷第193. 列传第80. 攸哈剌拔都传.
⑤ 魏初. 青崖集. 卷第5. 段直墓碑. 四库全书本.
⑥ 元好问. 遗山先生文集. 卷第30. 龙山赵氏新茔之碑. 文渊阁四库全书本.

朝,"金朝兵破大梁,吾宗例为兵所驱,尽室北行,至龙山,遂占籍焉。"①靖康之变时,两宋交替、风雨飘摇。赵宋处于非常不利的形势。而赵天锡家族先世赵存却在此之际,选择退出金朝这个强者阵营而归于身处艰困之中的南宋,例如"宋靖康初,侯之曾大父讳存,从高宗南渡,以骑射得召见。"②但令人诧异的是,在宋朝最艰困的时候归宋的赵存在南宋稳定"数年后北归,换保义校尉"③,再次政治背叛金朝。赵天锡之父赵林,贞祐之季为保金朝与蒙元势力作战而"殁于王事"④。之后,赵天锡起兵参与抵抗蒙古势力,例如"大朝兵势浸盛,避于洺水,后以冠氏令避桃源、天平诸山。"⑤当蒙元势力日渐强盛之际,赵天锡家族"人事既穷,与城俱陷"⑥,最终选择政治背叛蒙元。

赵天锡家族的政治背叛时间点和政治背叛对象令人诧异,似乎难以被传统意识形态所框定的政治背叛者的固化形象来描述,可见部分政治背叛者政治选择背后原因的复杂性。

2. 赵祥:从理想回归现实

姚燧的《邓州长官赵公神道碑》刻画塑造了赵祥的人生境遇。易代之际,赵祥初期的政治选择非常贴近普通人的民族主义意识形态想象。身为汉人但身居金朝的赵祥,颠沛流离、身受其害:"金,亡去其乡,凡再徙:始为冀之衡水人,又为蔡之平舆人。"⑦但当蒙元势力袭来,"公以善射足力,材兼众难,倡义兵数千,为帅"⑧保一方平安。当"闻天兵(按:蒙元军队)围蔡急,城中粮绝"⑨,遂捐弃前嫌,奋勇勤王,"乃率部曲发平舆富室藏粟,负担疾战,百死突围,上馈。"⑩当"明年甲午,金亡"⑪后,身为汉人的赵祥"将戏下步骑数千下宋"⑫。

但是,就文献反映的历史后续发展内容来看,赵祥的政治选择显然有些一厢

---

① 元好问. 遗山先生文集. 卷第30. 龙山赵氏新茔之碑. 文渊阁四库全书本.
② 元好问. 遗山先生文集. 卷第30. 冠氏赵侯先茔碑. 文渊阁四库全书本.
③ 元好问. 遗山先生文集. 卷第30. 冠氏赵侯先茔碑. 文渊阁四库全书本.
④ 元好问. 遗山先生文集. 卷第29. 千户赵侯神道碑铭. 文渊阁四库全书本.
⑤ 元好问. 遗山先生文集. 卷第29. 千户赵侯神道碑铭. 文渊阁四库全书本.
⑥ 元好问. 遗山先生文集. 卷第30. 冠氏赵侯先茔碑. 文渊阁四库全书本.
⑦ 姚燧. 牧庵集. 卷第18. 邓州长官赵公神道碑. 四部丛刊本.
⑧ 姚燧. 牧庵集. 卷第18. 邓州长官赵公神道碑. 四部丛刊本.
⑨ 姚燧. 牧庵集. 卷第18. 邓州长官赵公神道碑. 四部丛刊本.
⑩ 姚燧. 牧庵集. 卷第18. 邓州长官赵公神道碑. 四部丛刊本.
⑪ 姚燧. 牧庵集. 卷第18. 邓州长官赵公神道碑. 四部丛刊本.
⑫ 姚燧. 牧庵集. 卷第18. 邓州长官赵公神道碑. 四部丛刊本.

情愿了。在当时的时代条件下,宋对北方来归降的人员相当不信任。历史上就曾发生对北方"归朝"者的屠杀。"时金人南侵,(沧州)郡中侨寓皆燕人来归者,(杜)充虑为敌内应,杀之无噍类。"①"归朝官久在郡县,访闻官吏过有猜疑,非理拘囚,或擅行杀戮。"②在这样的政治氛围之中,南宋受降的主将厌恶降将众多,竟然想要把他们都活埋处理,"时襄阳开制阃,改信效左军统制。制阃后厌降将多,恐聚此叵测,漫为受犒,欲致尽阬之。"③好在有人建议"其人穷而来归,诛之不义",况且"吾阃所节度四十五军,半北人,令此加诛,则吾军北人,各有心矣,徒足启猜长乱。"汉水以北的邓州,离我们的大营只有几天的行程,要不把降军都安排到那里吧。邓州与敌人势力相邻。敌人刚退走,现在弃而不守,要不先派这些降军去?这样的话,"在彼有生降之德,在我有复地之利,一举而得两者也。"④主将听从了这一建议。不过,虽然没有立刻屠杀赵祥及其部下,但主将派大将路铃呼延实带领数千人跟着赵祥的军队去邓州,实质上是就近对赵祥等人执行监军、监视任务。到了邓州,路铃呼延实与赵祥矛盾重重,再加上赵祥听说了之前主将想要屠杀的经过,双方更加水火不容,相互计划诛杀对方。不久,别属的一支军队哗变,兵将们纷纷觉得主将"不足为尽力"⑤。

"会明年乙未十月,天兵(按:蒙古大军)略地汉上"⑥,被逼至穷途末路的赵祥在召集部将、商量战斗防守事宜之时,当众宣布:当初我投奔南宋,就是为了给各位和家人找个活路,"始吾下宋,正求活我戏下数千人,与若妻孥"。但主将却想用计把我们歼灭,只是因为事情败露才没能实行。好不容易出外戍守,还派人来监视我等。一旦被他们抓住机会,就可能按个罪名就会干掉我们,对他们来说也是易如反掌。实在不忍心你们大家丧命于此。因此,我们干脆政治背叛,"必归皇元"⑦。一干士兵,军校纷纷相应,"皆呼抃受命"⑧。就这样,赵祥无奈率领部下选择政治背叛蒙元。

---

① 脱脱. 宋史. 卷第475. 列传第234. 叛臣上. 杜充.
又见:钦定续通志. 卷第六百二十三. 叛臣传四. 杜充. 四库全书本.
② 李心传. 建炎以来系年要录. 卷第12. 建炎二年岁次戊申. 四库全书本.
③ 姚燧. 牧庵集. 卷第18. 邓州长官赵公神道碑. 四部丛刊本.
④ 姚燧. 牧庵集. 卷第18. 邓州长官赵公神道碑. 四部丛刊本.
⑤ 姚燧. 牧庵集. 卷第18. 邓州长官赵公神道碑. 四部丛刊本.
⑥ 姚燧. 牧庵集. 卷第18. 邓州长官赵公神道碑. 四部丛刊本.
⑦ 姚燧. 牧庵集. 卷第18. 邓州长官赵公神道碑. 四部丛刊本.
⑧ 姚燧. 牧庵集. 卷第18. 邓州长官赵公神道碑. 四部丛刊本.

第二节 话语矛盾：难圆其说的托辞

　　文本研究的重要性之一是有可能在其叙述中发现行文脉络和逻辑脉络中的不同于常理的"反常"。顺着"反常"顺藤摸瓜才能上溯到达原文想要隐藏的"事件"及其"真相"。政治背叛者文人很多自意为"职史者"，立"志"以古代史家为榜样，希望自己的碑志能够裨补史网。但是，历史经验表明，大凡神道碑、墓志铭之类文章，一方面，不免大量溢美之辞，个别甚至在行文中有掠人之美、夺人之功者；另一方面，还有大量隐瞒讳言之辞。元好问和姚燧，作为一代大家，似乎也难逃其外，尤其是在为与其利益巨大相关的亲人撰写之时。例如，元好问在为亦师亦友的杨奂——也是姚燧的岳父——撰写神道碑时就有了这样神话故事般的描述：杨奂出生时，"母程尝梦东南日光射其身旁，一神人以笔授之，已而君生。"①

　　而行文严谨的姚燧自视甚高，"燧县职史馆以来，尝思古者史臣，不要死者之或知，不必生者之见求，于德于功，于事于言，见书见而闻书闻，信传信而疑传疑，实录直致，俾观者自判是非于千载下。"②在《怀远大将军招抚使王公神道碑》中，姚燧更将自己创作碑传的行为比之司马迁作《史记》，其自视之高一览无余："昔司马迁述汉传，皆鬼访旧闻与遗老之一言为之，盖职史者宜然，非必其时功臣子孙一一求见，而始援翰也。燧文劣下，固不敢自方先贤，而其职亦太史也。"③在《河东检察李公墓志铭》中，他这种借碑存史的观点表达得更加明确，例如"燧思古人揭之石者，上惟其统，下惟其绪，率不旁及宗从。偶乃详然，岂伤丧乱以还，其存今者已此，将俾来者有究所自耶？亦亲亲笃厚之道也，故不略而手笔之。"④

　　而当姚燧在为其养父——宋元际政治背叛者中身处魁首级别的姚枢所作《中书左丞姚文献公神道碑》中谈到赵复和姚枢的政治背叛原因时就出现了匪夷所思的、非常明显的自相矛盾之处。

---

① 元好问．遗山先生文集．卷第23．故河南路课税所长官兼廉访使杨君神道之碑．文渊阁四库全书本．
② 出自玉阳体玄广度真人王宗师道行碑并序．牧庵集中无，但《全元文》辑自1988年文物出版社版《道家金石略》，元李道谦编《甘水仙源录》卷第2也有此碑，皆注明为姚燧所作。
③ 姚燧．牧庵集．卷第21．怀远大将军招抚使王公神道碑．四部丛刊本．
④ 姚燧．牧庵集．卷第28．河东检察李公墓志铭．四部丛刊本．

一、赵复的政治背叛

"赵复不愿政治背叛、真心求死,姚枢尽力搭救、苦口婆心劝降"一事在各种文献当中多次出现,例如《元史》和《宋元学案》当中均有记载,在姚燧笔下也是多次或详或略地提及,尤其是在《序江汉先生事实》和《中书左丞姚文献公神道碑》两文中。显然,以姚燧为代表的政治背叛者希望达到借同一文本来相得益彰的同时塑造、推高姚枢、赵复"知己携手卫道"形象的目的。但是,这样的塑造过于细密,却恰恰暴露出了诸多自相矛盾之处。

(一)文本比较

关于"赵复不愿政治背叛、真心求死,姚枢尽力搭救、苦口婆心劝降"的情节,文本提及的4次主要的记载都大同小异:

1. 宋濂的《元史》

赵复,字仁甫,德安人也。太宗乙未岁,命太子阔出帅师伐宋,德安以尝逆战,其民数十万,皆俘戮无遗。进杨惟中行中书省军前,姚枢奉诏即军中求儒、道、释、医、卜士,凡儒生挂俘籍者,辄脱之以归,复在其中。枢与之言,信奇士,以九族俱残,不欲北,因与枢诀。枢恐其自裁,留帐中共宿。既觉,月色皓然,惟寝衣在,遽驰马周号积尸间,无有也。行及水际,则见复已被发徒跣,仰天而号,欲投水而未入。枢晓以徒死无益:"汝存,则子孙或可以传绪百世;随吾而北,必可无他。"复强从之。先是,南北道绝,载籍不相通;至是,复以所记程、朱所著诸经传注,尽录以付枢。①

2. 黄宗羲的《宋元学案》

元师伐宋,屠德安。姚枢在军前,奉诏即军中求儒、道、释、医、卜筮,凡占其中一艺者,活之以归。时复在俘中,被姚枢发现,与之言,奇之。但复不欲生,月夜赴水自沉。枢觉而追之,在积尸间见复解发脱屦呼天而泣,亟挽之出。偕至燕京(今北京市),以所学教授学子,从者百余人。②

3. 郝经的《序江汉先生事实》

某岁乙未,王师徇地汉上。军法凡城邑以兵得者,悉阬之。德安由尝逆战,其斩刈首馘动以十亿计。先公受诏:凡儒服挂浮籍者,皆出之。得故江汉先生。见

---

① 宋濂. 元史. 列传第76. 赵复传.
② 黄宗羲. 宋元学案. 伊川学案(上).

114

公戎服而髯,不以华人士子遇之。至帐中,见陈琴书,愕然曰:"北人亦知事此耶?"公为之一莞。与之言,信奇士。即出所为文若干篇。以九族殚残,不欲北,因与公诀,蕲死。公止共宿,实羁戒之。既觉,月色烂然,惟寝衣留故所。公遽鞍马周号于积尸间,无有也。行及水裔,见已被髪脱屦,仰天而祝。盖少须臾蹈水,未入也。公曰:"果天不生君,与众已同祸。爱其全之,则上承千百年之统,而下垂千百世之洪绪者,将不在是身耶?徒死无义。可保君而北,无他也。"至燕,名益大著。北方经学,实赖鸣之。游其门者将百人,多达材其间。①

4. 姚燧的《中书左丞姚文献公神道碑》

乙未,诏二太子南征,俾公从杨中书即军中求儒、道、释、医、卜、酒工、乐人。会破枣阳,并公所招,将尽坑之。大将幕竹林间,公前辩析:"明诏如此,他日将何以复命?"乃麾数人逃入竹中,潜归其营,匿严侯军中,才脱死数十人。继拔德安,得江汉先生赵复仁甫,见公戎服而髯,不以华人遇之。至帐中,见陈琴书,骇曰:"西域人知事此乎?"公为一莞。与之言,信奇士。出所为文数十篇。以九族殚残,不欲北,与公诀,祈死。公留宿帐中。即觉,月皓而盈,惟寝衣存。乃鞍马号积尸间,求至水裔,脱屦被发,仰天而号,欲投溺而未入也。公晓以徒死无益:"汝存,则子孙或可传绪百世。吾保而北,无他也。"遂还,尽出程、朱二子性理之书付公。江汉至燕,学徒从者百人,北方经学自兹始。②

《中书左丞姚文献公神道碑》的大意为:乙未(公元1235年,宋为端平二年),姚枢随同蒙古大军南征,出发前接到命令,要求他和杨惟中在战争中访求、集聚、保护儒、道、释、医、卜、酒工、乐人等人才。当攻破枣阳时,军中大将准备把姚枢和杨惟中招揽的人才都活埋。姚枢赶紧找军中大将辩析说:"明明上级有命令要保存这些人,你现在把他们都活埋了,等将来如何向上级复命呢?"军中大将不听劝阻,姚枢赶紧聚拢数人逃入竹林中,悄悄藏在严实的军营中,才救了数十人。后来占领了德安,抓住了江汉先生赵复。赵复看到姚枢穿着军服、留着长须,不以为他是华人。等进入姚枢的大帐,赵复看到了古琴和书籍,非常惊骇,说:"西域人还懂这些古琴和书籍吗?"姚枢莞尔一笑,开始与赵复交谈。言语间,赵复才发现他遇到了高人。于是就把自己所做的文中数十篇拿出来交流。姚枢劝他政治背叛。赵复觉得九族被蒙古大军屠杀而或死亡或失踪或流落各地,所以不愿政治背叛蒙

---

① 姚燧. 牧庵集. 卷第15. 序江汉先生事实. 四部丛刊本.
② 姚燧. 牧庵集. 卷第15. 中书左丞姚文献公神道碑. 四部丛刊本.

元。于是赵复就与姚枢诀别,希望一死了之。当晚,姚枢安置赵复与自己同住在大帐中。等到姚枢半夜醒来,月光之下,只见到赵复的寝衣,但赵复已经不见了。于是姚枢骑马去尸体堆中寻找。当找到水边,发现了赵复。赵复已经脱去鞋履、披头散发、仰天长啸,正意欲投水自尽。姚枢劝诫赵复:"你白白死了有何益处?你活者,则子孙或许可以代代繁衍以至百世。我保护你去北方,没有其他意图。"于是赵复就跟随姚枢返回,并且把程颐、朱熹两人的性理之书交付姚枢。后来,赵复去了北方的燕京,学徒从者百人,北方经学自此生根发芽。

(二)疑点揭示

其中讲到赵复政治背叛的情节,如果赵复真的如文本直接表述的那样,是不愿政治背叛、真心求死的话,则文本上下文中不合常理之处颇多。以《中书左丞姚文献公神道碑》的文本来看:

其一是赵复见到姚枢大帐中的古琴和书籍。常理而言,"不愿政治背叛、真心求死"的人应当是万念俱灰的心理或者专心寻求求死机会的心理。还顾得上仔细观察敌人摆放的物品——尤其是古琴和书籍——似乎不像是"不愿政治背叛、真心求死"的人所为。在荆轲刺秦的故事中,《史记》记载到荆轲也是一位饱学之士,"好读书击剑"①"为人沉深好书"②;同时,荆轲也是一位爱乐之士,"荆轲嗜酒,日与狗屠及高渐离饮于燕市,酒酣以往,高渐离击筑,荆轲和而歌于市中,相乐也,已而相泣,旁若无人者。"③鉴于此,荆轲和赵复有很多相似之处。以赵复的行为为喻,后人难以想象荆轲走进秦王的宫殿,注意力会放在宫殿中的古琴和书籍之上。

其二,见到姚枢大帐中的古琴和书籍后,赵复竟然与敌人姚枢攀谈起来。在得知了敌人姚枢也是士人后,竟"出所为文数十篇"。这似乎也不像是"不愿政治背叛、真心求死"之人的表现,倒是非常合乎现代外交学、公共关系学的要求:以共同话题拉近彼此的距离,以利于进一步的交往和交流。

其三,当姚枢第一次劝赵复政治背叛时,赵复予以拒绝,理由竟然是"以九族殚残,不欲北"。拒绝不是以自己的主观选择为原因,而是以外部事件为原因。从常规经验来看,这几乎就是在暗示对方事情还有回旋的余地。难怪姚枢要留赵复住宿在自己的大帐。对于姚枢留宿赵复的原因,《元史》中的行文是"枢恐其自裁,

---

① 司马迁. 史记. 卷第86. 刺客列传. 第26. 荆轲.
② 司马迁. 史记. 卷第86. 刺客列传. 第26. 荆轲.
③ 司马迁. 史记. 卷第86. 刺客列传. 第26. 荆轲.

留帐中共宿";《序江汉先生事实》中的行文是"公止共宿,实羁戒之"。这两种说法似乎难以成立。如果是为了"恐其自裁"和"羁戒",安排专人彻夜坚守似乎才是可能奏效的办法。更合理的理解似乎是:通过对话交流,姚枢觉得劝降赵复还是有可能的,于是留宿以示信任从而进一步深入交流,达到劝降的目的。

其四,赵复深夜自杀事件的疑点就更多了。首先,既然能从蒙元军队中逃走,又何必自杀呢?其次,军队军营之中,武器众多,找到能够自杀的物品应当不难。何必一定要选择投水自尽?再次,既然要投水自尽,又何必在"月皓而盈"的夜半时分"仰天而号"?最后,赵复逃走后,姚枢去寻找的过程所花费的时间想必不会短。在这么长的时间里,"不愿政治背叛、真心求死"的赵复究竟在做什么?

反思之,假设赵复不是"不愿政治背叛、真心求死",那赵复为何要上演深夜自杀一幕呢?笔者认为可能的理由如下:一则"求死而未死"的传奇经历可以给事件和当事人披上某种神秘的面纱,以印证之后的政治背叛选择在天命层面的合法性:"果天不生君,与众已同祸。爱其全之,则上承千百年之统,而下垂千百世之洪绪者,将不在是身耶?徒死无义。"①二则似乎姚燧在《易安斋记》中已经有了回答,"是与夫医者不求疾家,而疾家恳恳夫我,奚以异哉?"②在医生与患者之间,医生不会主动去求患者,而应该是患者诚诚恳恳地来求医生。转换到赵复的事件上,当然赵复不能表现出主动,而应该多次拒绝;姚枢恰恰要积极行事,迎难而上。这样的塑造路径其实并不新鲜,三顾茅庐、三辞三让的案例已经摆满历史的案牍!

综上所述,赵复不愿政治背叛、真心求死的假设似乎难以成立。或者赵复并非不愿政治背叛、真心求死;或者姚燧对其史迹的塑造严重失实;或者两者兼而有之。这些选项似乎是更加合乎理性的推论。

曲阜孔庙西庑中,供奉着崖山海战兵败后,背着南宋第九位皇帝、宋怀宗赵昺赴海而死的宋末名臣陆秀夫。他的牌位旁边就是政治背叛者赵复的牌位。假设时光穿越,不知陆秀夫会做何感想?不知赵复会做何感想?

二、姚枢的政治背叛

姚燧在《中书左丞姚文献公神道碑》中谈到对他一生影响最大的人——姚枢——之时,显然难以以平常心去对待。内心的波动必然反映到写作当中。纵观

---

① 姚燧. 牧庵集. 卷第4. 序江汉先生事实. 四部丛刊本.
② 姚燧. 牧庵集. 卷第9. 易安斋记. 四部丛刊本.

姚燧对姚枢的塑造，颇类似于《三国演义》中作者对刘备之"长厚"和诸葛亮之"多智"的过度渲染。鲁迅先生在《中国小说史略》里谈及此事，有所谓"夸过其理，则名实两乖""欲显刘备之长厚而似伪，状诸葛之多智而近妖"的评价。对此，《中书左丞姚文献公神道碑》也是不遑多让了。

（一）需之即来的"鬼神"

于是，姚燧就写出了整部《牧庵集》中非常罕见的、与其平素写作风格差异天壤、且充满自相矛盾的怪力乱神之作：

壬辰，许城被围，州版公军资库使，与副夜直，四鼓，闻窗外叹曰："人献东门。"出索之，无得。副曰："吾当遭兵河朔，鬼物云然，宜捄吾家。"乃相与归，街陌横铃索断行，见其怀印，若赴州计事者。至家，乃尽出金银酒具奁饰。裹糇粮为逃死谋。日出而东门果破，邀军将萧姓者入家，尽付所出。萧曰："吾尝受邱真人教：汝军中惟救人无杀。吾捄乃死。"①

大意为：壬辰年，即公元1232年，宋为绍定五年，金为天兴元年，金朝的许城被蒙元军队包围。当时姚枢担任军资库使。一天晚上，姚枢与副手值夜班。夜半三分，听到窗外有人哀叹："有人会向蒙元军队献出东门。"姚枢与副手出去找说话的人但怎么都找不到。副手说："我曾经在山西遭遇兵荒马乱，像鬼之类的东西很多。应该赶紧回去救家人。"于是，姚枢与副手一起各自回家。回到家，把能找到的值钱的金银酒具首饰和干粮等备好，准备逃跑。日出时分，东门果然被攻破。姚枢向蒙元军队一个姓萧的将领行贿，尽付所出。萧说："我曾经接受丘处机的教诲，不让我滥杀无辜，而且要救死扶伤。我救你脱死。"

文中，姚燧不但把姚枢"擅离职守＋临阵脱逃＋倒戈政治背叛"描述为"神鬼"和"丘处机"所呈现的"天意"，还把"主谋"的责任完全丢给了姚枢的副手。

（二）挥之即去的"天意"

但可笑的是，就在《中书左丞姚文献公神道碑》下文中，姚燧又写到了姚枢的另一件事，呈现了反差感极强的自相矛盾：

明年，上以自九月不雨至于三月，问可以惠利斯民者，公曰："靡谷之多，无若醪醴曲蘗。京师列肆百数，日酿有多至三百石者，月已耗谷万石。百肆计之，不可胜算。与祈神赛社，费亦不赀。宜悉禁绝。"皆从之。②

---

① 姚燧. 牧庵集. 卷第15. 中书左丞姚文献公神道碑. 四部丛刊本.
② 姚燧. 牧庵集. 卷第15. 中书左丞姚文献公神道碑. 四部丛刊本.

大意为：公元1277年，即至元十四年，京城已经连续七八个月不下雨了。皇帝忽必烈问：老百姓粮食都没了，该做点什么来解决这个问题呢？姚枢说："酿酒消耗很多粮食。京城有数百家酿酒作坊和餐馆，每天消耗多达三百石粮食，每月消耗数万石，这可了不得。如果我们举办求神祈雨仪式，费用也很巨大，不如禁酒来的实际。"忽必烈最后听从了姚枢的意见。

在此处，显然姚燧笔下的姚枢已经不再像政治背叛时那样唯"鬼神""天意"马首是瞻，而是回归孔子的经典路线——敬鬼神而远之，表面上把"天意"束之高阁，其实是抛在一边，回归人事。"求神祈雨"不再被视为解决问题的方式，反而觉得太浪费资源。此时的姚枢又要以实事求是、脚踏实地的方式来解决实际问题了。"鬼神""天意"在政治背叛者的文本中招之即来、挥之即去，完全变成了政治背叛者政治表达的御用工具。

（三）经不起人观的"观人"

而在《牧庵集》的其他篇章，姚燧都流露出强烈的积极的反迷信思想，对怪力乱神嗤之以鼻，"天未尝祸善人，有开于始而无闻于终，有先于前而见羞于后者，必自夫人焉。"①在《王宪副母夫人九十诗后序》中，姚燧更是直接表达，"外宰物而归之浮屠之鬼，迷孰大焉？"②以此对比姚燧之前的怪力乱神着实让后人大跌眼镜。

在《牧庵集》中，姚燧还大谈"知人之道"和"观人之道"。"夫读其书，必知其人：质者拘窘，掞者游夸，近者肤卑，豪者峻宕，刚者矗厉，而弱者气乏，与夫徇今者陈甜，戾古者无法，葩艳者远实，喜异者艰崎，失志者诋讪，躁浅者迫切，而挟数者诐倾，其失非尽乎此也。"③在《郑龙冈先生挽诗序》中，姚燧提出"观人之道，当概其心所存与身所履如何而论之，夫然后中而无失"④的观点，接着举反例论证当时品评人物往往各执一端，不能全面展现人物的精神风貌："或以德书，或以言交；或以遇荣，或以御恤；或以名而慕，或以年而仰；或以政而思，或以文而扬，往往各得其一事一言，而未概其心所存、身所履始终何如也。"⑤此处，姚燧连用8个"或"字形成排比，一强烈的气势极尽书写现今"观人之道"存在的偏颇。接着又以绘画为喻阐述观人之道："始学画人，耳、目、鼻、口、头、颐、颜、角理、发须，各自为处，终未

① 姚燧．牧庵集．卷第3．冯氏三世遗文序．四部丛刊本．
② 姚燧．牧庵集．卷第3．王宪副母夫人九十诗后序．四部丛刊本．
③ 姚燧．牧庵集．卷第3．樗庵集序．四部丛刊本．
④ 姚燧．牧庵集．卷第3．郑龙冈先生挽诗序．四部丛刊本．
⑤ 姚燧．牧庵集．卷第3．郑龙冈先生挽诗序．四部丛刊本．

尝集而为面,使人真见夫妍丑、善恶、寿夭、贵贱,为谁某之全。"①

尤其姚燧又在《寿庞礼部母夫人诗序》谈到:"古之人曰'观其子,可以知其父。'"②不知姚燧在大展拳脚进行记忆塑造时,是否想到后人会以他自己所谈"知人之道"和"观人之道"反观其本人?

---

① 姚燧. 牧庵集. 卷第3. 郑龙冈先生挽诗序. 四部丛刊本.
② 姚燧. 牧庵集. 卷第3. 寿庞礼部母夫人诗序. 四部丛刊本.

第四章

结果——"无私"地重建公共世界

重续与发展公共世界的过程,既是政治背叛者塑造自我以"调适""回应"乃至"回归"以"忠义"为主流话语的中国历史的过程,也是政治背叛者紧握根源于社会组织过程的权力关系,进行权力再生产的过程。

权力要保障社会关系的连贯性。"追求社会秩序,对社会进行有效的控制贯穿于前现代、现代和后现代的一切社会中,它们的区别仅仅在于控制技术和手段的变化。"①在政治背叛者笔下,宋元之际的华北、中原地区似乎陷于"金德尔柏格陷阱"(The Kindleberger Trap)②,即公共权力的涣散和公共秩序的缺失。尽管大众都可以从公共世界获得不同程度的利益,但并不是任何阶层都有动力或能力来维持公共世界。大多数普通人选择"搭便车"。因此从局部来看,公共世界显然需要由精英阶层来主导:"故道之不行,天下之不治,非时君众人之罪,余学者之罪也。"③

虽然政治背叛者无法在理论上提出超拔的现代阐释,一个社会可以因冲突而得到实际上的加强,因为冲突释放了张力,使社会得到了高度升华。④但政治背叛者在塑造其政治背叛之后所取得的"功"时已经朝这一倾向大踏步前进。政治背叛者希望把自己塑造为传统政治秩序的恢复者(甚至提升者)而非背叛者。"古

---

① 郑莉:理解鲍曼[M].北京:中国人民大学出版社,2006:60.
② 金德尔柏格是二战后美国马歇尔计划的思想构建者.他认为.20世纪30年代世界经济大萧条的原因.是全球公共品的缺失.尽管美国取代了英国成为世界最大的国家.但美国未能接替英国扮演为全球提供公共品的角色.导致全球经济体系陷入衰退、种族灭绝和世界大战.
③ 郝经.郝文忠公陵川文集.卷第19.论.学(一).太原:山西人民出版社,山西古籍出版社,2006:289.
④ 特德.卢埃林.朱伦.政治人类学导论[M].北京:中央民族大学出版社,2009:88.

之人,武以戡乱,文以守成,顾时义焉何如,遇斯为之。今为士者,事会之来,缩项憪奢,不敢一出而用其学,自班乎武人成功之间,无已太固而拘乎?"①通过各种能够唤起广泛的象征性回应、给出可观的象征性奖励的社会活动,政治背叛者努力构建起一种公共形象:他们是道德的标杆和公共利益的忠实仆人。同时,这也是稳定政治背叛者自身的权力和地位的有力保障。毕竟,权力系统的有效性和合法性是分不开的:"合法性的一个主要来源在于,在新的组织机构和制度逐渐产生的过渡时期,保持重要的传统一体化组织机构和制度的连续性。"②

基于时代的特点,宋元之际的政治背叛者非常注意以安全为核心的公共问题,积极面对大乱之后的治理挑战,包括安全重构、效率重建与合法性重塑等等,努力推动伦理秩序、社会秩序、文化秩序等的重建和提升。他们"课农桑,励学校,问民疾,以肃风俗,职无不举者"③。总之,正是政治背叛者使得蒙元政权以近似于从前的政治形态重新建立起来。

第一节 人伦秩序

在古代中国占统治地位的国家政治秩序是一种托之于天人观念、以道德为表面诉求的秩序,国家将这种秩序微缩复制到最小的社会单位——独立的家庭和个人。个体的私人生活和公共生活之间,以及特体对家庭的责任和个体对国家的责任之间,并无截然可分的清晰边界。这一政治套路中,最关键的环节在于在最小社会群体的水平上维持统治秩序的基本框架,然后推而上之。由此可知,一个政权、一个政治人物能否得到长期的巩固,民众的支持显然是决定性参数之一。许衡就认为,"仁为四德之长,元者善之长。前人训元为广大,真是有理。心胸不广大,安能爱敬?安能教思无穷,容保民无疆?"④他将"仁"作为道德培养的关键,认为"仁"是一切道德培养的基础,而"保民无疆"成为"仁"的重要落脚点。"仁者,性之至而爱之理也。爱者,情之发而仁之用者。公者,人之所以为仁之道也。元

---

① 姚燧. 牧庵集. 卷第3. 郭野斋诗集序. 四部丛刊本.
② 西摩·马丁·李普塞特. 张绍宗译. 政治人:政治的社会基础. 上海:上海人民出版社,2011:49.
③ 姚燧. 牧庵集. 卷第28. 中奉大夫荆湖北道宣慰使赵公墓志铭. 四部丛刊本.
④ 许衡. 王成儒. 许衡集·语录上[M]. 北京:东方出版社,2007:3.

者,天之所以为仁之至也。仁者,人心之所固有,而私或蔽之以陷于不仁,故仁者必克己。克己则公,公则仁,仁则爱。未至于仁,则爱不可以充体,若夫知觉则仁之用,而仁者之所兼也。"①

于是在文本中,元好问自述"从仕十年,出死以为民"②;耶律楚材也赋诗言志:"圣主方思治,边臣未奉行。凭君达此意,无得负苍生。"③如此等等。他们对人伦秩序的维护与重建主要体现在对个人、家庭、家族等方面,这也是政治背叛者的个人文集中着墨最多的部分。王朝更迭(即所谓"鼎革""易代")本是一个发生在时间中的具有连续性的过程。生活在历史中的人们"生活总在继续"。

一、止杀救民

中国传统文化的核心,是以家庭为榜样,为国家和社会建立道德原则的意识形态。"中国历史进入封建社会以后,血缘关系与地缘关系交织在一起所形成的宗法地域性,对政治制度和政治生活产生了极大的影响。"④中国传统乡土社会,内部空间最稳固的状况,就是纯粹地理空间与血缘宗族空间的重叠。这种重叠,决定了其内部空间秩序与宗族秩序的合一。乱世的宗族自保不是若干个人的离散式集合,而是一个"群体本位的生命归属系统"⑤。以地方为本位,政治背叛者努力确保其家乡或治下地域的民众平安,避免个人和群体都处于末位淘汰与整体淘汰的边缘,乃至掉入"天灾人祸——动乱——流民"的历史因果循环链。

在政治背叛者的文本中,他们力图证明战争期间虽然杀伐不可避免,但他们始终尽可能地保护百姓免遭屠戮,甚至大胆放言:"死不难,诚能安社稷、救生灵,死而可也。"⑥

(一)游说蒙元统治者减少杀戮

高级别的政治背叛者,如刘秉忠、许衡、窦默、姚枢、郝经、张文谦、张德辉等人,对于劝诫蒙元统治者减少杀戮都有相关文字记录。郝经在《思治论》中劝诫蒙元统治者"施行仁政","取之以道,治之以道,其统一以远;取不以道,治之以道者,

---

① 许衡. 王成儒. 许衡集·语录上[M]. 北京:东方出版社,2007:3.
② 元好问. 遗山先生文集. 卷第37. 南冠录引. 文渊阁四库全书本.
③ 耶律楚材. 湛然居士文集. 卷第14. 赠东平主事王玉.
④ 章义和. 地域集团与南朝政治[M]. 上海:华东师范大学出版社,2002:1.
⑤ 麦金泰尔. 德性之后. 龚群等译. 北京:中国社会科学出版社,1995:196.
⑥ 脱脱. 金史. 北京:中华书局,1975:2525.

次之；取与治皆不以道者，随得而随失也。"①这里的"道"，也就是儒家文化中的"道"，即施仁政，切莫"以千万人之命易尺寸之功，以千万人之生易毫末之利"②。史称刘秉忠曾跟随元世祖征战四方。在某一次出征云南时，刘秉忠"每赞以天地之好生，王者之神武不杀，故克城之日，不妄戮一人。己未，从伐宋，复以云南所言力赞于上，所至全活不可胜计"。③贾居贞"大帝谕忠武王以曹彬取南唐不杀之训者，无公亚匹"④。在忽必烈统一中国过程中，张文谦多次随行。期间多次向忽必烈进言："王者之师，有征无战，当一视同仁，不可嗜杀。"⑤忽必烈听从劝告，逐渐从政策层面改变掠地屠城的旧习，命令诸将进入宋境后不可随意杀人、不可乱烧民房、不可掠民为奴等等。

丘处机在与成吉思汗交流时也建言："欲一天下者，必在乎不嗜杀人……太祖深契其言，曰'天赐仙翁，以悟朕志'。命左右书之，且以训诸子焉。"⑥成吉思汗赐丘处机"国师"之号之后，丘处机以此为机会挽救百姓"时国兵践蹂中原，河南、北尤甚，民罹俘戮，无所逃命。处机还燕（京），使其徒持牒招求于战伐之余，由是为人奴者得复为良，与滨死而得更生者，毋虑二三万人。中州人至今称道之"⑦。《栾城县太极观记》言："是时天下初定，民未厌服，而叛命者众，朝议将致天讨以罚殛之。汤火遗黎，旦暮假息，竢命于锋镝之下。丘虑蒿兰共刈，百方周至为之曲说，竟用是获免。至有囚俘亡命，辄缁其冠而羽其衣者，一无所问。凡前后所活，无虑亿万计。"⑧《黑鞑事略》中也曾言："长春宫多有亡金朝士，既免跋焦，免赋役，又得衣食。"⑨

其中，尤以姚燧《牧庵集》中《中书左丞姚文献公神道碑》描述姚枢劝诫元世祖忽必烈的情状最为详尽，前后共3次详述。

第一次为壬子夏（公元1252年，淳祐十二年）。蒙元远征大理，姚枢"为陈宋

---

① 郝经．郝文忠公陵川文集．卷第18．思治论．太原：山西人民出版社，山西古籍出版社，2006：281．
② 郝经．郝文忠公陵川文集．卷第19．论．学．太原：山西人民出版社，山西古籍出版社，2006：290．
③ 宋濂．元史．卷第157．列传第44．刘秉忠传．
④ 姚燧．牧庵集．卷第19．参知政事贾公神道碑．四部丛刊本．
⑤ 宋濂．元史．卷第157．列传第44．张文谦传．
⑥ 宋濂．元史．卷第202．列传第89．释老．丘处机传．
⑦ 宋濂．元史．卷第202．列传第89．释老．丘处机传．
⑧ 陈垣．道家金石略[Z]．北京：文物出版社，1988：599．
⑨ 藏外道书．33册[Z]．成都：巴蜀书社，1992：804．

第四章 结果——"无私"地重建公共世界

祖遣曹彬取南唐,敕无效潘美伐蜀嗜杀。及克金陵,未尝戮一人,市不易肆,以其主归。明日早行,上据鞍呼曰:'汝昨夕言曹彬不杀者,吾能为之,吾能为之!'公马上贺曰:'圣人之心,仁明如此,生民之幸,有国福也。'"①之后,传来大理方面斩杀蒙元使臣的消息。这激怒了忽必烈,于是他下令屠城。后在姚枢、郝经、刘秉忠劝导下改为止杀令。"饬帛为帜,书止杀之令,分号街陌。由是其民父子完保,军士无一人敢取一钱直者。"② 1276 年,元军攻取南宋临安前,姚枢再次向元世祖忽必烈提出建议:"宜申止杀之诏,使赏罚必立,恩信必行"③,同时禁绝南宋王朝鞭背、黥面等不当刑罚。姚枢起草的伐宋《兴师征南诏》,特别告诫"将士毋得妄加杀掠"④。在以姚枢为代表的多位政治背叛者的不断进言下,元世祖忽必烈在伐宋主帅伯颜出征前又专门对其耳提面命,要他向"不杀一人"取江南的北宋开国功臣曹彬学习。告诫他"古之善取江南者唯曹彬一人。汝能不杀,是吾曹彬也"⑤。

第二次为至元十一年(公元 1274 年,咸淳十年)。时年,蒙元准备大举攻宋,在商量攻宋的主将人选时,姚枢推荐了两个人:"如求大将,非中书右丞相安图、同知枢密院事巴廷不可。"⑥到了七月,左丞相巴廷要出征了,忽必烈下了圣谕给他,"惟逆战者如军律,余止杀掠。"意思是负隅顽抗者,按照军律从事,其余的不许屠杀和抢掠。然后,忽必烈又以"曹彬止杀"为例,要巴廷学习和实践"古之善取江南者,惟曹彬一人,汝能不杀,是亦一彬也。'"⑦

第三次为至元十二年(公元 1275 年,宋为德祐元年)。"公又言:'由陛下降不杀房之诏,巴廷济江,兵不踰时,西起蜀川,东薄海隅,降城三十,户踰百万。自古平南,未有若此之神捷者。然自夏徂秋,一城不降,皆由军官不思国之大计,不体陛下之深仁,利财剽杀是致。降城四壁之外,县邑邱虚,旷土无民,国将安用?比闻扬州、焦山、淮安,人殊死战,我虽克胜,所伤亦多。宋之不能为国审矣,而临安未肯轻下。好生恶死,人之常情。盖不敢也,惟惧吾招徕止杀之信不实,诈其来耳,是用力拒。宜申遣公干官,专辅巴廷,宣布止杀之诏,有犯令者,必诛无赦。若此则赏罚必立,恩信必行,圣虑不劳,军力不费。老氏有曰:'大兵之后,必有凶年,

---

① 姚燧. 牧庵集. 卷第 15. 中书左丞姚文献公神道碑. 四部丛刊本.
② 姚燧. 牧庵集. 卷第 15. 中书左丞姚文献公神道碑. 四部丛刊本.
③ 宋濂. 元史. 卷第 158. 列传 45. 姚枢传.
④ 宋濂. 元史. 卷第 158. 列传 45. 姚枢传.
⑤ 宋濂. 元史. 卷第 158. 列传 45. 姚枢传.
⑥ 姚燧. 牧庵集. 卷第 15. 中书左丞姚文献公神道碑. 四部丛刊本.
⑦ 姚燧. 牧庵集. 卷第 15. 中书左丞姚文献公神道碑. 四部丛刊本.

疾疫随之。'军虽不试，而民止得其半。况今民去南亩，来岁之食，将安所仰？帕手腰刀，必倡为乱。祖臂一呼，数十万众不难集也，虽非劲军，壁山栅水，卒未易平。是一宋未亡，复生一宋。南方官府，以情破法，鞭背文面，或盛竹络，投诸江中。又盐铁酒酤，榷始汉代，其后因之不废。今方新附，若复征之，人必离散。'制曰：'鞭背、黥面及诸滥刑，宜急除之。榷酤后议。'①

关于姚枢劝诫元世祖忽必烈的情状，《元史》当中也有多处相关记录，如"丙戌，伯颜下令禁军士入城，违者以军法从事。遣吕文焕赍黄榜安谕临安中外军民，俾按堵如故。时宋三司卫兵白昼杀人，张世杰部曲尤横闾里，小民乘时剽杀。令下，民大悦。"②

(二)游说军队高层减少杀戮

蒙元之际，前线的军队高层通常权力极大，他们的一言一行足以影响常人的生死。政治背叛者在战争期间，常有游说军队高层的案例传世。

姚燧在《牧庵集》之《河东检察李公墓志铭》中描写了李懋时两次救人的情节。第一次，李懋时左右逢源，救了坚守城池的交城兵民。"真定同知总管武仙，将兵袭下太原，杀兴，傍县皆附。假王从公驰救，皆复之，坑其旅拒王师及为仙用者。独交城为吾守，或谮覃帅：'虽闭壁，实未尝一出决战，意视胜负谁在以为归也。'假王欲攻之，公遣人语帅翼曰：'当悉力与贼角，不然屠矣。'帅如所言出战，败贼北山下。假王乘高观之，公曰：'帅无他也。'遂全之。"③第二次，李懋时把逃民定性为蒙元军队战士们的家属和尼姑和尚，保护了逃民的生命财产安全。"将吏见北山石壁万桂玉山三寺逃民男女纷纶，白假王，欲掠之。公曰：'此战士之家，仓卒不及入城者。且其夫为吾击贼，何罪而掠其家？其缁服皆僧尼，得是安施？敢复言掠者，论以军律。'寺得不残。"④

在元好问笔下，严实也曾多次劝谏蒙元军队领导者，使得多个城镇免遭屠城厄运。在彰德，因彰德反复多次在宋、金、蒙之间政治背叛，蒙古郡王非常愤恨，意欲对老幼数万人进行大屠杀。严实赶紧劝诫"此国家旧民。吾兵力不能及，为所胁从，果何罪邪？"最终蒙古郡王听从了他的意见。在濮州，又有人想要进行屠城，严实再次以保护农业生产、提取税收为说辞进行阻止，"百姓未尝敌我，岂可与兵

---

① 姚燧. 牧庵集. 卷第15. 中书左丞姚文献公神道碑. 四部丛刊本.
② 宋濂. 元史. 卷第9. 世祖本纪六.
③ 姚燧. 牧庵集. 河东检察李公墓志铭. 四部丛刊本.
④ 姚燧. 牧庵集. 河东检察李公墓志铭. 四部丛刊本.

人并戮之？不若留之农种，以给刍秣。"①最终救了濮州数万百姓。之后，在曹州、定陶、楚丘、上党等地，严实都是如法炮制，挽救了诸多生命。

（三）约束部属减少杀戮

在政治背叛者笔下，对于他们自己可以掌握的军事力量，政治背叛者更是严格要求，三令五申严明军纪，尽量约束自己的军事力量减少对民众的伤害。

比如李懋时"下平阳，戢剽杀，而易置其吏，课民垦田，事举令修，治有绩矣。"②再如政治背叛者董炳文进军闽浙，就模仿南宋岳家军"冻死不拆屋，饿死不掳掠"③的政策，严格约束部属。当时，董炳文为部属约法：要保护农耕，禁止人马践踏田麦；要保护农民，"毋取子女，毋掠民有"④。

在政治背叛者笔下，赵天锡更是以爱民而名闻："乙酉八月，复迁冠氏。先是故帅李泉为义斌所攻，既降之矣；大军至，怒其反复，有屠城之议。侯救护百至，老幼数万竟得全活。"⑤"壬辰正月，黄龙冈失利，将佐千余人被俘，侯皆以计活之。"⑥赵天锡"八月命侯招降临城、杏树等砦遂下。邢、赵两州州民之在保聚者，不啻数千百家，悉复故居"⑦。在赘述了诸多事例后，元好问总结到赵天锡在军中二十年，"未尝妄笞一人"⑧。既然鞭笞都从未妄行，更别说乱杀人了。每当有人"以急难来归"⑨，赵天锡一定会尽力帮助赈济抚恤。在他的帮助下，免于被奴役俘虏，免于被屠杀的民众数不胜数。即使是那些忘恩负义甚至恩将仇报的人，赵天锡也不计较，"不以为意也"⑩。

在这一点上，文本中的严实也是如此，对于那些背叛过自己的人表现出好生之德。例如，曾经有数十名部下背叛严实，投奔了益都的敌人。等到攻破益都、抓获这些叛逃者时，旁人以为严实一定会斩杀了这些叛逃者，但严实却"一切不问"⑪，并未实施额外的处罚。还有一例，王义深是彭义斌手下的将领，听说彭义

---

① 元好问. 遗山先生文集. 卷第26. 东平行台严公神道碑. 文渊阁四库全书本.
② 姚燧. 牧庵集. 河东检察李公墓志铭. 四部丛刊本.
③ 陈邦瞻. 宋史纪事本末. 卷第64. 金人渡江南.
④ 宋濂. 元史. 卷第156. 列传第43. 董文炳传.
⑤ 元好问. 遗山先生文集. 卷第29. 千户赵侯神道碑铭. 文渊阁四库全书本.
⑥ 元好问. 遗山先生文集. 卷第29. 千户赵侯神道碑铭. 文渊阁四库全书本.
⑦ 元好问. 遗山先生文集. 卷第30. 龙山赵氏新茔之碑. 文渊阁四库全书本.
⑧ 元好问. 遗山先生文集. 卷第29. 千户赵侯神道碑铭. 文渊阁四库全书本.
⑨ 元好问. 遗山先生文集. 卷第29. 千户赵侯神道碑铭. 文渊阁四库全书本.
⑩ 元好问. 遗山先生文集. 卷第29. 千户赵侯神道碑铭. 文渊阁四库全书本.
⑪ 元好问. 遗山先生文集. 卷第26. 东平行台严公神道碑. 文渊阁四库全书本.

斌战败后逃奔河南,在逃之前屠杀了严实在东平的族属。等严实攻破河南、抓获了王义深的妻子儿女,并未加害,反而优厚对待且护送回乡里。元好问评价严实这种"不以旧事为嫌"①的做法是领袖的大气度、是"能人之所难能"!②

无奈政治背叛蒙元的赵祥在文本中也有这样的史迹。在政治背叛前,赵祥就与部下约定一定要保护民众,"是州生齿十万,今日之事,将求生之,非固苦之;将思完之,非固离之。"③在获得部属支持后,赵祥进一步与部属约定:既然大家都支持我的意见,那就不允许"杀人父兄而臣妾其子女"④,也不许"以利货财,与怀复私怨。"⑤在与部属约定好之后,赵祥才大开城门,正式政治背叛蒙元。就《邓州长官赵公神道碑》的文中记述来看,这次政治背叛对百姓生活基本无扰,"事成终朝,肆不变市。"⑥对于南宋派来监视赵祥的人员,赵祥也不计前嫌,没有为难他们,而是送归南宋方面:"为具车马,遣实,令将其军,尽还之襄阳,少不怨制阃昔者图已而甘心此军也。"⑦

严实不但约束兵将不许妄杀,还用金钱引导。"大兵由武休出襄、邓,公时在徐、邳间。以为河南破,屠戮必多,我当载金缯往赎之,且约束诸将,毋敢妄杀,有所卤获,必使之骨肉完保。灵壁一县,当废者五万人,公所以救之者百方,兵人既素服公言,重为资币所诱,故皆全济。"⑧部属兵将既有严实的军令控制,又有严实的金钱引导,自然使得民众得以求生。

二、弘扬孝悌

个体小家庭是宋代社会主要构成成分,时局动荡时其家庭承载能力十分薄弱。维持基本的家庭秩序显然对整个社会的存续意义重大。况且对于家庭的重视是中国传统文化的鲜明特色。正是看到这一点,宋元之际的政治背叛者对于以"孝悌"为核心的家庭秩序的重建与稳定也着墨良多。

---

① 元好问. 遗山先生文集. 卷第26. 东平行台严公神道碑. 文渊阁四库全书本.
② 元好问. 遗山先生文集. 卷第26. 东平行台严公神道碑. 文渊阁四库全书本.
③ 姚燧. 牧庵集. 邓州长官赵公神道碑. 四部丛刊本.
④ 姚燧. 牧庵集. 邓州长官赵公神道碑. 四部丛刊本.
⑤ 姚燧. 牧庵集. 邓州长官赵公神道碑. 四部丛刊本.
⑥ 姚燧. 牧庵集. 邓州长官赵公神道碑. 四部丛刊本.
⑦ 姚燧. 牧庵集. 邓州长官赵公神道碑. 四部丛刊本.
⑧ 元好问. 遗山先生文集. 卷第26. 东平行台严公神道碑. 文渊阁四库全书本.

（一）孝同天地

首先，政治背叛者明确宣称："天地立人，圣人立名教；天大地大，而孝亦大。"①"古人有言，不孝，则事君不忠，莅官不敬，朋友不信，战阵无勇；是故为百行之本。"②"人罪莫大于不孝，不孝则不顺乎天。"③"古之人，道德积躬，而孝弟行于家，风教及于乡，而勋名流于天下后世。父基而子构，祖涂而孙辙，存乎当时，簪绅荣之；垂之于今，竹帛焕焉。"④

"常读诗礼之言，而知其祝寿考者，恒在于有官君子也。圣人之心，非不欲四海之民尽然，顾其势有不可必得，而其仁止于不饥不寒，无金革以没其齿而已矣。君子则不然，责以其治，代天工也，效以其泽，及斯民也。縻之以好爵，酬之以重禄，王者既崇高富贵之，故人之蒙其赖者，其报惟有寿考之一言，曰：庶几乎，由吾是祝而永年，可悠长父母吾也。呜呼！君子之于民，有父母之道者也，非生而出之者也，而民犹忠厚若是，况君子于亲，托其遗体乎！则其祝寿考者将什百千万于斯民之于吾也。"⑤

在忠孝问题上，政治背叛者大书特书其实用倾向的观点，例如"尝谓人子之事亲，不难于燠寒其衣、旨甘其味，以适其口体之奉，而难于承颜以得其欢心。斯政孔子语子夏以'色难'者也。"⑥政治背叛者甚至对所谓的"忠孝两难"做出了断然的选择，猛攻一些人的"忠在孝先"的观点，例如"或牵于禄仕，遐游远适，委亲而不遑将，反曰'吾能公尔忘私，不得承颜'者。是数者，皆五典之罪人。"⑦为其政治背叛行为辩护的意味越来越浓。

（二）以身作则

他们从自身做起，坚持孝悌为先，"上以嘉君命之辱，下起以本父教之忠"⑧。赵璘"从太师国王狗地至蠡，其刺犹城守，礟杀王悍将萧大夫。王恚，欲坑城，公请以身赎母兄死，王哀，之并全蠡民。"⑨之后，赵璘"以战绩每最，进冀州元帅、虎符，

---

① 元好问. 遗山先生文集. 卷第34. 马侯孝思堂记. 文渊阁四库全书本.
② 元好问. 遗山先生文集. 卷第34. 马侯孝思堂记. 文渊阁四库全书本.
③ 宋濂. 元史. 卷第202. 列传第89. 释老. 丘处机传.
④ 姚燧. 牧庵集. 卷第3. 冯氏三世遗文序. 四部丛刊本.
⑤ 姚燧. 牧庵集. 卷第3. 王宪副母夫人九十诗后序. 四部丛刊本.
⑥ 姚燧. 牧庵集. 卷第8. 承颜亭记. 四部丛刊本.
⑦ 姚燧. 牧庵集. 卷第8. 承颜亭记. 四部丛刊本.
⑧ 姚燧. 牧庵集. 卷第25. 磁州滏阳高氏坟道碑. 四部丛刊本.
⑨ 姚燧. 牧庵集. 卷第27. 提刑赵公夫人杨君新阡碣. 四部丛刊本.

复推与其兄。廷议多其悌让，改公冀州军民总管，别锡虎符。"①赵天锡"事太夫人孝，意所向必奉之，惟恐不及。抚存幼孤，皆使有所立。孤女亦择时贵嫁之。"②潘汝劼"而入燕兄，不闻问者五十余年，携一子归，悲尽继喜，晨夕奉之，若大宾然。"③

古代中国的孝悌，除体现在晚辈在长辈在世时敬奉长辈的表现之外，还包括晚辈在长辈去世之后尊奉长辈的思想与行动。

真定新军万户张兴祖去世后，他的儿子以孝为先，竟不惜违抗君命来归葬父母回乡。这样的史迹在政治背叛者笔下必然会被大书特书，"公既卒于戍所衡州，之明年，而夫人亦卒。其中子世其真定等路新军万户、怀远大将军塔喇齐者，将归葬其乡先茔。由是军受湖广省节度，请告数数。终以故事职兵之臣，无听丧葬之文不得命。乃曰：'父子之道，在君臣先。其序则然，未有责其能忠，而禁其为孝者。吾令何恤？俟舟二丧毕葬，小从而夺虎节，大置于理，一惟命。'竟窆而还。凡闻者，莫不称咨其能拔流俗，善于子职，无少老一喙焉。"④

程介福"有王姓民，殴兄至死，即就逮，其亲请乡邻善公者，怀白金二镒来货，曰：死非他人，吾长子也。今又以季子偿死，吾谁与为养？惟哀而全之。公却金，晓曰：虎狼，兽耳，父子兄弟，且不相噬。人而贼杀同气，其不仁也，暴甚虎狼，此而不诛，何以正是邦之斁败天伦者？竟尸之市"⑤。

女僧妙德建寺报亲恩的史迹也很典型。"报恩寺者，女僧妙德之所创也。德，金城韩氏子，考讳诰，任兵马都元帅、彰国军节度使。其先仕唐辽金，大显。德适晋阳王氏。王氏佩金符，为工正。生三子而夫卒。久之，子娶妇，各能自立，德悉以王氏业归之。而繁畤之聂营元帅有别业，昔以与德，德将老于是。既而闻有语其考方国初用兵际，搜讨所忾于山，因燬诸佛庐事。德怆然，深念父武臣，为国辟地之功虽大，亦多斩刈焚荡之惨。曩同气百人，今存者独我，吾妇于人而又寡，子既植王氏矣，吾其事浮图法，庶得以资福韩宗。"⑥

还有诸多案例记录了那些"孝子贤孙"为了给先人树碑立传，以碑记"溯流求

---

① 姚燧. 牧庵集. 卷第27. 提刑赵公夫人杨君新阡碣. 四部丛刊本.
② 元好问. 遗山先生文集. 卷第29. 千户赵侯神道碑铭. 文渊阁四库全书本.
③ 姚燧. 牧庵集. 卷第27. 安西路同州儒学正潘君阡表. 四部丛刊本.
④ 姚燧. 牧庵集. 卷第23. 真定新军万户张公神道碑. 四部丛刊本.
⑤ 姚燧. 牧庵集. 卷第24. 武略将军知弘州程公神道碑. 四部丛刊本.
⑥ 姚燧. 牧庵集. 卷第12. 报恩寺碑. 四部丛刊本.

源,以昭示来世"①而奔走的史迹。他们或缘乡谊,或为同僚,或为延请,持先祖表状,请文士或名臣撰写碑记,如"重念先人为太平不遇之民,行施于家,而不昭一时;言及其乡,而不闻百里之外。功微而用薄,道晦而居卑,所以亟勒石者,非以溢美诬世,是求庶几吾宗遗苗,知权与斯家之不易。"②"呜呼!我先祖者,生不策名于天官,殁不受谥于太常,处地卑约,功烈无所表见一世,独有修之于家,兴所惠活斯人者,顾不可碑之。记铭善言之士,使得以示今而垂后,比汉故民耶!敢以是累公。"③

有些碑传在讲述求字者的求字经历时,言辞极具夸张,虽然有作者自负之嫌疑,但也确实反衬了求字者孝心的迫切。刘德源求姚燧撰文,说"先生世名笃古善文者,闻今贤公卿之胄,或不远数千里及门,求表着其先烈者相踵也。德源之治,去先生之居四舍耳,心窃觊之。我先人之位,固不大昭于时。如得先生铭,则没而名庶延也。"④"燧还吴中,过广陵日,今嘉议大夫行台御史中丞初请曰:'吾祖靖肃公顾言以吾,曾祖甄官署令,即死所藏,乱离失其处,他日必虚为丘先茔者,载其事。无使吾先人魂游傍徉,无所于归,而一善故或遗也子义为铭。'随又遣其少子可亨,挈舟广陵,五千里追之襄阳,不及。返而及之鄂,授其考所辑《家塾记》,曰掇是事铭。呜呼!确哉,远而劳焉。"⑤

(三)保全家庭

乱世的伦理情境多属于平世的延伸,与"易代"未必有关。然而在平世也时有发生的事件,因在一个特殊时世,置于政权更迭的背景上,人们的感觉仍然会不同。家族伦理事件、个人事件因为发生在易代的背景下,俨然成为世变的构成部分。世变赋予这些事件独特的感性味道,这些事件也赋予世变更深邃的逻辑空间。家事国事天下事,在古代中国的文化意象中本来就是虚虚实实、暧昧难分,尤其是在世变之时。个人生活、家庭生活的碎裂与山河破碎遥相共振、强化。"变"也许无关,其痛却总是相连。因而,尽力维持家庭的存续,让破碎的家庭恢复团圆显然是重建人伦秩序的重头戏。

---

① 蒲道源. 顺斋先生闲居丛稿. 卷第25. 巩氏先茔之表. 至正刻本.
② 姚燧. 牧庵集. 卷第25. 孙府君神道碣. 四部丛刊本.
③ 姚燧. 牧庵集. 卷第27. 医隐阖君阡表. 四部丛刊本.
④ 姚燧. 牧庵集. 卷第28. 蓟州甲局提举刘府君墓志铭. 四部丛刊本.
⑤ 姚燧. 牧庵集. 卷第26. 金故甄官署令魏府君墓碣. 四部丛刊本.

政治背叛者王钧"闻人父子兄弟虏于人，必捐金购之，以全其天。"①"移剌、众哥、张甫、牛显"等人，都曾在战场与张柔对战。这些人战死后，其妻子、儿女流离失所、无所托付。张柔得知这一情况后，设法找到他们的妻子、儿女，优厚安抚。其中，牛显的长子牛国祥，堪为人才，张柔就安排他做了郡守。牛显的次子牛黑子被其他豪强抓为奴隶，张柔就花钱把牛黑子赎买回来。类似这样的事情，如"完复离散、婚嫁孤幼、周急济困、扶病助丧者，日月不绝，盖不可以十百计也。"②

历朝历代，朝廷都要征宫女充宫廷。对于一部分家庭来说，这是一个荣宗耀祖的好机会；但对于大部分的家庭而言，这是一次生离死别的鬼门关。某年，当得知朝廷要征宫女的命令后，政治背叛者赵椿龄建议同僚们一起联署，让朝廷不要再往山西征选宫女，以保家庭团圆。同僚们听了很害怕，担心惹祸上身，都不同意连署。赵椿龄就以个人名义上书朝廷，说："山西回远京师，且无大家，民女贫陋，无有可充椒房下陈。"③如果朝廷非要征选，则会使山西的家庭民心不稳，而且"使育女嫁姻，年不及，币征不纳。惟幸有男为托，杀礼戾古，天生紊俗，甚非圣世之盛举也。"④结果赵椿龄的建议获得了蒙元朝廷的同意，取消了在当地的征选，避免了诸多家庭的破碎和生离死别。

三、敬宗收族

费孝通在《乡土中国》中认为，一个中国人若是脱离了他的家庭、家族、朋友、朋友的家庭和朋友，他就根本无法安排他的各种活动，以至找不到"自我"。在古代中国更是这样。"天子以四海为家，何适非乡？而独不忘其生所者，人情之同。"⑤在象征层面上，"宗族"的意义首先是历史文化的延续，在断裂大背景下的延续。在大破坏中，宗族犹存被作为了故国犹在的一份证明。吕郁带领宗族离开山东家乡到达异地后，给孩子取名字时，"名子以洙、沂、汶，皆取鲁国诸川，明所愿则学孔子；末为洹，示不忘父母之邦。皆可见其为心不苟，操履之纯也。"⑥

乱世丧乱中流失着的，正有被认为赖世家大族而维系的文化品质与文化意

---

① 姚燧. 牧庵集. 卷第21. 平凉府长官元帅兼征行元帅王公神道碑. 四部丛刊本.
② 元好问. 遗山先生文集. 卷第26. 顺天万户张公勋德第二碑. 文渊阁四库全书本.
③ 姚燧. 牧庵集. 卷第28. 中奉大夫荆湖北道宣慰使赵公墓志铭. 四部丛刊本.
④ 姚燧. 牧庵集. 卷第28. 中奉大夫荆湖北道宣慰使赵公墓志铭. 四部丛刊本.
⑤ 姚燧. 牧庵集. 卷第10. 崇恩福元寺碑. 四部丛刊本.
⑥ 姚燧. 牧庵集. 卷第23. 故从事郎真州路总管府经历吕君神道碑铭并序. 四部丛刊本.

境。①"中原受兵,避寇阳曲、秀容之间,岁无宁居。贞祐丙子,南渡河,家所有物,经乱而尽。旧所传谱牒,乃于河南诸房得之,故宋以后事为详,而宋前事皆不得而考也。"②宗法重建是大破坏后的济世良方。宗族于此,非但被作为社会政治稳定的要件,而且被视为与政府权力互补的政治存在。这自然有赖于此前有关的制度实践和思想资源。在这种场合,基层宗族乡党较之帝王和政府,是更自觉的既成秩序的维护者。正是这一体认,严实对于俘虏"中有求还乡里者,悉纵遣之"③。而吕郁带领宗族离开家乡到达异地后,"惟不置田于郊,曰:'吾寓公也,有是,则思子孙嫛以为首,忘归君乡'。"④

天下安定之后,宗族作为家国的中介环节,一方面继续执行其既有职能,靠对自身和祖先关系的体认来组织动员整个宗族、安定地方社会;另一方面利用文字表达和习俗传承,推行礼仪教化。这样的话,宗族组织在客观上化身为国家组织化的子系统,并因此具有了整合传统乡土社会的重要职能。潘汝劼为乡党诉讼的例子就说明了这一点:"由朝廷旌别奴民,势家讼君及民十余家,云皆其父祖俘自军中。君倡赴秦省,力辩其非。或曰:'汝自士籍,明诏已拔齐编氓,何苦于他人为哉?'君则曰:'吾与是皆同乡,视其诬,不一手援其溺,非义。'竟还正民,绝口不矜德由己,然人则惠之。"⑤

宗族秩序的重建是个人和家庭发展在宋元际动乱之后的必然要求,也是行政体系的必要补充和基础。政治背叛者通常都会为宗族大建祠堂、大修家谱、大置族田。潘汝劼"为约白水:'凡我同姓,茔是邑者,岁时上冢,无间疏戚,老幼毕集,周及诸宗。'实获古人纠族遗意。"⑥

敬宗收族的精要在于确认谱系。"氏族之制,所以定亲疏、别嫌疑、厚人伦也。古者国有牒,家有谱,然犹有拜汾阳之墓者,矧二者并亡之欤?"⑦政治背叛者撰写的各类型碑志大都涉及宗族议题。"以表族姓,且知世次"⑧"溯流求源,以昭示来

---

① 赵园. 明清之际士人的"世族论"[J]. 中国文化研究,1996(11).
② 元好问. 遗山先生文集. 卷第37. 南冠录引. 文渊阁四库全书本.
③ 元好问. 遗山先生文集. 卷第26. 东平行台严公神道碑. 文渊阁四库全书本.
④ 姚燧. 牧庵集. 卷第23. 故从事郎真州路总管府经歴吕君神道碑铭并序. 四部丛刊本.
⑤ 姚燧. 牧庵集. 卷第27. 安西路同州儒学正潘君阡表. 四部丛刊本.
⑥ 姚燧. 牧庵集. 卷第27. 安西路同州儒学正潘君阡表. 四部丛刊本.
⑦ 程钜夫. 雪楼集. 卷第15. 里氏庆源图引. 文渊阁四库全书本.
⑧ 刘敏中. 中庵集. 卷第11. 历山柴氏阡表. 文渊阁四库全书本.

世"①,当是求撰者共同的目的。碑记透露出的是时人"生而间居,死而族葬"的愿望。以功用而言,碑志都是通过追溯家族历史、叙述家族世系、明确祖茔等内容,以统合家族,"例有碑志,况东西南北之人,表识之建尤为切务,俾子孙继嗣拜扫,考其世系乡里,通追来孝,免夫有旌纪寂寥之叹。"②虞集曾为苏天爵家族先茔撰写碑记,碑中对苏氏族人"备书其子孙之姓名者,著其族也"③。"岁时祀事,子孙各尽其力,朋酒羔羊,至于疏远,皆得还往"④。元代真定史氏,"新茔立世德碑,葬宗族贫不举者十四丧,及亲立石先茔,构亭曰介寿"⑤。"庙制既亡,而族葬之礼犹在,士之有志于古者,尚可得而稽焉,故既设冢人之官,祭于墓则有尸,是圣人制礼出于人情之所不忍,以广其孝思之诚者,亦不得而废也,然则冢墓封树之崇,又可不致敬乎"⑥。

四、济困救民

令人惊讶的是,在政治背叛者的笔下,留存了很多他们公然揭发弊政甚至一起违抗上级命令来扶危济困的史迹,对于政治背叛者的形象塑造出力良多。

(一)揭弊救民

在郝经笔下,记录了两件发生在不同人身上的几乎相同的事。这一情况,有可能是当时情况之窘迫的证明。

其一的主人公是《河阳遁士苟君墓铭有序》中的金朝孟州河阳的地方精英苟士忠:"时金迁汴,限河以国,流民南渡,为北兵所挤而厄于河,孟津渡尤为要塞,而津吏因缘为奸,名为守法,而控勒纳贿,积流民数十万,蹈藉以死。君谓其人曰:'是不可坐视。'于是列津吏罪状,请于机察使而闻诸朝,即诏不拘常例,命曰:'海放流民,济以全活。'"⑦

---

① 蒲道源. 顺斋先生闲居丛稿. 卷第25. 巩氏先茔之表. 至正刻本.
② 王恽. 秋涧先生大全集. 卷第56. 平阳程氏先茔碑铭. 元人文集珍本丛刊:2册. 台北:新文丰出版公司,1999:158.
③ 虞集. 道园类稿. 卷第45. 苏氏先茔碑. 元人文集珍本丛刊第6册. 新文丰出版公司1985年.
④ 邵亨贞. 野处集. 卷第3. 海隅唐氏先世事实状. 文渊阁四库全书本.
⑤ 许有壬. 至正集. 卷第63. 有元故中奉大夫陕西诸道行御史臺侍御史宋公墓志铭. 文渊阁四库全书本.
⑥ 苏天爵. 滋溪文稿. 卷第4. 文水王氏增修茔兆记. 北京:中华书局,2007:53.
⑦ 郝经. 郝文忠公陵川文集. 卷第35. 河阳遁士苟君墓铭有序. 太原:山西人民出版社,山西古籍出版社,2006:494–495.

<<< 第四章 结果——"无私"地重建公共世界

其二的主人公是《先大父墓铭》中的郝天挺:"贞佑初,人争南渡而陑于河。河阳三城至于淮泗,上下千里,积流民数百万。饥疫荐至死者十七八。先大父曰:坐视天民之毙,仁者不为。乃贻书机察使范元直,使闻诸朝。曰:'昔昭烈当阳之役,既窘甚,犹徐其行,以俟荆襄遗民,曰成大事者必资于众人,归而弃之,不祥。君子谓汉统四百年,此一言可以续之。今国家比之昭烈不至于窘,河朔之民独非国家赤子乎?夫人心之去就即天命之绝也。乞诏沿河诸津聚公私船,宽其限约,昼夜放渡。以渡人多寡第其功过,以救遗民,结人心,固天命,中兴之期庶几可望。'书奏,即日中使告谕,令疾速放渡。河朔之民全活者众。"①

两处记载都显示了"贞佑南渡"给金朝的基层民众带来的苦难,也塑造了政治背叛者为民请命的形象。金朝华北地区基层政权由此迅速崩溃,民众对政权的绝望和甚至愤恨使得金朝政府在民众中的合法性基本破产。就文本呈现而言,以苟士忠和郝天挺为代表的政治背叛者以一己之力试图揭弊救民的行为还是令人动容。

(二)违命济困

按照蒙元的政策,计入统计的户口就要缴纳各种税费,但管治下区域的户口增加将会是管治官员加官晋爵的条件之一。不少官员为了自己的利益而试图尽量把多的户口统计进来。但当地民众的生存状况将为此而下降。一部分政治背叛者反对这种"损人利己"的行为。

类似的事情在政治背叛者笔下出现过多次,赵椿龄就是一例。在朝廷要统计户口时,赵椿龄让人们不要另立门户,尽量汇集家户。后来,朝廷定了每户每年交白金四两的税赋。而赵椿龄任职的地方人民生活并未收到多大影响,人们都佩服赵椿龄深谋远虑,为民着想。"会宪宗大料民,公令蘽人捐其户数,得亲戚同籍,及后赋下,户数白金四两,而蘽果不困,人已服有经远谋。"②

袁湘也有类似的史迹。在朝廷要统计户口时,袁湘的做法是只统计原来户口就在当地的家户,而那些外来流落到此的家户和暂住的家户则尽量不统计,"会大料民,止籍主户,漏其侨家浮客者,或咎以"何独损吾户数?"公曰:"若欲肥版籍以衒庶耶?一旦赋役下,侨浮生心,必计曰:'等赋役也,与避人境而不免,何如归吾

---

① 郝经. 郝文忠公陵川文集. 卷第36. 先大父墓铭. 太原:山西人民出版社,山西古籍出版社,2006:500.
② 姚燧. 牧庵集. 卷第28. 中奉大夫荆湖北道宣慰使赵公墓志铭. 四部丛刊本.

乡之安焉?'客去而主孤,实亡而名存,秖益累也。"人服其能图远。其后,河东山西果徙其民。公谋使者曰:"若所以必徙者,岂以代吾赋役而汝无得哉?吾所籍止主户,未尝妄以侨浮为土著。版册具在,可稽也。何如勿徙,使各奠其居,即是民推择置吏,岁集其赋入,是以吾土育尔民,奚必徙? 其以是归语汝帅。"使者亦度民业已安此,虽徙之,且道亡不达。许之而还。"①于是,袁湘管治下的区域的民众得以调养生息。

(三)抗命救民

从历史经验来看,"天灾⟵⟶人祸"互为因果、互相引发导致民不聊生是乱世中的常态。怎样削弱甚至阻止这样的恶性循环一直是爱民者或自诩的爱民者的重要任务。政治背叛者的文本中就记载了一些政治背叛者在大灾期间抗灾救民、阻止"天灾⟵⟶人祸"恶性循环的案例,比较典型的包括如下两例:

首先是张庭珍违令赈灾一事的叙写:有一年,河北大旱,灾民流徙至河南,河北郡县"畏损户罪,谩以逃闻"②。河北省部为遣民回乡,通知河南只能发仓救济灾民三个月。而灾民们都不肯回去,因为他们在逃难之前已经"各卖质田庐而南,至家何为?"③张庭珍不忍老弱病残的灾民饿死其地,"斯民非贼,河南非别界,皆圣上民社也。非不知奉命,不辄济,可以无罪,诚不忍老稚顿路吾治,甘受祸以活此民。"④于是立刻下令继续赈济灾民。后来,果然有人上报了此事,御史大夫来调查。灾民都说张庭珍是当代包公。御史大夫也没办法,只好以简单批评张庭珍了事。

还有贾洵的案例:"皇统中改陕西转运使,适岁饥,民无所于籴,君拜章乞振贷,未报而民益急。君辄开仓救饿者,坐专擅,夺四官,降刺石州。"⑤贾洵在皇统年间担任陕西转运使。正赶上那一年灾荒爆发,民众既无存粮又无处购买,生存安全受到威胁。贾洵急忙向上级汇报,乞求上级迅速赈灾,但上级迟迟没有回应,而百姓已经处于生死边缘。于是贾洵当机立断,不等上级的意见,直接开仓放粮,救济饥民。虽然救了百姓灾民,自己却被上级定性为自作主张,以"专擅"的罪名

---

① 姚燧. 牧庵集. 卷第17. 袁公神道碑. 四部丛刊本.
② 姚燧. 牧庵集. 卷第28. 南京路总管张公墓志铭. 四部丛刊本.
③ 姚燧. 牧庵集. 卷第28. 南京路总管张公墓志铭. 四部丛刊本.
④ 姚燧. 牧庵集. 卷第28. 南京路总管张公墓志铭. 四部丛刊本.
⑤ 元好问. 遗山先生文集. 卷第34. 东平贾氏千秋录后记. 文渊阁四库全书本.

被连降四级,由"陕西转运使"①"降刺石州"②。

第二节 经济秩序

在政治背叛者笔下,文化、经济、政治三个维度的"我者"与"他者"并不完全一致。经济维系人的最基本的生存需求,因此在战乱稍止、形势稍安时,即有可能将主客对立的格局进行适当的转化,形成实质的"互利共存"。新生政权和政治背叛者面临的当务之急就是重建经济体系,确保有充足的生存机会和工作机会,从而将再次爆发冲突的可能性降到最低。

一、恢复农耕

一个群体的物质生活条件——居住模式、与农业有关的合作形式、共同的政治活动史——产生了截然不同的社会意识(道义责任、团结的经历、对社会世界的道义想象)特征。所以从客观方面来讲,政治背叛者要维护自己的利益,势必要维护自身及其追随者的物质生活条件。

(一)国家层面

在蒙元之际,军事征服与统治对中原农业社会的近程影响无疑巨大。游牧生产方式的冲击、耕地的破坏和劳动力的减少都导致北方农耕生产日益衰败。所以,恢复农耕显然是政治背叛者的重要目标。而这一目标的达成,需要且必须从最高统治者下手才有可能获得根本解决。

灭亡金、宋过程中,政治背叛者就不断进言希冀保护农耕。正是政治背叛者郭宝玉等的不断劝谏③,才使得元太祖庚午年颁布了原则性的政令,保护耕地继续用于农业生产。"汉人有田四顷、人三丁者签一军;年十五以上成丁,六十破老,站户与军户同;民匠限地一顷;僧道无益于国、有损于民者悉行禁止之类"④。尽管如此,但在这些土地上继续施行农耕还是施行游牧的生产方式,蒙元政权整体上还是时有动摇,甚至一些游牧贵族建议施用他们所熟悉的游牧生产方式以取代

---

① 元好问. 遗山先生文集. 卷第34. 东平贾氏千秋录后记. 文渊阁四库全书本.
② 元好问. 遗山先生文集. 卷第34. 东平贾氏千秋录后记. 文渊阁四库全书本.
③ 宋濂. 元史. 卷第149. 列传第36. 郭宝玉传.
④ 宋濂. 元史. 卷第149. 列传第36. 郭宝玉传.

农耕生产方式。太宗时期,别迭就曾向太宗进言"汉人无补于国,可悉空其人以为牧地。"①虽然太宗在耶律楚材建议下否决了别迭的想法,但还是有许多耕地被改造成为牧场。同时大量农业人口逝于战火或是逃亡,很多地方"田野久荒,是因兵乱后无牛",农民也缺乏农耕用具。②

忽必烈在青年时代,便对中原文化多有研习和借鉴,在蒙哥的同母弟中"最长且贤"。蒙哥继大汗位,忽必烈受封为王,受命负责总领漠南汉地事务。许衡是为数不多古代教育家中重视经济发展的。许衡上书忽必烈的《时务五事》中指出:想要拥有国家社稷并使之安定平稳,势必要在农桑方面多下功夫:"今国家徒知敛财之巧,不知生财之由。不惟不知生财,而敛财之酷,又害于生财矣。徒知防人之欺,不知养人之善,欲其不欺,非衣食以养其生,礼仪以养其心,不可也。徒患法令之不行,不患法令无可行之地,诚能优重农民,勿扰、勿害,尽殴游惰之民,归之南亩,岁课种树,恳谕而笃行之。十年以后当仓盈府积,非今日比矣。"③如做到了,则"民可使富,兵可使强,人才由之以多,国势由之以重"④。当时,忽必烈即推行"帝中国当行中国之法"的局部实验,结果大收其效,正是农业文明区的支持,才使得忽必烈击败阿里不哥即位大汗。

忽必烈继承大位后,首先就下诏书确定了重农为本的政策:"国以民为本,民以衣食为本,衣食以农桑为本。"⑤中统元年(1260年)设十路宣抚司,命各宣抚司选择通晓农事的人充劝农官,负责重农劝农、减轻民众负担、禁止扰民科派等。一些政治背叛者担任过劝农官员。政治背叛者董文用也曾担任山东东西道巡行劝农使。⑥ 这些劝农官员也都有助于农耕生产方式的恢复和发展。中统二年(1261年),蒙元设立职掌农桑水利全权大事的劝农司,命姚枢为大司农,并选人陈邃、李士勉等八名精通农事的官员担任各地的劝农使,分赴职守考察农业生产、监督促进农桑的基本情况。不久,忽必烈又下诏书拟定考核地方政府和地方官员的基本政策:"今后有能安集百姓、招诱户口,比之上年添增户口、差发办集,各道宣抚司关部申省,加以迁赏;如不能安集百姓、招诱逃户,比之上年户口减损、差发不办,

---

① 宋濂. 元史. 卷第146. 列传第33. 耶律楚材传.
② 宋濂. 元史. 卷第153. 列传第40. 王檝传.
③ 许衡. 王成儒. 许衡集. 考岁略[M]. 北京:东方出版社,2007:311.
④ 许衡. 王成儒. 许衡集. 时务五事[M]. 北京:东方出版社,2007:181.
⑤ 宋濂. 元史. 食货志.
⑥ 宋濂. 元史. 卷第148. 列传第35. 董俊(子文蔚 文用 文直 文忠)传.

定加罪黜。"①从此,元朝政府把"户口增,田野辟"作为考核地方官吏和地方政府治绩的重要标准。元朝中央于1270年设司农司(后改称大司农司),张文谦以参加政事兼任司农卿,下设四道巡行劝农司巡行各地,掌管劝课农桑、水利等事。司农司还编成《农桑辑要》颁行全国,"伸民崇本抑末"②,指导各地农业生产。

(二)基层层面

同时,很多政治背叛者"家世业农",本来就很熟悉农耕生产方式,况且他们也需要借助农耕积累实力。所以很多政治背叛者在力所能及的范围内极力恢复和发展农耕方式。

1. 积极倡导、引导农业生产恢复

政治背叛者对于农业生产的重视超乎想象,个中原因众多,既有利己的考量也有利他的效用。在"既偃甲兵,民方去危即安"③之时,袁湘"敦劝畊稼,裁抑游惰,使各食其力。邻境闻之,逾河而西,虽有良田美业不恤,愿记处深山穷谷者,不可胜计"④。王义攻下邢州时"乃布教令,招集散亡,劝率种艺,深、冀之间"⑤。王善攻打郑州时也曾"令军中秋毫无犯,民皆按堵,愿从善北渡者以万计,授之土田,以安集之"⑥。刘伯林"在威州十余年,务农积谷,与民休息"⑦。杜丰"在沁十余年,宽徭薄赋,劝课农桑,民以富足"。田雄在京兆地区时"乃教民力田",还获得了太宗政府赏赐。⑧

2. 修整水利、灌溉

水利对于中国这样的农业帝国的经济维系起到了基础性的作用。同时,水利还有积极的政治维系功效,客观上提升了农业帝国境内的政治互动能力。因此,修整水利也对农业生产至关重要,所谓"一善而兼万夫,暂劳而有亡穷之利"⑨。"关南禁沟高,有支渠久埋其源,公割俸沧之,至今蒙溉利者二十村。再换中顺大

---

① 元典章. 卷第19. 户部荒闲田地给还招收逃户.
② 宋濂. 元史. 食货志.
③ 姚燧. 牧庵集. 卷第17. 袁公神道碑. 四部丛刊本.
④ 姚燧. 牧庵集. 卷第17. 袁公神道碑. 四部丛刊本.
⑤ 宋濂. 元史. 卷第151. 卷第38. 王义传.
⑥ 宋濂. 元史. 卷第151. 卷第38. 王善传.
⑦ 宋濂. 元史. 卷第149. 列传第36. 刘伯林传.
⑧ 宋濂. 元史. 卷第151. 列传第37. 田雄传.
⑨ 元好问. 遗山先生文集. 卷第33. 创开滹水渠堰记. 文渊阁四库全书本.

夫、黄州路宣课都提举,民不苛扰而额亦溢。"①李子成组织"县豪杰、乡父兄子弟"②,"历二年之久"③修成溽水新渠,"老幼欣快,欢呼动地,出平昔所望之外"④。高良弼"知凤翔府,事治民安。思永利之,乃倡民导汧水,起遥望,尽阁底,五十里,再夸而成,溉田三千亩,水轮十七。民之圃蔬园药者,又井井乎其滨。岐人惠之,姓为高渠。金宪刘仲修按行其地,赋诗勒石纪功。"⑤程介福"渠桑干水,灌田五十里"⑥。

张文谦于1264年以中书左丞行省西夏(今宁夏、甘肃和内蒙古部分地区)。期间,他支持郭守敬开发水利,集中人力、物力、财力先后对唐徕、汉延等大小数十条渠道进行疏浚修复。工程结束后,万余顷土地得到灌溉,一跃而为西部富庶之地。⑦《牧庵集》之《谭公神道碑》也记载了谭公倾力于水利、造福于民的史迹:"旧文谷水分溉交城,为平牧郭帅所遏,专利其县。民累讼之,终不见直。躬造大府争之,郭帅少公,恃为父执,至或肆诟。公不为报,惟理譬折,彼遂喋屈,至今其水县蒙其利。"⑧谭公在怀州"岁旱,复凿唐温渠,引沁水河内诸县"⑨。

客观而言,政治背叛者还借此发展了精细的社会组织和社会控制手段。灌溉在意味着提供机会的同时也意味着为机会所拘束。一旦水利建设获得成功,居民在地域上就被利益所吸引、禁锢、裹挟。"固定化的地块提供肥沃的土壤;其他任何人都不会在河谷以外劳作。"⑩政治背叛者通过水利的开拓,使得民众、下属和自己形成了更加紧密的社会一体性,巩固提高了政治背叛者的权威。"黄河与长江水系对社会构成的作用,就是一个通过河流及其分支系统的社会集权的模拟。……从对水系所发挥的自然权威的服从产生了对中央集权的统一的社会政

---

① 姚燧. 牧庵集. 卷第21. 怀远大将军招抚使王公神道碑. 四部丛刊本.
② 元好问. 遗山先生文集. 卷第33. 创开溽水渠堰记. 文渊阁四库全书本.
③ 元好问. 遗山先生文集. 卷第33. 创开溽水渠堰记. 文渊阁四库全书本.
④ 元好问. 遗山先生文集. 卷第33. 创开溽水渠堰记. 文渊阁四库全书本.
⑤ 姚燧. 牧庵集. 卷第23. 有元故少中大夫淮安路总管兼府尹兼管内劝农事高公神道碑铭并序. 四部丛刊本.
⑥ 姚燧. 牧庵集. 卷第24. 武略将军知弘州程公神道碑. 四部丛刊本.
⑦ 参见:元文类. 卷第58. 李谦. 张文谦神道碑.
⑧ 姚燧. 牧庵集. 卷第24. 谭公神道碑. 四部丛刊本.
⑨ 姚燧. 牧庵集. 卷第24. 谭公神道碑. 四部丛刊本.
⑩ 迈克尔·曼. 刘北成、李少军,译. 社会权力的来源[M]. 上海:上海世纪出版集团,2007:102.

第四章 结果——"无私"地重建公共世界

治权威的服从。"①这样的权威和组织动员能力,也必然给政治背叛者带来更多的安全边际和经济政治利益。

3. 为农业生产提供尽可能有利的其他条件

在政治背叛者笔下,他们大量招揽流民,大力推广农业技艺,分发土地、耕牛、农具等方式鼓励农民务农等手段来实现农业的恢复。这些劝课农桑、与民休息的方式使得许多地方成为战争期间不多的"乐土"。

例如,游显"遣人四出招来逋民,凡得十三万家"②;高泽也曾经"招求散亡之民。大兵之余,市虎田莱,驱而薙之,以立公宇。四境户版,仅及千数,他州之民,闻磁怀辑有誉,多来居"③。

游显和王兴秀不约而同都采取了给农民贷米贷种的行动推动农业生产的恢复,例如游显"贷仓谷为石百三十万为种于民,约秋熟偿官。及期,民欢输之,无少折阅"④;"明年,明州民饥,贷米石五万余,约偿如杭"⑤;王兴秀"又假为种,责其力田作,以继糊口"⑥。

知平阳府的政治背叛者李守贤,在太宗处争取到耕牛万头,还"徙关中生口垦地河东"大力发展农业。⑦ 袁湘也尽量为农民提供基本的生产条件,"符其守令,居,借之庐;耕,助之牛。"⑧张荣在济南时"下令民间,分屋与地居之,俾得树畜,且课其殿最"。⑨ 政治背叛者王檝随蒙古军攻下金中都后也曾向蒙古统治者建议:"宜差官泸沟桥索军回所驱牛,十取其一,以给农民"⑩,这也使得附近县民"得数千头…复业者众"。⑪

4. 应用屯田等相关措施推动农业生产的恢复

政治背叛者还在战争期间采取过军事屯田,姚燧在评价自己的养父姚枢一生的功绩时,认为对天下影响最大的事有四件,其中之一就是"当世祖渊龙规一幅员

---

① 童中心. 失衡的帝国:长期影响中国发展的历史问题[M]. 贵阳:贵州人民出版社,2001:8.
② 姚燧. 牧庵集. 卷第22. 荣禄大夫江淮等处行中书省平章政事游公神道碑. 四部丛刊本.
③ 姚燧. 牧庵集. 卷第25. 磁州滏阳高氏坟道碑. 四部丛刊本.
④ 姚燧. 牧庵集. 卷第22. 荣禄大夫江淮等处行中书省平章政事游公神道碑. 四部丛刊本.
⑤ 姚燧. 牧庵集. 卷第22. 荣禄大夫江淮等处行中书省平章政事游公神道碑. 四部丛刊本.
⑥ 姚燧. 牧庵集. 卷第21. 怀远大将军招抚使王公神道碑. 四部丛刊本.
⑦ 宋濂. 元史. 卷第150. 列传第37. 李守贤传.
⑧ 姚燧. 牧庵集. 卷第17. 袁公神道碑. 四部丛刊本.
⑨ 宋濂. 元史. 卷第150. 列传第37. 张荣传.
⑩ 宋濂. 元史. 卷第153. 列传第40. 王檝传.
⑪ 宋濂. 元史. 卷第153. 列传第40. 王檝传.

之判裂也,请开屯田淮、蜀,移兵戍之"①。赵祥"始屯田汉上……战外耕内,四年之间,积谷石七十余万"②。政治背叛者为了恢复农耕,还大兴种植之风,"上驻六盘,公疾,求居关中。教使劝农,身至八州诸县,谕上重农之旨。凡今关中桑成列者,皆所训植。"③史燿还加大对农业的法治保障,"以屯田赣州,军兵多死瘴疠,与广东宣慰司加民丁粮于田租外者,皆罪之。召入为大司农,公不携家,乘传赴之。"④

以上所述政治背叛者文本中记载的史迹,都为农业生产方式的继续留存、进一步发展有所裨益。相配套的农业赋役制度也在政治背叛者的建言下逐渐建立起来。在元朝建立前后很长的一段时间内,政治背叛者的一些经济行动客观上确实对农业生产的恢复和发展起到了一定的稳定乃至拓展作用,也暂时缓和了蒙元统治阶层与农业人口之间的矛盾,达到了"民间垦辟种艺之业,增前数倍"⑤的局面。

二、重建家园

在宋元际政治背叛者的文本中,政治背叛者带领家族或成千上万属民或避地自保或迁徙求存,最终重建家园的成功之举,成功复制和扮演了历史上的田畴⑥、祖逖⑦故事,影射了易代之际的桃源佳话、具体而微的"建国神话",意图证明他们的领袖才能和道义感召力,并以此重建并明晰其道德水准和政治合法性。古代中国的总体利益是抽象的,且仅仅在与游牧势力对立时显现,因此常被农业势力的内战所挟持,地方利益相对比较现实。在没有外力影响下,大多数农民的物质利益总是地方倾向的。在这种情况下,国家、地方、集团群体、个人之间各种利益之间存在复杂的可化约性与不可化约性。政治行动不可避免地要通过地方政治文化的层面进行下去。没有基层民众的支持和拥护,政治势力和政治人物就会"如鱼失水""如舟失水"。因此,古代政治伦理非常强调要"进不求名,退不避罪,唯

---

① 姚燧. 牧庵集. 卷第15. 中书左丞姚文献公神道碑. 四部丛刊本.
② 姚燧. 牧庵集. 卷第18. 邓州长官赵公神道碑. 四部丛刊本.
③ 姚燧. 牧庵集. 卷第15. 中书左丞姚文献公神道碑. 四部丛刊本.
④ 姚燧. 牧庵集. 卷第16. 荣禄大夫福建等处行中书省平章政事大司农史公神道碑. 四部丛刊本.
⑤ 农桑辑要. 卷第首. 1979年上海图书馆影印本.
⑥ 陈寿. 三国志. 卷第11.
⑦ 房玄龄等. 晋书. 卷第62.

民是保"①。以此来建立伯纳德·威廉斯（Bernard Williams）所谓的"厚信任"（thick trust），这也为进一步拓宽集体行动的范围和延伸信任的半径打下了非常重要的基础。

古代中国的主体是被多种外力多重影响的广大农村。当其传统与地方性知识和规范被多次打破和重构时，需要有可以集聚村民一致行动的凝结核或介质（如具有个人魅力的权威精英和一种为大多数村民所认可的精神与信仰），以贺雪峰式的"地方性知识"②重建贺雪峰式的"地方性规范"③。在政治背叛者笔下，在乱世初定的世情下，政治背叛者就扮演了"凝结核或介质"这样的角色。

（一）释赎"驱口"

宋元之际的存世文本中常见的"驱口"一词意为"被俘获为奴之人"。"以俘为奴"是中国古代春秋战国以前常见的政治现象，但后来日趋减少。蒙元统治北方之初和灭金过程中，这一现象再度泛滥，并一度得到政策支持。文本显示，一部分政治背叛者趁火打劫参与其中，也有一些反对这种行为和政策并在力所能及的范围内尽力把它的伤害降到最小。

政治背叛者贾辅就带头释放奴隶数千人，并给之以"民"的身份。"初籍户，诏驱掠者私其主，侯之所有殆数千人，语之曰：'普天之下皆天民也，吾可奴尔而独良吾乎？吾若不德，子孙覆亡不暇，其能久有若属乎？'悉籍之为民。"④对于无家可归的男女孤儿家奴，贾辅把他们分族后以年龄相当为原则赐予婚配，并给他们分了房屋住所和基本的生活用品："其余奇孤僮女数十，侯一日谓其夫人曰：'是皆良家子，彼无父母，则吾其父母也。可辨其族姓，比其年质，使各为伉俪。'乃为筑室，庀器具、妆奁、衣物，置大会而命之，且为训戒之辞，闻者皆恻然感泣。"⑤后来，贾

---

① 孙子．地形．
② 一般指一个地方的人们所共知的关于本地方的风俗、习惯、做事的行为规则、人际互动模式与规则等约定俗成的知识体系．它是一个地方的历史与文化、人际关系与社会互动长期积累的产物．体现着该地方的人情风貌与文化内涵．简单地说．地方性知识就是指一个地方的人们关于规则、规范共识性的认识．
③ 一般指主导一个地方的人们关于什么行为是被允许的、什么行为是不允许的或应该受到谴责和惩罚的认识的规则．它是一系列的关于人们行为的正确与错误、褒扬与贬斥的判断标准．它体现的是共识性的行为导向、评价体系．
④ 郝经．郝文忠公陵川文集．卷第35．左副元帅祁阳贾侯神道碑铭并序．太原：山西人民出版社，山西古籍出版社，2006：487．
⑤ 郝经．郝文忠公陵川文集．卷第35．左副元帅祁阳贾侯神道碑铭并序．太原：山西人民出版社，山西古籍出版社，2006：487．

辅继续释奴:"又亲书券,并其子息与故仆御十余家,皆使为良。"①

潘汝劼经常赎买知识分子,"川蜀之士,奴于人者,赋钱富室,赎登儒籍。"②贾洞则通过地方政府的力量赎买百姓,"知邠州,州新去汤火,杀僇之余,尽为俘虏,故州有户曹而无籍民。君建白都统府,顾出金帛赎生口由臧获而良者,凡七百三十余人。州有籍民始于此。"③李恒"凡虏民男女奴鬻之者,皆罪而正之"④。

除了赎买,政治背叛者还借助诉讼来搭救和挽救。魏允元(又称:魏德元)"兵兴,下令甚,急敢有舍奴婢亡命不告者,罪及其邻。人犹利其佣轻,私役之,觉则杀以灭迹,或致大狱。君时乡居,闻有出入非常者,召问得情,严其锢防,书致其主归之,约示薄威,以惩其再,无残其生,终不语其主以获之谁舍所也。比卒,免家僮久故者民之"⑤。潘汝劼"由朝廷旌别奴民,势家讼君及民十余家,云皆其父祖俘自军中。君倡赴秦省,力辩其非。或曰:'汝自士籍,明诏已拔齐编氓,何苦于他人为哉?'君则曰:'吾与是皆同乡,视其诬,不一手援其溺,非义。'竟还正民,绝口不矜德由已,然人则惠之"⑥。曹世贵"凡民为群盗钟明亮劫胁污染,进讨将士取而奴者,无虑千人,皆汰之"⑦。

丘处机治下的全真教也参与其中,"而河之北南已残,而首鼠未平,鼎鱼方急,乃大辟玄门,遣人招求俘杀于战伐之际。或一戴黄冠而持其署牒,奴者必民,死赖以生者,无虑二三钜万人。"⑧

(二)地方基建

赵椿龄对民族杂居地区的经营也非常成功:"东京当高丽倭奴用兵之冲,其间渤海女真契丹错居,俗各异宜。他人得此,率谢不往。公居三年,诸夷帖帖,白燕巢堂,士多祥而诗之。"⑨

李聚"金平,大帅版军民招抚使,与成将皇陵降民百家徙东明,实田黄头原,逾

---

① 郝经. 郝文忠公陵川文集. 卷第35. 左副元帅祁阳贾侯神道碑铭并序. 太原:山西人民出版社,山西古籍出版社,2006:487.
② 姚燧. 牧庵集. 卷第27. 安西路同州儒学正潘君阡表. 四部丛刊本.
③ 元好问. 遗山先生文集. 卷第34. 东平贾氏千秋录后记. 文渊阁四库全书本.
④ 姚燧. 牧庵集. 卷第12. 资善大夫中书左丞赠银青荣禄大夫平章政事谥武愍公李公家庙碑. 四部丛刊本.
⑤ 姚燧. 牧庵集. 卷第26. 金故甄官署令魏府君墓碣. 四部丛刊本.
⑥ 姚燧. 牧庵集. 卷第27. 安西路同州儒学正潘君阡表. 四部丛刊本.
⑦ 姚燧. 牧庵集. 卷第24. 转运盐使曹公神道碑. 四部丛刊本.
⑧ 姚燧. 牧庵集. 卷第11. 长春宫碑. 四部丛刊本.
⑨ 姚燧. 牧庵集. 卷第28. 中奉大夫荆湖北道宣慰使赵公墓志铭. 四部丛刊本.

万亩,与佃民及尝所惠活者数十人,分苦均劳,辟草莱,伐株櫱而耰之,复积谷多至千钟。疎宗戚族,与四方民,工贾医巫,扶携妇子,皆往焉依。视其寡乏,岁时衣褐,日月廪馈,婚姻男女之及期,与过而见干者,无不周施。一旦成邑,人谓之小东明。"①

赵天锡在冠氏县大力经营地方重建:"初,县经丧乱之后,荆棘满野;敝衣粝食,与士卒同甘苦。立城市、完保聚、合散亡、业单贫、备御盗贼、劝课耕稼,所以安集之者,心力俱尽。经画既定,上下如一,四境之内,独为乐土。宾客至者,燕享犒劳,肃然如太平官府。礼成而退,皆相与称叹,以为侯之材盖有大过人者矣!"②赵天锡在庆源也大力重建,"初莅庆源,户不能百。为之披荆棘、拾瓦砾、招散亡、立庐舍、劝课耕稼、流通贸易。"③

张柔在顺天府"为吾州披荆棘、立城市、完保聚、辟田野、复官府、举典制,摧伏强梗,抚存单弱,使暴骸之场,重为乐国。其有德于州之人为甚厚"④。"丁亥之春,以满城隘狭,移军顺天。顺天焚毁之后,为空城者十五年矣。公置行幕荒秽中,日以营建为事。继得计议官毛居节共为经度,民居官府,截然一新。遂引鸡距、一亩二泉,穴城而入,为亭榭,为池台。方山阳则无蒸郁之酷,比历下则无卑湿之患。此州遂为燕南一大都会,无复塞垣之旧矣!"⑤

严实在东平"始于披荆棘、捍豺虎,敝衣粝食,暴露风日。挈沟壑转徙之民,而置之衽席之上,以勤耕稼,以丰委积。公帑所积,尽于交聘、燕飨、祭祀、宾客之奉,而未尝私贮之。辟置俊良,汰逐贪墨,颐指所及,竭蹶奉命。不三四年,由武城而南,新泰而西,行于野,则知其为乐岁,出于涂,则知其为善俗,观于政,则知其为太平官府。而公之心力亦已尽矣!"⑥由于严实在东平的家园重建如此成功,"四外之人,托公以为命者相踵也。公为之合散亡、业单贫、举丧葬,助婚嫁,多求而不靳,屡至而不厌。肉骨之赐,卵翼之惠,日积而月累之,盖有不可胜书者矣!"⑦当严实去世之后,"故闻讣之日,远近悲悼;境内之人,野哭巷祭,旬月不能罢。古之

---

① 姚燧. 牧庵集. 卷第27. 招抚使李君阡表. 四部丛刊本.
② 元好问. 遗山先生文集. 卷第29. 千户赵侯神道碑铭. 文渊阁四库全书本.
③ 元好问. 遗山先生文集. 卷第30. 龙山赵氏新茔之碑. 文渊阁四库全书本.
④ 元好问. 遗山先生文集. 卷第26. 顺天万户张公勋德第二碑. 文渊阁四库全书本.
⑤ 元好问. 遗山先生文集. 卷第26. 顺天万户张公勋德第二碑. 文渊阁四库全书本.
⑥ 元好问. 遗山先生文集. 卷第26. 东平行台严公神道碑. 文渊阁四库全书本.
⑦ 元好问. 遗山先生文集. 卷第26. 东平行台严公神道碑. 文渊阁四库全书本.

所谓爱如父母,敬如神明者,于公见之。"①

在这些文本中,政治背叛者的辩护用词非常接近,这既有可能说明了当时华北地区大破坏和大重建是普遍现象,也有可能说明了政治背叛者进行记忆塑造时的力图采取的一致行动和这种行动想要达到塑造一致面相的努力。

三、纳赋代价

战乱期间,生产无法开展,但统治者需索不尽,导致民不聊生。面对这种局面,一些政治背叛者尽量减轻民众负担。如史格就以各种理由说服上级减少民众税负:"及户赋酒酢算,公以岭南地险而民寡,俗悍而产贫,征之,适急其为盗。省是其说,蠲之。至今广西并湖南不困。"②还有一些政治背叛者采取了历史上各种非典型性措施加以应对。

(一)代民纳赋

在《平凉府长官元帅兼征行元帅王公神道碑》中,姚燧塑造了王钧这样一个"爱民如子"的政治背叛者形象。王钧接到上级命令要求对百姓征税,但民众生活贫苦无力承担,"当弭兵之初,平凉之民披林莽茨屋以居者,无百室,食半蓬稗"③。于是王钧"不忍征之民,为代输三千石"④,替百姓交税。等王钧任职他地的消息传开,部属和百姓纷纷追随:"故部曲闻徙镇,皆扶携老幼以从,岁中得万家。"⑤后来,王钧还有过多次替百姓交税的例子,例如"平凉实近郡,供亿之须,使者征发旁午,一日数辈,皆取给于其家。后赋入粟洒阳,率十而致一,皆不忍征之民,为代输三千石,故二年阖郡帖然。"⑥多年下来,王钧支出颇多,导致"复亦由此故,比他诸侯家,至今为甚贫"⑦。王钧去世后归葬岐山,路途上民众纷纷祭奠:"数百里间,辒车所涂,民哭之如失其亲戚,为位以祭者数万,问之,则曰:'吾属皆昔见活于公者也。'"⑧

严氏是势力强大的地方势力,但即便如此,严实次子严忠济"治东平日,借贷

---

① 元好问. 遗山先生文集. 卷第26. 东平行台严公神道碑. 文渊阁四库全书本.
② 姚燧. 牧庵集. 卷第16. 平章政事史公神道碑. 四部丛刊本.
③ 姚燧. 牧庵集. 卷第21. 平凉府长官元帅兼征行元帅王公神道碑. 四部丛刊本.
④ 姚燧. 牧庵集. 卷第21. 平凉府长官元帅兼征行元帅王公神道碑. 四部丛刊本.
⑤ 姚燧. 牧庵集. 卷第21. 平凉府长官元帅兼征行元帅王公神道碑. 四部丛刊本.
⑥ 姚燧. 牧庵集. 卷第21. 平凉府长官元帅兼征行元帅王公神道碑. 四部丛刊本.
⑦ 姚燧. 牧庵集. 卷第21. 平凉府长官元帅兼征行元帅王公神道碑. 四部丛刊本.
⑧ 姚燧. 牧庵集. 卷第21. 平凉府长官元帅兼征行元帅王公神道碑. 四部丛刊本.

于人,代部民纳逋赋,岁久愈多"①。中统二年(1261)严忠济被免官后,居然发生"债家执文券来征"②的讨债事件。事情后来被元世祖忽必烈得知,"悉命发内藏代偿"③。(又有记载为:"诏勿征。"④)世侯借"贾胡"之钱交赋,在当时似乎是相当普遍的现象,真定史氏也有类似遭遇⑤。东平严氏、真定史氏是当时最为强大的地方势力,他们尚且如此,其他相对弱小的地方势力的情况可想而知。《荣禄大夫福建等处行中书省平章政事大司农史公神道碑》中记载,政治背叛者史燿到了晚年居然"积债在人"⑥,令姚燧感叹"使黟于货子女玉帛将牣其家,而无田于江之南,无宅官所,至佣屋以居,积债在人,亦开国苗嗣贵而能贫者!"⑦这样的塑造也许有言过其实之处,但整体性出现这样的记述也说明了当时政治背叛者所面对的一些现实问题。

(二)抵制"斡脱"

"斡脱"是译音,斡脱经营的主要业务是向平民甚至是官吏发放高利贷,其本钱也被成为"斡脱钱","或贷之民而衍其息,一锭之本,展转十年后,其息一千二十四锭",利息之高"积累倍称,谓之羊羔利"。⑧斡脱高利贷造成了许多平民根本无力偿还,"岁辄倍之,往往卖田宅,孥妻子,不能偿"。⑨

面对此种乱象,政治背叛者曾对蒙元初期的"斡脱"加以抵制。谭公"俄入觐,因中书耶律公面陈:'初,乙未料民,州县率以无产侨客入籍,用示其庶。及赋下,悉避逃徙,责征实存,官无所取,称贷贾胡,困不能偿。迫改立约,以子为母,譬以牸生牸牛,十年千头,滋息日增。'帝为哀之,制许贯其逋县,无钩见民。公私之负,三年勿征。子母对止,亡民能归。其复三年,县境大苏。"⑩

有些情况严重到:"军兴以来,贾人出子钱致求赢余,岁有倍称之积。如羊出

---

① 宋濂. 元史. 卷第148. 列传第35. 严忠济传.
② 宋濂. 元史. 卷第148. 列传第35. 严忠济传.
③ 宋濂. 元史. 卷第148. 列传第35. 严忠济传.
④ 宋濂. 元史. 卷第5. 世祖本纪二.
⑤ 王恽. 秋涧先生大全集. 卷第48. 忠武史公家传. 元人文集珍本丛刊.
⑥ 姚燧. 牧庵集. 卷第16. 荣禄大夫福建等处行中书省平章政事大司农史公神道碑. 四部丛刊本.
⑦ 姚燧. 牧庵集. 卷第16. 荣禄大夫福建等处行中书省平章政事大司农史公神道碑. 四部丛刊本.
⑧ 彭大雅. 黑鞑事略[M]. 沈氏笺注本.
⑨ 苏天爵. 元朝名臣事略. 卷第6. 北京:中华书局,1996:100.
⑩ 姚燧. 牧庵集. 卷第24. 谭公神道碑. 四部丛刊本.

羔,今年而二,明年而四,又明年而八,至十年则累而千。调度之来,急于星火,必假贷以输之。债家执券,日夕取偿,至于卖田业、鬻妻子、有不能给者"①。于是一些地位较高的政治背叛者联合起来上诉,官司打到了最高统治者。"公(张柔)与真定史侯(史天泽)奏乞民用子钱,至倍而至,不得展转滋息,朝廷从之。"②再加上耶律楚材的上奏,从此主要由色目人经营的斡脱高利贷,"本利相侔而止,永为定制"③,并且"民间所负者,官为代价之"④,政府也因此帮助欠债的平民偿还了不少血腥的高利贷。⑤ 政治背叛者的笔下描写更加细致入微:"公哀而怜之,与真定史侯论列上前,乞债家取赢,一本息而止。圣度宽明,随赐开允,德音四布,海隅欣幸。"⑥这显然也都和政治背叛者张柔和史天泽等人的努力是分不开的。

第三节 政治秩序

"一个游牧社会在根据其一部分得自非游牧社会的财富及权利以调整其经济时,就必须同时修改其社会结构。这种新的既得权益的性质使它不再成为纯粹的游牧社会。"⑦当新的经济秩序逐渐成形,政治秩序也不得不跟上现实和逻辑的脚步:"中统元年,今天子即位,草昧一革,古制浸复。及至元改元,则建官立法,几于备矣。"⑧新生政权国家从冲突中恢复过来并力图阻止冲突再次发生,需要尽快重建有效的政府机构,通过实际行动重塑合法性。这些机构面临的重要人物就是重整政治秩序,重建政治和安全环境,恢复和完善基础设施和公共服务,从而提升社会的稳态。

一、政府体系

古代蒙古族群的宗法统治经历了一个较为明显的转变过程。按照马克思主

---

① 元好问. 遗山先生文集. 卷第26. 顺天万户张公勋德第二碑. 文渊阁四库全书本.
② 苏天爵. 元朝名臣事略. 卷第6. 北京:中华书局,1996:100.
③ 元好问. 遗山先生文集. 卷第26. 顺天万户张公勋德第二碑. 文渊阁四库全书本.
④ 元好问. 遗山先生文集. 卷第26. 顺天万户张公勋德第二碑. 文渊阁四库全书本.
⑤ 宋濂. 元史. 卷第146. 列传第33. 耶律楚材传.
⑥ 元好问. 遗山先生文集. 卷第26. 顺天万户张公勋德第二碑. 文渊阁四库全书本.
⑦ 拉铁摩尔. 中国的亚洲内陆边疆[M]. 南京:江苏人民出版社,2005:211.
⑧ 刘因. 静修先生文集. 卷第4. 中顺大夫彰德路总管浑源孙公先茔碑铭.

<<< 第四章 结果——"无私"地重建公共世界

义的社会形态学说,在由"古列延"集体游牧方式转变为"阿寅勒"个体游牧方式后,其社会逐渐脱离原始氏族制,逐步过渡到了阶级社会;而在成吉思汗建立"大蒙古国"后,开始了由奴隶制向农奴封建制过渡,而这一过程直到元朝建立农牧镶嵌的复合式政治体制才最终完成。元朝作为游牧势力控制的覆盖农业社会和游牧社会的统一政治实体,建立一套完善的管理运作机制显然并非易事。

(一)改元规制

大蒙古国初期国家管理和官职制度十分简陋,"元太祖起自朔土,统有其众,部落野处,非有城郭之制,国俗淳厚,非有庶事之繁,惟以万户统军旅,以断事官治政刑,任用者不过一二亲贵重臣耳"[①]其汗廷主要事务也多通过大汗的贴身侍从们办理。随着元朝的统一战争,越来越多的土地和非蒙古族群人口纳入统治范围内,原有的蒙古式官职制度也显得日益力不从心。显然,发展出更为先进的政治运作体制就显得尤为迫切。

1. 确立帝制

从蒙哥开始,即依照中原旧制追尊其父托雷为帝,追上庙号"睿宗"。宪宗二年(1252年)八月,可汗蒙哥行幸和林、发布政令时已兼用中原旧制的皇帝称号与称谓。1259年9月,蒙哥在四川战场前线受伤后去世。1260年3月,忽必烈在部分蒙古诸王的推戴下,即汗位于开平,建元中统。忽必烈以中原丰富的人力、物力为依托,出兵击败与之争夺汗位的阿里不哥。

1267年,忽必烈汗迁都中都(今北京市),并命刘秉忠兴建中都城。1272年改中都为大都,将上都作为陪都。至元八年农历十一月十五日(公历1271年12月18日),元世祖忽必烈依据政治背叛者的全盘设计发布《建国号诏》,主要内容有:改元建号,取《易经》"大哉乾元"之义,将国号"大蒙古国"改为"大元"。这是成吉思汗的继任者中头一个采用中原旧制传统年号来纪年的可汗。忽必烈下的诏书云:

"祖宗以神武定四方,淳德御群下。朝廷革创,未逢润色之文;政事变通,渐有纲维之目。朕获赞旧服,载扩丕图,稽列圣之洪规,讲前代之定制。建元表岁,示人君万世之传;纪时书王,见天下一家之义。法《春秋》之正始,体大《易》之乾元。炳焕皇猷,权舆治道。可自庚申年五月十九日,建元为中统元年。惟即位体元之始,必立经陈纪为先。故内立都省,以总宏纲;外设总司,以平庶政。仍以兴利除

---

① 宋濂.元史.卷第85.志35.百官一.

害之事,补偏救政之方,随诏以颁。于戏!秉葆握枢,必因时而建号;施仁发政,期与物以更新。敷宣恳恻之辞,表著忧劳之意。凡在臣庶,体予至怀!"①

《元史》之《世祖本纪》文末,有一段言简意赅的概括,认为元世祖忽必烈度量宏广、知人善任、信用儒术,能以夏变夷,创立的制度、体制超越了历史上的前辈。这既是对元世祖的称颂,从某种角度来看也是对宋元际政治背叛者的变相加持。

2. 建立完善中央官制

战争中,蒙元政权也在不断吸取了中原的官职制度经验,其中由金政治背叛蒙元政权的精英分子也给予了蒙古统治者很多启发。以郝经的《立政议》为代表的一批奏议是蒙元初期政治制度建设的重要纲领。"金人来归者,因其故官,若行省,若元帅,则以行省、元帅授之"。② 政治背叛者史天泽也曾建言元世祖"朝廷当先立省部以正纪纲,设监司以督诸路,需恩泽以安反侧,退贪残以任贤能"③。姚枢力劝世祖其"上答天心,下结民心,睦亲族以固本,建储副以重祚,定大臣以当国,开经筵以格心,修边备以防虞,蓄粮饷以待欠,立学校以育才,劝农桑以厚生"④。世祖对之亦极其信赖,"凡内修外攘之政咸委任焉"⑤。这些建议建言都对蒙元政权吸收中原政治制度有很大的帮助。

许衡在《建言五事》中提出不少建议,其中就谈到了国家建立谏议制度的必要性:"古之贤君,不惟善纳谏,又屡赏谏臣,导之使谏,是以能成至治,传有之:赏谏臣者国必兴,今百司庶府已备,犹谏官不设,诚为旷典。"⑥除此之外,许衡等人还对国家教育制度等的设立提出意见。黄百家在《宋元学案》中的《静修学案》写下了这样的按语:"鲁斋(许衡)、静修(刘因),盖元之所藉以立国者也",对许衡和刘因二儒评价颇高。

张德辉在元定宗二年(年)受忽必烈召见。张德辉在《岭北纪行》中记载了自己觐见年轻的忽必烈的经过:"王又问曰:今之典兵与宰民者,为害孰甚?对曰:典兵者,军无纪律,纵使残暴,所得不偿所失,罪固为重。若司民者,头会箕敛,以毒天下;使祖宗之民如蹈水火,为害尤其。王默然良久,曰:然则奈何?德辉曰:莫若

---

① 宋濂. 元史. 卷第4. 世祖本纪一.
② 宋濂. 元史. 卷第85. 志35. 百官一.
③ 宋濂. 元史. 卷第155. 列传第42. 史天泽(格)传.
④ 宋濂. 元史. 卷第158. 列传第45. 姚枢传.
⑤ 宋濂. 元史. 卷第158. 列传第45. 姚枢传.
⑥ 苏天爵. 元文类. 卷第15. 许衡. 建言五事.

更选族人之贤如口温不花者使掌兵,勋旧则如忽都虎者使主民政,则天下皆受其赐矣!"张德辉提到的口温不花为蒙古亲王,素以"治军严明"有名;忽都虎是蒙古贵族和朝廷元老,曾被元太宗窝阔台任命为中州断事官。在张德辉推荐后不久,口温不花和忽都虎两人均上任要职。他们认真整理中原故地乱象,致力重建地方秩序。忽都虎还曾与耶律楚材一起工作多年,两人多次商定汉地赋税制度和勋臣贵戚分地的管理制度,也均认可保全中原传统的地方州县行政制度等等。

中统元年(1260年),元世祖忽必烈即位后向刘秉忠等"故老诸儒"咨询"治天下之大经、养民之良法"①。在政治背叛者文本中,刘秉忠等人也多进善言,如"秉忠采祖宗旧典,参以古制之宜于今者,条列以闻。于是下诏建元纪岁,立中书省、宣抚司。"②刘秉忠等"以天下为己任,事无巨细,凡有关国家大体者,知无不言,言无不听,帝宠任愈隆。燕闲顾问,辄推荐人物可备器使者,凡所甄拔,后悉为名臣"。于是,蒙元"采取故老诸儒之言,考求前代之典,立朝廷而建官府,辅相者曰'中书省',本兵者曰'枢密院'……夫外之郡县,其朝廷远者,则镇之以行中书省……若边徼之事者,则置宣慰司以达之……举刺之事,则有行御史台领监察御史、肃政廉访司以治之"③。参考古今之官制,逐步完善封建国家中央一级官僚体制。"以国朝之成法,援唐宋之故典,参辽、金之遗制,设官分职,立政安民,成一王法。"④

再完善的政治体制都需要人才去充实、去担当。于是,蒙元统治者下诏,设立国史翰林院招揽和培养儒学人才;设立十路宣抚使,举荐具有文学才识、可以从政及有特殊才能的人才给相关机构任用;设立各地学校提举官,提拔那些博学老儒。蒙元朝廷还继续重用姚枢、许衡、窦默各位大儒,使得民本原则继续得到一定程度的贯彻执行。平定南宋不久,忽必烈还下令从南方士人中选拔官员。"朝廷旧臣、山林遗逸之士,咸见录用,文物粲然一新。"⑤

除了中央整体的行政架构之外,其他具体职能部门的内部组织也在逐步完善。中统二年(1261年)在平章政事王文统主持下,"详酌旧规,著为新制"⑥。时

---

① 宋濂. 元史. 卷第157. 列传第44. 刘秉忠传.
② 宋濂. 元史. 卷第157. 列传第44. 刘秉忠传.
③ 苏天爵. 元文类. 卷第40. 经世大典. 序录一.
④ 郝经. 陵川集. 卷第32. 文渊阁四库全书本.
⑤ 宋濂. 元史. 卷第157. 列传第44. 刘秉忠传.
⑥ 王恽. 秋涧先生大全集. 卷第82. 中堂事记. 卷下. 元人文集珍本丛刊.

人认为,"文统虽以反诛,而元之立国,其规模法度,世谓出于文统之功为多"①。至元初年(年)"帝命秉忠相地于桓州东滦水北,建城郭于龙冈,三年而毕,名曰开平。继升为上都,而以燕为中都。四年,又命秉忠筑中都城,始建宗庙宫室。八年,奏建国号曰大元,而以中都为大都。他如颁章服,举朝仪,给俸禄,定官制,皆自秉忠发之,为一代成宪"②。世祖中统年间,拜宋子贞右三部尚书,"会创立省部,一时典章制度,多公裁定"③。徐世隆"朝廷大政谘访而后行,诏命典册多出公手"。阎复"自至元至于大德,更进迭用,诰令典册,则皆阎公所独擅。……在翰林最久,赞书积几,高下轻重,拟议精切,诵以为楷"④。除此之外,北京建宣圣庙、恢复曲阜守冢户、设置孔林洒扫户、设置祀田,以及大德元年加封孔子至圣封号等,都是阎复等政治背叛者上疏所请。

(二)政府体系相关事宜

蒙元初期,官员并无俸禄、公私不分,官员多通过战争抢掠,或勒索平民或贪污受贿等方式获取利益。显然,这无益于政权的长期统治和官僚生态的良性发展。直到元世祖忽必烈继位之初,才开始逐步拟定官员的禄秩之制:"圣皇中统以来,制度寖备,官始有品,禄始有秩。"⑤这一政治体制化的过程,政治背叛者参与甚多。如中统元年(1260年)世祖即位,召还史天泽,问以治国安民之道。史天泽便建言:"须俸秩以养廉,禁贿赂以防奸,庶能上下不应,内外体息。"世祖很认可他的意见。⑥张德辉也曾向元世祖建言:"一曰严保举以取人,所以绝请托而得可用之才;二曰给俸禄以养廉能,所以禁赃滥不使侵渔于民;三曰易世官而迁郡邑,所以考治迹、革旧弊而摅民之冤;四曰正刑罚而勿屡赦,所以绝幸民、息盗贼而期于无刑",元世祖也觉得这些建言也都切中时事。⑦至元三年(1266年),董文炳向元世祖献言:"将校索无俸给,连年用兵,至有身为大校出无马乘者。臣即所部千户私役兵士四人,百户二人,听其雇役,稍食其力。"在政治背叛者一次次的进谏中,元世祖忽必烈认识到了问题的严重性,最终接受了他们的建议,下令"始颁将校俸

---

① 宋濂. 元史. 卷第260. 列传第93. 叛臣.
② 宋濂. 元史. 卷第157. 列传第44. 刘秉忠传.
③ 苏天爵. 元朝名臣事略. 卷第10. 平章宋公.
④ 袁桷. 清容居士集. 卷第29. 翰林学士承旨赠大司徒鲁国王文肃公墓志铭.
⑤ 姚燧. 牧庵集. 卷第6. 千户所厅壁记. 四部丛刊本.
⑥ 宋濂. 元史. 卷第155. 列传第42. 史天泽(格)传.
⑦ 苏天爵. 元朝名臣事略. 卷第10. 北京:中华书局,1996:208.

钱,以秩为差"①。

地方社会的发展与稳定往往与地方官员能否有效施政密切相关,政治背叛者建议蒙元逐步建立了"五事"的官员考察评价制度,即户口增、田野辟、词讼简、盗贼息、赋役均。②"五事备者为上,于合得品级上升一等。四事备者减一资历。三事有成者为中选,依常例迁转。肆事不备者添壹资。五事俱不备者降壹等叙用。"③因此,"五事"是施政重点,如何将"五事"完成好就成为官员追求的目标。想要顺利地执政地方,主观上需要出众的个人能力和政治素质,同时客观上也需要充分掌握地方详情,获得第一手信息,如此施政才能对症下药、有的放矢。中统、至元之交,为改变地方官制混乱无序的状况和地方势力坐大的潜在威胁,政治背叛者建议元廷重新调整华北地区的地方行政建置,以便确立中原传统的中央集权官僚制度。政治背叛者建议元廷具体可着手实行"并郡县,转官吏"④的政策,"省并州县,定六(部)官吏员数"⑤。还规定地方官员在某地为官必须做够一定时间,以便与当地人士充分接触。但官员在地方任职太久又会滋生盘根错节的人际关系。所以元制规定,外任地方官员常例是三年一考,考满之后要迁转,官员通常不得在本籍迁转,而是另赴它处。⑥

二、办公设施

宋金蒙连年混战,华北地区成了连年反复厮杀的战场,创伤惨痛,"河北、河东、山东郡县尽废"⑦,"河朔为墟,荡然无统"⑧,"燕、赵、齐、魏,荡无完城"⑨。公

---

① 宋濂. 元史. 卷第156. 列传第43. 董文炳传.
② 所谓"五事"即户口增:谓生齿之最。民籍益增,进丁入老,批注收落,不失其实。若有流离,而能招诱复业者。田野辟:谓劝课之最。农桑垦殖,水利兴修者。词讼简:谓治事之最。听断详明,讼无停留,狱无冤滞者。盗贼息:谓扶养之最,屏除奸盗,人获安居者。赋役平:谓理财之最。取办有法,催科不扰者。参见:徐元瑞. 吏学指南. 杨讷点校. 浙江古籍出版社,1988年.
③ 通制条格. 卷第6. 选举. 五事. 方龄贵校注. 北京:中华书局,2001:261.
④ 张之翰. 西严集. 卷第19. 大元故荣禄大夫中书平章政事赵公神道碑. 四库全书本. 又见:宋濂. 元史. 卷第5. 世祖本纪二.
⑤ 张之翰. 西严集. 卷第19. 大元故荣禄大夫中书平章政事赵公神道碑. 四库全书本. 又见:宋濂. 元史. 卷第5. 世祖本纪二.
⑥ 通制条格. 卷第6. 选举. 迁转避籍. 方龄贵校注. 北京:中华书局,2001::288.
⑦ 刘因. 山右石刻丛编. 卷第27. 泽州长宫段公碑铭.
⑧ 刘因. 静修先生文集卷第17. 郭弘敬墓铭. 四部丛刊本.
⑨ 元遗山集卷第28. 金太原郭珺墓表.

共世界的重续与发展,标志性的行动是地方政府的运转,而官府、官廨等办公设施的建设首当其冲。

在政治背叛者文本中,如程介福"新州廨以示安荣,一刮凤昔苟简之弊"①,此类描述也不在少数。襄阳的南平楼历经战火,"岁久,檐倾榱腐",以致于"人之过之,必仰视鞭马疾驰,惴惴然瓦木之击轧"。于是地方官员杨显祖、张侯、塔塔尔岱等人力排众议、顶住压力,积极筹资、筹物,最终完成了南平楼的修缮工程,"嗣侯万户显祖谋新之,赋竹石木瓦一军。或劝其听省命;或以为役大作众,非尽岁成功不能;或教小易故败,无大摘修。则应之曰:事所义为,奚省之白?吾一军,三抽其一,可不再月而落。且材已集,为苟完计,赢将安施,分有之乎?吾不能为。就省罪其擅兴,请身任之,不以累诸君也。副万户张侯、塔塔尔岱,亦以为然,从而鼓舞之,不盈一月而断手。"②

在政治背叛者笔下,还有很多诸如此类的案例,以下两例见之:

(一)《牧庵集》之《千户所厅壁记》

该文描述了一个蒙古人官员任职地方,辛苦建设操持的史迹,该文所描述的蒙元军队及官员完全打破了一般历史描述所塑造的恐怖凶悍、肆无忌惮的"占领者"形象。

文中首先介绍,蒙元初期所任命的蒙古官员都没有办公地点和家宅,"我元驻戎之兵,错居民间。以故万夫千夫百夫之长,无廨城邑者。"③办公都没有文件往来,只凭口信"其有统齐征发之政,无文移,惟遣伻衔言"④。当"大帅"得到上级部门的命令需要办公发布时,就登高或在旷野口头宣布"或依高丘旷野,为律以行"⑤。

蒙元官员"克呼苏卜实"多年来把部属们安排在废弃的寺庙祠龛居住,要不然就是在自己的住处,"旧集其属,恒即佛宇神祠,不然,于其私居。"⑥到了元世祖忽必烈中统年间,制度逐渐完备了,官员开始分品级并有官俸,"圣皇中统以来,制度寖备,官始有品,禄始有秩"⑦。同时,行政事务也逐渐正规化。于是,"克呼苏卜实"开始逐步积攒部属军队的俸禄,买田地建设官廨等公共基础设施,"故君得以

---

① 姚燧. 牧庵集. 卷第24. 武略将军知弘州程公神道碑. 四部丛刊本.
② 姚燧. 牧庵集. 卷第7. 南平楼记. 四部丛刊本.
③ 姚燧. 牧庵集. 卷第6. 千户所厅壁记. 四部丛刊本.
④ 姚燧. 牧庵集. 卷第6. 千户所厅壁记. 四部丛刊本.
⑤ 姚燧. 牧庵集. 卷第6. 千户所厅壁记. 四部丛刊本.
⑥ 姚燧. 牧庵集. 卷第6. 千户所厅壁记. 四部丛刊本.
⑦ 姚燧. 牧庵集. 卷第6. 千户所厅壁记. 四部丛刊本.

敛是一军之禄,买田为廨,门以表堂,堂以听事,庑以居吏。储书有库,阅射有亭"①。于是,"数十年苟简之弊,一朝而新"②。还托朋友"乃满子坚"③"千里走书于邓"④,请姚燧为之写一篇记文,既为了警醒自身不要腐化堕落,也为了让后人体会先人创业的艰辛。

(二)《牧庵集》之《圣元宁国路总管府兴造记》

该文作于皇庆二年(1313 年),姚燧受宁国路(治所在今天的安徽宣城)总管陈侯祀邀请,撰写以记总管府兴作之艰辛。官衙兴建其艰辛,小处在于建筑劳作,大处则在于官员协力、凝聚人心、筹集钱款等具体事项。

当时,旧的宁国路总管府衙的建筑都要倒塌了,"堂室、门庑凌莝风雨,凛乎其将压"⑤。宁国路尚且如此,何况其下级机构?"宪司且然,则府于倅厅者"⑥。但是,当时的官员们都得过且过,凑合干完任期即可,不做长远规划,所以无人谋划修缮事宜,"其牧皆取过目前,以幸满秩而去,孰有为善后之谋,一加缮完哉!"⑦

为何会出现这种状况呢?因为即使负责人想要长远规划,但行政人员庞杂,牵涉众多、各执一词、人心难聚、趋利避害、敷衍塞责。"虽牧欲举有为,其连署则监郡焉,同知、治中焉,判与推焉,下乃幕僚、属吏,上下相司,权分而不专,动必询众,乌可一遗?"⑧即使官员协力一致,但下一步更难,"府无公须,山虞泽衡,皆有例禁,财无所于敢也,民不可擅征而役也。"⑨开山取石伐木面临"山虞泽衡,皆有例禁"⑩的困难;钱财使用都有制度,难以支出;建设所用民力,又不能擅自征发。如此等等。所以,很多人不是没有修缮、修建的念头和想法,而是一旦开始具体计划,则困于"是非丛前,利害相倾"⑪。而且,修缮、修建基础设施的工期较长,很多都跨越了官员的任期,所以大家觉得这又不是我一个人的事,我辛苦良多,最后功劳归于他人,而且还可能发生嫉贤妒能、互相倾轧之事,还要冒"轻率行动、破坏常

---

① 姚燧. 牧庵集. 卷第 6. 千户所厅壁记. 四部丛刊本.
② 姚燧. 牧庵集. 卷第 6. 千户所厅壁记. 四部丛刊本.
③ 姚燧. 牧庵集. 卷第 6. 千户所厅壁记. 四部丛刊本.
④ 姚燧. 牧庵集. 卷第 6. 千户所厅壁记. 四部丛刊本.
⑤ 姚燧. 牧庵集. 卷第 6. 圣元宁国路总管府兴造记. 四部丛刊本.
⑥ 姚燧. 牧庵集. 卷第 6. 圣元宁国路总管府兴造记. 四部丛刊本.
⑦ 姚燧. 牧庵集. 卷第 6. 圣元宁国路总管府兴造记. 四部丛刊本.
⑧ 姚燧. 牧庵集. 卷第 6. 圣元宁国路总管府兴造记. 四部丛刊本.
⑨ 姚燧. 牧庵集. 卷第 6. 圣元宁国路总管府兴造记. 四部丛刊本.
⑩ 姚燧. 牧庵集. 卷第 6. 圣元宁国路总管府兴造记. 四部丛刊本.
⑪ 姚燧. 牧庵集. 卷第 6. 圣元宁国路总管府兴造记. 四部丛刊本.

规、违反纪律"①的风险:"事不己出,帽其成功,归美他人,阴计挠之以幸。犹未敢率作,上干风纪。"②所以最终又回到"其牧皆取过目前,以幸满秩而去,孰有为善后之谋,一加缮完哉"③的局面。

一直到平章政事陈杞来宁国路任职,事情终于有了转机。陈杞决心彻底修缮,"杞受明命以守此土,统属县六,户二十万,地周千里,可十古公侯之国。坐视府署老弊不治,则为误恩。"④于是,陈杞发动官员捐款,既筹集钱款也可以凝聚人心,"乃倡府僚捐俸为的,厚直市取"。之后开始建设,"图其樵楼仪门,厅以听政,堂以燕处,厅翼两室,右居府推,左居幕府,吏列两庑,架阁文钞军资库房与夫庖廒,各自为所。"⑤新府衙最终落成,上至官员下至百姓,大家都从中受益,"集郡豪杰受其成,俾分为之,民用欢趋。"⑥

三、揭贪树廉

在中国文化语境下,清廉一直是为官者的第一品行要求,也是合法性来源的重要保障。政治背叛者在其文本中对于自身及其群体的操守着力菲多。

(一)洁身自好

姚燧在《郑龙冈先生挽诗序》一文中称赞郑师真"公大节有三"⑦,前两项都与清正廉洁相关:"一曰廉。太宗赐银五万两,辞;今上赐钞二千缗偿责,辞;二曰让。太宗再富以地,比诸侯王封,再辞;贵以上相;位两中书右,又辞。"⑧

攀附蒙古贵族是很多政治人物的政治选择,尤其是婚姻关系。但贺仁杰却不是这样,当他的夫人刘氏去世后,朝廷本来有意把一位蒙古女性嫁给他为妻,"宫

---

① 姚燧. 牧庵集. 卷第6. 圣元宁国路总管府兴造记. 四部丛刊本.
② 姚燧. 牧庵集. 卷第6. 圣元宁国路总管府兴造记. 四部丛刊本.
③ 姚燧. 牧庵集. 卷第6. 圣元宁国路总管府兴造记. 四部丛刊本.
④ 姚燧. 牧庵集. 卷第6. 圣元宁国路总管府兴造记. 四部丛刊本.
⑤ 姚燧. 牧庵集. 卷第6. 圣元宁国路总管府兴造记. 四部丛刊本.
⑥ 姚燧. 牧庵集. 卷第6. 圣元宁国路总管府兴造记. 四部丛刊本.
⑦ 姚燧《牧庵集》卷第3. 郑龙冈先生挽诗序. 四部丛刊本.
⑧ 姚燧. 牧庵集. 卷第3. 郑龙冈先生挽诗序. 四部丛刊本.

中欲女以国人"①。而贺仁杰却以当时蒙元法律制度作挡箭牌,以自己是"汉人"②身份搪塞,说"汉人不可偶是钜族"③,最后娶了"从圣武西征留使郑公师真之孙"④为妻。

游显在招降苏州后,到了城市的坊市间,召集官吏平民宣传蒙元的政策,以此安定人心。他告诉大家,按照蒙元的军律"降城不诛"⑤,让市民安心营业生活。等百姓发现确实生活并未受到之前预计的凶险干扰时,很是欣喜。于是,有人持金感谢游显。而游显则告知对方:"吾非利货为者。"⑥拒不接受馈赠。

杨奂上任河南路课税所长官,有人劝他"循习旧例"⑦增加税率,杨奂断然拒绝:"剥下罔上,若欲我为之邪?"⑧不但不加税,杨奂反其道而行之:宣布"即减元额四之一"⑨。当有人为此来行贿送礼时,杨奂"一切拒绝"⑩。若有甚者,杨奂甚至选择官办处理。行贿人员"亦有被刑责、没财物于官者"⑪。

史格一生经手钱财无数,还曾经督造耗资巨大、"费计巨万"⑫的海战船舰,政敌以常理推算他肯定捞了不少好处,于是"大为钩考,毫推缕剔,求可中公者"⑬。

---

① 姚燧. 牧庵集. 卷第17. 光禄大夫平章政事商议陕西等处行中书省事赠恭勤竭力功臣仪同三司太保封雍国公谥忠贞贺公神道碑. 四部丛刊本.
② 徐梦莘《三朝北盟会编》之《乙集中》记载到金朝曾施行于华北地区的先女真、次渤海、次契丹、次汉儿四等级用人制度;辍耕录记载元朝建立后,也有所谓蒙古、色目、汉人、南人四等人制度。元史当中涉及此议题主要是四等人贯彻吏员选升迁制度。
③ 姚燧. 牧庵集. 卷第17. 光禄大夫平章政事商议陕西等处行中书省事赠恭勤竭力功臣仪同三司太保封雍国公谥忠贞贺公神道碑. 四部丛刊本.
④ 姚燧. 牧庵集. 卷第17. 光禄大夫平章政事商议陕西等处行中书省事赠恭勤竭力功臣仪同三司太保封雍国公谥忠贞贺公神道碑. 四部丛刊本.
⑤ 姚燧. 牧庵集. 卷第22. 荣禄大夫江淮等处行中书省平章政事游公神道碑. 四部丛刊本.
⑥ 姚燧. 牧庵集. 卷第22. 荣禄大夫江淮等处行中书省平章政事游公神道碑. 四部丛刊本.
⑦ 元好问. 遗山先生文集. 卷第23. 故河南路课税所长官兼廉访使杨君神道之碑. 文渊阁四库全书本.
⑧ 元好问. 遗山先生文集. 卷第23. 故河南路课税所长官兼廉访使杨君神道之碑. 文渊阁四库全书本.
⑨ 元好问. 遗山先生文集. 卷第23. 故河南路课税所长官兼廉访使杨君神道之碑. 文渊阁四库全书本.
⑩ 元好问. 遗山先生文集. 卷第23. 故河南路课税所长官兼廉访使杨君神道之碑. 文渊阁四库全书本.
⑪ 元好问. 遗山先生文集. 卷第23. 故河南路课税所长官兼廉访使杨君神道之碑. 文渊阁四库全书本.
⑫ 姚燧. 牧庵集. 卷第16. 平章政事史公神道碑. 四部丛刊本.
⑬ 姚燧. 牧庵集. 卷第16. 平章政事史公神道碑. 四部丛刊本.

但忙碌调查取证了一番,最终史格的政敌"无可得",悻悻而去。

袁湘的清廉案例非常具体:当很多人投奔他时,袁湘通过打猎取食、自出家财、领贷借钱等方式接济百姓,"四方行李至者相踵,廪肉不足,为射猎鹿豕以继,赈劳之须,皆出其家,不足则从富人称贷。"①他治下地域的豪杰富户私下讨论:"我们都依靠袁大人存活,眼看他日渐窘迫,我们不出手帮他,别人会怎么说我们呢?"于是纷纷给袁湘捐钱,但袁湘都是表示感谢但分文不取。"郡民之豪杰谋曰:'吾属依公以生,坐视寡乏,莫之省恤,人曰我何?'捐金饷之,亦谢不取。"②多年后,蒙元政权分封宗室,袁湘治下地域被分给公主。有人劝袁湘赶紧搜凑钱财去拜见公主,得到公主赏识,别让同僚占先,"及大封宗室,割所治为公主汤沐邑。有说公厚敛入谒,可结主知,且无令同列得先之也。"③袁湘严词拒绝,说:"吾岂剥下市宠者耶?"④

贾居贞的清廉也较为典型。蒙元初期,官员都没有官俸。所以当官的都以受贿为常,"于时法制宽简,凡受事者,惟以贿先。"⑤有人给贾居贞行贿五十两黄金,而他"峻绝不取"。元太宗窝阔台听说了此事,也"称其清慎"。后来,官员有了俸禄。"帝问卿:'郎俸几何?'公如数对。则曰:'何薄如是?'敕增之。公曰:'品制宜然。'"⑥于是,也许是为了给贾居贞增加俸禄,"后太保刘文正公奏公参知政事"。贾居贞不同意,说:"日必有由郎援例求执政者,将何为御?"⑦意为以后有人以我为例也要求升官,那如何处理呢。

(二)打击不法

文本中的政治背叛者在洁身自好的同时,也积极揭发贪官污吏,打击不法。例如游显"是臣见杀于盗。其姻党贪墨奸宄,上盗公帑,下厉齐民者,诸不法皆露。而东南新国,尤罹其毒。公为钩考,惟是一省,征赃四百余万为缗"⑧。

而史燿就两次阻止了平章意图修改政策、欺负百姓从中渔利的行动。"平章某者利之,谓地及丈可鬻楮缗为钱五万与民,可免置官,岁征其逋。锐欲行之。公

---

① 姚燧. 牧庵集. 卷第17. 袁公神道碑. 四部丛刊本.
② 姚燧. 牧庵集. 卷第17. 袁公神道碑. 四部丛刊本.
③ 姚燧. 牧庵集. 卷第17. 袁公神道碑. 四部丛刊本.
④ 姚燧. 牧庵集. 卷第17. 袁公神道碑. 四部丛刊本.
⑤ 姚燧. 牧庵集. 卷第19. 参知政事贾公神道碑. 四部丛刊本.
⑥ 姚燧. 牧庵集. 卷第19. 参知政事贾公神道碑. 四部丛刊本.
⑦ 姚燧. 牧庵集. 卷第19. 参知政事贾公神道碑. 四部丛刊本.
⑧ 姚燧. 牧庵集. 卷第22. 荣禄大夫江淮等处行中书省平章政事游公神道碑. 四部丛刊本.

曰:"是令一下,贫民无赀,以取取率,富室得不自居,亦佣之民,加直其先。民等佣居,与直富室,何若仍归震邸,一定之直,岁无所加之寛乎?谋既不行,乃以东南之民,多田而租入少,将覆亩以征。公缓之,谓宜俟毕农功而议。又禁官市恶盐,镌损江东金额。"①以致姚燧在文末称赞史燿:如果他贪腐的话,则金钱美女将充栋,但他"无田于江之南,无宅官所,至佣屋以居,积债在人,亦开国苗嗣贵而能贫者!"②

又如《平章政事徐国公神道碑》③塑造的徐国公训诫为官清廉、揭发宰相的形象。当时,权臣僧格独揽朝政,"虐焰熏天,诸王贵戚亦莫谁何,无不下之"④。"独公奋然,数其奸赃。"⑤而皇帝并不重视。徐国公再次指摘奸臣,"言色俱厉"⑥。皇帝生气了,批评他诋毁大臣,甚至命左右扇其耳光,"批其颊"⑦,而徐国公争辩不止,说:"臣非有仇于彼而然,直不忍其周上自私。敢因雷霆一击,遂而结舌?使明帝有不受言之名,臣实愤耻。"⑧意思是我和他没有仇,指摘他仅仅是不想让他欺上瞒下,贪腐贿赂。因为怕皇帝生气,就不说话了吗?我以此为耻!这种情况下,"帝意始解"⑨。然后皇帝让人去查抄僧格的家,结果真的如徐国公所揭发的那样:金钱财宝堆满了房屋,总数几乎相当于国库的一半,"得金宝衍溢栋宇,他物可资计者将半内帑。"⑩等僧格罪证彰白于天下后,大家非常敬佩徐国公其人不畏权贵、忠贞直言的品行。

四、保境救灾

对农耕民族而言,农业依赖、水利依赖、安全依赖是其主要关切,与此相关的地方社会保障事业必不可少。民在"兵、贼、盗、寇、虏、义军、官军"任何一方中,又

---

① 姚燧. 牧庵集. 卷第16. 荣禄大夫福建等处行中书省平章政事大司农史公神道碑. 四部丛刊本.
② 姚燧. 牧庵集. 卷第16. 荣禄大夫福建等处行中书省平章政事大司农史公神道碑. 四部丛刊本.
③ 姚燧. 牧庵集. 卷第14. 平章政事徐国公神道碑. 四部丛刊本.
④ 姚燧. 牧庵集. 卷第14. 平章政事徐国公神道碑. 四部丛刊本.
⑤ 姚燧. 牧庵集. 卷第14. 平章政事徐国公神道碑. 四部丛刊本.
⑥ 姚燧. 牧庵集. 卷第14. 平章政事徐国公神道碑. 四部丛刊本.
⑦ 姚燧. 牧庵集. 卷第14. 平章政事徐国公神道碑. 四部丛刊本.
⑧ 姚燧. 牧庵集. 卷第14. 平章政事徐国公神道碑. 四部丛刊本.
⑨ 姚燧. 牧庵集. 卷第14. 平章政事徐国公神道碑. 四部丛刊本.
⑩ 姚燧. 牧庵集. 卷第14. 平章政事徐国公神道碑. 四部丛刊本.

有可能是其中任何一种力量的受害者。在对抗中,趁乱而起的民是政治乱局中的一大变量,确定性程度最低也最不易控制。完善社会救济和福利是减少民众不确定性的重要手段。政治背叛者的文本中,他们从此处入手,力塑其深入地方建设保障的形象。

(一)保境除盗

匪盗是乱世间民众的心腹大患。天下稍安之时,政治背叛者腾出手来招安流民、打击匪盗。

贾居贞认为在南方"盗由贫起",于是主要采取招安的手法,使得盗贼回归正常社会。"一有海隅之难,盗贼附起,祸謈而赏劝,德绥而威挞,徐革其面,而浃其心,俾方三数千里之氓,一喙同辞,称其仁人,求能推守。"①

游显也有不少"功其盗弭民安"②的史迹。他的手法则是率先垂范、晓以大义。"其恤孤独,或为人所抑,则不大声色,呴呴导使尽言。事虽无迹,计数以求,必得其情。其推诚感物,如南京盗数人,窃戍军之马,于律当倍其偿。军迫南征,为先假诸公帑,同署者难之,公则曰:'过则在余,不及诸君。'与之期日,纵盗归取之家,如言而反,悉输之官,受罚不诉。"③"为杭,生获荷叶浦贼周先锋辈四人,公曰:'堂堂宋室国家,取犹覆,掌鼠子何为?'皆官以巡检,给衣服货财遣之,曰:'能与而余党舍贼为平民,惟汝。反面叛归,亦惟汝。'旬月,招其党倾其巢窟。牛天王据海岛,官军加诛,积岁不能平。公惟遣象山僧往说之,乃与之偕来。凡此皆事动天听者也。"④

赵氏家族则采取铁腕政策"深入搜讨"⑤打击盗贼;对于豪强,他们也决不手软。当时有"豪猾无所顾忌,有白昼杀人于市者"⑥,赵天锡去处理,在欢迎仪式上就把豪强活捉,"赦怨家妇,手刃以报之。"⑦元好问也称赞道:"故言治郡之效者,率以侯为称首。"⑧

---

① 姚燧. 牧庵集. 卷第19. 参知政事贾公神道碑. 四部丛刊本.
② 姚燧. 牧庵集. 卷第23. 皇元故怀远大将军同知广东道宣慰司事王公神道碑铭并序. 四部丛刊本.
③ 姚燧. 牧庵集. 卷第22. 荣禄大夫江淮等处行中书省平章政事游公神道碑. 四部丛刊本.
④ 姚燧. 牧庵集. 卷第22. 荣禄大夫江淮等处行中书省平章政事游公神道碑. 四部丛刊本.
⑤ 元好问. 遗山先生文集. 卷第30. 龙山赵氏新茔之碑. 文渊阁四库全书本.
⑥ 元好问. 遗山先生文集. 卷第30. 龙山赵氏新茔之碑. 文渊阁四库全书本.
⑦ 元好问. 遗山先生文集. 卷第30. 龙山赵氏新茔之碑. 文渊阁四库全书本.
⑧ 元好问. 遗山先生文集. 卷第30. 龙山赵氏新茔之碑. 文渊阁四库全书本.

王钧也是如此,"幸大军去,而群盗复起,岐雍之郊,百千为曹,以剽发财粟为业。及既殚亡,无所得,始掠人为粮。于时行省开府长安,累调军诛之,不能平。长安路绝,而生齿益耗矣。"①面对盗贼纵横的局面,王钧以暴制暴:"公倡集乡兵万人,自将,壁拙山,后移壁三棱堡。侦得贼巢窟,纵奇击之,禽张嵩北山,斩安和扶风,遣辩士说降梁七舅弟于州,枭杨政马超山,磔线张汧阳,并将其众。"②

(二)整顿法治

整顿法治也是安定民心和社会必需的。政治背叛者中的顶尖人物曾在中央政府参与"定法律,审刑狱"③;普通者也多曾经"俾司其州岸狱"④。从事过刑政。他们在任期间,很多都"究心用狱"⑤。时人甚至为之"立生祠"⑥,"祠丧乱后故在也"⑦。贾居贞就曾有过相关记录"时其省收海隅伪命甚急,有者坐以连贼,无者谓为靳匿将为后用,诛论巨室逾三百家,犹有幽狱未断者。公至,出其非辜"⑧。

赵椿龄也多次成功解救无辜受难者,例如"民有崔进王成共饮,成归,而进失其处。其兄讼成杀之,县掠成服。时州县得专诛,公疑不得其尸,缓不即令偿死。逾月,滹沱冰开而尸出,验覈无他,乃由醉堕水死,乃脱繋系。时年少而位卑,人善其能用狱。"⑨"按行部,治狱无滞囚。曹州属县禹城,械至二贼,日尝杀人者,随听录之。两人之明非辜,言色殊悻直,乃移讞,疑狱清而真贼得,二人者以出。"⑩

(三)赈济救灾

灾荒对于社会的冲击可想而知。在《有元故少中大夫淮安路总管兼府尹兼管内劝农事高公神道碑》⑪中记录了庚下爆发干旱和蝗虫等自然灾害,高良弼"估市粟以济其饥";在《浙西廉访副使潘公神道碑》中记录全郡大旱和风灾:"自公未至,州之南并山风为灾",潘泽全力组织救灾事宜。

---

① 姚燧. 牧庵集. 卷第21. 平凉府长官元帅兼征行元帅王公神道碑. 四部丛刊本.
② 姚燧. 牧庵集. 卷第21. 平凉府长官元帅兼征行元帅王公神道碑. 四部丛刊本.
③ 姚燧. 牧庵集. 卷第15. 中书左丞姚文献公神道碑. 四部丛刊本.
④ 姚燧. 牧庵集. 卷第25. 磁州滏阳高氏坟道碑. 四部丛刊本.
⑤ 姚燧. 牧庵集. 卷第22. 浙西廉访副使潘公神道碑. 四部丛刊本.
⑥ 元好问. 遗山先生文集. 卷第34. 东平贾氏千秋录后记. 文渊阁四库全书本.
⑦ 元好问. 遗山先生文集. 卷第34. 东平贾氏千秋录后记. 文渊阁四库全书本.
⑧ 姚燧. 牧庵集. 卷第19. 参知政事贾公神道碑. 四部丛刊本.
⑨ 姚燧. 牧庵集. 卷第28. 中奉大夫荆湖北道宣慰使赵公墓志铭. 四部丛刊本.
⑩ 姚燧. 牧庵集. 卷第28. 中奉大夫荆湖北道宣慰使赵公墓志铭. 四部丛刊本.
⑪ 姚燧. 牧庵集. 卷第23. 有元故少中大夫淮安路总管兼府尹兼管内劝农事高公神道碑铭并序. 四部丛刊本.

政治背叛者笔下，开仓放粮、赈济饥民的事情屡见不鲜：赵椿龄"西京大荒，闻于朝，得发仓储以丐贫饥，民赖全活，不流徙"①。王兴秀"兵去而艰食，民死相籍。公旧富粟，地藏，尽发以廪饿人"②。严实"是冬大饥，生口之北渡者多饿死；又藏亡法严，有犯者，保社皆从坐之。逋亡累累，无所于托，僵尸为之蔽野。公命作糜粥，盛置道旁，人得恣食之，所活又不知几何人矣！"③贾洞"大安初，知河中，有旨宣谕：'河东南北，百姓艰食，而绛、解尤甚。朕以卿朝廷旧臣，夙著德望，可兼南北路安抚句当，仍以便宜许之。'公至镇，移他州余粟以活饥民"④。吕郁"丙午，江淮大饥，乃损中统楮泉为千者逾十万，州闾赖以不殍死者，为口不可殚纪"⑤。李恒"常德辰澧沅靖五州大荒，民至易子以粲，为发廪赈之，所活为口亡虑十万计"⑥。赵祥"奏洛西岁又荒，乞岁得大名军储米为石四万五千，陕州盐为斤若干万，以廪饿人，制可。如是资食二州三年，后岁登乃止"⑦。高良弼"他道为使，惟知徼宠专利，贼下罔上以自私，盈路怨咨，莫之省恤。独公轸岁旱荒，发庾下估，市粟以济其饥"⑧。高良弼"又以用兵襄阳，赋河北诸路之民转漕，人畜劳毙，而粟至者亦绝续不时。公请增直以粲，则人趋利自至，以赋民漕，功将倍蓰。省行其策，由是军中困廪充溢，或露积不垣"⑨。程介福"岁饥，封民所食，木肤草实。上之中书，得发廪以赡"⑩。

对于病患，政治背叛者组织医生、购买药剂，甚至建立隔离医院进行应对，王兴秀"又筑屋数十楹以居，病俾医，煮药其间，时其衣食，所活又甚多"⑪。贾洞"郡众聚居，病疫所起，君出已俸市医药"⑫。对于无法挽救、因病去世者"又为买棺以

---

① 姚燧. 牧庵集. 卷第28. 中奉大夫荆湖北道宣慰使赵公墓志铭. 四部丛刊本.
② 姚燧. 牧庵集. 卷第21. 怀远大将军招抚使王公神道碑. 四部丛刊本.
③ 元好问. 遗山先生文集. 卷第26. 东平行台严公神道碑. 文渊阁四库全书本.
④ 元好问. 遗山先生文集. 卷第34. 东平贾氏千秋录后记. 文渊阁四库全书本.
⑤ 姚燧. 牧庵集. 卷第23. 故从事郎真州路总管府经历吕君神道碑铭并序. 四部丛刊本.
⑥ 姚燧. 牧庵集. 卷第12. 资善大夫中书左丞赠银青荣禄大夫平章政事谥武愍公李公家庙碑. 四部丛刊本.
⑦ 姚燧. 牧庵集. 卷第18. 邓州长官赵公神道碑. 四部丛刊本.
⑧ 姚燧. 牧庵集. 卷第23. 有元故少中大夫淮安路总管兼府尹兼管内劝农事高公神道碑铭并序. 四部丛刊本.
⑨ 姚燧. 牧庵集. 卷第23. 有元故少中大夫淮安路总管兼府尹兼管内劝农事高公神道碑铭并序. 四部丛刊本.
⑩ 姚燧. 牧庵集. 卷第24. 武略将军知弘州程公神道碑. 四部丛刊本.
⑪ 姚燧. 牧庵集. 卷第21. 怀远大将军招抚使王公神道碑. 四部丛刊本.
⑫ 元好问. 遗山先生文集. 卷第34. 东平贾氏千秋录后记. 文渊阁四库全书本.

葬之"①。同时,程介福积极整治地方非法势力,"械素豪猾之干治以病民者于市,惩众"②,保障了基本的地方民生。

第四节 文化秩序

"在中华历史文化上,无论统一王朝,还是分裂王朝;无论华夏汉族王朝,还是夷狄族王朝,在其建国后的文物典章制度建设中,均对前代所构成的文化与文化传统做出继承、吸收与整合工作,这是一个历史文化发展规律,概莫能外。"③在此路径上,政治背叛者从多个方面入手塑造其在文化秩序重续和发展方面的"贡献"。政治背叛者的记忆塑造相当成功,以后观之,例如《宋元学案》将元儒置于儒学承续、传播流布的脉络线索中,不因诸儒的处夷狄之世而另案处理。例如许衡、刘因、赵复等先后入祀孔庙等等。

一、争取政治地位

在经历了靖康元年(1126年)的"靖康之变"、贞祐二年(1214年)的"弃河北"和"贞祐南渡"、农历壬辰年(1232年,金正大九年、开兴元年、天兴元年)的"壬辰之变"三个特殊时点的世变后,"文事扫地,后生所习见,唯驰逐射猎之事。况官政者,或不能执笔记名姓。风俗既成,恬不知怪。"④当时的有识之士普遍意识到,回归传统文化,以传统文化实施思想道德生活建设,以传统文化调和文化群体关系等,对于当时的社会存续与发展具有重要意义。于是,两宋和金末被弘扬的"右文"崇儒等观念和行动在被蒙元入侵打乱和摧毁后,反而在更大的空间范围内、更高的层级上,再次凸显出其实用价值。

在政治背叛者笔下,蒙元在入主中原前后从文化到政治发生了翻天覆地的变化。蒙元势力入侵中原之初,对中原文化既无了解,亦不关心,其政治焦点主要集中于财富的掠取和既有体制的破坏。这导致中原文化有"天纲绝,地轴折,人理

---

① 元好问. 遗山先生文集. 卷第34. 东平贾氏千秋录后记. 文渊阁四库全书本.
② 姚燧. 牧庵集. 卷第24. 武略将军知弘州程公神道碑. 四部丛刊本.
③ 张碧波. 华夷变奏:关于中华多元一体运动规律的探索[M].哈尔滨:黑龙江人民出版社,2009:284.
④ 元好问. 遗山先生文集. 卷第29. 千户赵侯神道碑铭. 文渊阁四库全书本.

灭"的震撼。华北到中原,庙学毁于兵火、典籍没于瓦石,儒士沦为奴隶、儒学溃为迂论。危机之大,不可胜言。及至忽必烈中原立元,建立农牧镶嵌的复合式政治体制后,才出现了达迪斯(John Dardess)在《蒙古人对北宋至明初疆域、权力以及知识分子的影响》中阐述的适宜于中国的种族地景(ethnic landscape)①,传统中原文化之地位始能转危为安、渐苏渐发。

"中国人素来以平天下为怀,认为异族的凌侮,只是暂时的变态,到常态回复了,他们总要给我们同化的,这原是中国人应尽的责任。这种自负的心理,是不会因时局的严重而丧失的。而且物必自腐而后虫生,国必自伐而后人伐,外患的严重,其根源断不能说不由于内忧。所以外患的严重,本不能掩蔽内忧,而减少其重要性,而且因外患的严重,更促起政治家对于国内问题的反省,所以自宋到明这一个民族问题严重的时代,却引起政治思想的光焰。"②类似这种观点在道出了诸多古代政治人物心声的同时,客观上也潜在地为政治背叛者找到了一个政治背叛文化出口。于是在天下稍安时,政治背叛者就不遗余力地提倡、传播中国传统文化。

他们选择从最高统治者入手,经过长期的努力,最终"上承千百年之统,而下垂千百世之洪绪"③,在元朝不但重续了文化,而且确立了理学在学术思想领域、传统文化领域的主导地位。对此,姚燧在骄傲地评价自己的养父姚枢一生的功绩时,认为对天下影响最大的有四件,其中第一件就是"倡鸣斯道",使得"今天下乡校童蒙之师,犹知以《小学》《四书》为先,虽戴惠文身,为刀笔筐箧之行,与非华人,亦手披口诵是书,求厕士列者,往往多然。故中书左丞之制辞有曰:'德全天懿,学得圣传。'旨固有在于斯也"④。

(一)对元太祖、太宗、元宪宗的游说

在政治背叛者笔下,他们殚精竭虑对蒙元统治阶层——尤其是最高统治者——进行引导与劝诫,争取其认同儒学文明,实践儒家社会政治思想。如太祖成吉思汗在征战中俘获了政治背叛者耶律楚材,儒学由此受到高层统治者的关注。由此,耶律楚材对蒙元统治者常晓以儒家征伐、治国、安民之道,希望"在中国

---

① John Dardess. Did the Mongols Matter Territory, Power and the Intelligentsia in China from the Northern Song to the Early Ming [A]. The Song – Yuan – Ming Transition in Chinese History [C]. Cambridge: Harvard University Asia Center press 2003.
② 吕思勉. 中国政治思想史[M]. 北京:北京出版社,2015:82.
③ 姚燧. 牧庵集. 卷第4. 序江汉先生事实. 四部丛刊本.
④ 姚燧. 牧庵集. 卷第15. 中书左丞姚文献公神道碑. 四部丛刊本.

北部完全恢复儒家模式的政府"①。《元史》中记载到:"太原路转运使吕振、副使刘子振,以赃抵罪。帝责楚材曰:'卿言孔子之教可行,儒者为好人,何故乃有此辈?'对曰:'君父教臣子,亦不欲令陷不义。三纲五常,圣人之名教,有国家者莫不由之,如天之有日月也。岂得缘一夫之失,使万世常行之道独见废于我朝乎!'帝意乃解。"②耶律楚材等政治背叛者还倡议设立"燕京编修所"和类似机构,一方面借此保护和容留了一批文士;另一方面也借由文士而保存和发扬了儒家文化。

在耶律楚材等人的建议下,太宗窝阔台汗逐步认同了对于中原农业地区"不可以马上治天下"的历史传统观点,逐步转变了对于文臣尤其是儒士的看法,从排斥转向利用甚至是重用。标志性的政治行动是不仅广建孔庙,还优待孔子后裔,重塑儒家至高无上的文化地位。蒙元政权还在大都建立了针对不同学生的不同层次的国子学,用儒家经典及思想教育来自不同族群的功臣贵胄及其后代。《元史》之《耶律楚材传》记载:皇帝"率大臣子孙,执经解义,伸知圣人之道"③。公元1237年,耶律楚材为首的政治背叛者倡议恢复科举取士。公元1238年,蒙元政权首次开考科举,即"戊戌选试"④,一次录取了儒士四千多人。虽然"戊戌选试"⑤与唐宋的正规科举考试还有不小的差距,但至少表明了蒙元统治者对儒学与儒士的态度转变,从而形塑了当时整个社会的认知。

元宪宗即位后,高智耀觐见建言:"儒者所学尧、舜、禹、汤、文、武之道,自古有国家者,用之则治,不用则否,养成其材,将以资其用也。宜蠲免徭役以教育之。"⑥元宪宗问:"儒家何如巫医?"⑦高智耀回答:"儒以纲常治天下,岂方技所得比。"⑧元宪宗称赞道:"善,前此未有以是告朕者。"⑨很快就下诏免除儒士徭役。由此,后人称颂高智耀"故宁国公高文忠公,抗正言于干戈抢攘之中,存儒术于涂炭颠沛之极,我朝儒业之不泯,实权舆于此。"⑩"国朝儒者,自戊戌选试后,所在不

---

① 傅海波,崔瑞德. 史卫民. 剑桥中国辽西夏金元史[M]. 北京:中国社会科学出版社,1998:441.
② 宋濂. 元史. 卷第146. 列传第33. 耶律楚材(子铸附)传.
③ 宋濂. 元史. 卷第146. 列传第33. 耶律楚材(子铸附)传.
④ 宋濂. 元史. 卷第146. 列传第33. 耶律楚材(子铸附)传.
⑤ 宋濂. 元史. 卷第146. 列传第33. 耶律楚材(子铸附)传.
⑥ 陶宗仪. 南村辍耕录. 卷第2. 高学士.
⑦ 陶宗仪. 南村辍耕录. 卷第2. 高学士.
⑧ 陶宗仪. 南村辍耕录. 卷第2. 高学士.
⑨ 陶宗仪. 南村辍耕录. 卷第2. 高学士.
⑩ 虞集. 道园类稿卷第25. 元人文集珍本丛刊本.

务存恤,往往混为编氓。至于奉一扎十行之书,崇奖秀艺正户籍,免徭役,皆翰林学士高公(智耀)奏陈之力也。"①

(二)对忽必烈的游说

元世祖忽必烈是大蒙古国到元王朝转型的关键所在,其本人有着超乎常人的历史抱负,也希望赢得农业文明地区民众的文化认同,意图"大有为于天下"②,所以忽必烈为藩王时,经常"延藩府旧臣及四方学之士,问以治道"③。此举使得忽必烈获得了大量政治背叛者的政治认同。四方文士以及大批有识之儒士迅速集聚忽必烈藩府。忽必烈正是在这些"潜邸旧侣"为核心的政治背叛者的辅助下,最终击败阿里不哥并夺得汗位,建立王朝。

元世祖忽必烈入主中原之时,他本人对中原文化的推行尚处犹豫之中、两可之间,但经过众多政治背叛者的劝谏,忽必烈逐步坚定决心、开始推行经学,以儒学教育人民、培育人才,争取文化认同和政治合法性。于是,在政治背叛者助力下,蒙元在金、辽、西夏的基础上向以元大都为核心的北方地区大力传播在南方流行的程朱理学,"传鲁论于灰烬之末,实开道统之源"。④

从金政治背叛而来的张德辉以儒者知名,在劝谏方面出力良多,其史迹在《元史》《元朝名臣事略》《岭北纪行》等文献中都有纪录。忽必烈曾问"孔子殁已久,今其性安在?"⑤张德辉对曰:"圣人与天地终始,无所往而不在。殿下能行圣人之道,即为圣人,性固在此帐殿中矣。"⑥忽必烈又以时人"辽以释废,金以儒亡"⑦的观点询问,张德辉对曰:"辽事臣未周知,金季乃所亲见。宰执中虽用一二儒臣,余则皆武弁世爵;及论军国大事,又皆不使预闻。其内外杂职,以儒进者三十之一,不过阅簿书听讼理财而已!国之存亡自有任其责者,儒何咎焉!"⑧忽必烈很满意,开始具体求教"祖宗法度具在,而未施设者甚多,将若之何?"⑨张德辉回答:"创业之主,如制此器,精选白金,良匠规而成之,畀付后人,传之无穷。今当求谨

---

① 陶宗仪. 南村辍耕录. 卷第2. 高学士.
② 宋濂. 元史. 卷第4. 世祖本纪一.
③ 宋濂. 元史. 卷第4. 世祖本纪一.
④ 姚燧. 牧庵集. 卷第1. 妻韦氏封韩国夫人制. 四部丛刊本.
⑤ 苏天爵. 元朝名臣事略. 卷第10. 宣慰张公(德辉).
⑥ 苏天爵. 元朝名臣事略. 卷第10. 宣慰张公(德辉).
⑦ 苏天爵. 元朝名臣事略. 卷第10. 宣慰张公(德辉).
⑧ 苏天爵. 元朝名臣事略. 卷第10. 宣慰张公(德辉).
⑨ 苏天爵. 元朝名臣事略. 卷第10. 宣慰张公(德辉).

第四章 结果——"无私"地重建公共世界

厚者司掌,乃永为宝用。否则不惟缺坏,恐有窃之而去者。"①忽必烈说:"此正吾心所不忘也。"②"又访中国人材,公因举魏璠、元好问、李冶等二十余人。"③

《元史》之《赵良弼传》塑造了赵良弼向皇帝弘扬儒学时的论辩技巧。灭亡南宋后,赵良弼向皇帝进言吸纳江南的儒学士人:"宋亡,江南士人多废学,宜设经史科,以育人材,定律令,以载奸吏。"④而皇帝从容发问:"高丽,小国也,匠工弈技,皆胜汉人。至于儒人,皆通经书,学孔、孟。汉人惟务课赋吟诗,将何用焉!"在元世祖忽必烈看来,高丽的"匠工弈技"最有用;经书、孔孟之道也可以接受;"课赋吟诗"对于统治无所用处、于事无补,要它干嘛呢?赵良弼回答到:"此非学者之病,在国家所尚何如耳。尚诗赋,则人必从之,尚经学,则人亦从之。"⑤意思是,这不能怪学者,只能怪国家的导向。国家引导课赋吟诗,则人必从之;国家引导崇尚经学,则人也必从之。这个回答得到了忽必烈的认可,于是"设经史科,以育人材"⑥。

廉希宪被称为"廉孟子",曾首请用许衡提举学校、教育人材。有一次,元世祖要求他入喇嘛教受戒,廉希宪"对曰:'臣已受孔子戒。'上曰:'汝孔子亦有戒邪?'对曰:'为臣当忠,为子当孝。孔门之戒,如是而已。'"⑦元世祖听后非常赞许。忽必烈欲知经学,商挺"与姚左丞枢、窦学士默、王承旨鹗、杨参政果纂《五经要语》,凡二十八类以进"⑧。

元好问在《令旨重修真定庙学记》⑨中以振兴儒学、承续王道、延见儒生等重儒行为的忽必烈为"贤王"。郝经也多次上书忽必烈,劝其尊孔:"孔子立德,万世师焉。故天极其神,孔子极其圣。郊祀天、庙祀孔子、礼冠百神,宜矣。"⑩在郝经看来,尊奉孔子是尊儒重道的标志,以儒学经典办学授徒是尊儒重道的具体表现,以儒学文化教化民众是尊儒重道的最终目的。就郝经来看,蒙元已经重用诸多中国之士,如果再能尊儒重道,就可以成为中国之主,即郝经在《与宋国两淮制置使

---

① 苏天爵. 元朝名臣事略. 卷第10. 宣慰张公(德辉).
② 苏天爵. 元朝名臣事略. 卷第10. 宣慰张公(德辉).
③ 苏天爵. 元朝名臣事略. 卷第10. 宣慰张公(德辉).
④ 宋濂. 元史. 卷第159. 列传第46. 赵良弼传.
⑤ 宋濂. 元史. 卷第159. 列传第46. 赵良弼传.
⑥ 宋濂. 元史. 卷第159. 列传第46. 赵良弼传.
⑦ 陶宗仪. 南村辍耕录. 卷第2. 受孔子戒.
⑧ 苏天爵. 元朝名臣事略. 卷第11. 参政商文定公.
⑨ 姚奠中,李正民增订本. 元好问全集. 太原:山西古籍出版社,2004:664.
⑩ 郝经. 郝文忠公陵川文集. 卷第34. 太原:山西人民出版社,山西古籍出版社,2006:471.

书》中所提出的"今日能用士,而能行中国之道,则中国之主也"①。

《草木子》中还记载了这样一件关乎儒学命运的翻译趣事:"立怯里马赤"是当时蒙古语"翻译官"的意思。有一次,元世祖问"孔子是干吗的?"有人回答说"是上天的立怯里马赤"②。元世祖听后深感其说的好。政治背叛者抓住了这样稍纵即逝的机会推崇儒学,也塑造了自身积极卫道的形象。

二、保护文化遗产

蒙元时期,孔庙和庙学的恢复从某种意义上聚拢了国家教化的重心。现有文本看来,无论是中央还是地方,当时兴学的旨趣主要在于恢复社会教化、稳定社会心理,同时也着力于弥补政权正规化过程中行政人才的不足,文化本身的发展反而是副产品。

(一)孔庙

孔庙本身是中国传统文化的重要现实符号,具有强烈的政治和文化象征意义。相应的,对于它的破坏与重建无不蔓延着强烈的文化韵味和严肃的政治韵味。在蒙元前期,从默许甚至有意的破坏到暧昧甚至公开的修复,对于孔庙的态度经历了反转化的变迁。这种变迁的背后渗透着文化与政治的激荡,渗透着游牧文明与农业文明之间冲突、对抗与融合的进程。

梁思成的《曲阜孔庙之建筑及修葺计划》一文对于孔庙在中国历史中的遭遇有详细的梳理。现摘录其建筑年表中13世纪部分③如下:

时间	事件	备注
1214年,金宣宗贞祐二年,春正月	寇犯阙里孔子庙,毁手植桧。《孔庭纂要》云:"殿堂庑廊,灰烬十五"。	《县志》
1233年,元太宗五年,冬十二月	克金汴都后敕修孔子庙。	
1236年,元太宗八年,春三月	复修孔庙。	

---

① 郝经. 郝文忠公陵川文集. 卷第37. 与宋国两淮制置使书. 太原:山西人民出版社,山西古籍出版社,2006:515.
② 参见:叶子奇. 草木子. 卷第4下. 杂俎篇.
③ 梁思成. 梁思成全集:3卷第[M]. 北京:中国建筑工业出版社,2001:93-94.

续表

时间	事件	备注
1237年,元太宗九年	诏衍圣公孔元措修阙里孔子庙。	
1246年,元定宗元年	始复郡国后寝,以奉孔子、颜子、孟子等十哲像。	
1262年,元世祖中统三年,春正月	孔子庙成。	
1267年,元世祖至元四年,春正月	敕修阙里孔子庙。修杏坛,恢复奎文阁。	
1282年,元世祖至元十九年,冬十月	修孔子庙垣,植松桧一千本。重修阙里庙垣。	《金石志》
1295年,元成宗元贞元年,春	诏葺阙里林庙。	
1298年,元成宗大德二年,春	太中大夫济宁路总管按檀不花请修阙里孔子庙。	

《阙里志》记载:"金贞祐二年正月二十四口,北虏犯本庙,殿堂庑廊,灰烬什伍,植桧三株,亦遭厄数。"①贞祐二年为1214年,即成吉思汗率领蒙古大军横扫华北和黄河南岸之际。文中所说的北虏当为蒙古军队。大蒙古国初期,四处军事征伐不断,"所过无不残灭,两河、山东数百里,人民杀戮几尽,金帛、子女、牛羊马畜皆席卷而去,屋庐焚毁,城郭丘墟矣"②。

随着时局的发展,蒙元逐渐在华北立足,逐渐开始考虑长远的政治统治事宜。统治阶层在一部分儒者的影响下,朦胧地意识到儒家思想对于长远的、稳定的政治统治的积极作用。例如耶律楚材就以其接近蒙元统治者的机会不仅推行了一系列中原旧制,也不断向统治者宣传儒家教化。蒙元军队于元太宗五年(1233年)攻陷汴京,耶律楚材派人入城找到孔元措,奏请蒙元统治者抓住这一争夺文化象征权力的大好机会。蒙元最终官方认可孔元措为孔子五十一世孙,并袭封孔元措为"衍圣公",并使之掌管三孔旧地。至此,儒家文化象征的代表项均已经在蒙元控制之下。

---

① 陈镐. 阙里志. 卷第2. 旧庙宅.
② 李心传. 建炎以来朝野杂记. 乙集. 卷第19. "鞑靼款塞"条. 北京:中华书局,2000:850.

政治精英的记忆与自辩　>>>

这一时期，政治背叛者意图"以夏变夷"，使孔子的庙祠重获崇敬便成为重要的突破口。郝经为此而多次上书忽必烈："孔子立德，万世师焉。故天极其神，孔子极其圣。郊祀天、庙祀孔子、礼冠百神，宜矣。"①在郝经看来，尊奉孔子是尊儒重道的标志，以儒学经典办学授徒是尊儒重道的具体表现，以儒学文化教化民众是尊儒重道的最终目的。张德辉也曾抓住机会向忽必烈建言。有一次，忽必烈主动问起孔庙，张德辉立即将话题导入孔庙的修缮祭祀，他对忽必烈说："孔子为万代王者师，有国者尊之，则严其庙貌，修其时祀。其崇与否，于圣人无所损益，但以此见时君尊崇儒道之心何如耳。"②这里，张德辉使用了他一贯擅长的激将法，告诉忽必烈，崇拜不崇拜圣人，对圣人是无所谓的，主要是可以反观君王是否尊崇儒道。忽必烈当然明白了张德辉的潜台词，于是表示从今往后，祀孔大典都要持之永久地办下去。许衡于至元二年（1265年）四月向忽必烈上《时务五事》。文本中，许衡以孔孟之道为出发点，以历史案例为说辞，以《大学》为基础文本进行论述。许衡指出，少数族群统治中国的要点在于必须采用中原旧制才能平稳、才能长久。政治背叛者阎复也不断上疏奏请尊孔——尤其是孔庙相关事宜，例如京师建宣圣庙、恢复曲阜守冢户、设置孔林洒扫户、设置祀田，以及大德元年加封孔子至圣封号等等③。

同时，一些地方政治背叛者也察觉到了政治风向的变迁，遂积极参与其中，修缮地方孔庙。奉训大夫、知辉州司侯仁在祭奠拜谒辉州孔庙时，发现了孔庙破败、庙学荒废的基本情况。于是在本州积极奔走筹集资金，几年后终于修复了辉州孔庙和庙学，"凡再阅岁，殿庑门垣，崇卑适宜，丰俭居中，既严以翼，人之改观，可什百于谁？"④其他地方也发生了多起类似行动。

从结果反推，这些建议建言和地方集体行动确实起到了效果，使得忽必烈的政治选择有所转向，开始向儒崇礼、标榜对中原文化的认同，延聘中原儒士、采用传统儒家思想进行政治统治。于是，儒家文化的典型遗产——孔庙——再度恢复到了它数百年来的位置，依然是每个时代文化选择的试金石、政治选择的风向标。蒙元统治阶层开始不断启动各种规模的修葺活动，并重建了以杏坛和奎文阁为代表的一批重要的孔庙建筑。但这种修缮规模较小，对于庞大的孔庙体系而言，整

---

① 郝经. 郝文忠公陵川文集. 卷第34. 太原：山西人民出版社，山西古籍出版社，2006：471.
② 宋濂. 元史. 卷第163. 列传50. 张德辉传.
③ 参见：宋濂. 元史. 卷第160. 列传第47. 阎复传.
④ 姚燧. 牧庵集. 卷第6. 三贤堂记. 四部丛刊本.

体依然无法解决"荐经丧乱,表里凋敝……财单力薄,扶倾缀朽,联缺续亚,所成者不偿其所坏"的问题①。对于多数的孔庙建筑,修缮的速度还是赶不上破败的速度。

在文本中,通过政治背叛者的不断努力,历经多次大小不一的修复后,曲阜孔庙在元成宗大德二年至五年(1298-1301年)之间终于得以恢复其原有规模与气度。自从儒家思想成为中国的主流意识形态起,孔庙就与政治结下了不解之缘,成为文化认同与政治认同的双重象征物。孔庙地位的一次次沉与浮、一次次的破坏与重建,恰好与它所处时代的政治生态变迁密切相关。统治者也许并不认同儒家的观念,但并不妨碍他们在意识到儒家思想的政治效能后发掘其利用价值并加以利用。蒙元统治阶层也不例外。古老的历史在蒙元统治者、政治背叛者在内的各种势力间不断地调和与妥协中继续重演。

(二)保存汉文典籍

典籍是传承文化的重要载体,而战争对于典籍的破坏相当巨大,元朝统一战争也不例外,蒙古军队经常"陷城则纵其掳掠子女、玉帛"②,在抢掠中也不重视典籍的留存。在抢掠之后,一些城市还被焚毁,另外战争期间蜂起的群盗也四处纵火抢掠。这都使得很多典籍在战火中焚毁殆尽。元人苏天爵对元朝统一战争对于典籍的破坏也曾描述道:"中原新经大乱,文籍化为灰烬",如"金儒士蔡珪、郑子聘、翟永固、赵可、王庭绮、赵讽皆有文集行世,兵后往往不存"③。可见战争对于当时汉文典籍的破坏之大。

不过也有不少政治背叛者在战火中保护了一些汉文典籍。在政治背叛者的文本中,此类记述也不在少数。比较典型的包括张柔在1232年攻下金朝汴京以后,"柔于金帛一无所取,独入史馆,取《金实录》并秘府图书"④。之后,张柔还于1261年还将金实录等文献给蒙廷,争取中央高级统治者的认可。杨惟中"凡得名士数十人,收伊、洛诸书送燕都,立宋大儒周惇颐祠,建太极书院,延儒士赵复、王粹等讲授其间,遂通圣贤学,慨然欲以道济天下"⑤。焦德裕在宋亡之后也曾奉

---

① 陈镐. 阙里志. 卷第9. 撰述一. 修阙里庙垣记碑.
② 勒内·格鲁赛. 草原帝国[M]. 北京:商务印书馆,1998:318.
③ 苏天爵. 滋溪文稿. 卷第25. 北京:中华书局,1997:422-423.
④ 宋濂. 元史. 卷第147. 列传第34. 张柔传.
⑤ 宋濂. 元史. 卷第146. 列传第33. 杨惟中传.

命"求异人异书"。① 赵秉温更是任秘书少监掌管蒙元中央图书,也曾"购求天下秘书"。② 谭公的岳父"军中得书,则驰送之,故其家积多至万卷"③。

很多政治背叛者还大量藏书,这在战争年代亦对典籍的保存有所裨益。如《元史》记载张文谦过世时,家无余财,"唯聚书数万卷而已"④,传之子孙。段直在泽州担任长官兴办教育时,也"置书万卷,迎儒士李俊民为师"。⑤ 谭澄"军中得书驰送之,故其家积多至万卷"⑥。汪惟正"幼颖悟,藏书二万卷"⑦,这应该也是其父汪德臣藏书的功劳。政治背叛者何玮亦"购书数万卷,迎刘因先生为师"⑧。张柔、贾辅"二家藏书皆万卷"。⑨ 贾辅甚至将藏书地取名万卷楼,楼中藏书的分类也颇有规范。⑩ 同时他们还对当时的许多文人的文集加以结印出版。如"东平严侯(严忠范)弟忠杰,喜与士人游,雅敬遗山,求其完集,刊之以大",元好问的文集也由此得以刊行,甚至流传至今。王若虚的文集亦是经过董文炳的努力才得以整理流传。⑪

政治背叛者这些收揽典籍资料和付印刊行时人文集的行为,既和他们自身爱文化、爱书和爱惜文人的个人特点息息相关,也和他们自身的政治身份相映成趣。不管怎样,这些行为在实践上使得他们在战火中保存了大量的汉文典籍,后来这些典籍也为元朝修史提供了大量的资料。对于政治背叛者贾辅等人保存典籍的这些行为,郝经甚至这样评论,"方干戈攘乱,经籍委地。侯(贾辅)独力为捆拾,吾道赖以不亡。虽孔氏之壁,河间之府,不是过也。彼富贵者之楼,管弦樽俎,肴核几席,登览宴集之具充焉;侯之楼,则古圣今贤,大经格言,修身治世之典积焉。时顺天之治,尝最诸道,推为巨公伟人,而又乐贤下士,切切于收揽遗书为志,故天下之人,益以此贤侯。"⑫

---

① 宋濂. 元史. 卷第153. 列传第40. 焦德裕传.
② 宋濂. 元史. 卷第150. 列传第37. 赵璯(赵秉温)传.
③ 姚燧. 牧庵集. 卷第24. 谭公神道碑. 四部丛刊本.
④ 宋濂. 元史. 卷第157. 列传第44. 张文谦传.
⑤ 宋濂. 元史. 卷第192. 列传第79. 良吏二.
⑥ 姚燧. 牧庵集. 卷第24. 谭公神道碑. 四部丛刊本.
⑦ 宋濂. 元史. 155. 列传第42. 汪世显(德臣 良臣 惟正)传.
⑧ 程钜夫. 雪楼集. 何文正公神道碑. 陶氏涉园刊本.
⑨ 宋濂. 元史. 卷第156. 列传第43. 董文炳(士元 士选)传.
⑩ 郝经. 陵川集. 万卷第楼记. 影印文渊阁四库全书本.
⑪ 王若虚. 滹南集. 滹南集引. 台北:台湾商务印书馆,1986;267.
⑫ 郝经. 陵川集. 万卷第楼记. 影印文渊阁四库全书本.

三、文化外溢

在政治背叛者笔下,蒙元王朝时期的思想文化具有兼容并蓄和不尚虚文的特质。就这两点而论,确实超越了大多数中国封建王朝。蒙元王朝在中国古代历史中具有如下的一些记录:"避讳"制度长期流行于古代中国的政治文化,但没有文献证据显示蒙元时期曾在官方角度有过此议;蒙元时期也是唯一没有实行官方的"文字狱"的王朝,这从政治背叛者文本中大量"抗命"记述和"欺上"记述中可见一斑。兼容的文化氛围对于文化发展的好处不言而喻:与唐诗、宋词并列的艺术形式——元曲(散曲和杂剧)就是在此环境下诞生并繁荣。兼容并蓄和不尚虚文的特质引发、支持和推动了蒙元时期繁荣的文化交流。"士生文轨混同之时,亦千载之旷遇。"①元朝的统一使得国内和国际昔日林立的诸多割据政权归于消失,经济文化交流的壁垒被打破,文明发展由此进入了新的时代。

宋元际蒙古势力的发展,不是以"我者"吸纳"他者",而是类似于化学反应中的触媒剂,将许多曾经接触的因素引发为互动与交换。宋元之际,是中国古代典型的族群大迁移、大杂居、大融合的时代。中外交通之密切,双向的文化接触之广泛,确实超过以往。族群与文化的"多元性"与"世界性"对传统文化自然留下不少烙痕。但是,当时外来文化对农业文明之影响主要限于民间习俗,如音乐、食物、语言、名字、服饰、发式、礼仪(胡跪)、婚俗(收继婚)等方面。民间接受这些习俗,主要是出于丰富日常生活的需要。当然,也有人是出于势利心理,例如当时不少汉人采用蒙古名是想冒充蒙古人以求投机取巧谋得一官半职。

尽管存在着双向的文化传播运动,却仍然以汉以外的族群运用传统文化思考与写作这一趋势更为强大。"科目方兴,尊右正学,蛮夷遐徼,犹知挟其书以吟诵。"②传统文化因吸纳了异族群的资源而造成了一片前所未有的独特风景。"中州万古英雄气,也到阴山敕勒川。"③中原文化在边疆地区得到广泛传播,儒家经典著作被翻译成少数族群语言印行,漠北、云南等传统意义上的化外之地也开始出现了传授儒家文化的学校;大批的少数族群学子在蒙古国子学和回回国子学中接受儒家教育,蒙古、契丹、女真和色目人等少数族群中间儒士频出。如此种种,均被政治

---

① 姚燧. 牧庵集. 卷第6. 圣元宁国路总管府兴造记. 四部丛刊本.
② 吴师道. 送王教授之南康序. 礼部集. 卷第14. 四库全书本.
③ 元好问. 论诗绝句三十首. 之六.

背叛者视为他们为文化秩序做出的贡献,是其最"引以为傲"的史迹之一。

在《牧庵集》《遗山集》等政治背叛者的文集中,这样的记载比比皆是,例如"使授太子经,以太师、淇阳王之兄、故丞相图门格尔、故右丞巴哈济达、今司徒玛努勒为之伴读,日以三纲五常、先哲格言,熏陶德性。"①蒙古人、色目人、女真人、契丹人与汉人通过同乡、姻戚、师生、同窗、同年、同僚各种社会关系形成错综复杂的社会圈。对此,姚燧不无骄傲地写到:"与非华人,亦手披口诵是书,求厕士列者,往往多然。故中书左丞之制辞有曰:'德全天懿,学得圣传。'旨固有在于斯也。"②"一旦儒者得到权力的些许尊重,特别是在儒家所企盼与认同的文化秩序得以全面确立的情况下,那种激烈的民族主义情感终于可以抚平和消解了。"③

而蒙元统一中国后,"徙入中原的蒙古、色目人大约有四十万户,二百万口,占全国总人数的3%,比例不可谓不高。就分布而言,清赵翼早已指出,元代蒙古、色目人散居各地,与汉人相混,并无限制,因而在中原、江南分布甚广。"④而在汉人族际婚姻方面也体现出了文化外溢的影响。洪金富通过检索数十种元代文献,采用计量手段,提供了一组可供研究的实证资料⑤:

	蒙古人	色目人	契丹人	女真人	渤海、高丽人	合计
娶	30	30	9	60	10	139
嫁	52	110	35	46	4	247

第五节 教育秩序

"人类具有生物性学习能力以及人类在文化被创造出来之后不懈地将之传授给后人或其他人的教育方式,使人类从根本上区别于动物。"⑥教育是传承文化的最重要途径。中国传统社会被一个纵向的制度化教育体系和横向的非正式化教

---

① 姚燧. 牧庵集. 卷第15. 中书左丞姚文献公神道碑.
② 姚燧. 牧庵集. 卷第15. 中书左丞姚文献公神道碑.
③ 葛兆光. 中国思想史. 卷第2[M]. 上海:复旦大学出版社,2001:286.
④ 萧启庆. 蒙元支配对中国历史文化的影响. 内北国而外中国——蒙元史研究. 上册. 北京:中华书局,2007:49.
⑤ 洪金富. 元代汉人与非汉人通婚问题初探[J]. 食货月刊,1976(第6卷第12期).
⑥ 陈华文. 文化学概论[M]. 上海:上海文艺出版社,2001:157.

育体系"整合"得井井有条。传统社会在总体上呈现出普遍的"礼法"色彩,在很大程度上是由于在国家政治与社会生活领域里同时实施了各自的教育制度。作为正式制度的学校教育与作为非正式制度的民俗教化之间、教育体系与中国传统社会运行机制之间呈现出高度一体性和契合性。在中国传统社会,国家与民间生活常常有意识地维持这种关联。对于其中的个体而言,因教育而形成的权力可能会维持许多年,也许会是好几代人。① 蒙元初期,传统的教育传承遭到巨大挑战。而在政治背叛者的文本中,正是他们改变了这一面貌,使得教育不仅得以重建,甚至还有一定程度、一定层面的提升。

一、宣传奔走,积极兴学

学校是保存和传承文化的重要场所。然而宋元之际连年的战乱使得教育秩序被打破乃至摧毁。在政治背叛者笔下,"夫兴学,儒者事也"②,面对困境的他们积极担当,通过撰写文论和游说当权者等方式奔走宣传兴学。其中,元好问、许衡等人出力良多,在论述宣传方面也较为典型。

(一)教育的失序

在相对稳定时期,金和两宋中央有太学、国子监,地方也学校林立,拥有州学、府学、县学等,各级官员各负其责,"近代皇统、正隆以来,学校之制,京师有太学、国子学;县官饩廪,生徒常不下数百人,而以祭酒博士助教之等教督之,外及陪京总管大尹府、节度使镇、防御州,亦置教官。生徒多寡,则视州镇大小为限员。幕属之由左选者,率以提举系衔刺史,州则系籍生附于京府,各有定在。外县则令长司学之成坏,与公廨相授受,故往往以增筑为功。"③此外,还有不少私人兴办的私属、书院等。

然而时局巨变,"盖先之以靖康,后之以贞祐,再涉大变"④。在战争中,金、宋许多学校残败、破损,甚至化为灰烬,如"赵州庙学初废于靖康之兵"⑤"金季板荡,

---

① 参见:[英]特德. 卢埃林. 朱伦. 政治人类学导论[M]. 北京:中央民族大学出版社,2009:84.
② 元好问. 遗山先生文集. 卷第32. 赵州学记. 文渊阁四库全书本.
③ 元好问. 遗山先生文集. 卷第32. 寿阳县记. 文渊阁四库全书本.
④ 元好问. 遗山先生文集. 卷第30. 冠氏赵侯先茔碑. 文渊阁四库全书本.
⑤ 元好问. 遗山先生文集. 卷第32. 赵州学记. 文渊阁四库全书本.

中原邱墟,所在庙学,例为灰烬"①"自经大变,学校尽废,偶脱于煴烬之余者,百不一二存焉"②"庙学之存亡,亦付之无可奈何而已。户牖既坏,瓦木随彻,当路者多武弁,漫不加省,上雨旁风,日就颓压;识者惜之。"③学生流落各地,生活境遇惨不忍睹。"学生三数辈逃难狼狈,不转徙山谷,则流离于道路。"④

更为严重的是随着教育失序,社会世风、民风日下。过去"先王之时,治国治天下,以风俗为元气,庠序党术无非教,太子至于庶人无不学。天下之人,幼而壮,壮而老,耳目之所接见,思虑之所安习,优柔于弦诵之域,而餍饫于礼文之地;一语之过差,一跬步之失容,即赧然自以为小人之归。若犯上,若作乱,虽驱逼之、从臾之、诱引之,有不可得者矣。故以之为俗则美,以之为政则治,以之为国则安且久。理之固然而事之必至者,盖如此"⑤。而经历战争破坏后,"王政扫地之日久矣。"⑥战国、两汉、唐等时期也有破坏,但和宋元之际政治背叛者生活的当下比,都是小巫见大巫,"战国吾不得而见之,得见两汉斯可矣;两汉吾不得而见之,得见唐以还斯可矣;唐以还且不可望,况于为血为肉之后乎?"⑦"丧乱既多,生聚者无几,蚩蚩之与居,怅怅之为徒。亦有教焉:不过破梁碎金、'胡书记咏史'而已。"⑧当时,就连《急就章》《兔园册》这样的童蒙读物,也有不少人无法断句、诵读,何况领会其教育意义呢?腹中没有文化,则表现为猥琐之徒:"后生所习见者,非白昼攫金,则御人于国门之外,取箕帚而谇语,借耰锄而德色,秦人之抵冒殊捍,贾子之所为。太息而流涕者,盖无足讶。"⑨而要改变这一切,只有兴学以定名分、教育以通人伦,"由是观之,父子、夫妇、人伦之大节,亦由冠屦上下之定分。冠而屦之,屦而冠之,非正名百物,则倒置之敝无所正。父不父、子不子、夫不夫、妇不妇,必肇修人纪者出而后有攸叙之望矣。"⑩

---

① 李修生(编).全元文.大元国京兆府重修宣圣庙记[M].南京:江苏古籍出版社,1998:619.
② 李修生(编).全元文.河津县儒学记[M].南京:江苏古籍出版社,1998:215.
③ 元好问.遗山先生文集.卷第32.赵州学记.文渊阁四库全书本.
④ 元好问.遗山先生文集.卷第32.赵州学记.文渊阁四库全书本.
⑤ 元好问.遗山先生文集.卷第32.博州重修学记.文渊阁四库全书本.
⑥ 元好问.遗山先生文集.卷第32.博州重修学记.文渊阁四库全书本.
⑦ 元好问.遗山先生文集.卷第32.博州重修学记.文渊阁四库全书本.
⑧ 元好问.遗山先生文集.卷第32.博州重修学记.文渊阁四库全书本.
⑨ 元好问.遗山先生文集.卷第32.博州重修学记.文渊阁四库全书本.
⑩ 元好问.遗山先生文集.卷第32.博州重修学记.文渊阁四库全书本.

(二)元好问的兴学宣传

元好问积极参与兴学的宣传。他的文章很多都涉及兴学。例如"今嗣侯莅政,以为国家守成尚文,有司当振饬文事,以赞久安长治之盛,敢不黾勉朝夕,以效万一?"①国家守成需要文事,而文事就需要兴学,"庠序党塾者,道之所自出也;士者,推庠序党塾所自出之道而致之天下四方者也。由是而之焉,正名百物,肇修人纪者尚庶几焉!"②

元好问认为,学校是国家"大政"。礼义由贤者做表率,而风俗是国家的元气,学校就是教化风俗之地。没有学校,谁来传授百姓"君臣有义、父子有亲、夫妇有别、长幼有序"的道理呢?哪怕是小人,也必须学习啊。"公辈宁不知学校为乎?夫风俗国家之元气,而礼义由贤者出。学校所在,风俗之所在也。吾欲涂民耳目,尚何事于学?如曰:'如之何使吾民君臣有义、而父子有亲也?夫妇有别、而长幼有序也?'则天下岂有不学而能之者乎?古有之:'有教无类';虽在小人,尤不可不学也。"③

元好问认为,治国治天下者无外乎两件事:一为教育,一为法治。法治是要告诉百姓什么不能做。教育是要告诉百姓什么能做,有些还必须做。教育与法治,两者相辅相成,缺一不可。"治国治天下者有二:'教'与'刑'而已。刑所以禁民,教所以作新民。二者相为用,废一不可。"④元好问进一步分析认为,教育是学政的事,但是经历乱世,现在人们都不知道该怎样办学政了。从政者也更不知道怎样一身垂范从事教育。"教则学政而已矣。去古既远,人不经见,知所以为教者亦鲜矣,况能从政之所导以率于教乎?"⑤

(二)许衡的兴学宣传

许衡曾多次表达他对创办学校,以及育人对于整个国家的重要性。"先王设学校,养育人材,以济天下之用。及其弊也,科目之法愈严密,而士之进于此者愈巧。以至编摩字样,期于必中。上之人不以人材待天下之士,下之人应此者,亦岂仁人君子之用心也哉?虽得之,何益于用?上下相待,其弊如此,欲使生灵蒙福,其可得乎?先王设学校,后世亦设学校,但不知先王何为而设也?上所以教人,人

---

① 元好问. 遗山先生文集. 卷第32. 博州重修学记. 文渊阁四库全书本.
② 元好问. 遗山先生文集. 卷第32. 博州重修学记. 文渊阁四库全书本.
③ 元好问. 遗山先生文集. 卷第32. 寿阳县学记. 文渊阁四库全书本.
④ 元好问. 遗山先生文集. 卷第32. 东平府新学记. 文渊阁四库全书本.
⑤ 元好问. 遗山先生文集. 卷第32. 东平府新学记. 文渊阁四库全书本.

所以为学,旨本于天理民彝,无他,教也,无异学也。"①

在许衡看来,一个国家的兴盛发展,取决于国家对人才的有效运用,因此人才的教育培养对于当时的元代来说至关重要。许衡要求当时的蒙古贵族积极延续前朝在国子监办学方面所做出的成绩,养育人才以济天下之用。

二、地方教育的恢复与发展

"崇植斯文之盛,在莫不作新庙学,求称宣化。"②在政治背叛者的文本中有大量关于庙学、府学、县学等的记录。就这些记录来看,根据自己的经济实力、知识程度、兴趣爱好等为别,政治背叛者保护、维持、重建和兴办了各种层次的官学和私学。既向社会传播文化,也可以在家教育子孙、发展家学。这些机构除讲授经学内容之外,还传授一些主讲者们最精通的知识或非常实用的知识。

面对困境,政治背叛者运用各种手段,保护和恢复庙学,"甲申之兵,民居被焚,州将阎侯义以庙学、州宅、龙兴寺殿土木之丽,甲于一州,特以兵守之。其后庙学独废不存。"③"庙学卑陋,捐币为的,倡其郡民,徙基高明。"④而他们的行动获得了极大的民间支持,"而此州将佐首以兴起学宫为事,士之有志于此道者,其喜闻而乐道之宜如何哉!"⑤

太宗窝阔台汗在耶律楚材的建议下,重用文臣尤其是儒士。蒙元军队进攻汴京时,"楚材又请遣人入城,求孔子后,得五十一代孙元措,奏袭封衍圣公,付以林庙地。命收太常礼乐生,及召名儒梁陟、王万庆、赵著等,使直释九经,进讲东宫。又率大臣子孙,执经解义,俾知圣人之道。置编修所于燕京、经籍所于平阳,由是文治兴焉。"⑥《元史》之《太宗本纪》称,元太宗窝阔台汗下诏书承认孔元措为孔子五十一世孙并依照历史惯例袭封"衍圣公"。元太宗窝阔台汗还在国都建立了国子学,用儒家经典及思想教育臣子。《元史》之《耶律楚材传》也记载到,元太宗窝阔台汗"率大臣子孙,执经解义,伸知圣人之道"⑦。蒙古贵族逐渐采用以儒学为中心的传统思想和制度来治理中原,从而为后来忽必烈建立元朝奠定了重要的政

---

① 许衡. 王成儒. 许衡集·语录上[M]. 北京:东方出版社,2007:18.
② 姚燧. 牧庵集. 卷第5. 崇阳学记. 四部丛刊本.
③ 元好问. 遗山先生文集. 卷第32. 博州重修学记. 文渊阁四库全书本.
④ 姚燧. 牧庵集. 卷第27. 安西路同州儒学正潘君阡表. 四部丛刊本.
⑤ 元好问. 遗山先生文集. 卷第32. 博州重修学记. 文渊阁四库全书本.
⑥ 宋濂. 元史. 卷第146. 列传第33. 耶律楚材(子铸附)传.
⑦ 宋濂. 元史. 卷第146. 列传第33. 耶律楚材(子铸附)传.

治文化基础。

除此以外,政治背叛者主要是通过兴修学校、拨付学校费用、招徕教师等行为恢复教育。如张德辉提调真定学校时,曾倡导并主持重修了元氏县的庙学①。张柔在镇守保州之时面对"荒废者十五年,盗出没其间"的境遇,不仅保境安民,还"迁庙学于城东南,增其旧制",同时另建当地的孔庙。② 金中都是金代教育的重地,然而蒙金战争以后"都城(金中都)庙学,既毁于兵",汉人降蒙将领王檝遂"取旧枢密院地复创立之",还亲自"春秋率诸生行释菜礼,仍取旧岐阳石鼓列庑下",可见其恢复办学的努力。③ 另外还有政治背叛者段直在担任泽州长官时"大修孔子庙,割田千亩,置书万卷,迎儒士李俊民为师,以招延四方学者",更是获得了"不五六年,学之士子,以通经被选者,百二十有二人"的良好效果。④ 严实与其子严忠济更是在其辖地大力创办府学,"先相(严实)崇进开府之日,首以设学为事,行视故基,有兴复之渐",后来"或言阜昌所迁乃在左狱故地,且逼近阛阓,湫隘殊甚,非弦诵所宜",严忠济更是"乃卜府东北隅爽垲之地而增筑之"。⑤ "废于兵久矣……仅立一门而已"的真定地区庙学也在政治背叛者史天泽和其手下张德辉等人的努力下重建起来,"罅漏者补之,裒倾者壮之,腐败者新之,漫漶者饰之"。⑥

可见他们的这些行为一定程度上恢复了战乱中的地方教育,培养出了一部分人才,也为战乱中的儒士提供了一条生存之道。甚至在元朝统一后,对于大都国学的建立政治背叛者也有所建言,大德七年,京师孔子庙成,政治背叛者何玮也曾言:"唐、虞、三代,国都、闾巷莫不有学,今孔庙既成,宜建国学于其侧。"元成宗也听从了他的建议。⑦ 在政治背叛者笔下,他们涉足于各个层面的教育,无论官学还是私学。从内容上看,有启蒙级别的孩提教育,也有大家学者的专门学术讲座,各层级都是政治背叛者传播文化的领域。

府学的兴起在严实进驻东平的1221年,严忠济1255年建成一座新府学,东平府学进入鼎盛时期。宪宗二年(1252年),东平新府学开始兴建,到宪宗五年

---

① 李修生. 真定府元氏县重修庙学记. 全元文:2册[M]. 南京:江苏古籍出版社,1998:26 - 27.
② 宋濂. 元史. 卷第147. 列传第34. 张柔传.
③ 宋濂. 元史. 卷第153. 列传第40. 王檝传.
④ 宋濂. 元史. 卷第192. 列传第79. 良吏二. 段直传.
⑤ 元好问. 遗山先生文集. 东平府学记. 四部丛刊本.
⑥ 元好问. 遗山先生文集. 令旨重修真定庙学记. 四部丛刊本.
⑦ 宋濂. 元史. 卷第150. 列传第37. 何玮传.

(1255年)建成。最多时学生人数达到75人的规模。这在元初的学校中是比较大的了。按金章宗大定二十九年(1189年)的府学编制定制,东平府学是60人,与大兴、开封、平阳、真定府学的人数相同,是金代人数最多的学校①。

以此为领头羊,在严氏统辖的区域内长清县学、冠氏县学、博州学等都重新发展起来。"今行台特进公以五十城长东诸侯,凡四境之内,仙佛之所庐及祠庙之无文者,率完复之,故学舍亦与焉。防御使茌平石侯青、彰德总管兼州事赵侯德用,乃以行台之命,葺旧基之余而新之。大正其位,又为从祀之室于其旁。至于讲诵之堂、休宿之庐、斋厨库厩,无不备具。"②"堂庑、斋除、像仪、礼器,遭离丧乱,初若未尝毁而又加饰焉!问之诸生,盖一本于侯之经度。出货于家,雇庸于民,躬自督视,寒暑不少懈。数年而后乃克有成,固以为贤于时之人远矣。范、萧两炼师及参佐诸人,亦皆称侯满城之举,竭事君之节,奋复仇之义,奖厉士卒,辑穆同异,裨益之力为多。"③

在政治背叛者的经营下,地方兴学取得了不少成就,客观上推动了教育下沉。在政治背叛者文本中,久经战乱的山西教化之风迅速回升,"文治既洽,乡校家塾弦诵之音相闻。上党、高平之间,士或带经而锄,有不待风厉而乐为之者。化民成俗,概见于此。"④

澧州(今湖南省常德市澧县)庙学毁于大火。当地官员也是克服重重困难,历经多人,才在五年后完成:"元贞乙未,居民不戒于火,庙为延烧。总管是道者故鄂屯实鲁将复之,俾计吏最其学租,直才五千余缗,曰:是所谓时诎而举赢者也。乃下令郡士在籍多田者,劝之佐为,凡又得万缗。委材集工,责校官李寓、学正张子仁,身敦其役。而纠郡诸公,如副使贾仁,佥事蒋某、姚某、李庭泳、郭贯,凡至者必促其成功。五年而落之。"⑤

辉州(今河南省新乡市辉县)学宫的改建在官民的共同努力下得以完成,"奉训大夫、知辉州司侯仁,以至元三十年下车,奠谒孔庙。已,乃谓曰:是州学宫,堂而不陛,简陋至矣。荐盟春秋,何以称百事之奔走笾豆?捐奉为劝,鼓舞士民,撤而改为。凡再阅岁,殿庑门垣,崇卑适宜,丰俭居中,既严以翼,人之改观,可什百

---

① 脱脱. 金史. 卷第51. 选举志一.
② 元好问. 遗山先生文集. 卷第32. 博州重修学记. 文渊阁四库全书本.
③ 元好问. 遗山先生文集. 卷第30. 龙山赵氏新茔之碑. 文渊阁四库全书本.
④ 元好问. 遗山先生文集. 卷第32. 寿阳县学记. 文渊阁四库全书本.
⑤ 姚燧. 牧庵集. 卷第5. 澧州庙学记. 四部丛刊本.

于谁?"①

历经战乱的汴梁国子监旧址也被清理修复了一部分作为庙学,很多当地官员为此捐出自己的俸禄,其过程也是漫长而艰辛:"宋建隆中,南宫城数里,立太学,后为国子监。金贞祐,都汴,国日益蹙,大城少兵难守,度中宫垣大城再城之。监当城所经,弗便也,坏而徙之东南大城之下,不及屋而亡。皇元受多方,始为殿七楹,亦废宫屋也。其制度宏丽为天下甲。壬子,杨中书忠肃公来董括舟役,又坏宫取财,以其余为门庑。至元癸酉,故同知宣慰使袁裕,时为是府判官,始构讲堂于庙西,神庖于堂东,凿池其南,势如半璧。瀹汴注之,拟鲁频水,殆足观矣。岁月滋久,风雨骞屋,困于撑拄,自总管、提刑,悉捐金割俸起新之。经管则权舆于成,其断手于杜思敬。其同力者,同知胡某、治中益祖、判官完颜某、推官姜某、提刑使则阁阁都高某、副使王忱、佥事刘某。"②整个过程前后持续五十余年,历经十二任官员才完成,民间出钱出力的就更是数不胜数。

三、许衡在国子监的教育实践

就政治背叛者的文本而言,蒙元王朝国子监的建立,使教育在社会的地位有了大幅度提升,大批儒士也寻求到了施展才华的机会,同时儒家思想也得到了更好的铺展。政治背叛者许衡作为元代教育发展中里程碑式的人物,成为国子监成立之初的第一位国子祭酒,对国子监的建立和初期发展做出了巨大的贡献。一方面健全了元代初期的教育体系,完善了元代的教育机制;另一方面对培养人才以及服务政权都具有一定的功效。整个教育制度的形成,从最初的目的到后来实践中的具体内容,乃至到最后产生的结果,都包含着许衡所倡导的教育理念。不仅如此,从另一个侧面来看,许衡的做法也积极地响应着蒙古统治阶层的政治需求。许衡在两者之间小心翼翼地求取着平衡。

(一)学生

在元朝初期,许衡意识到培养各族群贵族子弟的重要性,就对统治者不断建言并得到采纳。起初,忽必烈在勋戚旧臣子中挑选了一批优秀的蒙古、色目、汉人子弟进入国子监进行学习,"命设国子学,增置司业、博士、助教各一员,选随朝百

---

① 姚燧. 牧庵集. 卷第6. 三贤堂记. 四部丛刊本.
② 姚燧. 牧庵集. 卷第5. 汴梁庙学记. 四部丛刊本.

官进侍蒙古、汉人子孙及俊秀者充生徒"①。其中蒙古及色目生徒共计十一人。这十一人中,长者四人跟随许衡学习,童子七人则跟从王恂学习,后因王恂随蒙元军队北征,使蒙古及色目的贵族子弟的全部十一人转入许衡门下进行学习,"世祖择勋戚子弟学于公,师到卓然。及公从裕宗抚军称海,始以诸生属许文正公,名臣自是多学者,而国学之制兴矣。"②因此,在《元史》中提到:"至元八年,选胄子脱脱木儿等十人肄业国。"③综合来看,元代国子监学生来自各族群;随着统治者重视程度的提高,学生数量也不断攀升。

在许衡从事教育的多年间,培养了大批的优秀学生,学生范围包含了汉人、蒙古人及色目人等。许衡也意图以他所培养的蒙古、色目子弟的未来发展宣示其教育成效成果,从而进一步提升教育的地位,乃至塑造高层级的政治背叛者形象。许衡初期的十一位蒙古、色目子弟中现可考证的有不忽木、秃忽鲁等七人。他们中的大部分在《元史》中都有记载,并为朝廷所用。如不忽木在《元史》中就被记载到:"世祖奇之,命给事裕宗东官,师事太子赞善王恂。恂从北征,乃受学于国子祭酒许衡;十四年,授利用少监;十五年,出为燕南河北道提刑按察副使;十九年,升提刑按察使;二十一年,召参议中书省事;二十三年,改工部尚书,九月,迁刑部;二十七年,拜翰林学士承旨、知制诰兼修国史;大德二年,特命行中丞事。三年,兼领侍仪司事。"④再如秃忽鲁,元史中记载到其在至元二十年(1284年)迁中书右司郎中,随后迁吏部尚书,后又迁至江浙右丞,大德四年,任枢密副使等。

(二)教师

许衡在担任国子祭酒的过程中承担着教育教学过程中的大部分工作,通过自己的所学,教育生员获得更多儒家教化。同时,他所采用的伴读制的教育方法,无形中丰富了国子监的教育方法,同时也提升了教师本身所具有的道德修养及知识水平。

许衡反复强调,"用人是用其所长,教人则是教其所短"⑤。在伴读制实施过程中,许衡选择了十二人"名为斋长、实为伴读"。这些人大都来自他曾经教授的得意门生,包括姚燧、王梓、韩思永、苏郁、耶律有尚、孙安、高凝、刘季伟、吕端善、

---

① 宋濂. 元史. 卷第6. 世祖本纪四.
② 苏天爵. 元朝名臣事略·许丞许文正公[M]. 北京:中华书局,1976:177.
③ 宋濂. 元史. 卷158. 列传第45. 许衡传.
④ 宋濂. 元史. 卷130. 列传第17. 不忽木传.
⑤ 许衡. 王成儒. 许衡集·国学事迹[M]. 北京:东方出版社,2007:318.

刘安中、白栋等。许衡要求他们通过言传身教和不分朝夕的学习与引导,教助蒙古、色目生徒改掉粗俗,学习礼仪谦让、规范自身言行。在许衡的教育实践过程中,教育者的品行和素质是影响教育效果的重要因素,同时也是保证教育过程正确方向的保障。在元初朝廷实行中原之法的过程中,以许衡为首的政治背叛者积极投身于向少数族群尤其是蒙古贵族传播儒学的洪流中。

关于教师的培养,许衡大致从德行和才能两方面出发。德行大体指的是自身的素质及道德品行;才能则提倡教师具有良好的知识储备,能言善论及政治才能。许衡要求教师具备基本的三纲五常的伦理道德,遵守其中的要求并付诸行动于其中。许衡强调:"圣人之道,惟仁与义。仁则物我兼说,义则职业有分。体用参错,莫可相离。故语人而不及义,非仁也,其流必入于兼爱;语义而不及仁,非弊必至于为我。"①而才能方面,许衡希望除仁义之外,还需有勇有智,许衡曾说:"大道虽人所共由,然必智以知此道,仁以体此道,勇以强此道。"②"若夫宏硕之器,明敏之识,端实之行,正大之议论,未尝不相望于世。"③"此数辈者,皆足以尊主而庇民,皆足以捍灾而制变,皆足以继绝阻兴治平,若较之三代王佐之才,固未可同日而语。"④

不论是教育学生还是培养教师,许衡都坚持以身作则。许衡坚持不在国子监内会客,"凡家事悉委其子师可。凡宾客来学中者,皆谢绝之。"⑤他认为,"学中若应接人事,诸生学业必有所妨。外人谤咎,是我一己之事;诸生学业,乃上命也。日令家具早膳、午膳,以老疾,日西不复食矣。"⑥同时,若当时的伴读带着酒礼到许衡家拜访,许衡会一一谢绝,道:"所以奏取诸生者,盖为国家、为吾道、为学校、为后进也,非为供备我也。我为官守学,所当得者俸禄也。俸禄之外,复于诸生有取焉,欲师严道大难矣。"⑦不在国子监内会客,谢绝伴读送礼,是为了维护"师严道尊",也就是在维护传统的儒家教风。

(三)影响

在政治背叛者的文本中,许衡是将程朱理学思想通过不断实践纳入到其国子

---

① 许衡.王成儒.许衡集·家语亡弓[M].北京:东方出版社,2007:188.
② 许衡.王成儒.许衡集·语录上[M].北京:东方出版社,2007:15.
③ 许衡.王成儒.许衡集·语录上[M].北京:东方出版社,2007:15.
④ 许衡.王成儒.许衡集·语录上[M].北京:东方出版社,2007:15.
⑤ 许衡.王成儒.许衡集·国学事迹[M].北京:东方出版社,2007:317.
⑥ 许衡.王成儒.许衡集·国学事迹[M].北京:东方出版社,2007:317.
⑦ 许衡.王成儒.许衡集·国学事迹[M].北京:东方出版社,2007:319.

监办学模式当中的拓荒者。在教育实践过程中,许衡进一步使程朱理学成为元代初期教育实践活动的标榜,并逐步形成以其为基础的办学理论体系。国子监教育,从内容到方法再到制度,许衡都为接下来的继承者们打下了坚实基础。

"国学之置,肇自许文正公。以笃实之资,得朱子数书于南北未通之日,读而领会,起敬起畏,及被遇世祖,纯乎儒者之道,诸公所不及也。世祖圣明天纵,深知儒术之大,思有以变化其人而用之,以为学成于下而后进于上,或疏未即自达,莫若先取侍御贵近之师,是时风气浑厚,人材朴茂。文正故表章朱子《小学》一书以先之,勤之以洒扫应对以折其外,严之以出入游息而养其中,摅忠孝之大纲以立其本,发礼法之微权以通其用。于是数十年,彬彬然世称明卿士大夫者,皆其门人矣。呜呼!使国人知有圣贤之学,而朱子之书得行于斯世者,文正之功甚大矣。"①

在整个元代国子监的进程当中,许衡在培养蒙古、色目人过程中所倡导的办学模式,也是元代国子监建设和儒学发展的重要依据。许衡不再担任国子监相关工作后,"刘秉忠等奏,乞以衡弟子耶律有尚、苏郁、白栋为助教,以守衡规矩"②;刘秉忠、姚枢、王磐、窦默、徒单公履等上言:"许衡疾归,若以太子赞善王恂主国学,庶几衡之规模不致废坠。"③由此可以看出许衡在元代国子监教育中所占的重要位置。元代在提到许衡对于蒙古、色目子弟的教育问题时,认为元世祖忽必烈任用许衡开展国子监教育,培养了诸多材质优异的蒙古学生,拉动了统治阶层整体的价值观念,以至于来自草原传统的"集赛""鹰房"这些古代所谓玩乐"淫技"之所的人员,也都知晓所谓三纲五常等基本伦理规范。这充分说明了许衡对于蒙古色目子弟的教育,对元初的政治运行产生的深远影响。苏天爵也谈到许衡的教育对元代的贡献,"其后成德达才,布列中外,大而宰辅卿士,小则郡牧邑令,辅成国家之政治者,大抵多成均之弟子也。是则文正兴学作人之功,顾不大欤?"④

总的来说,政治背叛者的文本认为,国子监的开设,在某种程度上更好地推动了元代的社会转型,使元初的社会保持相对稳定的状态,与此同时,社会生产等问题也得到了一定的恢复,这不仅缓和文化冲突所带来的社会矛盾,也让在两种文化碰撞中的人民免于战争的威胁,减少了生活中的痛苦。

---

① 许衡.王成儒.许衡集·虞氏邵庵语[M].北京:东方出版社,2007:324.
② 宋濂.元史.卷第158.列传第45.许衡传.
③ 宋濂.元史.卷第8.世祖本纪五.
④ 苏天爵.元朝名臣事略.许丞许文正公[M].北京:中华书局,1976:176.

四、教育守成、揭弊兴利

对于兴学过程中出现的问题，尤其是兴学官员和相关人等破坏兴学的问题，政治背叛者也积极揭发、面对，维持文化发展的大好局面。

兴学过程中的贡庄、学田为兴学提供了重要的经济支持，也是学校可持续性存在发展的重要因素。对于营利之徒侵夺贡庄、学田的行径，政治背叛者积极反馈、上诉，最终从国家制度层面得到了皇帝的法制性确认，保障了学校和学者的权益。"世祖御极之十有七年，当至元十有三年，宋平。凡江之南，财之储府库、赋之产山泽者，悉输京师。独遗贡庄学田，仍卑之学，俾资教育。后尚书用非人，大网罗天下之利，夺归之官。在庭之士子，媒进取而不得者，乃希其意，求分道钩覈素所出入于职学之官，责偿其负，而促为期，有阓木而婴笞者。士穷不堪，至图其惨以上之，帝闻，不善也。其人罪诛，希意者亦窜废，诏还所夺，至仁也。皇上嗣圣，申诏若曰：'圣人之道，垂宪万世。其还正贡庄、学田，以为释奠完庙养老师生之廪之须。'至明也。为良有司昭都两圣崇植斯文之盛，在在莫不作新庙学，求称宣化。"①

兴学过程中的学官关乎兴学的成败，政治背叛者尤其注意此类问题。许衡认为"生民休戚，侨于用人之当否，用得其人，则民赖其利，用失其人，则民被其害。自古论治道者，必以用人为先务。用既得人，则其所谓善政者始可得而行之，以善人行善政，其于为治也何有？"②姚燧也认为，"兴学之事，贤相当任之，良民吏当为之。贤相不任，良民吏不为，曾谓斗食吏不得执鞭于其后乎？"③

姚燧在《崇阳学记》中写道："不谆谆乎教养之道，而惟历发职学之蕙"④，毫不隐讳地揭露全国各地各种形式的学官弊端，维护兴学成果。崇阳学宫竣工于至元二十五年（1288年）但到了元贞元年（1295年），仅仅七年的时间，该学宫却"上栋旁楹，穿漏倾挠，已窘风雨"⑤。是什么原因造成学宫的建筑问题？姚燧作出了缜密的分析，矛头直指学官，"非作者之罪也，守之者之不获其力也。夫人极其思而创之，初其躬而乐之，美亦完亦，举以卑之职学之官而守之。且屋以待风雨者也，

---

① 姚燧. 牧庵集. 卷第5. 崇阳学记. 四部丛刊本.
② 许衡. 王成儒. 许衡集·语录上[M]. 北京：东方出版社，2007：20.
③ 元好问. 遗山先生文集. 卷第32. 寿阳县学记. 文渊阁四库全书本.
④ 姚燧. 牧庵集. 卷第5. 崇阳学记. 四部丛刊本.
⑤ 姚燧. 牧庵集. 卷第5. 崇阳学记. 四部丛刊本.

而风雨亦所以贼屋者也,𡾰非一日可速赜也,亦必有其渐焉。雨罅而入,微而视之,曰:'未害也',今日而不加覆焉。风有隙而乘、徐而安之,曰:'未害也',明日而不加塞焉。月弛慢而岁因仍,以及于隳,乃咎夫敦匠者始苟于其事之致。……呜呼,守者之不获其力,特不职尔。"①

在姚燧看来,房屋倾塌,不加修缮,这只是"小者也"。因为还有"甚者为罪其间"②。"盖江南学田,宋故有籍,守者利之,私犊其家"③。然后姚燧一一列举了当时的毁学、灭学之举,尤其是侵夺学校财产"学田"的行为。

其一,"或投水火以灭其迹,使他日无所稽,曰:'城下之日,学吏持而失之也。'"④毁掉田籍,以致无据可查侵吞学田。其二,"或曰:'其人死,不知何归也。'以幸迷误,久而为己产。"诡称学官已死,以致死无对证,觊觎侵吞学田。其三,"一闻有司将加覆正,反肆为谤语,计扬其短,恐之,使不得竟。"⑤将学田据为己有后威胁官府,最终侵占。其四,"身为教官,自诡佃民,一庄之田,连亘叶陌,名岁入租,学得其一,己取其九。"⑥学校的教官谎称自己同时做佃农,每年学田的收获,一成归学校,九成被侵吞。其五,"以己硗确,易所上腴,曰:故薄为是。"⑦拿自家贫瘠土地的产出,替换丰腴学田的产出,占学田产出为自己所有。其六,"至与学吏为讼诋诟器。租入庾矣,犹掊诸生之堂馈,留耆儒之廪俸,而虚为之名,以征逐府县,而归徐其室。"⑧学吏假造名目,克扣学校收入,表面归了地方政府,其实慢慢被官员侵吞。其七,"提学之司,又繁为文,鱼鳞而取之,惟与求荐教职入贿,为市罪而去者相踵也。"⑨学官因搜刮、受贿于教员而获罪的比比皆是。对于诸种行径,姚燧发出"守以是曹,譬如以狼牧羊,不尽不止也"⑩的警告,以为兴学者警示和警醒,维护兴学来之不易的大好局面。

---

① 姚燧. 牧庵集. 卷第5. 崇阳学记. 四部丛刊本.
② 姚燧. 牧庵集. 卷第5. 崇阳学记. 四部丛刊本.
③ 姚燧. 牧庵集. 卷第5. 崇阳学记. 四部丛刊本.
④ 姚燧. 牧庵集. 卷第5. 崇阳学记. 四部丛刊本.
⑤ 姚燧. 牧庵集. 卷第5. 崇阳学记. 四部丛刊本.
⑥ 姚燧. 牧庵集. 卷第5. 崇阳学记. 四部丛刊本.
⑦ 姚燧. 牧庵集. 卷第5. 崇阳学记. 四部丛刊本.
⑧ 姚燧. 牧庵集. 卷第5. 崇阳学记. 四部丛刊本.
⑨ 姚燧. 牧庵集. 卷第5. 崇阳学记. 四部丛刊本.
⑩ 姚燧. 牧庵集. 卷第5. 崇阳学记. 四部丛刊本.

五、政治背叛者士人群

中国传统文化认为名教关乎天下兴亡,名教在则天下存,卫道就是保卫天下、保卫苍生。利用名教这种政治象征和围绕这些象征而实施的社会活动,政治背叛者努力构建一种政治形象:他们是文化名教的传承者和公共利益的忠实仆人。

士人是文化秩序恢复和重构之要。但当时"士失所业,先辈诸公,绝无仅有,后生所学,既无进望,又不知适从。或泥古溺偏不善变化,或曲学小材初非适用。故举世皆曰:儒者执一而不通,迂阔而寡要,于是士风大沮"①。于是,政治背叛者积极参与搭救士人,支持其活动,"欲仕者则登之幕府,以师群吏。不者则升之学宫,以范多士"②。政治背叛者本人也身体力行,大兴儒学之风,通过这种行为,政治背叛者尽量塑造广泛的、共享的、具有合法性的意识形态来为新建制,从而也为政治背叛者自身增添合法性和稳定性。

(一)以身作则

政治背叛者从自身做起,坚持崇儒重道为学。政治背叛者李聚"每恨失学兵间,课责诸子读书,如日不足"③。潘汝劼得知有高雅之士后"无不游造其门,得其延誉"④。赵天锡"惟侯在军校中,日以文史自随,延致名儒,考论今古,穷日夕不少厌。时或投壶、雅咏、挥尘清坐,倡优、杂戏不得至其前。又子弟之可教者,薄其徭役,使得肄业,而邑文人亦随而化之。行台所统百城,比年以来,将佐令长皆兴学养士,骎骎乎齐、鲁礼义之旧。推究原委,盖自侯发之"⑤。阎医隐五十岁时告诉后人:"吾从学良医,又勤心奇书古方,卒遇一疾,犹炫迷于先民数十成说,竟不敢必何方定可已疾,殆以疾试方。况君无吾问学者,得吾术,自已其疾则可,无轻出治人也。"⑥随后,他不再行医为医,专心儒术,教子孙读书。对于张柔,"人徒知公席百胜之功,以取颛面之贵,威望崇重,见者起立拜揖,或周章失次;而不知寇敚略平之后,日与文儒考论今古,见仁民爱物之事,辄欣然慕之。恩抚吏民,恒若不及;虽笞罚之细,亦未尝妄加。所谓仁心为质,要其终而后见者也!"⑦

---

① 王恽.秋涧先生大全集.故翰林学士紫山胡公祠堂记.元人文集珍本丛刊.
② 姚燧.牧庵集.卷第17.袁公神道碑.四部丛刊本.
③ 姚燧.牧庵集.卷第27.招抚使李君阡表.四部丛刊本.
④ 姚燧.牧庵集.卷第27.安西路同州儒学正潘君阡表.四部丛刊本.
⑤ 元好问.遗山先生文集.卷第29.千户赵侯神道碑铭.文渊阁四库全书本.
⑥ 姚燧.牧庵集.卷第27.医隐阎君阡表.四部丛刊本.
⑦ 元好问.遗山先生文集.卷第26.顺天万户张公勋德第二碑.文渊阁四库全书本.

姚枢隐居在苏门山①,筑室为庙奉祀孔子、程颢、程颐等圣贤,用活版印刷刊刻儒家经典和朱熹的理学专著等书籍,甚至还整理、编撰、刊刻使用童蒙教育的读物等等,使理学著作广为流传②。

许衡于1236年结识了已经接受南方程朱理学的窦默,"每相遇,则危坐终日,出入经传,泛滥释老,下至医药、卜筮、诸子百家、兵刑、货殖、水利、算数之类,靡不研究"③。许衡读到大量程颐和朱熹等人的理学专著,受到大启、有契于心,从此日日精研、夜夜苦读,最终成为一代理学大家宗师。

在政治背叛者的文本中,很多政治背叛者家风好儒,事迹感人。在《安西路同州儒学正潘君阡表》中描述了战乱期间温氏夫妻告别,丈夫对妻子说:"或我他日相失兵间,前配封出子浚,与汝子温,生五年矣,俟时清谧,无使废学。"④事后,丈夫真的死于战乱,妻子带着继子和亲生子流落到平阳,"风雨寒暑,窜蔽土屋,井汲灶炀,匪躬不致,须纺缉佣,资学二子。艰百罹,为操益确。"⑤日久天长,孤儿寡母的事迹感动了身边的其他家庭,大家都纷纷学习其好儒勤学之风。

政治背叛者的家人也有诸多勤奋好学的记载。例如,只"善骑射"的张柔之妻毛氏却"出阀腆华胄"⑥,"喜为学,阴阳图传,药石之术,老、佛之书,诗文之艺,皆能究竟"⑦,张柔的女儿也"幽闲执礼,有母氏之风,赋诗弹琴,窈窈物外人"。⑧ 另一些南宋政治背叛者本来都还是通过科举考试入仕,文化程度也是不低。政治背叛者董俊也曾教育自己的儿子们:"射,百日事耳;《诗》、《书》非积学不通。"⑨

(二)护聚人才

政治背叛者政治背叛之后大力网罗人才,尤其是士人群体,其原因是多方面

---

① 在姚枢到来之前,已有一位受理学影响的学者王磐在此讲学。姚枢到来后,王磐因为要到燕地,就将讲堂交给姚枢使用,让所有学生跟随姚枢学习。参见:姚燧. 牧庵集. 卷第6. 三贤堂记. 四部丛刊本.
② 参见:姚燧. 牧庵集. 卷第15. 中书左承姚文献公神道碑. 四部丛刊本;又见:毕沅. 续资治通鉴. 卷第170.
③ 鲁斋遗书. 考岁略. 四库全书本;许文正公遗书. 考岁略. 续. 清乾隆五十五年刻本;元朝名臣事略. 卷第8"左丞许文正公". 北京:中华书局,1996.
④ 姚燧. 牧庵集. 卷第27. 安西路同州儒学正潘君阡表. 四部丛刊本.
⑤ 姚燧. 牧庵集. 卷第27. 安西路同州儒学正潘君阡表. 四部丛刊本.
⑥ 郝经. 临川文集. 卷第35. 影印文渊阁四库全书本.
⑦ 郝经. 临川文集. 卷第35. 影印文渊阁四库全书本.
⑧ 郝经. 临川文集. 卷第35. 影印文渊阁四库全书本.
⑨ 宋濂. 元史. 卷第148. 列传第35. 董俊传.

的。既有保民的人道思想、保文化的民族思想,如"与诸贤聚精会神于一堂之上,所以开太平之基、播无疆之休"①。也有其他方面的考量,如"取才宋、金之遗"②为蒙元效劳;增强自身实力;利用这些人参与记忆塑造,实现对历史文本话语权的掌控等等。

首先,政治背叛者还经常借助战争、机构设置和官员任用的机会网罗人才。

公元1230年,耶律楚材受蒙元政权委派负责在中原地区征收税务。他设立了十路课税所,所用皆为和他文脉相通的儒士,"设使副二员,皆以儒者为之。如燕京陈时可,宣德路刘中,皆天下之选。因时时进说周孔之教,且谓天下虽得之马上,不可以马上治。上深以为然,国朝之用文臣,盖自公发之。"③蒙元军队进攻汴京时,"楚材又请遣人入城,求孔子后,得五十一代孙元措,奏袭封衍圣公,付以林庙地。命收太常礼乐生,及召名儒梁陟、王万庆、赵著等,使直释九经,进讲东宫。又率大臣子孙,执经解义,俾知圣人之道。置编修所于燕京、经籍所于平阳,由是文治兴焉。"④

蒙古太宗七年(1235年),蒙古军南下进攻南宋。杨惟中、姚枢受命随军招揽儒、释、道、医、卜等各类"人才"。在蒙古军队攻占德安(今湖北安陆)的战斗中,姚枢救出赵复、窦默和砚弥坚,杨弘道、王磐、王粹等也同时被俘送北方。等到赵复赴燕京之后"学徒从者百人,北方经学自兹始"⑤。而窦默也得到忽必烈的信赖。忽必烈后来对窦默评价极高:"朕访求贤士几三十年,惟得李状元、窦汉卿二人。"⑥又曾经说:"如窦汉卿之心,姚公茂之才,合而为一,始成完人矣。"⑦在《宋元学案》中,黄百家点评到"自石晋燕云十六州之割,北方之为异域也久矣,虽有宋

---

① 王恽. 秋涧先生大全集. 卷第8. 中堂事记序. 元人文集珍本丛刊.
② 苏天爵. 滋溪文稿. 卷第4. 燕南乡贡进士题名记.
③ 宋子贞. 国朝文类. 卷第57. 中书令耶律公神道碑. 四部丛刊本.
④ 宋濂. 元史. 卷第146. 列传33. 耶律楚材(子铸附)传.
⑤ 参见:姚燧. 牧庵集. 卷第15. 中书左丞相姚文献公神道碑. 四部丛刊本;姚燧. 牧庵集. 卷第4. 中书左丞相姚文献公神道碑序江汉先生死生. 四部丛刊本;宋濂. 元史. 列传第76. 赵复传.
⑥ 苏天爵. 元朝名臣事略. 卷第8. "内翰窦文正公". 按:李状元指李俊民. 窦默字汉卿. 姚枢字公茂.
  参见:宋濂. 元史. 卷第158. 列传第45. 窦默传.
⑦ 苏天爵. 元朝名臣事略. 卷第8. "内翰窦文正公". 按:李状元指李俊民. 窦默字汉卿. 姚枢字公茂.
  参见:宋濂. 元史. 卷第158. 列传第45. 窦默传.

诸儒叠出,声教不通。自赵江汉以南冠之因,吾道入北,而姚枢、窦默、许衡、刘因之徒得闻程朱之学以广其传,由是北方之学郁起,如吴澄之经学、姚燧之文学,指不胜屈,皆彬彬郁郁矣。"①

政治背叛者王钧战乱中搭救多名儒士。"雅善岐山令、进士刘绘,相失兵间,及开帅阃,绘为民洛西,宋自襄邓并西山出兵为劫,居者屡急,公为其车马,逾三千里迎,尽室以来,敬事而欢奉之。数年后,闻定,乞去,固留不可,厚币归之。若是者,皆生资笃于伦理,不待学能者也。"②"属得蜀士,则延致幕下,俾有食以仁其妻孥,又其稚也。"③袁湘对于儒生也尽量满足其要求,"儒生之贤而文,实耸人瞻、声动人听者,如侯丘严明焦举张华王明毕美邵瑞张辅之流,欲仕者则登之幕府,以师群吏。不者则升之学官,以范多士。由是悍俗消革,而礼让兴行矣。"④

其次,重开科举也是网罗人才的重要一步。以耶律楚材为首的政治背叛者长期采用各种方式给蒙元统治者进言重开科举。有一次,大汗窝阔台视察时看到各地上缴的财税金帛非常高兴,就问耶律楚材:"你一直在我左右没有离开,这样就能使得国库充足、财富堆积。南方还有像你这样的人才吗?"耶律楚材回答道:"在彼者皆贤于臣,臣不才,故留燕,为陛下用。"⑤然后,耶律楚材就进言重开科举,虽然未获实现但逐渐使得蒙元统治者开始了解科举的重要性。政治背叛者还不断撰文宣传重开科举对国家的好处,如"诸君子盍亦深思国家设科之本欤,非第求其文辞之工,惟愿得人以为治也。故询于所居之乡,则欲知其孝弟信义之行;问其所治之经,则欲考其道德性命之学;试之以应用之文,则可见其才华之敏;策之以当时之务,则可察其治世所长。他日立于朝廷,仕于郡县,大则谋王体断国论,次则治民事决狱讼,夫如是何患人才之不足,天下之不治乎!"⑥公元1237年,耶律楚材等集中提出恢复科举取士。1238年,蒙古首次开科取士,即"戊戌选试",一次录取了儒士数千人。"国朝儒者,自戊戌选试后,所在不务存恤,往往混为编氓。至于奉一扎十行之书,崇奖秀艺正户籍,免徭役。"⑦很多儒者都在这次取士后政治背叛蒙元。而政治背叛者认为,儒者整体的命运得以扭转、生活境遇也有了一

---

① 黄宗羲. 宋元学案. 卷第90. 鲁斋学案.
② 姚燧. 牧庵集. 卷第21. 平凉府长官元帅兼征行元帅王公神道碑. 四部丛刊本.
③ 姚燧. 牧庵集. 卷第21. 平凉府长官元帅兼征行元帅王公神道碑. 四部丛刊本.
④ 姚燧. 牧庵集. 卷第17. 袁公神道碑. 四部丛刊本.
⑤ 宋濂. 元史. 卷第146. 列传第33. 耶律楚材(子铸附)传.
⑥ 苏天爵. 滋溪文稿. 卷第4. 燕南乡贡进士题名记.
⑦ 陶宗仪. 南村辍耕录. 卷第2. 高学士.

定的好转。最后到了元仁宗时,全面恢复了科举制度。

最后,政治背叛者还大力荐举才德之士。定宗二年(1247年),张德辉向忽必烈推荐了20多人,其中包括了元好问、李治等;第二年(1248年),又荐举很多人,包括郑显之、李进之等。① 刘秉忠"以天下为己任,事无巨细,凡有关国家大体者,知无不言,言无不听,帝宠任愈隆。燕闲顾问,辄推荐人物可备器使者,凡所甄拔,后悉为名臣"②。徐世隆在金亡后投身严实门下。在担任东平幕府掌书记后,主张收养寒素,为网罗人才贡献良多。在翰林所推荐的多是国内名士,"时号得人"。

(三)兴学养士

在很多政治背叛者的笔下,赵天锡是兴学养士的第一人。金亡后,"一时名士夫,如遗山元公、紫阳杨公、左山商公诸人,皆流寓于此"③。当时元好问、杨奂、商挺均在其列。

政治背叛者张柔,从满城(今河北满城西)迁治保州(今河北保定)时,保州累经兵灾、焚荡殆尽。金正大四年(1227年)他"鸠工庀材,铲除荆棘,营立官府、仓库、庙学"④,王磐说他"性喜宾客,闲暇辄延引士大夫与之言笑谈论,终日不倦。岁时赡给,或随其器能任使之"⑤。魏初在《故总管王公神道碑铭》中回忆道:"癸巳,河南平。如前状元王鹗、监察御史乐夔、进士敬铉皆在其门下,馆客则陵川郝经。"⑥

史天泽的兴学养士比较含蓄。他所控制的真定地区在蒙元初期赫赫有名。在政治背叛者的文本中,真定人文荟萃、高朋盈盈。真定地区汇聚的人才在文学创作、政治管理、文化教育等方面都颇有建树。王恽说:"北渡后,名士多流寓失所,知公好贤乐善,偕来游依。若王滹南⑦、元遗山⑧、李敬斋⑨、白枢判⑩、曹南湖、刘房山、段继昌、徒单颛轩,为料其生理,宾礼甚厚,暇则与之讲究经史,推明治道,

---

① 参见:苏天爵. 元朝名臣事略. 卷第10. 宣慰张公(德辉).
② 宋濂. 元史. 卷第157. 列传第44. 刘秉忠传.
③ 李谦. 冠州庙学记. 冠县县志. 卷9. 光绪十年修,民国二十三年铅印本.
④ 王磐. 蔡国公神道碑. 畿辅通志. 卷第107.
⑤ 王磐. 蔡国公神道碑. 畿辅通志. 卷第107.
⑥ 魏初. 青崖集. 卷第5. 故总管王公神道碑铭.
⑦ 王滹南(1174－1243年),即王若虚,承安经义进士,累迁应奉翰林文字,后为翰林直学士.
⑧ 元遗山(1190－1257年),即元好问,兴定进士,金行尚书省左司员外郎,是著名的文学家.
⑨ 李敬斋(1192－1279年),即李治,金末进士,钧州知事.
⑩ 白枢判,即白华,贞祐进士,正大七年(1230年)任枢密院判官. 金亡降宋,后复归元,子白朴为元曲名家.

其张颐斋、陈之纲、杨西庵、张条山、孙议事,擢府荐达,至光显云。"①这些人物都是当时较为知名的金末名士。

严实父子都以养士闻名。"东平严公喜接寒素,士子有不远千里来见者。"②"亦延儒士,道古今成败,于前人良法美意所以仁民爱物者,辄欣然慕之。"③金代衍圣公孔元措也被严实接到东平。当时在东平的名士有宋子贞、王磐、徐世隆、商挺、元好问等。在中统年间,他们大都出仕成为元朝中央与地方各级政府的重要官员:"朝廷清望官,曰翰林,曰国子监,职诰令,授经籍,以遴选焉始命,独东平之士十居六七。"④

封龙山是河北地区书院的发祥地。蒙元际的封龙山是"龙山三老"讲学之地。《元史》之《张德辉传》中写到:张德辉"与元裕(按:指元好问)、李冶游封龙山,时人号为'龙山三老'。"在政治背叛者的文本中,张德辉、元好问、李冶三人经常来往于华北各地,广泛结交各界人士,到真定路、东平府等处讲学等等,为挽救和复兴文化教育事业而四处奔波。

苏门山,宋代的邵雍曾在此隐居讲学。蒙元初期,苏门山高手云集,代表人物姚枢、许衡、窦默在此切磋理学并大力加以传播。姚枢受赵复的影响接受了程朱理学;许衡则是通过姚枢而接触到理学。许衡接触理学最晚却后发先至、后来居上,成为元代理学大家,与后来被征北上的南方学者吴澄一时并称"北许南吴"。姚枢在刊布理学书籍方面、窦默在理学思想的践履方面、许衡在开展理学教育方面都可以说是不遗余力、成就斐然。

著书立说是知识分子的生存方式和思想结晶。政治背叛者士人群从事著述者众多,以此表达自己的思想认识、政治主张、学术观点,甚至是兴趣爱好。著述内容广泛,经、史、子、集无所不包,从不同角度、不同层次阐释和发展着中国传统文化和他们自身的政治背叛文化。

在政治背叛者的共同协助下,士人群体得以保护和扩张。元世祖中统元年至三年(1260－1263年)共有16位丞相(当然,期间丞相的职权显然不能与唐宋比

---

① 王恽. 秋涧先生大全集. 卷第46. 开府仪同三司中书左丞相忠武史公家传. 元人文集珍本丛刊.
② 元好问. 遗山先生文集. 卷第23. 故河南路课税所长官兼廉访使杨君神道之碑. 文渊阁四库全书本.
③ 元好问. 遗山先生文集. 卷第26. 东平行台严公神道碑. 文渊阁四库全书本.
④ 袁桷. 清容居士集. 卷第24. 送程士安官南康序. 四部丛刊本.

较),其中汉人(包括南人)就占了7位,分别是史天泽(右丞相)、王文统(平章政事)、赵璧(平章政事)、张启元(右丞)、张文谦(左丞)、商挺(参知政事)、杨果(参知政事)①。《元典章》之《吏部》"内外诸官数"载有元朝中期官员情况,其中汉人南人基本都是儒士。政治背叛者士人群的势力可见一斑。

六、科举与理学

通过科举来选官的制度体系是古代中国传统政治文化的一个重要组成部分。不仅两宋政权采用,金和西夏等政权也广泛学习该制度。但至蒙元时期,科举一度停废。科举具有合法化加持类似的效用。重开科举、并经由考试制度将理学转变成为一种国家正统、再以此推动文化的"逆传播",是政治背叛者笔下引以为傲的"成就"。

(一)重开科举

首先,政治背叛者在各自控制的小区域内开展局部的科举试验。如严实在东平时期也曾"……修学校,招生徒,立考试法",由此还召得孟祺等人才。② 虽然严实的这种行为与国家举办的全国性科举考试不可同日而语,但通过举行考试选拔人才的方式无疑为科举制度的保留有所裨益。

然后,政治背叛者积极推动了"戊戌之选"。他们劝诫蒙元统治者"我国家混一之初,取才宋、金之遗,不乏用也。治平既久,耆旧日亡,开设贡举,网罗贤能,登崇治功,其为后世虑不亦大欤!"③到了太宗戊戌年(1237年),蒙元曾对儒生进行选试,这次活动几乎全程都是政治背叛者在积极推动。例如,"中书令耶律楚材请用儒术选士";郭德海也曾向元太宗建言:"诏天下置学廪,育人材,立科目,选之入仕"等措施,元太宗也"皆从德海之请也"。④ "九年秋八月,下诏命断事官术忽䚟与山西东路课税所长官刘中,历诸路考试。以论及经义、词赋分为三科,作三日程,专治一科,能兼者听,但以不失文义为中选。其中选者,复其赋役,令与各处长官同署公事,得东平杨奂等凡若干人,皆一时名士,而当世或以为非便,事复中止。"⑤该次考试活动分为三科:经义、词赋、论。而且特别准许被俘为奴的儒

---

① 参见:元典章.吏部.
② 宋濂.元史.卷第160.列传第47.孟祺传.
③ 苏天爵.滋溪文稿.卷第4.燕南乡贡进士题名记.
④ 宋濂.元史.卷第149.列传第36.郭宝玉传.
⑤ 宋濂.元史.卷第81.志31.选举志一.

士也可以参试,"儒人被俘为奴者,亦令就试"①。可见很多奴隶身份的儒士也参与了考试,最后通过考试"得士凡四千三十人,免为奴者四之一"②。很多儒士因此免除了奴隶的身份,中选儒士还获得了免除赋役的待遇,"国朝儒者,自戊戌选试后,所在不务存恤,往往混为编氓。至于奉一扎十行之书,崇奖秀艺正户籍,免徭役。"③这次选试虽与唐、宋等各朝科举相比,只算是蒙古政权一个对于科举选官的尝试,但也算是后来元仁宗朝建立起的正式科举制度的一个先声。

最后,元仁宗时期完成科举的正式化。"戊戌之选"后,科举又停。虽然计划在世祖至元二十一年再开科举,但后来未成功。"许衡亦议学校科举之法,罢诗赋、重经学,定为新制。事虽未及行,而选举之制已立。"④全国范围内的科举考试直至元仁宗时期才重新进行。元代科举制度的正式确立可谓是经历了一个很漫长的过程。

(二)理学官化

南宋季年,道学影响已大,理宗时取消其"伪学"之禁,尊之为儒学正统。但是,当时科举取士仍未以其为主要评准,而其影响亦不涵盖金朝统治下的华北。金朝学术传统与南宋不同。"苏学盛于北,洛学行于南"是当时南北歧异的忠实写照。当时华北所传二程之学仅为残枝余脉,政治背叛者所知朱学更是一鳞半爪。蒙古灭金伐宋之后,南方儒士及书籍北流。尤其是姚枢救出赵复后,理学传播于天下,"传正脉于异俗"⑤。

道学在北方造成甚大冲击并吸引姚枢、许衡等政治背叛者,这批儒士遂成为道学在蒙元朝廷中的代言人。蒙元灭宋后,南北道学合流,成为儒学主流,为南北士人共同尊奉。1314年恢复科举,考试内容、考试程序、考试标准都围绕朱熹等道学家的注释四书五经展开。至此,程朱理学的官学地位遂告确立。历史的发展轨迹依然延续了以费正清式"中国的世界秩序"作为意识形态之本的历史传统。

---

① 宋濂. 元史. 卷第146. 列传第33. 耶律楚材传.
② 宋濂. 元史. 卷第146. 列传第33. 耶律楚材传.
③ 陶宗仪. 南村辍耕录. 卷第2. 高学士.
④ 宋濂. 元史. 卷第81. 志31. 选举志一.
⑤ 郝经. 郝文忠公陵川文集. 卷第30. 送汉上赵先生序. 太原:山西人民出版社,山西古籍出版社,2006:412.

理学的官化和再开科举,极大地获得了知识分子的认同,对于蒙元影响巨大,从之后的历史发展来看,"至正初盗作,元臣大将封疆者不以死殉,而以死节闻者,大率科举之士也。"①到了蒙元末年,"仗节死义者,乃多在进士出身之人"②。

---

① 杨惟桢. 送王好问会试春官叙. 铁崖先生集. 卷第2. 清抄本.
② 王树民校证. 廿二史劄记校证. 卷第30. 元末殉难者多进士. 北京:中华书局,1984.

第五章

"价值"观念——本体论域的实用倾向与个人本位

似乎政治背叛者深知,在政治背叛问题上除了进行细节的塑造,还需要理论的塑造。"去政治化,这正是政治艺术的最古老的任务,它在其终结的边缘获得其成功,并在其深渊的边缘获得其完美。"① "文章以道轻重,道以文章轻重。"②因为思想内部的自洽和"思想——行为"结构的自洽是记忆塑造生命力的核心源泉,理论困境或理论与现实之间的困境会严重削弱记忆塑造话语力量。

因此,政治背叛者利用中国传统文化的缺口进行内在扩张性的政治背叛文化塑造,力图确定思想立场与"结构——历史"位置的经验相关性。他们将自身塑造为处于历史的临界点上,从而在客观上呈现了古代中国文化实践中的弹性:可供伸缩的空间、选择中的自由度,即所谓的"经与权"。在话语攻守、交锋与回应中,在继承与超越中,话语战场被深入推进。

第一节 价值起点:文化缺口的再发掘

一、"原则性"与"灵活性"的共轭困境

奥古斯丁在《忏悔录》中有这样一个隐喻:我在田中辛勤劳作,田地就是我自己。我成了我自己的难题,就如一块不易耕作的土地。身处中国传统文化中的中国人就经常要面临这样的难题,不得不去处理中国传统文化的共轭矛盾和技术性

---

① 朗西埃. 姜宇辉. 政治的边缘[M]. 上海:上海译文出版社,2007:17.
② 姚燧. 牧庵集. 卷第4. 送畅纯甫序. 四部丛刊本.

第五章 "价值"观念——本体论域的实用倾向与个人本位

障碍。

（一）原因

这些矛盾和障碍是客观存在的，甚至是不可或缺的。首先是因为"国家和社会的利害，不是全然一致的，又不是截然分离的"①。国家和社会不同的利益诉求反映在文化中必然造成矛盾和障碍。其次是因为"中国的地形本身并不有利于中央政权的崛起；相反，它的由来已久的统一是人的制度战胜地理条件的结果"②。作为制度的反映，文化自然要关照中央政权统治下的各个自然区域、各个群体的利益诉求。最后，相对稳定的中国传统文化还要适应中国在地理层面和社会层面的扩增和缩减，保证在发生扩增和缩减时，文化不至于推倒重来。因此，所有的文化、所有的理论都要面对一个"原则性"与"灵活性"的共轭困境。中国传统文化以扩大自身理论的兼容性来应对，这必然导致其理论的破损和某种程度的自相矛盾。

儒家当然明白这一点，其给出的处理方式是"自取之"。孔子听到有孺子歌曰："沧浪之水清兮，可以濯吾缨；沧浪之水浊兮，可以濯吾足"③的时候，回应道："小子听之！清斯濯缨，浊斯濯足矣，自取之也。"④这就涉及中国古代文化里一对重要的范畴：经和权。以"经、权"对待出现时，所谓"经"，一般指涉带有普遍性和绝对性的规范、权威，体现为"常"的意味，即长时段常态化的道理与法则。以"经、权"对待出现时，所谓"权"，一般指"反常"，即在面对具体情况时所采取的临时性和应急性的特定对策，是在特定时间与空间里的随机应变。《论语》之《子罕》篇写道："可与共学，未可与适道；可与适道，未可与立；可与立，未可与权"⑤，这里的权就是衡量实际情况而随机应变的意思。《公羊传》有句话常被后世引用，较为典型的阐发了"经、权"关系："权者何？权者，反于经然后有善者也。"⑥"权"是什么？违反了普遍性和绝对性的规范、权威，还又取得了好的结果，那就是"权"。

通常而言，权变是对"原则性"的背弃，但权变的意图与结果又应当合乎儒家伦理纲常所规定的范围，合乎儒家所倡导的"善"。汉代大儒董仲舒通过解读《春

---

① 吕思勉. 中国政治思想史[M]. 北京：北京出版社，2015.
② 费正清. 剑桥中华人民共和国史(1949－1965年)[M]. 北京：中国社会科学出版社，1990：16.
③ 孟子. 离娄.
④ 孟子. 离娄.
⑤ 论语. 子罕.
⑥ 公羊传. 恒公十一年.

秋》，将"经与权"的思想发展为一种马基雅维利政治权谋意义上的御术，一种为皇帝所用的驾御政治权力的一般方法。某种程度上，这在当时为提升政治实操的现实性与有效性大开方便之门，"《春秋》有经礼，有变礼。为如安性平心者，经礼也。至有于性虽不安，于心虽不平、于道无以易之，此变礼也。……明乎经变之事，然后知轻重之分，可与适权矣。"①"夫权虽反经，亦必在可以然之域。不在可以然之域，故虽死亡终弗为也。"②

(二) 推衍

观照夷夏关系，孔子的多处文本显示了他在"诸夏"和"夷狄"不平等关系方面的认知，但他又在《论语》中以子夏之口表达了"四海之内皆兄弟"③的观点，以至在《论语》之《八佾》中讲"夷狄之有君，不如诸夏之无也"④。

与本文紧密相关的案例是中国文化中"明君"与"贤臣"的循环论证。儒家思想将周代家长权威与政治权威相叠合的王制改组为中国文化的理想政治体制。王道是天下共同生活的基础，王者秉天命而治。但是王者是天命的象征，是天与人之间的联系，王者应当垂衣而治，具体的治理需由王者选择当世的贤能推行仁政。这一理想，实质上留下了一个逻辑漏洞，即"王者"与"贤者"可能形成一个封闭的自我循环论证的链条圈。那些自认为具备"贤者"能力的"准政治性"的精英人物在一定条件下可以通过塑造一个新的"王者"来实践自己的"贤者"政治理想。儒家崛起时期即实践了这样的路径，即时当春秋战国，战乱不断造成的流离失所，促成了对政治和道德的深刻反思，并为那些天才的学者、谋士提供了出人头地的机会。当时的政治动荡造成了他们的无根无蒂，这反映在他们的周游列国，对感兴趣的政权兜售自身的才华、奉献自身的服务。

政治背叛者也熟谙此道。姚燧在《江汉堂记》中就大张旗鼓地对元世祖忽必烈大发赞美之辞，认为元世祖忽必烈比晋武帝和隋文帝更伟大，"尝合二代而观之，以皇上之冠古无伦，晋武隋文，何人斯哉！"⑤阎复在《元故翰林侍读学士国信使郝公墓志铭》中则把元世祖忽必烈的"知人之明"捧得更高："世祖皇帝知人之

---

① 春秋繁露．玉英．
② 春秋繁露．玉英．
③ 论语．颜渊．
④ 论语．八佾．
⑤ 姚燧．牧庵集．卷第7．江汉堂记．四部丛刊本．

明远追尧舜,岂区区汉祖所可比隆哉!"①通过这样的表述,新的"王者"就被建构起来。接下来,政治背叛者就需要顺理成章地把自己塑造为"贤者"了。"然非有君,无以开其功;非有臣,孰能成是功?"②王朝的成功离不开皇帝,而皇帝的成功又离不开大臣。从古至今,人物虽然不同,但道理是一样的,即"谋或一揆"③。这与另一位政治背叛者郝经的思想不谋而合。郝经的观点是"盖虽有愿治之君,而无知治体之臣,仅为一时之治而已。虽亦或有知治体之臣,而复无愿治之君,没没于世,卒不能用,一时之治亦难也"④。从而实现了从天的合法性到皇帝的合法性再到大臣的合法性的顺移。

中国文化中诸如此类的文化缺口比比皆是。中国文化是统一的,但不是单一同质的,尤其是在异域、边疆、国土三个属性不断变幻的文明过渡区或缓冲区。传统文化讲求原则性、真理性与具体性、针对性的相互融合贯通,这就使得苛论流行的中国古代文化仍然有诸多缝隙,使不同的价值立场得以表达和实践,客观上为政治背叛者打开了一扇逃生门,正所谓"天下一致而百虑,同归而殊途"⑤。

二、"三仁":政治背叛者的逃生出口

在儒家的伦理示范典型模版中,既有伯夷叔齐这样抱节守志的典范,也有"三仁"那样的文化缺口型典范。"三仁"指殷末之微子、箕子、比干。微子是商纣王的哥哥,箕子是商纣王的伯父,比干是商纣王的叔叔。《论语·微子》记载:当周灭商的历史关头,"微子去之,箕子为之奴,比干谏而死。孔子曰:'殷有三仁焉。'"⑥对于"三仁去就生死之道"历代都有相关论述。经典文献包括《论语》《荀子》《吕氏春秋》《史记》等都有大量记录与评论,甲骨文与金文的考古材料中也有相关记述,宋元际的《宋元学案》《历代名贤确论》等也关涉良多。"三仁"那样的文化缺口型典范就是实践儒家清浊"自取"并"琴瑟和鸣"的组合型例证。

宋元际政治背叛者基于自身需要,非常关注中国传统文化的缺口。"三仁"的案例显然不会被放过。姚燧在《牧庵集》第八卷的《遗安堂记》一文中,紧紧抓住

---

① 郝经. 郝文忠公陵川文集. 卷第首. 元故翰林侍读学士国信使郝公墓志铭(阎复撰). 太原:山西人民出版社,山西古籍出版社,2006:15.
② 姚燧. 牧庵集. 卷第7. 江汉堂记. 四部丛刊本.
③ 姚燧. 牧庵集. 卷第7. 江汉堂记. 四部丛刊本.
④ 郝经. 郝文忠公陵川文集. 卷第18. 太原:山西人民出版社,山西古籍出版社,2006:282.
⑤ 司马迁. 史记. 卷第130. 太史公自序. 北京:中华书局,1959:3288.
⑥ 论语. 微子.

"三仁"的案例大做文章。

首先以庞德公史事为引,阐述其观点。身处乱世的晦士可以为避地而灵活处事,甚至可以假托政治背叛。"时有治乱,故士有显晦。炎汉末世,何时哉?中原板荡,曹操托名讨贼,挟天子令诸侯。孙策再战而有江东,以故庞公荆州焉依,非依刘表,盖幸是方无有日寻干戈之事,为避地谋耳。及表即陇上来候,发不官无以遗子孙之问,故对以遗安,表终白其心之不欲臣已,徒高其事而去。"①

但是,灵活处事一定要把握好尺度轻重,否则非仰即俯。"自今思之,狱齓果可以尽天下之安乎?是有二焉:有定在之安,有无定在之安。有定在则道,无定在则义。犹权衡也,加铢于两,则不安而仰;徙石于钧,则不安而頫。且错置轻重于尺寸之间而不安,有是焉,况大此者乎?"②

之后引入"三仁"和"三老"案例论证。在历史的重要时刻,不必要求千人一面、千人一途,完全可以像历史案例一样,不同的主体可以有虽然不同但都合理的选择。"三仁同事殷矣:微子安去,箕子安囚,比干安死。二老同归周矣:太公安为伐纣之师而鹰扬,伯夷耻不听其扣马。安亦不可必人之安。伊尹又异是焉:方耕莘畎,非不安也,及汤三聘,遂任天下之重。一人之身,始终之安,自不能同者,非《易》所谓'时义'者乎?"③

之后,姚燧更进一步宣称:"义之安,可推移于一时"④,"道之安,可不易于万世"⑤。两相对比,胜负立分,如果非要二取其一,则道在义之先。

最后,姚燧认为今胜于古、我胜于他,与其求诸于外不如反思与内,希望以此树立一套新的为臣之道。"故于先民歌哭聚族之地,揭以是名,其意以为取之古,未若师之今;与其法之人,未若本之家。然遗必有受,师臬其受者也。年方壮矣,好学有誉,其行于家,既如君之孝其家者孝其亲;其闻诸乡,又如君之信之友者信于友。推是移忠,他日有不能如君事其上者事其君乎?"⑥

中国传统文化既有强烈的道德导向,也有非常实际的利益导向。历史中人在实际行动中很多会选择利益导向。传统意义上的一些所谓"正名"原则其实并不

---

① 姚燧. 牧庵集. 卷第8. 遗安堂记. 四部丛刊本.
② 姚燧. 牧庵集. 卷第8. 遗安堂记. 四部丛刊本.
③ 姚燧. 牧庵集. 卷第8. 遗安堂记. 四部丛刊本.
④ 姚燧. 牧庵集. 卷第8. 遗安堂记. 四部丛刊本.
⑤ 姚燧. 牧庵集. 卷第8. 遗安堂记. 四部丛刊本.
⑥ 姚燧. 牧庵集. 卷第8. 遗安堂记. 四部丛刊本.

具有实质的制约作用,所谓"义利之辨"更多是知识分子和国家意识形态合谋的导向说辞,很难真正构成精英人物——尤其是政治精英人物——内在的心理紧张。何况儒家自己也承认"法象莫大乎天地;变通莫大乎四时;县象著明莫大乎日月;崇高莫大乎富贵"①。

在这一导引下,宋元际政治背叛者甚至认为:"正古人所谓'人弃我取',本富之要也。迹是为心,何事不可为,何功不可集!"②

三、"穷变通达"的行动逻辑

政治背叛者紧紧抓住中国传统文化辩证、变通之处大做文章,以求转向其心仪的文化逃生出口。在《学稼亭记》中,姚燧毫不隐晦、大张旗鼓地抛出自己的观点:"孔子之言,不可执一求;学者由之,不可执一居。"③然后,姚燧引用《论语》中"樊迟学稼"为喻,大谈小人君子之道、大事小节之道:

樊迟请学稼,出,则曰:"小人哉,樊须也!"南宫适问:"禹稷躬稼,而有天下",出,则曰:"君子哉,若人!"夫君子小人所以概终身没世,善恶义利,极致为言。或曰:"小人,细人也。"其不相及,亦不啻什百而千万。而乃进适退须如此。进而君子,亦可已矣,犹以为未然,继又曰:"尚德哉!若人!"岂于稼也,学于今者为非,而躬于古者为是乎?岂须之问也,以已小而私;适之问也,以圣人大而公乎?呜呼!圣人之生德,天也;知不知之,人也。盖当其时,虽不尤桓魋、匡人之莫我知,亦未尝不与仪封人、太宰之知我,况须适日亲而月炙,宜时化而岁迁者,其知我,益非仪封人、太宰之可与;其莫我知,又益非桓魋、匡人之漠然不足尤也。使须闻"吾不如老农"之拒,有"禹稷躬稼"之对,意在于知圣人,亦可得"君子尚德"之称。顾请学圃,为问愈下,殆于适什百千万而不啻矣。虽然,须事圣人,犹子之事父母,无隐,苟其心所未安,必将辩而求义理之真是,不惮见拒于声音颜色而止。故能自拔于三千之徒,终厕七十二子之列,与适也并。其困知勉,行而后有至者欤?吾故曰:"言不可执一求,其学者由之,不可执一居"者,官使然也。且官以农为名,而曰"吾学稼之是羞",教督之不先也,艺树之不勤也,铚获之失有秋也。使千耦之夫,环视其授法如此旷怠而癝,岂惟大农他日随以不恪之殿,就曰无之,亦非臣职可一朝安

---

① 周易.系辞.
② 姚燧.牧庵集.卷第9.太平宫新莊记.四部丛刊本.
③ 姚燧.牧庵集.卷第9.学稼亭记.四部丛刊本.

也。盖君仲修为丞,屯田南阳之东穰。明年,市牛课僮,垦莱畴盈数百畒,视日晨昕以作止,止候时寒暑以趣发敛,以一身为千耦之倡,故岁入增多诸屯。即墅为亭,余榜以"学稼",所以着夫善其职也。虽然,视有若可易,而事实關世道之大。盖天下之民,去南畒游食,择金玉之易持,逐逐于贩夫贩妇之末,周利相攘于市路,而较锥刀者为日已久,是以钱益轻,物益重,廊庙恒低估改币以救之,其势莫之能止也。今守令之近民者,孰不兼官训农?使闻其风者,人人如斯人之善其职,亦不可以少复本富而衰浇风乎?仲修由尝受学今太子赞善刘君梦吉,是以始政知所先务。①

有了传统文化的逃生出口,有了"三仁"案例的支持,政治背叛者就可以堂而皇之地把"穷变通达"的行动逻辑搬上政治舞台参与政治表演了。

在许衡看来,好与坏并不是绝对的,两者在达到一定限度时,就有可能朝着相反的方向发展,所谓"物极必反,乐极生悲"。"顽字最不好,顽到合忍时,却便成了大事。敏字最好,然有不合敏处,亦多败事。大抵圣贤成事,只是将好恶黜陟杀生予夺布摆得,是上下顺理。"②许衡举例说明了他提出的观点,并采取对比的手法,将"顽"与"敏"进行比较。"顽"在大多数情况是贬义的,但如若在合理的范围之内,适当的"顽",也有可能使人有所收获并取得成就。相反,"敏"虽然是被人所提倡的美好品质,可一旦用在了不恰当的地方,将同样会酿成大错。

元好问的思想以"通变"为其重要方法论,在其文本中多有体现,如"穷则变,变则通,圣人之道所以亘万世而无敝"③。这一方法论为其顺应时势、通权达变、灵活务实的行事做出理论支撑。自唐末以来,北方游牧势力不断入主中原。面对这样的历史现实,元好问选择扬弃夷夏大防的传统观念,另辟蹊径。韩愈和赵秉文不但在文学层面是元好问的精神导师,在政治哲学和政治文化层面依然对元好问颇有启示。韩愈《原道》中就有"中国而夷狄;夷狄而进于中国,则中国之"的观点。赵秉文在《蜀汉正名论》中也曾大谈"春秋,诸侯用夷礼则夷之,夷而进于中国则中国之"的观点。元好问的理论路径首先是继承了韩愈和赵秉文的政治衣钵:坚持从文化的角度区分夏夷而非血统地域。能继承中原文化的就是夏,就被元好问视为中州人。《中州集》的编纂是元好问打破惯例,实践其通变理论的范例。继

---

① 姚燧. 牧庵集. 卷第9. 学稼亭记. 四部丛刊本.
② 许衡. 王成儒. 许衡集·语录下[M]. 北京:东方出版社,2007:38.
③ 姚奠中,李正民增订本. 元好问全集. 太原:山西古籍出版社,2004:825.

而元好问又秉承天道至尊的传统理论,以道统定正统。有了这样的理论基础,元好问回归政治背叛者本位,在《令旨重修真定庙学记》中称忽必烈为"贤王"①,依据就是忽必烈以民为本承续了王道、重振儒学尊重了道统。元氏的这些理论实践直接影响了郝经。郝经在《与宋国两淮制置使书》中所提出的"今日能用士,而能行中国之道,则中国之主也"②实质上就是对元好问上述学说的理论化概括,只是郝经讲得更加直白而已。

郝经崇奉理学,也受到元好问经世致用之学的巨大影响,在"有志于世、学务有用"的实用倾向方面与元好问的主张一脉相通。郝经在《先曾叔大父东轩老人墓铭》文本中就不无自豪地指出:家传的陵川儒学有"广壮高厚、质而不华,敦本业,务实学"③的特点。这些先天优势再加上元好问后天的影响,使得郝经虽然尊崇赵复等人所传承继于南宋的程朱理学之说④,却不被其缺陷和不足所囿。郝经《与宋国两淮制置使书》对学务有用的观点进行了进一步透辟的阐述:"尝以为士之为学,期于有用,不区区于浮末。"⑤"道以用而见,天地万物皆是也。其或无用,则天地万物息。"⑥郝经在这里虽然也用了"道"这一抽象的中国哲学术语,但"道"的精神实质与赵复所传授的南宋理学相去甚远,反而与元好问的经世致用思想唱和呼应、息息相通,即"事业虽殊,而期于有用,一也"⑦。

郝经文本中有关"穷"与"达"、"常"与"变"的大量陈述,曝显了郝经人生道路选择的一些重要依据:

"虽然,穷乎此而达乎彼,果穷也耶?先生尚蹈夫常矣,而未蹈夫变也;尝行夫一国矣而未行乎天下也。天其或者欲由常以达变,由一国以达天下欤?昔之所睹者,江、汉、荆衡而已。今之仰嵩高,瞻太华,涉大河之惊流,视中原之雄浸,太行、

---

① 姚奠中,李正民增订本. 元好问全集. 太原:山西古籍出版社,2004:664.
② 郝经. 郝文忠公陵川文集. 卷第37. 与宋国两淮制置使书. 太原:山西人民出版社,山西古籍出版社,2006:515.
③ 郝经. 郝文忠公陵川文集. 卷第36. 先曾叔大父东轩老人墓铭. 太原:山西人民出版社,山西古籍出版社,2006:498.
④ 宋濂. 元史. 卷第189. 列传第76. 儒学一. 赵复传.
⑤ 郝经. 郝文忠公陵川文集. 卷第37. 与宋国两淮制置使书. 太原:山西人民出版社,山西古籍出版社,2006:514.
⑥ 郝经. 郝文忠公陵川文集. 卷第37. 与宋国两淮制置使书. 太原:山西人民出版社,山西古籍出版社,2006:514.
⑦ 郝经. 郝文忠公陵川文集. 卷第37. 与宋国两淮制置使书. 太原:山西人民出版社,山西古籍出版社,2006:514.

恒、碣,脊横天下。昔之所游者,荆吴闽越而已。今也历汴洛,睨关陕,越晋卫,观华夏之故墟,睹山川之形势,见唐、虞、三代建邦立极之制,齐鲁圣人礼义之风,接恒岱之旷直,激燕赵之雄劲。昔之所学者,富一身而已。今也传正脉于异俗,衍正学于异域,指吾民心术之迁,开吾民耳口之蔽,削芜漫,断邪柱,破昏塞,俾《六经》之义、圣人之道焕如河海,巍如泰华,充溢旁魄,大放于北方。如是则先生之道非穷也,达也。"[1]

这段话出自郝经写给元代大儒赵复的《送汉上赵先生序》。蒙古大军攻下德安(今湖北孝感),赵复被蒙军俘虏后幸运被姚枢搭救,后随姚枢北上。赵复北上后曾有一段时间借住在顺天府郝经家里。就在赵复离开顺天府的时候,郝经撰写了《送汉上赵先生序》以示告别。该文本显示,赵复当时对"被俘北上"还抱有犹豫不定、悲切伤怀的伤痕心理。而郝经觉得大可不必,于是以豁达的态度高扬了自己有关"变"与"常"、"穷"与"达"的认知。该文本既是对白也是独白,既是郝经对赵复的劝解,也是郝经对自己人生的寄语和自励,更是郝经后来政治背叛仕元、忠诚报元的重要思想基础。文本中,郝经超越了地理意义上的国家概念,把"天下"与"国家"做了明确区分。就这一点来看,郝经的思想已经非常接近几百年后顾炎武的论述。郝经强调"道"和"理"达于天下的重要性,"素患难达于患难、素夷狄达于夷狄,时有时而穷、事有时而穷,理则达矣"[2]。所以,他鼓励赵复应当传播理学于天下,应当把"传正脉于异俗,衍正学于异域"[3]视为自己的人生责任和道德高标。

第二节 价值中枢:"期于有用"

就政治背叛者的遗世文本来看,他们普遍具有明显的致用功利倾向,认为做

---

[1] 郝经. 郝文忠公陵川文集. 卷第30. 送汉上赵先生序. 太原:山西人民出版社,山西古籍出版社,2006:412.
[2] 郝经. 郝文忠公陵川文集. 卷第30. 送汉上赵先生序. 太原:山西人民出版社,山西古籍出版社,2006:413.
[3] 郝经. 郝文忠公陵川文集. 卷第30. 送汉上赵先生序. 太原:山西人民出版社,山西古籍出版社,2006:412.

人应"不学无用之学"①,要学、要做就要"期于有用"②。在谈到科举考试时,政治背叛者认为它也要朝实用化方向转向:"诸君子盍亦深思国家设科之本欤,非第求其文辞之工,惟愿得人以为治也。故询于所居之乡,则欲知其孝弟信义之行;问其所治之经,则欲考其道德性命之学;试之以应用之文,则可见其才华之敏;策之以当时之务,则可察其治世所长。他日立于朝廷,仕于郡县,大则谋王体断国论,次则治民事决狱讼,夫如是何患人才之不足,天下之不治乎!"③

杨奂的父亲就曾告诫杨奂及其兄弟们:"某家作醮事,人谓之有孝心,我视之殆儿戏耳。"④因为"此人我同列,其断狱我知之矣。人有枉曲,世人且有不肯卖之为直者,况欲赂神耶。"⑤然后要求儿子们:"我平生执法过误或有之,至于故以意害物,则死无有也,后日我不讳,慎勿为此,以为识者笑。"⑥到了杨奂弥留之际,他也承继家风,要求家人:"吾且死,勿以二家斋醮贻识者笑之。"⑦杨奂家世重视实际的家风显露无遗。而许衡、元好问、郝经和姚燧的文本呈现就显得更为直白和系统化。

一、许衡:知行并进、先务躬行

知行问题,历代教育者都无法回避。许衡对知行问题的描述,在传承圣贤之道的基础上也具有其自身的个性认知。许衡直言:"若为道之人,厌其卑近,以为不足为,……务为高远难行之事,则便不是道了。"⑧

首先,许衡对知行问题是非常看重的,这从他的著作中就有所体现,如"世间只两事,知与行而已。"⑨他认为,世界上发生的所有事情都可归结为知与行的问题。不仅如此,在他其他的著作中也多次提到此观点。"圣人教人只是两字,从学

---

① 郝经. 郝文忠公陵川文集. 卷第16. 志箴. 太原:山西人民出版社,山西古籍出版社,2006:316.
② 郝经. 郝文忠公陵川文集. 卷第37. 与宋国两淮制置使书. 太原:山西人民出版社,山西古籍出版社,2006:514.
③ 苏天爵. 滋溪文稿. 卷第4. 燕南乡贡进士题名记.
④ 元好问. 遗山先生文集. 卷第22. 杨府君墓碑铭. 文渊阁四库全书本.
⑤ 元好问. 遗山先生文集. 卷第22. 杨府君墓碑铭. 文渊阁四库全书本.
⑥ 元好问. 遗山先生文集. 卷第22. 杨府君墓碑铭. 文渊阁四库全书本.
⑦ 元好问. 遗山先生文集. 卷第23. 故河南路课税所长官兼廉访使杨君神道之碑. 文渊阁四库全书本.
⑧ 许衡. 中庸直解. 许文正公遗书. 卷第5. 宋儒强调心性淡薄事功.
⑨ 许衡. 王成儒. 许衡集·语录下[M]. 北京:东方出版社,2007:31.

而时习为始，便只是说知与行两字。"①"大学，孔子之遗书也，其要在此。凡行之所以不力，只为知之不真，果能真知，行之安有不力者乎？博学之、审问之、慎思之、明辨之，只是要个知得真，然后道笃行之一句。"②这些都可说明，许衡不但认同知行问题的重要性，而且也将此观点运用在教育生徒的实践过程中。同时许衡也强调，真知和笃行的关系。真知的结果必然是笃行，如果笃行不力，定是由于知的不彻底，或并未真知。在学习中，他教导学生对待任何知识，从态度到方法，都是为了得到真知，并付诸实践。由于许衡对知行问题的推崇，使而后他的一系列教育实践，也都与知行问题有密切的关系。

其次，许衡着重强调知行并进的原则。许衡在《语录下》中提到："横渠教人以礼，使学者有所据守，程氏教人穷理居敬。然横渠之教人，亦使知礼之所以然，乃可礼，岂可忽耶？制之于外，以资其内，外面文理都布摆得，是一切整暇心身，安得不泰然，若无所见。如喫木札相似，却是为礼所窘束。知与行，二者当并进。"③这里，许衡以北宋思想家、教育家张载的礼学思想为例，阐述了礼的两个方面：其一是自身德行，其二是对外践行。张载强调在礼的形成方面"两者应该是相辅相成，礼合内外，主张内外兼修的践礼模式，以礼为教，精思力践。"④推广到所讨论知行问题上，许衡认为，两者应该是内外结合，齐头并进，不可只凭外在而约束身心。许衡也提到"先务躬行，非止诵于作文而已。"⑤是指在老师教学和学生学习的过程中，知行两者的结合才能达到完美的境地，而非一再的诵读经典，或一味的付诸实践。只有在知与行方面的共同努力，才能使学习达到精益求精的目的。

最后，许衡在实践中也切实执行他的实用性认知。例如，他要求国子监的兴办要与科举脱节，希望在教学的过程中，不要一味地用科举取士的观念鼓励学生，而是尽量保持教学能趋向更实用的方向发展。这也是许衡在国子监办学中的重要原则。

许衡上书忽必烈的《时务五事》中，在关于学校建立方面，提出了自己的见解。许衡是古代教育家中为数不多非常重视经济发展的人。在他看来，经济的发展是

---

① 许衡．王成儒．许衡集·鲁斋心法[M]．北京：东方出版社，2007：362．
② 许衡．王成儒．许衡集·语录上[M]．北京：东方出版社，2007：5．
③ 许衡．王成儒．许衡集·语录下[M]．北京：东方出版社，2007：31．
④ 杨永亮，巩君慧．试论张载礼学思想[J]．西藏民族学院学报（哲学社会科学版），2008（3）．
⑤ 许衡．王成儒．许衡集·语录上[M]．北京：东方出版社，2007：4．

保证教育得以进行的关键。因此他鼓励蒙古贵族想要促进国家社稷,势必要在农桑和学校两个方面多下功夫。

"其四曰农桑学校,今国家徒知敛财之巧,不知生财之由。不惟不知生财,而敛财之酷,又害于生财矣。徒知防人之欺,不知养人之善,欲其不欺,非衣食以养其生,礼仪以养其心,不可也。徒患法令之不行,不患法令无可行之地,诚能优重农民,勿扰、勿害,尽殴游惰之民,归之南亩,岁课种树,恳谕而笃行之。十年以后当仓盈府积,非今日比矣。自上都、中都,下及司县,皆设学校,使皇子以至庶人之子弟,皆从事于学。日明父子、君臣之大伦,自洒扫应对至于平天下之要道。十年以后,上知所以御下,下知所以事上,上和下睦。又非今日比矣。"①

如果在"农桑"和"学校"两方面都能做好,许衡觉得"盖此道之行,民可使富,兵可使强,人才由之以多,国势由之以重,臣夙夜念之至熟也。"②因此,许衡在国子监办学方面的目的,最重要的是体现在要学以致用。他的这一思想也成为国子监后继者们努力发展的方向。

二、元好问:经世治用

元好问的"通变"思想也是主要着眼于经世治用。在《东平府新学记》一文中,元好问激烈抨击部分儒者的空谈性理、无补于世。元好问觉得,那些"居山林,木食涧饮"③的所谓高学之士,以德性为标准来看也许是个好的人生导师,但要让他去治理天下就会导致天下大乱④。元好问进一步批判道,那些人"缓步阔视,以儒自名"⑤,但真正的"长者"则以之为羞耻,认为这些人"窃无根源之言,为不近人情之事,索隐行怪,欺世盗名"⑥。

这些人以古代贤人为引来辩护,说"此曾、颜、子思子之学世"。但元好问根本不认同:"不识曾、颜、子思子之学固如是乎?夫动静交相养,是为弛张之道,一张一弛,游息存焉。而乃强自娇柔,以静自囚。未尝学而曰'绝学',不知所以言而曰'忘言'。静生忍,思生敢,敢生狂,缚虎之急,一怒故在,宜其流入于申、韩而不自

---

① 许衡.王成儒.许衡集·考岁略[M].北京:东方出版社,2007:311.
② 许衡.王成儒.许衡集·时务五事[M].北京:东方出版社,2007:181.
③ 姚奠中,李正民增订本.元好问全集.太原:山西古籍出版社,2004:667.
④ 参见:姚奠中,李正民增订本.元好问全集.太原:山西古籍出版社,2004:667.
⑤ 姚奠中,李正民增订本.元好问全集.太原:山西古籍出版社,2004:667.
⑥ 姚奠中,李正民增订本.元好问全集.太原:山西古籍出版社,2004:667.

知也。"①所以,在蒙元时期,既然"道统开矣,文治兴矣"②,就要积极有为,"若人者必当戒覆车之辙,以适改新之路。"③

基于此,政治背叛者在评价历史人物时就显露出鲜明的身份导向的政治立场。郝经对于战争并不关心其立场,只是描述其残酷性,提出切莫"以千万人之命易尺寸之功,以千万人之生易毫末之利"④。在谈及史籍中记载的张巡、许远守城"吃人"⑤事件时,元好问直截了当地表明态度"守城之事小,食人之事大。三万口之命而谓之小事,何耶?"⑥在《袁公神道碑》中,姚燧也遥相呼应,认为为官者所谓的"为国捐躯"其实是以兵民的生命满足了敌人报复屠杀的愿望,"敌以不即下蕴怨积愤于我者,为日已久,吾死而捐兵民以甘其心"⑦。而在《恒州刺史马君神道碑》中,元好问就批评召忽⑧仅仅是一介匹夫而已,自杀身亡、葬身在肮脏的河沟水渠,怎么能和"求仁而得仁者"⑨一概而论呢?对于管仲,元好问认为,如果管仲为之前的主公"纠"死节,那是"小忠小义"。而现实中管仲扶佐齐桓公九合诸侯、尊王攘夷,那才是"大仁大义"。弃"小忠小义"、奔"大仁大义"当然是值得肯定和值得提倡的。⑩

---

① 姚奠中,李正民增订本. 元好问全集. 太原:山西古籍出版社,2004:667.
② 姚奠中,李正民增订本. 元好问全集. 太原:山西古籍出版社,2004:667.
③ 姚奠中,李正民增订本. 元好问全集. 太原:山西古籍出版社,2004:667.
④ 郝经. 郝文忠公陵川文集. 卷第19. 论. 学. 太原:山西人民出版社,山西古籍出版社,2006:290.
⑤ 《新唐书》张巡本传记载:唐玄宗开元末年爆发安史之乱,张巡起兵守雍丘,抵抗叛军。至德二载(757年),安庆绪派军南侵江淮屏障睢阳,张巡与许远在内无粮草、外无救援的情况下死守睢阳,前后交战四百余次,使安庆绪军损失惨重。战果有效阻遏了安庆绪军南犯之势,遮蔽江淮地区,保障了唐朝东南的安全。最终因粮草耗尽、士卒死伤殆尽而被俘遇害。
⑥ 王若虚. 滹南王先生文集. 卷第29:445.
⑦ 姚燧. 牧庵集. 卷第17. 袁公神道碑. 四部丛刊本.
⑧ 司马迁. 史记. 卷第62. 管晏列传第二.
⑨ 姚奠中,李正民增订本. 元好问全集. 太原:山西古籍出版社,2004:570.
⑩ 参见:司马迁. 史记. 卷第62. 管晏列传第二。据之记载:齐襄公十二年(前686年),齐国爆发内乱,召忽与管仲陪同公子纠投奔至鲁国,大夫鲍叔牙与高傒辅佐公子小白投奔至莒国。隔年,齐国内乱平息,双方见时机成熟,都想急忙回国,以便夺取国君宝座。鲁庄公得知后,派兵护送公子纠回国,鲍叔牙和小白得知后也带领人马从莒奔往临淄。管仲欲拦截小白,不料小白以诈死之计骗过管仲后快速奔回临淄。公子小白即位为齐桓公,并派鲍叔牙带兵迎战公子纠并大败鲁军。公子纠退回鲁国,为鲁庄公所杀。召忽为尽人臣礼节,遂自杀而亡。管仲则易帜辅助公子纠。后来,管仲任齐相,大兴改革。齐国得以富国强兵。

三、郝经：道贵乎用

（一）少年不学无用学

郝经曾撰写《志箴》并在文中给自己立下以实用为核心的人生准则："不学无用学，不读非圣书。不为忧患移，不为利欲拘。不务边幅事，不作章句儒。达必先天下之忧，穷必全一己之愚。贤则颜孟，圣则周孔，臣则伊吕，君则唐虞。毙而后已，谁毁谁誉？讵如韦如脂，赵趄嗫嚅，为碌碌之徒欤！"①

在《上紫阳先生论学术》文中，郝经提出了自己实用化的重要观点：道贵乎用。"夫道贵乎用，非用无以见道也。天地之覆载，日月之照临，皆有用也；六经之垂训，圣人之立教，亦皆有用也。故曰：'显诸仁、藏诸用，盛德大业至矣。'士结发立志，诵书学道，卒至乎无用，可乎哉？幼而学，长而立也，迩焉而一身，小焉而一家，大焉而一国，又大焉而天下，必有所用也。鸟兽鱼鳖，屑屑之物也，犹皆有用也。蜂虿蛇虺，毒世之物也，犹皆有用也。灵而为人，学而为士夫，乃反无用，可乎哉！"②上述文本可见，郝经为人也罢、治学也罢，统统反对无用虚浮，而是讲究世用、实用，讲究建功立业。

（二）学经经世

郝经研究《周易》时用功良多，其目的也在于有利于人生世用。他在《先天图赞》中把传说中的"伏羲造八卦和书契"解释为圣人一心为民的典范。在《周易外传序》中，郝经进一步解释其经世之道的基本理念："夫易，圣人所以用道之书也，伏羲氏按图画卦以述道……孔子出焉，晚年读易而韦编三绝，以求三圣之意……而为易作传，尊之为经，以冠夫诗书春秋，使天下万世共用一道。"③

郝经以自然之理阐述人生兴达、志士用世之事，如"士束发学道，期于有用，岂坐视天民腐同草木，噤不一鸣，瘗九原而已乎。……夫见天下之机者，能成天下之事业，遇其机，失其时，失其机，事业弗立也；有其机，有其时，非其人，事业弗立

---

① 郝经．郝文忠公陵川文集．卷第16．志箴．太原：山西人民出版社，山西古籍出版社，2006：316．
② 郝经．郝文忠公陵川文集．卷第16．上紫阳先生论学术．太原：山西人民出版社，山西古籍出版社，2006：343．
③ 郝经．郝文忠公陵川文集．卷第16．太极图说．太原：山西人民出版社，山西古籍出版社，2006：403．

也。"①天地万物生生不息、变化万千。人在天地之间,禀受天地之气和万物灵秀,绝不能与草木等并列,坐等生命流逝。人生处世,总会受到外界环境影响,形势也时好时坏。外界条件具备的时候,一定要拼尽全力以求有益于世,这才不愧对人为万物之灵长的地位。外界条件不具备的时候,那就应当修身等待,不要急于求成反而快速招致祸端。这就是君子生存发展的基本规则。"之士也,必学崇高广大有用之学,必恢宏远博达有为之器,必施聪明睿智神武不杀之材,而使蔽者振,闇者明,废者兴,除百世之害,富百世之用,享百世之誉,任百世之责,奋乎百世之上,俾百世之下,必仰之如日星,重之如山岳矣。"②在文本中,郝经认为知识分子读书人必须树立远大的志向,要学习崇高的学问,要腹藏有为于世的大志和聪睿的气质。以日月普照万物的使命感和坐拥山岳重担的责任感,兴利除弊、有用于世。

郝经认为,既然学经的目的就是为了"经世"用世,那么当然要做有用功,"不学无用学""不作章句儒""夫有有用之学,必有可乘之几而后动,进退雍容,必有可观,巍巍堂堂,必有可立,其致君,其裕民,其行己,其化今,其传后,必有见诸天地而不悖,质诸鬼神而不疑,百世以俟圣人而不惑者。"③郝经对于天时很尊重,但更加认可人事的重要性,尤其是对于精英人物而言,小人物顺天时而为,大人物造天时而为。所以,大人物不论在任何时代都可以创造机会而有所作为,因此"无不可为之世,亦无不可为之时"④。他认为,"士为有用学,有志终有为"⑤。而且,如果天时不具备的条件下能够建功立业就更加难能可贵。

(三)政治背叛蒙元的辩护

《历志》篇虽然作于郝经早期,但事实上在理论层面已经可以看出之后郝经为何要积极仕元、忠诚报元的原因。

"与时而奋者,众人也;无时而奋者,豪杰也。……人之于世,治亦有用,乱亦

---

① 郝经. 郝文忠公陵川文集. 卷第16. 上赵经略书. 太原:山西人民出版社,山西古籍出版社,2006:347.
② 郝经. 郝文忠公陵川文集. 卷第16. 再送常山刘道济序. 太原:山西人民出版社,山西古籍出版社,2006:411.
③ 郝经. 郝文忠公陵川文集. 卷第16. 答冯文伯书. 太原:山西人民出版社,山西古籍出版社,2006:346.
④ 郝经. 郝文忠公陵川文集. 卷第19. 论. 历志. 太原:山西人民出版社,山西古籍出版社,2006:291.
⑤ 郝经. 郝文忠公陵川文集. 卷第19. 论. 历志. 太原:山西人民出版社,山西古籍出版社,2006:291.

有用。天生斯人,岂欲其治而安于享利?乱而安于避祸,治亦无用,乱亦无用,徒乐其生、全其身而已乎?必有用也已。必有用,故亦必有为。必有为,故天下无不可为之世,亦无不可为之时。……知己之有用,与己之有为者,百千人一焉而已矣。知己之有用与己之有为,而必于有用、必于为者,又万亿人一焉而已矣。"①

首先,郝经认为,"顺天时而为"是普通民众在外部条件完全具备的条件下履行人的天职而有所作为;真正的豪杰,会在外部条件不完全具备的条件下创造条件而有所作为。他举圣人为例:"孔子去鲁奔卫,不用于齐,潜于楚,畏于匡,逼于宋,饿于陈蔡之郊,而穷于天下;孟子不果于梁,不遇于鲁,臣于齐,谆谆于滕薛。"所以,郝经认为真正的大智大勇之士要想有作为其实与"天时"存在与否并无一一对应的关系。那些认为因天时不备而无法有为的人,实际是在为自身的怯懦和私欲寻找借口:"孟子曰:'待文王而后兴者,凡民也。若夫豪杰之士,虽无文王犹兴。'今而天下既若此矣,文王其有乎尔?亦无有乎尔?诵书学道之士,将安坐而待之乎?将亦有为乎?必有其时而后有为乎?"②

就郝经个人的认知来看,他觉得自己正是在这种立志有为、不以时势左右的思想的指导下,积极奔走于仕途。郝经先后多次对达官显贵、大学大家等上书自荐。其中,郝经以一篇《与北平王子正先生论道学书》名震燕京。蒙古宪宗五年(1255年),郝经上呈《上赵经略书》,文中以韩愈曾经三次上书宰相以求任命的故事来自评自荐③。显然,郝经的《上赵经略书》打动了忽必烈。同年,忽必烈派遣

---

① 郝经. 郝文忠公陵川文集. 卷第19. 论. 厉志. 太原:山西人民出版社,山西古籍出版社,2006:291.
② 郝经. 郝文忠公陵川文集. 卷第19. 论. 厉志. 太原:山西人民出版社,山西古籍出版社,2006:292.
③ 韩愈善于以文自荐,《古文观止》选了他的五篇自荐书,分别是《后十九日复上宰相书》、《后廿九日复上宰相书》、《与于襄阳书》、《与陈给事书》、《应科目时与人书》。
  韩愈自小孤贫却刻苦好学。20岁赴长安考进士,三试不第。第四次参加考试总算考上进士,时年25岁。但通过礼部的考试只是拥有了入仕的资格,要想授官还得通过吏部的考试,而吏部考试的难度有时并不在进士试之下,其中就有出身二十年而未曾授予官职的。韩愈进士及第后,又曾参加三次吏部主持的博学宏词科考试,结果接连败北,他的《应科目时与人书》,与三上宰相书便写于这一时期。多年求官不成,韩愈只好离开长安,悒郁东归。后来回京并且官至国子祭酒、兵部侍郎、吏部侍郎、京兆尹等职。此时回首早年艰辛,倍加沉痛,他跟李翱说:"当时行之不觉也,今而思之,如痛定之人思当痛之时,不知何能自处也。"(《与李翱书》)
  韩愈一生也并不以自荐为耻。在他看来,有难必求是人之常情甚至本能,形势危急者尤其如此。他跟宰相说:处在水深火热中的人,只要看到旁边有人,哪怕那是他憎恶怨恨的人,他也会大声呼救,因为形势实在危急。(《后十九日复上宰相书》)

使者两次去召郝经:"乙卯秋九月,上遣使召公,不起。十一月,召使复至"①。这种情况下,郝经觉得发挥自己才干的时机成熟了,于是开始为蒙元效力:"读书为学,本以致用也。今王好贤思治如此,吾学其有用矣。"②

当然,政治背叛者社会圈的互相推荐应该也发挥了非常重要的作用。宋元之际,华北地区的科举取士停止后,名人或在职官僚的推举是进入仕途最重要的道路之一,如"窦默刚被忽必烈征召即推荐了姚枢,姚枢又保护和引荐了赵复。……李冶所荐王鄂、赵复、郝经等,皆有用之材"③。郝经也是如此,"岁壬子,今上(按:指忽必烈)以皇太弟开府于金莲川,征天下名士而用之,故府下诸公累荐公(按:指郝经)于上。"④

郝经作为一介草民士人得到忽必烈的聘召和任用,自然对忽必烈的知遇之恩非常感激。之后,郝经历任高官,随忽必烈南征北战。作为忽必烈的重要幕僚,郝经抓住各种机会积极献言献策,如"岁丙辰正月,见于沙陀,上问以帝王当行之事,公援引二帝三王治道以对,且告以'亲亲而仁民,仁民而爱物'之义,自朝至晡哺,上喜溢不倦。自后连日引对论事甚器重之,且命条奏所欲言者。公乃上立国规模二十条余,……上复问当今急务,公举天下蠹民害政之尤者十一条上之,切中时弊,上皆为善。虽不能即用,至中统后,凡更张制度,用公之言十六七。"⑤

1260年前后,郝经受忽必烈委派、以国信大使的身份佩金虎符出使南宋。当时有很多同僚、朋友、故旧纷纷劝郝经"称疾勿行"⑥。因为当时宋元关系吊诡,不确定性因素众多,出使宋朝有遭遇各种不测的危险。而郝经以其有用于世的人生目标自励,颇有逆流击水之志:"吾读书学道三十余年,竟无大益于世……上有意

---

① 郝经.郝文忠公陵川文集.卷首.苟宗道.故翰林侍读学士国信使郝公行状.太原:山西人民出版社,山西古籍出版社,2006:18.
② 郝经.郝文忠公陵川文集.卷首.苟宗道.故翰林侍读学士国信使郝公行状.太原:山西人民出版社,山西古籍出版社,2006:18.
③ 徐子方.挑战与抉择——元代文人心态史[M].石家庄:河北教育出版社,2001:52.
④ 郝经.郝文忠公陵川文集.卷首.苟宗道.故翰林侍读学士国信使郝公行状.太原:山西人民出版社,山西古籍出版社,2006:18.
⑤ 郝经.郝文忠公陵川文集.卷首.苟宗道.故翰林侍读学士国信使郝公行状.太原:山西人民出版社,山西古籍出版社,2006:18.
⑥ 郝经.郝文忠公陵川文集.卷首.苟宗道.故翰林侍读学士国信使郝公行状.太原:山西人民出版社,山西古籍出版社,2006:18.

息兵,是社稷之福也……乘机契会,得解两国之斗,活亿万生灵,吾学有用矣。"①最终,郝经出使的结果真如众人所料的那样,郝经被囚禁,而且时长十六年。但在被南宋拘禁期间,郝经并不觉得自己的人生选择和政治选择不对,反而遇砺弥坚。在《与宋国两淮制置使书》中,郝经再次提到其"士为有用之学"的观点为自己辩护:

"尝以为士之为学,期于有用,不区区于浮末。天之与己者大,而己自小;辅界者皆有用,而己自弃也。……为有用之学,待有用之几,行有用之事。或遇,或不遇,或成焉,或否焉,命与时不可期,故有一时之用,有一世之用,有万世之用。不虚生,不妄为,则建一时之事业,建一世之事业,建万世之事业。事业虽殊,而期于有用一也。"②

文中,他对前来劝降的南宋高官说,自己出使宋朝的目的是"通好、弭兵、息民"。这本就是为天下之事,是为了"两国之是非"而非为一朝之私利。如果对自己的囚禁有益、有用于宋朝,那他本人甘愿做囚徒。不过,投降南宋是绝无可能。之后,郝经在其他场合对下属解释了其终不愿为南宋王朝服务的原因,那就是"吾以天时人事测之,宋之气数不远矣"③。郝经在南宋期间,切身感受到了南宋王朝的腐败,"帝多嗜欲,怠于政事"④;权臣专权,误国害民。鉴于此,郝经认为当时天下的王道显然不在于南宋。比较之下,知遇郝经的忽必烈"资赋英明,喜衣冠、崇礼乐、乐贤下士,甚得中士之心,久为诸王推戴,稽诸气数、观其德度,汉高祖、唐太宗、魏孝文之流"⑤。于是他始终不二忠诚于忽必烈、忠诚于蒙元王朝。十六年的囚禁,始终不为所动。

四、姚燧:循"时义"而动

姚燧也是重实效、重功用的旗手。在《金书枢密院事董公神道碑》中,姚燧用

---

① 郝经. 郝文忠公陵川文集. 卷首. 苟宗道. 故翰林侍读学士国信使郝公行状. 太原:山西人民出版社,山西古籍出版社,2006:18.
② 郝经. 郝文忠公陵川文集. 卷第37. 与宋国两淮制置使书. 太原:山西人民出版社,山西古籍出版社,2006:514.
③ 全元文. 元故翰林侍读学士国信使郝公行状. 卷第406. 南京:江苏古籍出版社,1998:714.
④ 全元文. 元故翰林侍读学士国信使郝公行状. 卷第406. 南京:江苏古籍出版社,1998:714.
⑤ 郝经. 郝文忠公陵川文集. 卷第37. 太原:山西人民出版社,山西古籍出版社,2006:517.

简要的对话塑造了董文忠"讲求实用""致身事君"的形象:"承旨王文康公鹗言诗教,问公能乎,对曰:'臣少读书,惟知入则竭力以事父母,出则致身事君而已,诗非所学。'"①

姚燧更善于在论诗、论文中阐述其政治背叛文化,如他所强调的"道"更多是强调诗文的社会功能,尤其是诗文在顺应特定的社会状况下所应具备的时用功能。简言之,诗文应循"时义"而发。这在《郭野斋诗集序》中表现得尤为突出,姚燧开篇就指出古之士人有循"时义"而动的政治习惯,他说:"古之人,武以勘乱,文以守成,顾时义焉何如,遇斯为之"②,阐明人应该循义而为,应时而动,出用其能。而今之士大夫则将古人这一优良传统遗失殆尽,遇事"缩项惴瘖,不敢一出而用其学,自班乎武人成功之间,无已太固而拘乎?"③在姚燧看来,这不是有识之士应有之职。而郭野斋却能不拘身份,应时而为,出用其所学,建立一番功业,实在是"壮伟"之人。为人如此,诗文创作更应如此:

"呜呼!子曰诗可兴可怨,今之诗虽不得方三百篇,可考以知国风与王政之大小,要亦殊于吟味性情,有关美恶风刺而发,非徒作也。矧其善为形容所遇,如函夏、蛮裔之山川习尚,讽之如人身履其地,史氏断章取之,亦奚异于观之风?其有佛吾耳,感吾心,而出吾口者,直至而激烈,不自知其言之不可谓诛奸之属楼也。今也同时拔迹襄阳,材武智计之士,功与公等,位与公夷,与或过之者,将千辈,而有一言若是几于道者乎?"④

姚燧认为,郭野斋诗六百余首,其成就虽不及《诗经》,不能完全具备"可考以知国风与王政之大小"⑤的功能,但却发自肺腑"吟咏性情,有关美恶风刺而发"⑥,承继了其批判精神,因此,在姚燧看来为"非徒作"⑦。至于那些"善为形容"⑧之作,则与观风无异。而"有咦吾耳,感吾心,而出吾口者"⑨的诗篇,虽不符

---

① 姚燧. 牧庵集. 卷第15. 金书枢密院事董公神道碑. 四部丛刊本.
② 姚燧. 牧庵集. 卷第3. 郭野斋诗集序. 四部丛刊本.
③ 姚燧. 牧庵集. 卷第3. 郭野斋诗集序. 四部丛刊本.
④ 姚燧. 牧庵集. 卷第3. 郭野斋诗集序. 四部丛刊本.
⑤ 姚燧. 牧庵集. 卷第3. 郭野斋诗集序. 四部丛刊本.
⑥ 姚燧. 牧庵集. 卷第3. 郭野斋诗集序. 四部丛刊本.
⑦ 姚燧. 牧庵集. 卷第3. 郭野斋诗集序. 四部丛刊本.
⑧ 姚燧. 牧庵集. 卷第3. 郭野斋诗集序. 四部丛刊本.
⑨ 姚燧. 牧庵集. 卷第3. 郭野斋诗集序. 四部丛刊本.

合其身份,不应为"诛奸之属镂"①,但却因其"不自知"②且"直至而激烈"③获得了姚燧的理解。姚燧认为,即使是郭野斋的诗歌有不尽合于儒家礼仪之处,但却有益于时用,符合了儒家所谓的诗道观。相较于那些与郭野斋"同时拔迹襄阳,材武智计之士,功与公等,位与公夷,与或过之"④,却无"一言若是几于道者"⑤之人,姚燧显然更看重郭野斋。姚燧序其诗,从有为之人延伸到有为之文,以"有为"二字为核心,强调了为人、为文需有用于时,表明像郭野斋这样既可"吟咏性情"又可"美恶风刺"的诗歌才是"非徒作也"⑥。

也正是由于"有用"的价值导向,姚燧并不支持所谓的"隐逸不仕"。他认为"屈原之不忘君,其失未免怨怼激发而不平。林逋终身遁弃而忘君,又类洁身乱伦"⑦。姚燧认为,"丈夫当先据要路以制人,岂能默默受制于人?"⑧况且,历史上的名帝名臣均以建功立业为追求。"在昔帝王图其臣者,商高宗之傅严,汉中宗之麒麟阁,世祖之云台,唐太宗之凌烟阁,四焉耳。麟阁而下,皆将相之开国承家、平乱亡以赞弥纶、资讦谟以致隆平者。"⑨作为天地之间的大丈夫,不论在任何时代都应该自求有所作为,"无不可为之世,亦无不可为之时"⑩。身处乱世,恰恰可以"一时材武智计之士,莫不绳联辐凑,各试其能"⑪。

第三节 价值归宿:"保民而王"到"位德一体"

一、"保民而王":"民"?"王"?

"民"在政治权力的角逐中是缺席但"在场",他们作为政治中的一个重要存

---

① 姚燧. 牧庵集. 卷第3. 郭野斋诗集序. 四部丛刊本.
② 姚燧. 牧庵集. 卷第3. 郭野斋诗集序. 四部丛刊本.
③ 姚燧. 牧庵集. 卷第3. 郭野斋诗集序. 四部丛刊本.
④ 姚燧. 牧庵集. 卷第3. 郭野斋诗集序. 四部丛刊本.
⑤ 姚燧. 牧庵集. 卷第3. 郭野斋诗集序. 四部丛刊本.
⑥ 姚燧. 牧庵集. 卷第3. 郭野斋诗集序. 四部丛刊本.
⑦ 姚燧. 牧庵集. 卷第8. 归来园记. 四部丛刊本.
⑧ 太平广记. 卷第184. 北京:中华书局,1961:1378.
⑨ 姚燧. 牧庵集. 卷第4. 李平章画像序. 四部丛刊本.
⑩ 郝经. 郝文忠公陵川文集. 卷第19. 太原:山西人民出版社,山西古籍出版社,2006:291.
⑪ 姚燧. 牧庵集. 卷第3. 郭野斋诗集序. 四部丛刊本.

在而制约着局部乃至全局的权力斗争。因此要按照《周官经》所言,塑造一种"以贤得民""以道得民"的形象。政治背叛者也是深谙此道,李贞献等就曾主张"生,立朝为民"①。所以在他们笔下特别强调"欲罢干戈致太平"②从而"功于生民","古之立言者岂得已哉,设使道行于当时,功于生民,虽无言可也。"③"功于生民"从而"保民而王"。中统二年(公元1261年,景定二年)姚枢向忽必烈建议四事,"保民"就排在了第一位,"保民守信,强干弱枝,修内治外,敦本抑末。"④

(一)郝天挺

郝经家族世代学儒,为陵川之首。其先叔祖郝天挺,熟谙儒家经典,精通性理经术之学。出于对金朝日衰的预判,郝天挺虽金朝累招而不仕,"时事如此,可区区冒进乎?"⑤在郝经的文本书写中,郝天挺在世期间虽然未仕,却能在民众生死一线间的关键时刻挺身担责,有为于世,有为于民。郝经《先大父墓铭》云:

"贞佑初,人争南渡而陷于河。河阳三城至于淮泗,上下千里,积流民数百万。饥疫荐至死者十七八。先大父曰:坐视天民之毙,仁者不为。乃贻书机察使范元直,使闻诸朝。曰:'昔昭烈当阳之役,既窘甚,犹徐其行,以俟荆襄遗民,曰成大事者必资于众人,归而弃之,不祥。君子谓汉统四百年,此一言可以续之。今国家比之昭烈不至于窘,河朔之民独非国家赤子乎?夫人心之去就即天命之绝也。乞诏沿河诸津聚公私船,宽其限约,昼夜放渡。以渡人多寡第其功过,以救遗民,结人心,固天命,中兴之期庶几可望。'书奏,即日中使告谕,令疾速放渡。河朔之民全活者众。"⑥

多位政治背叛者的文本中都记载了相关史迹,显示出郝氏家族对于家族先人这种当仁不让、舍我其谁的救世精神并非常引以为傲,视之为家族重要的伦理遗产、文化遗产和政治遗产。郝氏家族还对元好问所撰的《郝先生墓铭》未写入这些

---

① 姚燧. 牧庵集. 卷第19. 资德大夫云南行中书省右丞赠秉忠执德威远功德开府仪同三司太师上柱国魏国公谥忠节李公神道碑. 四部丛刊本.
② 道藏. 34册[Z]. 上海:上海书店、天津:天津古籍出版社,北京:文物出版社,1988:492.
③ 宋濂. 文宪集. 卷第7. 守斋类稿序.
④ 姚燧. 牧庵集. 卷第15. 中书左丞姚文献公神道碑. 四部丛刊本.
⑤ 郝经. 郝文忠公陵川文集. 卷第36. 先叔祖墓铭. 太原:山西人民出版社,山西古籍出版社,2006:501.
⑥ 郝经. 郝文忠公陵川文集. 卷第36. 先大父墓铭. 太原:山西人民出版社,山西古籍出版社,2006:500.

重要史迹中而耿耿于怀。郝思温就认为此"大节之灼灼者而犹未载焉"①,特命郝经再写文章论之。由此可见郝氏一族非常看重救民济世的价值观表现。

(二)元好问

元好问"既受学于先大父(按:指郝天挺),又尝与君(按:指郝天祐)周旋文场"②,因此,郝天挺"保民而王"的民本思想和在紧要关头为难民挺身而出的大仁大义精神应当对元好问影响深远。就文本而言,这样的思想在元好问的述论中多有呈现。元好问在《新野先主庙》所言"一军南北几扶伤,长坂安行气已王"③,即是这一思想的绝好表征。

在政治背叛者的文本书写中,元好问的史迹始终贯彻这一民本思路,塑造了元好问一心为民的形象。具体包括:其一,蒙元大军围攻金朝都城汴京,京城百万生灵面临生死存亡。元好问多次进言留守汴京的金朝两位执政,希望他们投降以免汴京生灵涂炭。其二,元好问晚年所作《濮州刺史毕侯神道碑铭》④,对毕叔贤劝李全降蒙古、从而保全一城生灵的行为予以歌颂。其三,崔立碑事件中,元好问为保全士人周旋其间,忍辱负重促成其事。其四,蒙元大军攻破汴京,元好问上书蒙古中书令耶律楚材,为保全知识分子、延续传统文化而不惜卑躬屈膝、恳求搭救。其五,当忽必烈受命管理体制中原军民政事,元好问又亲至金莲川奏请忽必烈为"儒教大宗师",以提升儒学地位,从而保障儒者的基本生存和政治发展等等。

由此可见,在金朝国将不国之际,元好问的行为或屈从威武、或有背故国,皆与名节失守有关。而在政治背叛者的文本塑造下,元好问的这些史迹与"人民"紧紧捆绑,用文字呈现以人民的生命福祉为重的为民精英、为将故国的依恋和个人的气节等而次之的大仁大义之士。政治背叛者进行政治辩护、记忆塑造的过程和技巧得以完整呈现。

(三)郝经

在《时务》中,郝经讲到:"以是知天之所与,不在于地,而在于人;不在于人,而

---

① 郝经. 郝文忠公陵川文集. 卷第36. 先大父墓铭. 太原:山西人民出版社,山西古籍出版社,2006:500.
② 郝经. 郝文忠公陵川文集. 卷第36. 先大父墓铭. 太原:山西人民出版社,山西古籍出版社,2006:500.
③ 姚奠中,李正民增订本. 元好问全集. 太原:山西古籍出版社,2004:178.
④ 姚奠中,李正民增订本. 元好问全集. 太原:山西古籍出版社,2004:621.

在于道;不在于道,而在于必行力为之而已矣。"①这里是说,统治者应该有所作为,尽自己的努力来履行自己的职责,这就足够了。又如,在《立政议》中,郝经讲到,"臣闻所贵乎有天下者,谓其能作新树立,列为明圣,德泽加于人,令闻施与后也。"②这句话是说,郝经建议统治者施行仁政。在《便宜新政》中,郝经认为要"行宽政以结人心""罢冗官以宽民力""减吏员以哀良民"③。这三条都是以百姓为中心,体现出了郝经以民为主的思想。

在《上宋主请区处书》中,郝经讲到"窃惟王者王有天下,必以天下为度,恢宏正大,不限中表,而有偏驳之意也;建极垂统,不颇不挠,心乎生民,不心乎夷夏,而有彼我之私也。"④在这里,郝经以南宋的利益起笔来说明和议的重要性,并将和议的重要意义推衍到天下太平、百姓安家乐业的层面。在《涿郡汉昭烈黄帝庙碑》中,郝经写到"王统系于天命,天命系于人心"⑤,也是要劝诫统治者要明了统治者和百姓之间存在正相关的利益关系。

"人民"——作为一个非政治性的个体形成的政治群体——本就处于向心和离心之间的结合态。尽管对每一次统一和分裂作出最大牺牲,但生活在历史中的"人民""生活总在继续"。而这也恰恰被政治背叛者们利用,成为他们自我遮蔽、自我辩护的重要武器。

二、"位德一体":"位"? "德"?

(一)道德导向与利益导向

中国传统文化既注重道德导向,也注重利益导向。一方面,道德导向和利益导向具有同一性,表现为相互配合的两极,表里互济、相得益彰;另一方面,道德导向和利益导向具有差异性,表现为针对不同对象的不同方法或针对同一对象在不同条件下的不同方法,因材施教,对症下药。

---

① 郝经. 郝文忠公陵川文集. 卷第19. 时务. 太原:山西人民出版社,山西古籍出版社, 2006:292.
② 郝经. 郝文忠公陵川文集. 卷第32. 立政议. 太原:山西人民出版社,山西古籍出版社, 2006:444.
③ 郝经. 郝文忠公陵川文集. 卷第32. 便宜新政. 太原:山西人民出版社,山西古籍出版社,2006:449.
④ 郝经. 郝文忠公陵川文集. 卷第37. 上宋主请区处书. 太原:山西人民出版社,山西古籍出版社,2006:518.
⑤ 郝经. 郝文忠公陵川文集. 卷第32. 涿郡汉昭烈黄帝庙碑. 太原:山西人民出版社,山西古籍出版社,2006:460.

第五章 "价值"观念——本体论域的实用倾向与个人本位

一般而言，利益导向主要有两种类型：一是精神利益导向，主要以形而上的激励为主，如古代常用的对于有功之人的封谥、赐号、赐姓、赐出身等；二是物质利益导向，主要以钱财、土地等现实激励为主，正所谓"军无财，士不来"①等。纵观时下被广泛认可的中国古代的爱国人物，其爱国形象大多是把为国家"立命"与为个人"立业"有机结合、把对精神利益的追求和对物质利益的追求合二为一，例如班超的"立功异域，以取封侯"；李白的"十步杀一人，千里不留行。事了拂衣去，深藏身与名"；王涯的"平生多志气，箭底觅封侯"；李贺的"请君暂上凌烟阁，若个书生万户侯"；岳飞的"三十功名尘与土"；陆游的"当年万里觅封侯"，辛弃疾的"赢得生前身后名"……他们的建功立业思想，既有外向指向为国效功、报效国家的一面，也有内向指向个人寄托、寻求生路的一面。二者并行不悖、相得益彰。

政治背叛者显然也希望把自己呈现为这样的人物："圣主方思治，边臣未奉行。凭君达此意，无得负苍生。"②但是，把握精神利益和物质利益之间的分寸至关重要，一旦"错置轻重于尺寸之间"③，就会失之毫厘、谬以千里。"忠节"与"叛"之间的距离显然没有普通人想象得那样遥不可及，尤其是在"大忠"与"大叛"之间，尤其是在"君劳于龈根枊于荒"④之时，常常仅是一线之隔，甚至是一念之隔。

在政治背叛者的笔下，在"位德一体"的结构中，个人的成功与地位似乎重之又重。姚燧毫不讳言："丈夫当先据要路以制人，岂能默默受制于人？"⑤在这样的价值观下，"才能"就被姚燧视为单纯的工具来运用，而不考虑其他，攻打谁不重要，重要的是在战争中显露自己的才华，从而"克树功业，裂地而侯，以传诸子"⑥。于是"会至元丁卯，大集诸道兵襄阳，张平宋本，一时材武智计之士，莫不绳联辐凑，各试其能"⑦。

在《袁氏先庙碑》中，姚燧更是打通了位德与政治背叛之间的秘道。位与德"不相资以始，则相须以终，如升也有阶，而构也有基，开也有门，而来也有涂，无有无所乘依而径得者"。考虑到现实中，位是清晰可见的，而德则难以简单判定。也

---

① 黄石公. 三略.
② 耶律楚材. 湛然居士文集. 卷第14. 赠东平主事王玉.
③ 姚燧. 牧庵集. 卷第8. 遗安堂记. 四部丛刊本.
④ 姚燧. 牧庵集. 卷第7. 三贤堂记. 四部丛刊本.
⑤ 太平广记. 卷第184. 北京：中华书局，1961：1378.
⑥ 姚燧. 牧庵集. 卷第17. 袁公神道碑. 四部丛刊本.
⑦ 姚燧. 牧庵集. 卷第3. 郭野斋诗集序. 四部丛刊本.

就是说,在政治背叛者笔下,有位可以证明有德,无位则可证明无德。之后,姚燧更近一步,将"才能"视为货物,将"位"视为一般等价物,待价而沽,"且千金之子,将运千金之资,犹不轻以相畀,必择善贾可付而后授。"①

(二)医与相

对于才能的买卖,姚燧在《易安斋记》中做了一个形象的比喻,"医之为业,有相道焉。"②然后在历史中引经据典加以阐发:"伊尹耕莘,说筑傅岩之野,太公钓渭,诸葛亮耕南阳。之数子者,其始岂有心求商汤高宗周文与汉昭烈之知己乎哉!彼四君者,知有命世之才,可与共天位,故或三聘,或俾以形旁求天下,或见于卜兆,或闻之水镜、三顾草庐之中,身先求之,深拒固闭,弗得弗已。彼数臣者,由礼至情笃,始起而应之。"③然后得出断言:"是与夫医者不求疾家,而疾家恳恳夫我,奚以异哉?"④即:只要我有才能,谁出的价码高,我就可以把我的才能卖给他。

如果病家不信任医生,那医生就无法放手治病,只好离去。以此为模板,那大臣得不到国君的信任,无法放手治理国家,也就可以离去。"彼为相者,见时君任已贰而不专,则解冠纳履而去,是与夫医之为彼疾家不专主己,参以他医,则卷其术,不发药而委去,亦奚以异哉?"⑤短短一个比喻,已经把背叛者自我辩护的内心暴露无遗。背叛者表面以"信"言事,实则以"忠节"求"位","其甚不异者,古贤相之为治也,必当天下阽危之际,其君任之信之,成焉由汝,圮焉由汝,而后为相者,始自任天下之重,展其所蕴,措幅负于天下四维之安。天下后世诵之曰:'彼相之才,能易危而安者也。'夫人谁不有疾?非必委顿之劣,而后为危。凡小不康,失治于蚤者,皆危渐也。为医者,惟疾家知之仗之,生焉惟汝,死焉惟汝,而后始敢尽其搦髓、擢胃、剔蛇、毙犬之技,如扁鹊华佗之为,而易危为安。范文正公之言曰:'得志愿为贤宰相面,不得志愿为良医。'其真知言哉!"⑥

---

① 姚燧. 牧庵集. 卷第12. 袁氏先庙碑. 四部丛刊本.
② 姚燧. 牧庵集. 卷第9. 易安斋记. 四部丛刊本.
③ 姚燧. 牧庵集. 卷第9. 易安斋记. 四部丛刊本.
④ 姚燧. 牧庵集. 卷第9. 易安斋记. 四部丛刊本.
⑤ 姚燧. 牧庵集. 卷第9. 易安斋记. 四部丛刊本.
⑥ 姚燧. 牧庵集. 卷第9. 易安斋记. 四部丛刊本.

第五章 "价值"观念——本体论域的实用倾向与个人本位

在《冯松庵挽诗序》中，姚燧再次以"医"为喻。首先，姚燧以良医"秦和"①开场，认为秦和对于"病阽脉绝息困之人"②晋侯"不发药而委去"③是为了"自免误人之名"④。而"金之叔世"⑤如同"病阽脉绝息困之人"⑥，那如"良医"般的"良相"是否就应该"委去"？当然，"良相"也可以不"委去"。比如历史上那些在国家危机时刻身任高位的伟大人物，他们身担国运民心，与国家休戚相关，即使明知国家必然要灭亡，但基于"义"也可以置生死于度外，"彼大君子者，顾岂不医若而强起，自试于必亡之国乎？虽然，有义焉：使先生已为将相，国命民心，休戚存亡，视吾一身，故死生有不恤焉耳。"⑦最后，姚燧用了一个"幸"字，其"位德一体"的实质恐怕也显露无遗。"幸其时无是位，浮沉于常官，于时不可为，于义无必死"⑧，好在当时没有处于那样的高官位置，所以就不必像上文所述那样知其不可而为之，以死殉国了。不但不必以死殉国，还可以趁时逍遥，"膏车而归，搴裳以行，倘佯于

---

① 和，是春秋时秦国良医，常被称为医和或秦和。

据《春秋左传·昭公元年》记载：鲁昭公元年（公元前541年），晋国平公大病不起，得闻秦国名医众多，医术高明，遂向秦国求医。秦景公就派和去给他治病。望闻问切以后，医和对晋平公说："你的病无法可治。因为你耽恋于女色而丧志。辅佐你的良臣也活不久了，上苍天命不再保佑晋国。你即使暂时不死，也将不再被列国诸侯们拥戴。"

晋国大臣赵文子听说了医和的诊疗之辞，便指责医和："我赵武和晋国的几位公卿大夫们尽心竭力辅佐国君平公成为诸侯盟主，至今已经八年。国内没有暴政，诸侯没有二心。你为什么还说'良臣不生，天命不佑'之类的妄语呢？"医和不慌不忙地回答说："我只是就诊疗结果在预言即将发生的未来而已。我听说'正直的人不辅助偏邪的人；光明磊落的人不为暗昧迷惑者谋事。巨木不会长在既高又险的位置；松柏也不会潮湿的地方生根生长'。赵文子，作为晋国臣子，你不能直谏晋国君主、使其不被女色迷惑，竟使君主生出这些女色之病来。而你还不知自相进退，反以自己的点点政绩为骄奢。八年的时间就敢夸说已经很长了，这样的大臣怎么能保住国家长治久安呢？"

赵文子说："你一个小小的医生还要管到国家大事上来吗？"医和回答说："当然可以了！上等的医生可以治国家的毛病，其次才是治人的病。"赵文子又问："我们的国君还能活多久呢？"医和回答说："如果列国诸侯继续拥护他当盟主，他最多能活三年；如果列国诸侯不再支持他当盟主，他也活不过十年；超过十年以后，晋国必有大灾难。"

当年的十二月，赵文子去世。列国诸侯也开始纷纷背叛，转而拥立楚国为霸主。鲁昭公十年，晋平公也去世了。此后，晋国的国势每况愈下，最终在几十年后被韩、赵、魏三家瓜分。

② 姚燧．牧庵集．卷第3．冯松庵挽诗序．四部丛刊本．
③ 姚燧．牧庵集．卷第3．冯松庵挽诗序．四部丛刊本．
④ 姚燧．牧庵集．卷第3．冯松庵挽诗序．四部丛刊本．
⑤ 姚燧．牧庵集．卷第3．冯松庵挽诗序．四部丛刊本．
⑥ 姚燧．牧庵集．卷第3．冯松庵挽诗序．四部丛刊本．
⑦ 姚燧．牧庵集．卷第3．冯松庵挽诗序．四部丛刊本．
⑧ 姚燧．牧庵集．卷第3．冯松庵挽诗序．四部丛刊本．

泉石,肆志于文酒间"①。在姚燧这样的政治背叛者眼中,这不但无愧,而且是"正大君子用世全名之先识高致"②。

深掘、深思政治背叛者记忆塑造的文本后可以发现,"医之为业,有相道焉"③这一比喻本身就被政治背叛者暗藏了杀机。医生与病人之间互无瓜葛和归属,只是在"病"这一聚合因素的凝聚下发生关系。臣与君之间是否也是如此呢?政治背叛者的巧妙之处就在于把臣与君之间的关系简单化,把家国等等抛掉,只留下一层因"事"而生的雇佣与被雇佣关系。于是乎,在政治背叛者的笔下,政治背叛的原因被归结为君对臣的不信和不用,从而被干干净净地抛给了旧朝;即使是得到皇帝和朝廷的信任,政治背叛者又可以用官"位"不够高为理由再次拒绝为国尽忠。在这个局部而言,政治背叛者记忆塑造为自己留下了一环又一环的退路。通过这样的塑造,政治背叛者终于可以心安理得地政治背叛、心安理得地享受新朝之"位"了。

---

① 姚燧. 牧庵集. 卷第3. 冯松庵挽诗序. 四部丛刊本.
② 姚燧. 牧庵集. 卷第3. 冯松庵挽诗序. 四部丛刊本.
③ 姚燧. 牧庵集. 卷第9. 易安斋记. 四部丛刊本.

第六章

"正统"观念——
话语之场的学术政治与权威竞争

政治过程在很大程度上依靠象征形式展现在人们面前。以学术构建信仰从而达致的"正统"话语体系就是典型的政治象征。在传统中国,学术与信仰、文化与政治就像U型的两极,看似迥然区隔,实则互为犄角;看似水火不容,实则同生共死。因此,它们彼此之间巨大的断裂对任何政治组织的统合都是威胁。在面对这种威胁时,必须用有效的象征手段对之新建或重建,从而保障政治统治的合法性。创造一个为人所接受的象征或更为常见的是将自己与一种流行的象征挂钩,是获取和维持权力的有效手段。新建一个合法象征系统的难度不言而喻。因此,与其摧毁某些旧合法性象征物的效力反不如征用这些旧象征以服务于新的政治目的。在这种情况下,对那些旧象征的挑战便是质疑新政治势力自己的权威基础。

杨奂和郝经的正统论,一方面论证了夷狄统治华夏的合法性。但从另一方面也做出暗示:任何政治势力要想安治天下,就必须推行中国之法,行中国之道。在政治背叛者笔下,这也是杨奂和郝经终其一生争取蒙元统治者认同并付诸实践的要事。

第一节 "正统"与"一统"

一、"正统"话语的历史演进

"中国的地形本身并不有利于中央政权的崛起;相反,它由来已久的统一是人的制度战胜地理条件的结果。"①在这其中,"正统话语"显然扮演了极重要的角色。

(一)传统正统论

正统论是中国传统文化中关于政治权力合法性的基础理论,可以远溯春秋时代《春秋》一书。《汉书》曰:"《春秋》法五始之要,在乎审己正统而已。"②欧阳修曰:"正统之论,肇于谁乎?始于春秋之作也。"③历史中,正统论主要表现在政权对立争夺期间的"正统"之争和与此相关的史学论辩。

中国传统社会的正统观,简单地说就是奉何者为正统王朝。这在政权对立争夺时期是政治文化上的大问题。李治安先生等多处都有论述。就其要者,一概而言主要有三种说法:第一种为"族群本位说",为华夷之辨等旧论所派生,一概视汉族群主导的政权为正统,少数族群主导的政权为非正统或僭伪。这种说法主要见诸于中国古代的分裂时期,如南朝和南宋的内部。第二种说法是"地理本位说",即谁占据中原,谁就是拥有正统。曹魏、北朝、金朝都奉行此说。第三种说法是"道本位说",谁奉行儒家之道,谁就是正统。显然,具体接受哪一种学说肯定是和各自利益关系直接相关。

基于此,之后又发展出五德终始的政治学说。一般学界认为该理论发轫于先秦,定型于汉代④。"行序之说,本谓治法当随时变易,后乃流为空谈,入于迷信……魏晋以后,迷信已淡,而此故事仍存。"⑤基于中国古代民众素养的基本情况,作为有简单直观解释力的文化传统,天命德运转移终始的叙事在民间依然有着巨大的魅惑,对于古代中国社会心理的文化压力和政治压力依然强大,尤其是在灾异时期。中国古代的政治生活显然不能无视其社会影响。一些政治人物和政治势力——尤其是出于反抗阶段——也会对五德终始的政治学说积极利用,争夺象征资源。

(二)"大一统"说

正统说出现后,公羊派发展了荀子"一天下"的说法,遂有大一统之论流传。一般认为,大一统有三层意蕴:最外层为自然层,即天人之一统;中间层为文化层,

---

① 费正清. 剑桥中华人民共和国史(1949 – 1965 年). 北京:中国社会科学出版社,1990:16.
② 班固. 汉书. 王褒传.
③ 欧阳修. 居士集. 卷第 16. 正统论序. 四库全书本.
④ 饶宗颐. 中国史学上之正统论[M]. 上海:上海远东出版社,1996:10 – 23.
⑤ 吕思勉. 两晋南北朝史[M]. 上海:上海古籍出版社,1983:1462.

即夷夏之一统;最内层为管理层,即诸侯奉正朔之一统。

大一统的本义是以"一""统"之、"一统"为"大"。换言之,大一统就是高度推崇和颂扬国家的统一、民族的融合。随着内部凝聚力的不断增强,中华民族在先秦时期已经初步形成了大一统的朴素认知。诗经中的"溥天之下,莫非王土;率土之滨,莫非王臣"(《诗经·小雅·北山》)就凸显了天下一统的思想。一般认为,大一统概念的提出始于战国晚期的公羊学说。《春秋》之《公羊传》中对"鲁隐公元年春王正月"注释时认为,"元年者何?君之始年也,春者何?岁之始也,王者孰谓?谓文王也,曷为先言王而后正月?王正月也,何言乎王正月?大一统也。"①天文、历法是中国古代中央集权垄断的知识门类。这里从历法的统一来强调"王"的绝对权威和天下政令的统一。汉代董仲舒承继了公羊学说的大一统思想,并经理论加工后使大一统发展成为一种先验断言:"《春秋》大一统者,天地之常经,古今之通谊(按:通假"义")也。"②

宋代欧阳修、朱熹等大家又将"正统"和"大一统"的理论体系合流一体,强调"德"的重要意义。宋代欧阳修之《新唐书》《新五代史》,司马光之《资治通鉴》,朱熹之《资治通鉴纲目》皆以笔承春秋、传经一体为行文逻辑:其一,以历史来说明理学理论,即以历史证明自己的理论,并用自己的理论规范历史,使历史规范化,从而指向现状和未来。其二,强调尊王攘夷,以明纲常。

两宋迫于形势,实际未达一统而仅仅偏安一隅。于是,"实不一统而文一统"的论述恰好宽释了理论与现状之间的紧张度。同时,这种论述也体现了一种文人的努力,即在无力一统天下的现状未能改变之前,以一种精神纽带尽量牵绊和绾系人心,为未来的一统留下心理空间。当时,宋、辽、金等分离的政权均以"中国"自居,以"中国"自命。背后的深义,即他们均是未来大一统的潜在担当者。

(三)"正统话语"的卷入效应

农业文明内部(如三国鼎立时期)的正统之争尘埃未定,中古时期的内入各个少数族群,先后逐步主动加入或被动卷入到认同华夏文明的潮流之中,追认历史谱系、塑造族群源流。所谓"五胡乱华"、南北朝、五代十国、辽夏金元等纷纷跟进,使得相关历史文化争议更加复杂难解,当然也使得各层级的记忆塑造和理论创新常常可见。

---

① 春秋. 公羊传. 隐公元年.
② 汉书. 董仲舒传.

蒙元之前游牧文明势力进入农业文明区域，卷入"正统话语"的表现之一，便是在追溯祖先的历史时，多上溯至炎黄。吕思勉认为，"晋时五胡，率好依附中国，非徒慕容、拓跋称黄帝之后，宇文托于炎帝，苻秦自称出于有扈，羌姚谓出于有虞也。即其部落旧名，亦喜附会音义，别生新解。"①不论是汉族寒人之假冒，还是胡人异种之伪托，这些做法无疑提升了其在中原士族中的政治号召力。

蒙元之前游牧文明势力进入农业文明区域，卷入"正统话语"的表现还有一个典型例证，即争夺传国玉玺。史传传国玉玺来自秦始皇，之后便逐渐被塑造为政权正统性的专属象征物。西晋以后，各族群各政权之间激烈争夺传国玺，同时，假造和谎称得玺者更是层出不穷。这种政治行为都是在制造一种受命于天的正统王朝的气氛，树立自己的正统合法形象。大约从兴宗时代起，辽国开始以正统相标榜。史载这也是由传国玺引起的，"会同九年，太宗伐晋，末帝表上传国宝一、金印三，天子符瑞于是归辽。"②辽太宗从后晋得到传国玺便认为自身的合法性得到了天命的认可。

当然，各族群各政权卷入"正统话语"最重要、最本质的表现还是政治组织和意识形态方面。十六国北朝的绝大多数政权在政治组织形式和意识形态方面都极力模仿魏晋，努力呈现出华夏风格与身份。例如，东晋太兴二年（319年），石勒称赵王，"仿春秋列国、汉初诸王，每世称元，改称赵王元年。始建社稷，立宗庙，营东西宫。"③"秦赵及燕，虽非圣明，各正号赤县，统有中土，郊天祭地，肆类咸秩，明刑制礼，不失旧章。"④前赵、后赵、前燕、前秦、后秦等政权，一旦政治稍安，都迅即投身正统合法性塑造大潮之中，以广修学宫、广立学制、广养学士等为代表的文化秩序、教育秩序，以大兴郊庙、社稷、朝觐、飨宴之仪等为代表的礼制文化，以帝王一统为代表的政治秩序，以农耕为代表的经济秩序等等前朝旧制纷纷恢复，以承续诸项之统来显示承续帝王之统。这样做的结果，使得时人感叹"吾始以为大江以北皆戎狄之乡，比至洛阳，乃知衣冠人物尽在中原，非江东所及也，奈何轻之"⑤，"中原士大夫望之以为正朔所在"⑥。

---

① 吕思勉. 吕思勉读史札记（中）[M]. 上海：上海古籍出版社，2005.
② 脱脱. 辽史. 卷第57. 仪卫志三.
③ 房玄龄等. 晋书. 卷第150. 载记第五. 石勒.
④ 魏收. 魏书. 卷第180. 志十. 礼四之一.
⑤ 司马光. 资治通鉴. 卷第153.
⑥ 北齐书. 卷第24. 杜弼传.

就在这样静水流深的历史进程中,入主中原的少数族群政权逐步被纳入华夏历史序列中,其兴替的历史合法性渐渐得到传统法统秩序的认可,从而打通了传统意识形态的新道路。

二、华夷之辨

(一)学术视角

"夷"话语的本质是以族群话语为背景来争夺公共话语权。中国古代经典文献中早就孕育了这一重要概念,并随之横贯众多学科和学术领域并在其中迸发出别样的和声。在中国历史上,此概念始终是国家统治中心和文化中心如何处理与周边他国、其他族群的关系的重要隐喻,在中国古代政治意识形态中具有重要位置。中国古代的"夷"话语,其作用主要侧重于指称主权管辖的文化政治边疆。"夷"的话语功能和行动对于统治者的主权合法性的建立或瓦解起着至关重要的作用。当然,它也给抗拒统治者的一方提供了同等分量的话语武器。在中国历史上,每当朝代更迭或外族征服的关键时刻,华夷之辨就会抬头,对"华夏"的文化展开再一次的身份确认和重塑。

但"华夏"和"夷狄"都充满了异质性,包含历代中变动不定的地理边疆还有不同族群的多元文化描述。两者互为定义,并随着几千年的军事征服、族群冲突以及文化和话语实践的变动而变动。华夷关系基本格局的历史定位议题,兼具学术意义和政治意义。自古以来,华夷之辨就存在对峙的两条进路:其一是强调"华夷大防",视华夏视四夷为文化外敌和政治外敌,"外夷"只有加入华夏后才是"中国"。其二是强调"华夷一体",认为中国一直都是多族群国家。"中国"内部华、夷两大势力通过碰撞、冲突和交融,影响中国历史发展的进程和格局。

虽然孔子强调:"裔不谋夏,夷不乱华"[1],认为"诸夏"和"夷狄"不可相提并论。但在《论语》中,孔子又支持有关子夏所说"四海之内皆兄弟"的观点。其后的孟子尽管称"吾闻用夏变夷者,未闻变于夷者也"[2],但他也主张"远人不服,则修文德以来之,既来之,则安之"[3]。之后,包括朱熹在内的历代大学者都绞尽脑汁、曲意注解,试图无缝链接这些相互矛盾的观点。例如,对于《论语·八佾》中有

---

[1] 春秋左传注疏. 卷第2. 文渊阁四库全书本.
[2] 杨伯峻释注:孟子释注. 卷第5. 滕文公章句上:125.
[3] 论语集说. 卷第8. 季氏第16. 文渊阁四库全书本.

"夷狄之有君,不如诸夏之无也"①的论述,朱熹解释为"夷狄且有君长,不如诸夏之僭乱,反无上下之分也。"②对于《论语·子罕》"子欲居九夷,或曰陋,如之何!子曰:君子居之,何陋之有?"③的观点,朱熹解释为:"君子所居则化,何陋之有?"④如此等等。这些"努力"虽然在普通民众那里获得了一些意识形态塑造方面的成果,但显然无法在精英阶层达到类似的目的。华夏、夷狄是可变的试题,这为后来的公羊之三世说建立了良好基础。当然,夷夏虽然可变,但不变的夷狄仍然指称那些在自称"夷夏"者看来不文明、不开化的象征。

孔孟之后,《公羊传》和《春秋传》对此又有颇多论述。《公羊传》"成公十五年"云:"曷为殊吴会?外吴也。曷为外也?《春秋》内其国而外诸夏,内诸夏而外夷狄。"⑤在《公羊》中的"中国"、"夏"与"夷狄",不是狭隘的种族概念,它定义于政治与文化的水平,夷狄可进为"中国",华夏可退为夷狄,所以在《公羊》中多处称许夷狄,如"昭公二十三年"有云:"中国亦新夷狄也。"⑥原父撰《春秋传》"昭公十二年下"指出:"晋伐鲜虞,其谓之晋何?夷狄之夜。曷为夷狄之?其为师之道于此焉,以夷狄为之也。"⑦晋是宗周本族,按照血缘来说是典型的华夏,但其多行不义,所以退而为夷狄,因用兵无道而最终致此。原父藉此认为晋国是诸夏退而为夷狄的案例。但有不少反对的声音,管仲就曾断言夷狄与诸夏之间存在不可逾越的鸿沟,认为血气导致夷狄始终为夷狄,因此"戎狄豺狼不可厌也,诸夏亲暇不可弃也"⑧。这种争议也扩展和体现到了修史体例问题,班固的《汉书》首开其例,单独将"四夷"归类并置于文末。这一体例逐渐流传开来,成为一段时间内修史的标准格式。在《原道》中,唐朝大儒韩愈也讲,"今也举夷狄之法,而加之先王之教之上,几何其不胥而为夷也。"⑨

(二)政治视角

从中国政治史发展的进程来看,"华夷"观念的产生期在先秦;发展期则居秦

---

① 论语.八佾.
② 朱熹.四书章句集注.
③ 论语.子罕.
④ 朱熹.四书章句集注.
⑤ 公羊传.成公十五年.
⑥ 公羊传.昭公二十三年.
⑦ 春秋传.昭公十二年下.
⑧ 春秋左传注疏.卷第10.文渊阁四库全书本.
⑨ 韩昌黎文集.卷第1.原道.四库备要本.

汉,为"华夷之辨"的深入发展阶段;隋唐则是"华夷"观念的淡化转型期。唐末五代到南宋,时代的变化导致"华夷之辨"发生较大的重塑,这对之后的发展产生了重要影响。这一情况从现在的量化历史研究中也可一窥端倪,使用四库检索系统在集部别集中检索"夷狄"二字:汉至五代仅有 97 条,北宋建隆年间至靖康年间共有 194 条,而南宋建炎年间至德佑年间则达到 267 条。① 以华夏为君、四夷为臣的华夏中心朝贡体制和"内诸夏而外夷狄"的华夷格局持续千年,到了宋元之际终于被打破了原有的形式。

在产生期,儒家传统的"华夷之辨"倡导"内其国而外诸夏,内诸夏而外夷狄"②等观念,其主旨在于提供一个政治解决方案,用来解决当时连绵战事所导致的"礼崩乐坏"局面,即通过确立和维护中原文化的主体地位来恢复"周礼"、重建社会秩序。南北朝时期,随着各少数族群由于政治原因大规模进入中原地区,中原的官方和民间意识形态开始倾向于发现和推崇"华夷之辨"的合理性。隋唐盛世对周边各少数族群产生了强大的吸引力和向心力。比之前朝,隋唐也更为开放地对待"四夷"。唐太宗当政时期曾言:"夷狄亦人耳,其情与中原不殊。人主患德泽不如,不必猜忌异类。盖德则洽,则四夷可使如一家。"③他甚至讲:"自古皆贵中华、贱夷狄,朕独爱如一,故其种落皆依朕如父母。"④可见,此时的统治者和社会主流意识形态已经不再过于强调、当然也不必强调"华夷之辨"与"华夷大防"。这在唐末程晏的《内夷檄》中可以得到充分的呈现:

"四夷之民长有重译而至,慕中华之仁义忠信,虽身出异域,能驰心于华,吾不谓之夷矣。中国之民长有倔强王化,忘弃仁义忠信,虽身出于华,反窜心于夷,吾不谓之华矣。窜心于夷,非国家之窜尔也,自窜心于恶也,岂止华其名谓之华,夷其名谓之夷邪? 华其名有夷其心者,夷其名有华其心者。是知弃仁义忠信于中国者,即为中国之夷矣,不待四夷之侵我也。有悖命中国,专据不王,弃彼仁义忠信,则不可与人伦齿,岂不为中国之夷乎? 四夷内向,乐我仁义忠信,愿为人伦齿者,岂不为四夷之华乎? 记吾言者,夷其名尚不为夷矣,华其名反不如夷其名者也。"⑤

---

① 李辉. 宋金交聘制度研究(1127-1234)[D]. 上海:复旦大学,2005.
② 阮元校刻. 十二经注疏. 公羊传. 卷第18. 北京:中华书局,2003.
③ 司马光. 资治通鉴. 卷第198. 贞观二十一年五月.
④ 司马光. 资治通鉴. 卷第196. 贞观十八年十二月.
⑤ 董诰等. 全唐文. 卷第831. 北京:中华书局影印本,1983:8610.

从上述文本可以看出,程晏以古代的"名""实"关系为基础探讨华夷。程晏认为在判定"华""夷"方面,有"华其名有夷其心者"和"夷其名有华其心者"的区分。区分的标准在于内化的意识形态。即使身处异域,倘若他能自求、自化、恪守"中华之仁义忠信"的意识形态,那么他便不可被称为"夷";相反,即使他身处中原,如果舍弃"仁义忠信"的意识形态,那么"即为中国之夷矣"①。

唐末五代之后,由于中原地区时常处于战乱之中,精英人物纷纷逃离。同时,北方契丹人、女真人不断南下侵扰劫掠人口。两大因素的叠加使得出现了一大批的入仕契丹和女真的政治背叛者。这些人的"华夷"观经历了由抵抗到合作再到认同的转变过程,"华夷一统"的观念成为他们思想的落脚点。郝经创作《金源十节士歌》时谈到:"金源氏播迁以来,至于国亡,得节义之士王刚忠公等十人,皆死事死国,有古烈士之风。可以兴起末俗,振作贪懦。其名字官阶,始终行业,自有良史。其大节之岳岳磊磊,在人耳目,虽耕夫贩妇、牛童马走共能称道者。"②其中的《乌古孙道原》篇中,郝经就赞美了乌古孙道原一家恪守"中华之仁义忠信"的意识形态、满门皆为忠烈的史迹:

"金源国士多国人,与国俱死皆大臣。

百年涵育重名义,况复举是王室亲!

中都失守有福兴大梁,当亡仲宁道原尤有声。

道原气比二相直,立朝凛凛尽忠赤。

京师根本寄天下,致力一死乃其职。

谁知崔立便反城,岂能复作褚渊生?

都堂一夜血浸尸,瞠视国贼目不瞑。

家中复有贞义女,父死于君女死父。

蹋户悬梁义不辱,骂贼投𪭢有余怒。

一门忠贞古未有,名节俱全义不朽。

从今莫把夷狄看,中原几人能自守?"③

就郝经的这首诗来看,他已经彻底抛弃了狭隘的族群观念,甚至自豪地以此

---

① 董诰等. 全唐文. 卷第831. 北京:中华书局影印本,1983:8610.
② 郝经. 郝文忠公陵川文集. 卷第11. 金源十节士歌. 太原:山西人民出版社,山西古籍出版社,2006:156.
③ 郝经. 郝文忠公陵川文集. 卷第11. 金源十节士歌. 太原:山西人民出版社,山西古籍出版社,2006:156.

<<< 第六章 "正统"观念——话语之场的学术政治与权威竞争

讥讽守旧派人士,"从今莫把夷狄看,中原几人能自守?"①郝经的这种认知把儒家文化与具体的朝廷政权及地域、族群完全分离开来对待,就今天的视角来看具有极大的合理性。但在实践层面,这种观念也为蒙元统治中原堆垒了合理的解释,更为政治背叛者背叛故国、积极仕元提供了极好的理论护甲。以史观之,宋金蒙混战时期,各自的军队都有其他族群的人员,例如蒙元时期,木华黎赖以征服华北地区的主要军事力量中就包括了大量不同族群的人员。就其主要部下将领来看,除了蒙古人和汉人,还有契丹人耶律秃花、萧查刺、石抹也先等,有渤海人枚哈刺拔都等。② 这些人已经较少地受到狭隘的族群意识束缚,而转于接受更大范围的普遍观念。

徐梦莘《三朝北盟会编》乙集中记载到金朝曾施行于华北地区的女真、渤海、契丹、汉儿四等级用人制度;《辍耕录》记载元朝建立后,也有所谓蒙古、色目、汉人、南人四等人制度。这些制度毫无疑问地具有歧视的效果。不过,以此证明金朝和元朝实行了反向的夷夏大防、夷夏之别则未免脱离实际。就元朝来看,元史当中涉及此议题主要是四等人贯彻吏员选用升迁制度。在政治背叛者的文本中,对此也有提及,不过意义不同。姚燧在《牧庵集》中记录了两个汉人被视为"国人(即蒙古人)"的案例:其一,朝廷要史燿担任"荣禄大夫福建等处行中书省平章政事"③,史燿以"年少无功、受宠太峻"④而请辞,请朝廷任命其他人。有人建议"以国人(按:蒙古人)首相"⑤。皇帝生气地说:"太尉可同汉人耶?其孙非国人何?"⑥其二,某年担任浙西宣慰使的蒙古贵族去世了,地方政府建议另派蒙古人担任。朝廷准备派游显接任。有人以游显不是蒙古人而提出反对意见。皇帝说:

---

① 郝经. 郝文忠公陵川文集. 卷第11. 金源十节士歌. 太原:山西人民出版社,山西古籍出版社,2006:156.
② 具体参见:元史. 卷第149. 耶律秃花传;元史. 卷第150. 石抹也先传;元史. 卷第151. 石抹字迭儿传;元史. 卷第193. 枚哈刺拔都传;元朝名臣事略. 卷第1. 太师鲁国忠武王. 等等.
③ 姚燧. 牧庵集. 卷第16. 荣禄大夫福建等处行中书省平章政事大司农史公神道碑. 四部丛刊本.
④ 姚燧. 牧庵集. 卷第16. 荣禄大夫福建等处行中书省平章政事大司农史公神道碑. 四部丛刊本.
⑤ 姚燧. 牧庵集. 卷第16. 荣禄大夫福建等处行中书省平章政事大司农史公神道碑. 四部丛刊本.
⑥ 姚燧. 牧庵集. 卷第16. 荣禄大夫福建等处行中书省平章政事大司农史公神道碑. 四部丛刊本.

"游某非国人何?"①意为游显怎么就不是蒙古人呢? 之后,为游显"授中书大夫中书右丞行浙西宣慰使"。② 由此可见,当时对四等人的界定和人员使用显然没有后世想象的那么界限分明、歧视明显。

总之,经由几千年来围绕儒家经典的"学术与政治"合谋模式的阐释,中国古代的"华夏——夷狄"话语,其作用主要是划定主权管辖的文化政治边界。但"华夏"和"夷狄"都充满了异质性,包含历代中变动不定的地理边界还有不同族群的多元文化描述。两者互为定义,并随着几千年的军事征服、民族冲突以及文化和话语实践的变动而变动。这些概念总是在进入具体的政治话语行为时才能展现自身。国家整体分裂的情况下,"华夏"就成为王朝法统和统治合法性的同义词,成为分裂各方势力极力争夺的主要象征。意图追逐更高权力的行动者都努力占据"华夏——夷狄"话语的主导言说位置,并力图赋予其新的地理政治的解读,借此巩固其政权甚至不断拓展和延伸权力边界。而那些精英分子,当然能够也必须将自己所属社会群体的经验和意识上升到一般性的层面,又能够也必须赋予他们自身特定的世界观以集体性的意义。"今日能用士,而能行中国之道,则中国之主也。"③"王道之所在,正统之所在。"④"中国而夷礼则夷之,夷而进于中国则中国之。"⑤"一旦儒者得到权力的些许尊重,特别是在儒家所企盼与认同的文化秩序得以全面确立的情况下,那种激烈的民族主义情感终于可以抚平和消解了。"⑥由此,政治背叛至少获得了心理意义上的道德责任消解。

三、"中国"之争

"历史上中国的发展是作为一个世界来发展的,而不是作为一个国家。"⑦因而"中国"一词在古代不完全是作为现代意义上的国家名称来使用的。古代史书中出现"中国"一词,指称非常复杂,很多时候还被作为地理名称来使用,指称中原

---

① 姚燧. 牧庵集. 卷第22. 荣禄大夫江淮等处行中书省平章政事游公神道碑. 四部丛刊本.
② 姚燧. 牧庵集. 卷第22. 荣禄大夫江淮等处行中书省平章政事游公神道碑. 四部丛刊本.
③ 郝经. 郝文忠公陵川文集. 卷第37. 与宋国两淮制置使书. 太原:山西人民出版社,山西古籍出版社,2006:515.
④ 杨奂. 正统八例. 总序. 元文类. 卷第32.
⑤ 杨奂. 正统八例. 总序. 元文类. 卷第32.
⑥ 葛兆光. 中国思想史. 2卷第[M]. 上海:复旦大学出版社,2001:286.
⑦ 梁漱溟. 梁漱溟学术论著自选集[M]. 北京:北京师范学院出版社,1992:332.

地区,如"太祖加兵中国"①。即使当作国家名称来使用,也和现代意义上的民族国家意义相去甚远。在宋元际,上述情况尤其严重。

五代结束后,北宋虽然没有恢复大唐盛世的疆域,但依旧以中国的合法继承者自居;而辽政权认为自己已经深入农业文明区域,也就是"中国"。辽时期就有人主张以辽为中国正朔。有人自称"吾中朝端士"②;有人上书"宋欧阳修编五代史,附我朝于四夷,妄加贬訾……臣请以赵氏初起事迹,详附国史"③。在宋辽交往的文献纪录中,辽常常积极主张与宋朝互称"南北朝",体现出辽认可自己和北宋都是"中国"的思想认知④。

金朝也有过之而无不及,时常自称中国(如"太祖、太宗威制中国"),甚至认为女真是黄帝之后,应当为黄帝立庙。⑤ 金章宗时,确定了对前代帝王的合祭,包括三皇、五帝、四王以及夏太康、殷太甲等十七位君主,正统观更趋完备。⑥ 金世宗在册命皇太子的《册命仪》中就有"绍中国之建储,稽《礼经》而立嫡"⑦的敕文。政治背叛者的文本中也记载了金显宗"欲变夷狄风俗,行中国礼乐如魏孝文"⑧的意图和举措。同时,金朝反称宋人为"淮夷"⑨"岛夷"⑩"孽宋"⑪,宋兵为"贼兵"⑫"丑虏"⑬,宋地为"蛮荒"⑭。由此可见,这一地理区域的人口在历经战争纷乱和时局变幻后,族群的界限乃至国家的观念在他们的心目中已经焕然。内部形成一个包括汉人、农业文明化女真人、契丹人的新知识分子精华,这个阶层甚至越来越趋向于把自己看作是中国传统的保存者而不是清理者的后裔。⑮

---

① 姚燧. 牧庵集. 卷第25. 武略将军知秦州史君神道碣. 四部丛刊本.
② 脱脱. 辽史. 卷第104. 王鼎传.
③ 脱脱. 辽史. 卷第104. 刘辉传.
④ 赵永春. 辽人自称"北朝"考论[J]. 史学集刊,2008(5).
⑤ 脱脱. 金史. 卷第107. 张行信传.
⑥ 董克昌. 大金在东亚各国中的地位[J]. 黑龙江民族丛刊. 2001(1).
⑦ 大金集礼. 卷第8. 大定八年. 册命仪.
⑧ 刘祁. 归潜志. 卷第12. 辩亡.
⑨ 赵秉文. 闲闲老人滏水文集(四部丛刊)卷第10. 平章授左副元帅谢表.
⑩ 赵秉文. 闲闲老人滏水文集(四部丛刊)卷第10. 平章授左副元帅谢宣谕赐马铰具兔鹘匹段药物表.
⑪ 赵秉文. 闲闲老人滏水文集(四部丛刊)卷第10. 章宗皇室实录表.
⑫ 赵秉文. 闲闲老人滏水文集(四部丛刊)卷第10. 谢宣谕擒贼将田俊迈表.
⑬ 赵秉文. 闲闲老人滏水文集(四部丛刊)卷第10. 谢宣谕破蔡州贼…….
⑭ 赵秉文. 闲闲老人滏水文集(四部丛刊)卷第10. 谢宣谕破蔡州贼…….
⑮ 黄时鉴译. 福赫伯关于金史的两篇讲稿[J]. 中国史研究动态. 1981(12).

政治背叛蒙元后,政治背叛者也积极参与建构"天下一统""华夷一统"的思想观念。《元史》文本中,元世祖忽必烈亲口解释"建元中统"的目的之一就是要贯彻"天下一家"的思想、"见天下一家之义"①。元朝定国号为大元是"绍百王而纪统"②,就是要以"中国之主"的姿态继承和发扬中华传统的表征。元世祖忽必烈还在对外国书中称"朕惟日本自昔通好中国"③,明确地以"中国"为元朝定位。

四、宋元际的"正统"话语

以时代条件和时代要求为基础,宋元际政治背叛者的正统论述取得相当显著的"进展",与两宋正统论述相比有明显的学术性突破。

(一)概况

由于受到理学北传的影响,宋元际政治背叛者的正统论述在论调上更源近于程朱一派的正统论。这些论述以"文轨混同之时,亦千载之旷遇"④的"大一统"为核心展开,突破了传统夷夏之防的藩篱,对先前的正统论做了进一步的理论提升,"上承千百年之统,而下垂千百世之洪绪"⑤,为元后期修辽宋金三史"各与正统"的处理方式奠定了意识形态基础。

由于摒弃了传统的夷夏有别观念这道闸门,宋元际政治背叛者的正统论述空间被极大拓展和释放,修端所强调的"公论"、杨奂的"王道之所在,正统之所在也"⑥、郝经的"能行中国之道,则中国之主"⑦等论述层层递进。从学术创新角度而言,宋元际政治背叛者的正统论述不再依赖血缘、族群、天命、德运、地域、国势等因素,从而"超越"了从前正统论的理论视野和思维模式。

宋元之际,政治背叛者的正统论述著作主要包括:《大金德运图说》、姚燧的《国统离合表》、杨奂的《正统书》、杨维桢的《正统辨》等。还有一些散见于其时的相关文献等。他们前后相继,搭建了一条更高层次上的理论通路。如耶律楚材尝

---

① 宋濂. 元史. 卷第4. 世祖本纪一.
② 宋濂. 元史. 卷第6. 世祖本纪四.
③ 宋濂. 元史. 卷第208. 外夷. 高丽传.
④ 姚燧. 牧庵集. 卷第6. 圣元宁国路总管府兴造记. 四部丛刊本.
⑤ 姚燧. 牧庵集. 卷第4. 序江汉先生事实. 四部丛刊本.
⑥ 杨奂. 正统八例. 总序. 元文类. 卷第32.
⑦ 郝经. 郝文忠公陵川文集. 卷第37. 与宋国两淮制置使书. 太原:山西人民出版社,山西古籍出版社,2006:515.

试以抽象天命和现实实力为标准来论证蒙古政权的正统地位①。至元四年（1267），刘整提出"自古帝王，非四海一家不为正统"②的论述，倡议攻宋以实现统一，而不要自弃正统。王恽建议论"定德运"③。姚燧少年时就"尝病国统散于逐年事首，不能一览而得其离合之概焉，因年经而国纬之"④，因而作《国统离合表》等等。

北魏鲜卑后裔的身份，使得元好问在扬弃夷夏大防的传统观念方面具有先天的优势。元氏在思想上师承了韩愈《原道》中"中国而夷狄；夷狄而进于中国，则中国之"的思想，同时兼容了赵秉文《蜀汉正名论》中"春秋，诸侯用夷礼则夷之，夷而进于中国则中国之"的观点。编撰《中州集》时，元好问框定的选择范围就贯彻了这样的原则，即不从血统地域区分华夷中外，认为只要能继承中原文化即可视之为中州人。继而他又秉承以道统定正统的思路，在《令旨重修真定庙学记》⑤中称振兴儒学、承续王道、延见儒生的忽必烈为"贤王"，从而实现了对自身政治选择转向的完美塑造。元氏的这些理论实践与郝经在《与宋国两淮制置使书》中所提出的"今日能用士，而能行中国之道，则中国之主也"⑥的命题一脉启承，也反映了同样的政治处境所启发的类似的政治塑造过程。

郝经在《思治论》中谈及夷夏关系时非常崇仰"道"的地位，以之为夷夏关系的统领要点，"取之以道，治之以道，其统一以远；取不以道，治之以道者，次之；取与治皆不以道者，随得而随失也。"⑦而在《思治论》中也讲到"纲纪礼义者，天下之元气也。或偏或全，必有在而不亡。天下虽亡，元气未尝亡也。"⑧这里的"元气"是指传统文化。从某种角度而言，郝经的观点已经非常接近几百年后顾炎武的"亡国与亡天下"之论。

经过与蒙元势力的接触了解，许衡觉得蒙元"漠北之人，性情质朴"⑨，政治上

---

① 参见：刘晓. 耶律楚材评传. 9章[M]. 南京：南京大学出版社，2001.
② 宋濂. 元史. 卷第161. 刘整传.
③ 王恽. 秋涧先生大全集. 卷第85. 乌台笔补. 请论定德运状. 元人文集珍本丛刊. 按. 此文作于至元五年（1268年）六月至至元八年（1271年）三月之间.
④ 姚燧. 牧庵集. 卷第3. 国统离合表序. 四部丛刊本.
⑤ 姚奠中，李正民. 元好问全集. 太原：山西古籍出版社，2004：664.
⑥ 郝经. 郝文忠公陵川文集. 卷第37. 与宋国两淮制置使书. 太原：山西人民出版社，山西古籍出版社，2006：515.
⑦ 郝经. 郝文忠公陵川文集. 卷第18. 山西人民出版社，山西古籍出版社，2006：281.
⑧ 郝经. 郝文忠公陵川文集. 卷第18. 太原：山西人民出版社，山西古籍出版社，2006：281.
⑨ 宋濂. 元史. 卷第158. 列传第45. 许衡传.

也将大有作为,于是选择孔子所建立的"重文化,轻血缘"的华夷观为自己的理论指引,认为游牧族群和农业族群从未来的眼光看会合为一体,"直须眼孔大如轮,照得前途远更真。光景百年都是我,华夷千载亦皆人。"①在他看来,农业文明与游牧文明两者之间虽有冲突,但仍要坚持"彼父母亦我父母"②"天下一家"③的博大的胸怀,"元者,善之长也。先儒训之为大,徐思之,意味深长。盖不大则藩篱窘束一膜之外,使为胡越,其乘隔分事,无有已时何者。所谓善大则天下一家,一视同仁,无所往而不为善也。二小儿同父令兄弟也,或因小亨物相恶骂即咒其爷娘,今死不知。彼父母亦我父母也。"④因此,许衡无论是在实行"汉法"还是在兴办教育中,对汉、蒙古、色目生员的教育都平等处之,尽心竭力传播理学。

(二)史学议题的借题发挥

政治背叛者还借助历史评论的机会以史观经、以史言志,阐述其政治背叛文化"正统话语"。例如,由于对陈寿《三国志》以魏为正统感到不满,宋元时期曾产生政治背叛者改写、评论《三国志》的多种著作,包括刘德渊的《三为》⑤、赵居信的《蜀汉本末》和姚燧的《国统离合表》等专门讨论传统的"蜀魏正伪"问题⑥;郝经的《续后汉书》也是其中之一。几乎一样的政治背叛者身份使得他们的修史目的也非常接近,就是要使"千载之蔽,一旦廓然"⑦,从而使得自身的合法性危机也得到缓解甚至消弭。

进入元朝,关于涉及辽宋金三国"正统性"的三史纂修义例的讨论成为各种"正统论"竞争的大舞台。当时主要形成三种操作层面的意见:一种意见主张以南北朝为先例而从之,即辽金作《北史》、两宋作《宋史》;第二种意见主张独尊宋统,仿照《晋书》体例,以宋为正统,以辽金为《载纪》;第三种意见主张弃古而循今,"三国各与正统"。这一过程中,由史学争论而为政论之争的情况比比皆是,由此可见政治背叛者实施记忆塑造的必要性。

---

① 许衡.鲁斋集.病中杂言五首之四.
② 许衡.王成儒.许衡集·语录下[M].北京:东方出版社,2007:45.
③ 许衡.王成儒.许衡集·语录下[M].北京:东方出版社,2007:45.
④ 许衡.王成儒.许衡集·语录下[M].北京:东方出版社,2007:45.
⑤ 刘德渊(1209 – 1286 年),字道济,顺德内丘(今属河北)人,著书《三为》意在"为天地立极、为生民立本、为圣贤立法"。书中列举司马光资治通鉴内容数百条加以剖析,而力主"蜀正魏伪"。后因见朱熹《通鉴纲目》,遂不刊行。又参见:王恽.故卓行刘先生墓表.李修生主编《全元文》第 6 册:565 – 567 页.
⑥ 陶宗仪.南村辍耕录.卷第 24."汉魏正闰"条.
⑦ 郝经.续后汉书序.李修生主编《全元文》第 4 册:215.

历史总是与现实紧密相关。元朝虽然有人主张独尊宋统,但反对者大有人在,背后的非常现实化的政治较量、利益考量也得以显露端倪。据学者统计研究,元朝"主张独尊宋统者无一例外全是南人"①,而主张承认辽金正统者多为原来金朝统治下的汉人及少数族群人物②。"两种对立的正统观在一定程度上反映了元代汉人和南人的政治倾向"③。这说明,利益考量成为各派系政治考量的前提要件。政治背叛者在维护自身权益的同时对传统思想观念进行了有力的冲击与挑战。最终在正三年(1343年)再次审议编纂《辽》《宋》《金》三史时,中书右丞相脱脱力排众议,接受了之前虞集提出"三家各为书"④的理论阐述,最终确立了对辽宋金"各与正统,各系其年号"⑤的修史方案,事实上承认了辽和金的"正统"地位。在中国史学史上,这一举措第一次以中央政府的名义肯定了各族群政权的合法地位。政治背叛者在为其政治背叛辩护时进行记忆塑造的这种溢出效应,不仅实现了史学编纂体例方面的重大创新破,也重塑了华夷关系理论和正统思想。

六、"南北天命"与"大一统"的政治合谋

天人感应是古代中国重要的思维方式,孔子有"畏天命""知天命"之说。孟子则更直白:"莫之为而为者,天也;莫之致而致者,命也。"⑥而这在政治领域同样有着基础性影响。通过对天人关系的理解与定位来塑造政治合法性是古代中国政治领域最重要的合法性逻辑之一。"国无政,不用善,则自取谪于日月之灾。"⑦自然的各种变化都是人格化、道德意志化的"天"对当时社会政治的反应,"天地之物,有不常之变者,谓之异,小者谓之灾。灾常先至,而异乃随之。灾者,天之谴也;异者,天之威也。谴之而不知,乃畏之以威。"⑧在"正统"话语的权威竞争中,政治背叛者按照"天人感应"的政治逻辑,把"南北天命"论与大一统思想合谋,再与自身的政治背叛行为实施政治绑缚,客观上增强了政治背叛文化的道德感和战斗力。

---

① 刘浦江. 德运之争与辽金王朝的正统性问题日[J]. 中国社会科学,2004(2).
② 刘浦江. 德运之争与辽金王朝的正统性问题日[J]. 中国社会科学,2004(2).
③ 刘浦江. 德运之争与辽金王朝的正统性问题日[J]. 中国社会科学,2004(2).
④ 参见:虞集. 道园学古录. 卷第32. 送墨庄刘叔熙远游序.
⑤ 任崇岳. 庚申外史笺证[M].郑州:中州古籍出版社,1991:44.
⑥ 孟子. 万章上.
⑦ 杨伯峻. 春秋左传注. 卷第四[M].北京,中华书局,1981:1288.
⑧ 春秋繁露. 必仁且智.

(一)历史上的"南北天命"论

在中国历史上,南北方位与王朝政治强弱关联的"天命论"议题并不新鲜,几乎历代都有人不断提及并试图论证。

较早系统提出此议题的当属司马迁。司马迁对秦朝统一天下的原因和过程做出如下定性:

"秦始小国僻远,诸夏宾之,比于戎翟,至献公之后常雄诸侯。论秦之德义不如鲁卫之暴戾者,量秦之兵不如三晋之强也,然卒并天下,非必险固便形势利也,盖若天所助焉。或曰东方,物之所生,西方,物之成熟。夫作事者必于东南,收功实者常于西北。故禹兴于西羌,汤起于亳,周之王也以丰、镐伐殷,秦之帝用雍州兴,汉之兴自蜀汉。"①

司马迁《史记》之《六国年表》在简要回顾了夏商周三代以及秦、汉的历史后,分析总结了它们政权交替与地理方位的关联,得出结论:"作事者必于东南,收功实者常于西北。"②司马迁在《史记》之《天官书》中进一步阐述其认知,推理提出中国"东南为阳、西北为阴"的神秘主义认知。班固在《汉书》之《天文志》中也引用了司马迁的这一论述。

北宋,邵雍在其《观物外篇》中沿袭其神秘主义路线,阐述了南北与治乱之间的对应关系:"天地之气运,北而南则治,南而北则乱。乱久,则复北而南矣。天道人事亦然,推之历代可见消长之理也。"③邵雍的儿子邵伯温所撰《邵氏闻见录》记载邵雍还讲过:"天下将治,地气自北而南;将乱,自南而北。"④

北宋丞相李纲对中国的南北方位问题也有借题发挥式的论述。时值北宋和南宋交替之际,由于金兵不断南下寇边和朝内主和派不断建议,在南京(应天府,今河南商丘)即帝位的赵构打算以巡幸为名移都江南。在此形势下,宰相李纲对赵构分析道:"天下形势,关中为上,襄、邓次之,建康又次之。今宜以长安为西都,襄阳为南都,建康为东都,各命守臣葺城池,治官室,积糗粮,收备巡幸。"⑤李纲明确指出:"自古中兴之主,起于西北,则足以据中原而有东南,起于东南,则不能以

---

① 司马迁. 史记. 六国年表.
② 司马迁. 史记. 六国年表.
③ 邵雍. 观物外篇.
④ 《邵氏闻见录》,北宋学者邵伯温所撰,又名《河南邵氏闻见录》或《邵氏闻见前录》,"前"字乃是后人所加,以有别于邵伯温之子邵博所撰《邵氏闻见后录》。
⑤ 毕沅. 续资治通鉴. 卷第98.

复中原而有西北,盖天下精兵健马皆在西北。"①但宋高宗赵构未能采纳李纲的建议,最终南宋定都杭州。

(二)郝经的"南北天命"论

郝经在其《上宋主陈请归国万言书》中洋洋洒洒阐述其对于"南北方位与王朝政治强弱间的关联"这一议题的看法:

"夫南北之势,一定之势也。南之不能有于北,一定之理也。理之所在,非人力之所能强,又非一时之势可以轧,盖本然不易之道也。天下之势,始于北而终于南;一气之运,建于子而屈于午。动本于静,阳本于阴。日北至而阳生,南至而阴生。屈者,信之本也;死者,生之原也。所以死而不厌,而为北方之强;宽柔以教,则南方之强也。故凡立国者,莫不自北而南也。

是以周自戎狄迁幽,去幽国岐,而都丰镐;至于成周,则极矣。平王东迁,于是不能复古,盖自西北而入于东南也。秦人自泾、渭霸关中,并六国,最后灭楚,亦自西北而始也。汉自关中取韩、魏、梁、赵,蹙项氏于彭城,亦自西北而至于东南也。至世祖都洛,而汉氏极矣。昭烈入蜀,辅以孔明之英贤,关、张之忠勇,仗义复汉,攻樊城,震许都,屡出岐山,久驻渭滨,终不能有关洛一郡。孙氏立国江东,据三州以虎视天下,有陆逊之沉鸷,吕蒙之谋画,出濡须,下皖口,攻合肥,以战为守,终不能得淮北一民。元帝渡江,有王导之懿,陶侃、温峤、谢安之贤,亦尝经略中原,取河南,入关中,出彭城,胜淝水,而山桑、代陂、枋头,折败相继,终不能救江沱日车之侧。当是之时,蔡谟之言、羲之之论,最为见理审势,而竟不见用。宋武帝举江淮之众,平广固,灭姚秦,入长安,其势甚张,竟不敢登大河北岸,而其所得弃不旋踵。文帝以元嘉之盛,欲恢复河南,两为大举,到彦之败还,而王玄谟退走,遂使代马饮江,建康震骇,两淮郡县,赤地无馀,春燕来归,巢于林木。至于齐、梁,出入于彭城、悬瓠之间,争夺于雍、豫、青、兖之地,错迕纷拂,殆无宁岁。陈庆之乘魏之乱而纳元颢,未几而狼狈以归。梁武帝以妖梦之故,思中原牧伯之朝,卒自贻侯景之祸。只为揭其本根,而以之召乱。是数朝数君者,夫岂不欲帝中华而奄北海哉?理不可也。见夫势而不见夫理,欲以东南之众,争衡于西北,顿掷人命,违易天常,是以卒不能有成,而自致折败也。

夫终南、剑门在乎西,长淮、大江在乎东,首尾相呀,重险相蔽,而天地之形势定,所以隔区宇而限南北也。且其土风不同,材技不一。河朔之人,豪劲猛厉,长

---

① 毕沅.续资治通鉴.卷第98.

于骑射,善于驰逐,而重厚耐久,故能去国而远斗。江淮之人,剽勇轻疾,长于舟楫,利于速战,上岸杀敌,洗脚入船,故能冯险而善守。四海混同,南北为一,则都无所用。苟为分裂,各恃所长,好聘不通,则卒相折并。康节(邵雍,1011－1077年,字尧夫,北宋著名理学家、数学家、道士、诗人,生于林县上杆庄即今河南林州市刘家街村邵康村;一说生于范阳,即今河北涿州大邵村,与周敦颐、张载、程颢、程颐并称"北宋五子"。)有云,"自北而南则治,自南而北则乱",盖其气数使之然也。如此则南北之理,天下之势,灼然见矣。

伏惟贵朝,肇基王迹则自夫燕、赵之交,一时将相皆幽、蓟、常山之豪杰,二祖功德则著于淮南,受命启土则始于汴宋,是以自北而南也。既正皇极,平唐、蜀,灭楚、汉,自江南至于岭南,则又自北而南也。江、淮之间,至于闽越,户口滋殖,十百诸夏,文物学校,盛于上国,亦气数使然,应夫万物相见南方之卦,所以开后王而有今日也,是亦自北而南也。是以太祖不取燕、云,真宗不战澶、魏,仁宗不伐灵夏,高宗不绝金源。义理之疆,巍巍荡荡,所以不害其继三代,逾汉、唐,致治享国之美,礼乐文物之盛,仁爱忠厚之俗,直壮克己之道,公普便利之泽,正大高明之域,结人心,固天命,非晋、宋、六朝,偏驳杂乱,敢望其万分之一者也。"①

就笔者所掌握的文献来看,郝经对于"南北方位与王朝政治强弱间的关联"这一议题的阐述文本是当时此议题下的文章行文用字最多的,兼具理性论证与感性渲染,具有相当的政治动员动能。

文中,郝经首先断言:"南之不能有于北",是"一定之理",是"道"。然后以阴阳、太极等哲学终极概念说起,理论推衍证明其政治主张。

其次,郝经以中国古代历史发展来论证其"故凡立国者,莫不自北而南也"的观点。他从西周谈起,论述了周、秦、汉政权皆起自西北的史实。谈到三国时期,郝经列举了蜀和吴拥有的泱泱地理和济济人才。但在"南之不能有于北"这一"理"和"道"面前,蜀和吴奋斗多年最终一无所获并最终灭国。源自北方的匈奴刘汉政权灭亡西晋王朝后,司马懿的曾孙司马睿于公元318年建立东晋。在一百多年的历史中,东晋政权多次组织北伐,意图收复中原。计其大者,有祖逖北伐、桓温北伐、谢玄北伐、刘裕北伐共四次。岁每次都慷慨激昂但终不免皆以失败。东晋王朝因此也始终偏安江南一隅。东晋灭亡后的南朝时期,历经宋、齐、梁、陈

---

① 郝经. 郝文忠公陵川文集. 卷第18. 思治论[M]. 太原:山西人民出版社,山西古籍出版社,2006:282.

四朝。期间也发生多次北伐战争,但都未能扫平六合、实现统一,依然只能偏安于江东一隅,等待最终被北方统一的宿命。

再次,郝经开始论证邵雍"自北而南则治,自南而北则乱"①的观点并分析当下的宋蒙分立给天下带来的创伤。郝经认为,各地风土人情差异巨大,人才技能也各不相同。华北的人擅长陆战,江淮的人擅长水战。国家统一、天下太平之时,这些人能安分守己。分裂之时,则各恃所长、互相伤害、争夺无休。

最后,郝经直接论述宋朝前期的历史,指出宋朝初创依靠的也都是北方豪杰并自北而南基本实现统一。但对于更北方的辽、金、西夏却无可奈何,历经宋太祖、宋真宗、宋仁宗、宋高宗四位杰出的帝王也无计可施。

就文本来看,这一番论述逻辑严谨、气势磅礴,想必给南宋王朝造成的政治心理压力也是非常巨大的。

(三)姚燧的"南北天命"论

姚燧在《江汉堂记》中也大张旗鼓地散布"南北天命"论,论证蒙元统一中国的"天命所在":

"江汉,南北之限也。三王之德之封建,嬴秦之力之郡县,汉氏则曰:吾王霸杂,兼封建郡县而犬牙之。是时无有裂幅员而自帝者,殆汉始有之。德不能以相高,力不能以相卑,虽皆画是为守,而帝南者终不能北。有尺地借以一天下,能一之者,皆自北而南也。故吴自帝,晋平之;宋齐梁迭自帝,迄之于陈,隋平之;宋自帝,我元又平之。岂江汉能限世道之否,不能限天运之通与!尝合二代而观之,以皇上之冠古无伦,晋武隋文,何人斯哉!然非有君,无以开其功;非有臣,孰能成是功?古今人不相及,而谋或一揆。隋臣不道也。晋羊祜首策平吴,吴平而身不及见。武帝追念其功,封其夫人万岁乡君。与太尉忠武史公,其事差似。"②

首先,姚燧陈述了中国古代政治文化中的一个常见谶语:"江汉,南北之限也"③,以长江和汉水为界,在此界线以北的势力才能统一中国,"帝南者终不能北。有尺地借以一天下,能一之者,皆自北而南也。"④其次,姚燧又以上古到宋的历史发展为例,论证这一古谶。上古三王依靠"德"来分封建制一统天下,秦朝依靠"力"推行郡县制统一中国,汉朝则"德"和"力"兼备、以封建和郡县兼有并错杂

---

① 邵雍. 观物外篇.
② 姚燧. 牧庵集. 卷第7. 江汉堂记. 四部丛刊本.
③ 姚燧. 牧庵集. 卷第7. 江汉堂记. 四部丛刊本.
④ 姚燧. 牧庵集. 卷第7. 江汉堂记. 四部丛刊本.

分布、相互制约也实现了统一。这都证明了古谶的有效性,"皆画是为守"①。三国时期,南方的东吴自立称帝,被来自北方的晋所消灭。五代时期,南方王朝更迭,宋齐梁接连称帝,被陈所替代。而南方的陈最终也被北方的隋所消灭。自居南方的南宋称帝后,最终也被来自蒙元所消灭。"故吴自帝,晋平之;宋齐梁迭自帝,迄之于陈,隋平之;宋自帝,我元又平之。"②最后,姚燧得出结论:长江和汉水为界,能限制了普通世人的生活,但挡不住天命通达:"岂江汉能限世道之否,不能限天运之通与!"③当然,姚燧也抓住机会,对元朝大发赞美之辞,认为蒙元比终结了三国分立的西晋、统一南北的隋朝还要伟大;元世祖忽必烈当然也就比晋武帝和隋文帝更伟大了,"尝合二代而观之,以皇上之冠古无伦,晋武隋文,何人斯哉!"④

接着,姚燧笔锋一转,回到他万变不离其宗的描述对象——政治背叛者。"然非有君,无以开其功;非有臣,孰能成是功?"⑤王朝的成功离不开皇帝,而皇帝的成功又离不开大臣。从古至今,人物虽然不同,但道理是一样的,即"谋或一揆"⑥。这与另一位政治背叛者郝经的思想不谋而合。郝经的观点是"盖虽有愿治之君,而无知治体之臣,仅为一时之治而已。虽亦或有知治体之臣,而复无愿治之君,没没于世,卒不能用,一时之治亦难也。"⑦理论化的"天命"论证实现了从天的合法性到皇帝的合法性再到大臣的合法性的顺移。

然后姚燧以史天泽和西晋名将羊祜相提并论:"晋羊祜首策平吴,吴平而身不及见。武帝追念其功,封其夫人万岁乡君。与太尉忠武史公,其事差似。"⑧史天泽与羊祜类似的"功绩"——为元朝统一所做的"贡献"——被大书特书,但史天泽与羊祜的差异——史天泽的政治背叛——就被政治背叛者的文本简单忽略了。这样的行文显然影响到了后世:在明朝官修的宋濂版本的《元史》中就简单沿袭了政治背叛者的文本,主要描述了史天泽"出入将相五十年,上不疑而下无怨"⑨的

---

① 姚燧. 牧庵集. 卷第7. 江汉堂记. 四部丛刊本.
② 姚燧. 牧庵集. 卷第7. 江汉堂记. 四部丛刊本.
③ 姚燧. 牧庵集. 卷第7. 江汉堂记. 四部丛刊本.
④ 姚燧. 牧庵集. 卷第7. 江汉堂记. 四部丛刊本.
⑤ 姚燧. 牧庵集. 卷第7. 江汉堂记. 四部丛刊本.
⑥ 姚燧. 牧庵集. 卷第7. 江汉堂记. 四部丛刊本.
⑦ 郝经. 郝文忠公陵川文集. 卷第18. 思治论. 太原:山西人民出版社,山西古籍出版社,2006:282.
⑧ 姚燧. 牧庵集. 卷第7. 江汉堂记. 四部丛刊本.
⑨ 宋濂. 元史. 卷第155. 列传第42. 史天泽(格)传.

<<< 第六章 "正统"观念——话语之场的学术政治与权威竞争

"功绩"和"贡献",其他的部分则悄悄隐身在了历史的大幕之中。

第二节 王道与正统

一、背景概况

（一）生平

杨奂(1186-1255年),字焕然,号紫阳,有"关西夫子"之称。乾州奉天(今陕西省咸阳市乾县)人,因而行文常常以"奉天老民"自署。

杨奂生于金世宗大定二十六年(1186年)。就政治背叛者的文本来看,杨奂少年时就有好学尚孝道的盛誉。金末"三赴廷试"①皆不中,乃作万言策,指陈时病。金天兴二年(1233),金朝京城汴梁失陷,杨奂微服北渡(按:也有学者认为是被乱兵掳掠北上),流落到了政治背叛者赵天锡门下。在三次参加金朝科举均无果而终之后,杨奂于蒙古窝阔台汗十年(1238年)到东平参加"戊戌之选",结果"两中赋论第一"②。这使得杨奂受到当时主政的耶律楚材赏识,被推荐授与河南路征收课税所长官兼廉访使的官职。蒙古宪宗元年(1251年),杨奂告老致仕还乡。蒙元宪宗五年(1255年)卒于家中。享年七十岁,蒙元朝廷赐谥文宪。

杨奂也是政治背叛者社会圈的核心人物之一,与当时的儒学重要人物广泛交游,包括金儒如赵秉文、元好问,元儒如赵复、姚枢、郝经等。杨奂还是姚燧的岳父,与郝经、元好问亦师生亦朋友。《元史．杨奂传》、元好问撰写的《杨府君墓碑》与《故河南路课税所长官兼廉访使杨公神道碑》、赵复撰写的《杨紫阳文集序》与《程夫人墓碑》、姚燧撰写的《紫阳先生文集序》等文献以及其继子元祯为其撰立的墓志铭对于杨奂的生平均有详略不等的记叙。

就后世文本来看,作为金元易代之际的重要人物,杨奂虽有政治背叛的经历,但一生获誉颇多。元好问称赞他:"秦中百年以来号称多士,较其声闻赫奕,耸动

---

① 元好问．遗山先生文集．卷第23．故河南路课税所长官兼廉访使杨君神道之碑．文渊阁四库全书本．
② 元好问．遗山先生文集．卷第23．故河南路课税所长官兼廉访使杨君神道之碑．文渊阁四库全书本．

一世,盖未有出其右者,前世'关西夫子'之目,今以归君矣。"①黄宗羲在《宋元学案》中将杨奂列入"鲁斋(许衡)学案"。②《四库全书总目》中的《还山遗稿提要》称其"诗文皆光明俊伟,有中原文献之遗"③等等,记忆塑造的成果非常显著。

(二)著作观点

就目前资料而言,杨奂作品今存仅《还山遗稿》二卷,包括《还山集》④在内的其余作品均佚失。

就他人文本间接观之,已佚《正统书》是杨奂晚年精心之作⑤,体现了杨奂关于正统的代表性见解。通过现存《正统八例总序》一文和其他政治背叛者的文章,还可以窥测该书的主旨、框架乃至大致思想。

《正统书》应是一部以编年为主线的史论结合型专著。对于三代以上的时段,孔子时代的大家已有诸多定性论述,杨奂对之全盘接受、存而不议,称《通载》;秦汉至五代则叙史为先、附之以论,称《通议》。《通议》的时间起点为东周敬王四十二年(公元前478年),因孔子(公元前551-公元前479年)于前一年去世。由此细节可推测杨奂撰写《正统书》意在接续孔子事业,学术抱负与政治抱负可见一斑。元代王恽《送紫阳归柳塘》一诗铺陈杨奂撰《正统书》是"苦心分正闰,书法继《春秋》"⑥,也是看到了杨奂的孤诣所在。

就杨奂《正统八例总序》和其他政治背叛者的文本间接观之,《正统书》在思想方法上一脉传承了程朱理学的道德至上论,同时也暗藏了政治背叛者的现实政治身份及其催生的政治需求,在学术创造和政治塑造两个方面都力度斐然。杨奂承袭不以华夷、血统、辖地的位置及广狭等论正统的学术路线,提出所谓的"正统八例",即具有政治合法性的8种政权取得方式,分为"得""传""衰""复""与""陷""绝""归";依次指由正当途径建立王朝(得)、王朝内的合法传承(传)、王朝的衰落(衰)、王朝的中兴(复)、确认后继的正统王朝(与)、王朝动乱但未至彻底

---

① 元好问. 故河南路课税所长官兼廉访使杨君神道之碑. 姚莫中主编. 李正民增订元好问全集. 太原:山西古籍出版社,2004:512.
② 黄宗羲. 宋元学案. 卷第90. 北京:中华书局,1996:3005-3006.
③ 魏崇武主编. 杨奂集(外2种). 附录3. 长春:吉林文史出版社,2010:380.
④ 元好问所撰《故河南路课税所长官兼廉访使杨公神道碑》文中称杨奂的《还山集》有一百二十卷,《元史》之《杨奂传》则称杨奂著有《还山集》六十卷.
⑤ 杨奂. 还山遗稿. 卷上. 臂幢记. 文渊阁四库全书本.
⑥ 王恽. 秋涧先生大全集. 卷第13. 送紫阳归柳塘. 元人文集珍本丛刊.

灭亡(陷)、自绝王朝命运(绝)、民心的实际归向(归)①。总括而言,这实际上是一种将道统与政统进行政治捆绑、政治合体的行动,道统和政统从此成为利益共同体,风险共担,利益共享。

二、"王道之所在,正统之所在"

杨奂非常善于在批判过程中论证推理出个人的观点。在《正统八例总序》一文中,杨奂对先前的正统说——尤其是非文化取向的正统说——展开言辞激烈、敌我分明的批判,认为它们主要有三个错误:其一是"不以逆取为嫌";其二是偏执于血缘世系;其三是偏执于国土面积和政权实力。

> 呜呼!正统之说,祸天下后世甚矣!恨其说不出乎孔孟之前,得以滋蔓弥漫,而不知剪遏也。通古今考之,既不以逆取为嫌,而又以世系、土地为之重,其正乎?后之逆取而不惮者,陆贾之说唱之,莽操祖而诲之也,不曰"予有惭德",不曰"武未尽善"也。以汤、武之顺天应人,而犹以为未足,况尔那?以世系言,则禹、汤、文、武与桀、纣、幽、厉并矣。不曰"贼仁者谓之贼,贼义者谓之残,残贼之人,谓之一夫",而容并之?以土地言,则秦之灭六国,晋之平吴,隋之平陈,符秦之窥伺,梁魏周齐之交争不息者,所激也。不曰"以力假仁者霸,霸必有大国;以德行仁者王,王不待大"?汤之七十里,文王之百里,以王道为正也。王道之所在,正统之所在也!不然,使创者不顺其始,守者不慎其终,抑有以济夫人主好大喜功之欲,必至糜烂其民而后已,其为祸可胜讨邪?②

首先,杨奂认为最严重的就是第一个"不以逆取为嫌",即没有高举道德伦理大旗以进行正义判断。杨奂引述了陆贾曾经跟刘邦讲述儒家经典的史迹:当时,刘邦觉得自己主要是靠武力才夺取了天下,儒生陆贾讲的仁义之学都是不切实际的空谈,而陆贾继续坚持进谏。结果陆贾遭到皇帝刘邦的斥骂。之后,陆贾辩驳道:"君马上得之,宁可以马上治之乎?且汤武逆取而顺守之,文武并用,长久之术也。"③杨奂不认同陆贾的做法并批评陆贾倡导"逆取"的论证模式。杨奂认为陆贾的理论为后来王莽、曹操之类的政治人物和政治势力篡夺政权留下理论缺口。

其次,杨奂认为之前的正统论述过于偏执血缘世系。这种偏执把所谓正统、

---

① 参见:魏崇武.论蒙元初期的正统论[J].史学史研究.2007(09).
② 杨奂.正统八例总序.元文类.卷第32.
③ 司马迁.史记.卷第97.郦生陆贾列传.

政统、道统、法统等等,都变成了血统的延伸和泛化。同时,由于同一血缘的世系,在通常看来有其无可置疑的正当性,所以古代学者在讨论正统问题时,基本上都是关注朝代之间合法性变迁,并为本朝寻求合法性辩护。至于同一朝代内部的世系问题,则不大关注。对于同一个统治者自身的合法性流变就更无人问津了。杨奂不赞成不加甄别地将同一血缘世系的明君、昏君简单同列于正统了事,他试图更深入地勾勒统治者们给王朝的正统性质所带来的不同影响。从这一点来说,杨奂的正统论的学术特色可谓鲜明。

最后,杨奂也不赞成偏执于以土地广狭来论正统,这样做的恶果是极有可能造成一个恶性循环:统治者为了提升合法性而追求扩大国土——为扩大土地而不断发动战争——残酷的战争造成人民的苦难——人民的苦难造成统治者的合法性下降乃至消失——统治者为了提升合法性而再次追求扩大国土——……

杨奂在批判了先前正统论的错误后,提出了自己的主张:"王道之所在,正统之所在也。"①就现有文献概观,在正统论上明确做出如此论断者,杨奂是有开拓性贡献的。这种提法较之以前的提法显然有学术层面的巨大跃迁。虽然在现存材料中,无法看到杨奂对此主张做出进一步的详细论述,但其主旨应当已经贯彻到了《正统书》的撰写之中。在《正统八例总序》对"八例"的具体解释中,此主张也有相当程度的展现其基本脉络。

三、王道为准则的"正统八例"

杨奂的正统论借鉴了欧阳修、朱熹等人正统论述中的书法体例②,兼顾历史评价和道义评价、学术评价和政治评价。对于一个王朝而言,杨奂力图界定出正统王朝与非正统王朝的性质边界;对于正统王朝内部的不同统治者,杨奂力图界定出在代际的正统性质的突变;对于同一统治者的不同统治阶段,杨奂也力图界定出其正统属性的起伏波动。总之,杨奂力图以这些界定来系统地建立合乎道学要求的政治合法性谱系。杨奂通过八例的运用,试图突破先前的正统论仅以血缘、地域或民族等因素为依据的一些理论局限,力倡以"王道"为准则,使之更加缜

---

① 杨奂. 正统八例总序. 元文类. 卷第32.
② 如欧阳修分正统、绝统,有"三绝三续"说。朱熹则区分为正统、列国、篡贼、建国、僭国、无统、不成君小国等几个类别。

密化、层次化,显然具有重要的学术创新意义①。

(一)八例

在《正统八例总序》中,杨奂采取枚举法,以中国历史中的实例分别对八例加以说明。按照杨奂的解释,如果将其所举的例子重新依王朝建立的时间先后进行排列的话,杨奂正统论中历代王朝的正统序列呈现这样的面貌:

尧(得)—舜未王时(归,相对于丹朱而言)—舜(传)—禹未王时(归,相对于商均而言)—禹(传)—启(传)—太康(陷)—仲康(陷)—相(陷)—少康(复)—商汤未王时(归)—夏桀(绝)—商汤(得)—太甲(复)—周文王未王时(归)—商竺叔(绝)—周武王(得)—周成王(传)—周康王(传)—周厉王(衰)—周宣王(复)—周幽王(衰)—秦始皇(得,变例)—秦始皇十年李斯复相(陷)—秦二世胡亥(绝)—汉高后吕雉(陷)—汉景帝初年短通丧(陷)—汉元帝(衰)—汉成帝(衰)—刘孺子居摄时王莽篡位(陷)—汉明帝永平八年启异端(陷)—汉献帝建安十三年刘备当阳之役(归)—蜀汉昭烈帝(与)—晋武帝(与)—晋惠帝(复,变例)—晋怀帝(陷)—晋愍帝(陷)—北魏孝文帝(与)—隋文帝(得,变例)—唐高祖(得)—唐太宗(得,变例)—武周(陷)—唐中宗(复,变例)—唐中宗时韦后专政(陷)—唐玄宗天宝末年(陷)—唐肃宗(与)—唐僖宗(陷)—唐昭宗(陷)—唐哀帝(陷)—五代后唐明宗(与)—后周太祖(与)—后周世宗(与)②

因《正统书》已佚,除了以上提及的最高权力掌握者以外,其余人物在杨奂眼里究竟属于哪一例已经不得知,但大致可以循上述内容的逻辑推理。

(二)八例释义

对于那些虽有些许实际差异但归于同一义例的史实,杨奂则以变例加以标明。比如,在"得"例中,尧、汤、武的之"得"与秦始皇、隋文帝之"得"的内涵就很不一样。至于唐高祖"得"之后,对唐太宗不书"传"而书"得",是杨奂的一个大胆认定,体现了其反对"逆取"、反对偏执于血缘世系的一贯态度,再次定性了唐太宗李世民夺嫡争位的"逆取"。另外,使用了变例的还有"复"。在杨奂看来,少康、

---

① 杨奂之后,其他易帜精英也参考他的学说发表了相关的"正统"论述,如元好问、郝经、姚燧等。元末危素论正统时,参考了欧阳修和杨奂的理论;元末明初王则有"四绝四续"说;明朝方孝孺分"正统"和"变统";明朝魏显国分正统、变统、无统、篡逆;清朝王夫之主张正统有合、有续、有离、有绝等等。从这些学人的主张可见杨奂的"正统八例"颇有启迪之处。

② 参见:魏崇武. 论蒙元初期的正统论[J]. 史学史研究. 2007(09).

太甲、周宣王的"复"没有疑问,而晋惠帝、唐中宗的"复"后随即时局又陷入动荡混乱之中,所以也属于变例。

正统八例中,"衰""陷""绝"三项明显具有贬斥意蕴,而"归""传"二项显然具有弘扬高拔之意。"得""复"基本属于褒义占主流,但也有一些变例。只有"与"是较为中性的一个概念,杨奂将它进一步剖分为"必当与"(褒义)和"不得不与"(略带贬义)两种不同的情形。如蜀汉刘备就是"必当与",而晋武帝、北魏孝文帝则是"不得不与"。就目前文献而言,"必当与"和"不得不与"的案例判定主观断言的意味较浓。

与前人的正统论相比,杨奂对于君主的要求可以说是相当高。唐太宗李世民因夺嫡争位的"逆取"不书"传"而书"得";汉景帝缩短通丧之期,被杨奂定性为"灭天性";汉明帝在位期间接引佛教堂而皇之传入中国,自然被自视为儒家传人的杨奂视之为"启异端""乱天常"。因此,汉景帝、汉明帝都被书为"陷"。对于一般认知意义上的历史明君,杨奂正统理论的要求尚且如此严格,至于那些一般认知意义上的暴君、昏君,则理所当然地被书以'衰""陷""绝"等,以表明他们在正统序列中的贬斥地位。就笔者看来,杨奂近乎苛刻的正统标准,某种程度上可能反映了其急于充当儒家道义的保卫者和排头兵的心理。这种急迫和焦虑似乎与他的政治背叛者身份暗合。从经验角度来看,只有在文化方面的激进表现,才有可能抵消甚至消弭其在政治方面的失节行径所带来的消极影响。虽然该书曾招致当时不少质疑,但杨奂自己还是相当的自信①,尽管"正统八例"的正常解释的范围远非他本人想象的那样具有适用性。

四、焦点史争中的运用

以史言事、以史言志是中国古代政论的基本形式之一,政治背叛者也不例外。杨奂的理论终究要面对当时史争中的焦点问题:三国蜀魏孰为正统?北朝历史评价是强调还是淡化夷夏之防?

就这些问题,杨奂借《资治通鉴》一书表明了立场:"紫阳杨焕然先生读《通鉴》,至论汉魏正闰,大不平之,遂修《汉书》驳正其事。因作诗云:'风烟惨淡驻三巴,汉烬将燃蜀妇髽。欲起温公问书法,武侯入寇寇谁家?'后攻宋军回,始见《通

---

① 元好问. 遗山先生文集. 卷第23. 故河南路课税所长官兼廉访使杨君神道之碑. 文渊阁四库全书本.

鉴纲目》①其书乃寝。"②杨奂曾经想要专门撰书来表达他对司马光《资治通鉴》的不满，可见杨奂在正统论方面与司马光在看法上的巨大鸿沟。直到他看到了朱熹的《通鉴纲目》，才觉得问题已经解决，遂解除了专门撰书的计划。就此，清四库馆臣认为杨奂"其学识亦与紫阳（按：指朱熹）暗合矣"③。杨奂主张以蜀汉为正统，这确实与朱熹是相一致的。

如前所述，"保民而王"是政治背叛者价值观的归宿。杨奂将这一点贯彻到了他的正统论之中，最明显的案例就是在关于刘备合法性的描述中。以往的正统论，或以血缘世系为依据，以刘备为汉室后裔来认定其正统性；或者以实力为标准，以曹魏占据中原、实力强大来断定曹魏为正统所在。而杨奂是非常反对过分偏执于血缘世系和偏执于国土面积、政权实力的。于是杨奂运用"归""与"等义例解决蜀魏孰正孰伪的问题，首先以赤壁之战的前后史迹为依据，将建安十三年（208年）定为民心向刘备的'归"；然后把刘备221年称帝建立蜀汉定位为确认后继正统王朝的"与"。这就使得正统的评价标准转变成是否实行"保民而王"的王道。

在蜀魏孰为正统的问题上，欧阳修、司马光与朱熹等是相对立的。然而，对立的双方在大一统的晋朝属于正统王朝这一点上取得一致意见。按照前人的评价，按照杨奂对于朱熹理论的承继，杨奂应该使用"得"来赋予晋朝正统地位，至少应该仿照秦与隋的先例以"得"的变例来定性。但是他只是使用了"与"，理由是晋武帝以不正当手段夺取曹魏的政权，但"顺生顺，逆生逆"，以晋代魏，是"天之所假"，所以也不得不给它一个"与"的地位。这样就达到了一石二鸟、一箭双雕的效果，既否定了曹魏和晋朝，又弘扬了蜀汉的历史地位。同时，也显示出杨奂在学术层面对朱熹思想的扬弃，在政治层面进行理论塑造的高超手腕。

将北魏孝文帝定为"与"，却有相当深意，与杨奂政治背叛者的身份密切相关。在文本中，杨奂做出这个评价似乎有点无奈但又暗藏玄机。他解释说："舍刘宋，

---

① 《通鉴纲目》，又名《资治通鉴纲目》，为朱熹所作，但朱熹生前未能定稿。其门人赵师渊于樊川书院续编完成，共59卷第。
该书把司马光《资治通鉴》、《举要历》和胡安国《举要补遗》等书，简化内容，编为纲目。纲为提要，模仿《春秋》；目以叙事，模仿《左传》，用意在于用《春秋》笔法，"辨名分，正纲常"。例如，《资治通鉴》对三国史事，本据魏国纪年，朱熹改据蜀汉纪年，以宣扬正统观念。
② 陶宗仪. 南村辍耕录卷第24."汉魏正闰"条引霍治书语. 北京：中华书局，1959：291.
③ 杨奂. 还山遗稿. 文渊阁四库全书本. 卷首"提要".

取元魏,何也?痛诸夏之无主也。"①他批判刘宋的暴政,"痛诸夏之无主",似乎感情上还是偏向汉族群政权的;但同时对于用中原法、行王道的少数族群政权也有好感,所以加以肯定。这与他自己对宋和金的无奈基本一致,似乎可以诠释他对自己政治背叛原因的辩解:之所以背弃金和宋,最后投靠蒙元,也是基于对金和宋恨铁不成钢、"痛诸夏之无主"②。既然中原诸夏无主,则"中国而用夷礼,则夷之;夷而进于中国,则中国之也"③。在此,杨奂将正统地位赋予北朝,显然不足以用出于偏好或出于无奈来解释,基于自身的利益关系、自身的政治身份似乎是更加合乎逻辑的答案。

总之,杨奂的正统论在借鉴前人学说的基础上,形成了一套自成系统、颇具创新色彩和时代特色的正统论。特别是他提出"王道之所在,正统之所在"④的论断并将它运用到正统论中催化为"八例"的具体历史运用,也颇具创新意义。后来,郝经更是在杨奂论述的基础上直接提出"行中国之道,则中国之主"⑤的观点,使得夷夏之辨的论域更加宽广。也正是在这个意义上,元好问称赞《正统书》"斥偏执与诡随"⑥"不主故常,不贷毫厘"⑦。

---

① 杨奂. 正统八例. 总序. 元文类. 卷第32.
② 杨奂. 正统八例. 总序. 元文类. 卷第32.
③ 杨奂. 正统八例. 总序. 元文类. 卷第32.
④ 杨奂. 正统八例. 总序. 元文类. 卷第32.
⑤ 郝经. 郝文忠公陵川文集. 卷第37. 与宋国两淮制置使书. 太原:山西人民出版社,山西古籍出版社,2006:515.
按:据郝经文书所言(郝经. 郝文忠公陵川文集. 卷第24. 上紫阳先生论学书. 太原:山西人民出版社,山西古籍出版社,2006:343.),郝经于28岁时(1250年)曾拜访杨奂,聆听教诲。后又读杨奂《正统书》等著作。可见郝经曾受杨奂影响。
⑥ 元好问. 遗山先生文集. 卷第23. 故河南路课税所长官兼廉访使杨君神道之碑. 文渊阁四库全书本.
⑦ 元好问. 遗山先生文集. 卷第23. 故河南路课税所长官兼廉访使杨君神道之碑. 文渊阁四库全书本.

>>> 第六章 "正统"观念——话语之场的学术政治与权威竞争

第三节 中国之道与中国之主

一、背景概况

(一)生平

郝经(1223-1275年),字伯常,祖籍山西泽州(今山西晋城市陵川县),是元初最早接受程朱学说的北方儒者之一,又是元初有重要影响的政治背叛者。

郝氏世代从学于儒。就郝经本人文本所言,其曾叔祖东轩先生(郝震)曾师从程颢。祖父郝天挺是元好问的老师,郝经与元好问的关系也非常密切,元好问经常勉励郝经:"子貌类汝祖,才器非常。"①郝经的父亲郝思温也以学儒、教学为生。

蒙古太祖十八年(1223年)郝经出生后就处于颠沛流离之中。蒙古太宗四年(1232年)郝经全家迁往顺天府(今河北保定)。期间,郝经博览群书、交友广泛。蒙古宪宗五年(1255年),郝经写了《上赵经略书》,文中以韩愈曾经三次上书宰相以求任命的故事来自评自荐②。显然,郝经的《上赵经略书》打动了忽必烈。同年,忽必烈派遣使者两次去召郝经,"乙卯秋九月,上遣使召公,不起。十一月,召使复至"③。这种情况下,郝经觉得时机成熟了,"读书为学,本以致用也。今王好

---

① 宋濂. 元史. 卷第157. 列传第44. 郝经传.
② 韩愈善于以文自荐,《古文观止》选了他的五篇自荐书,分别是《后十九日复上宰相书》、《后廿九日复上宰相书》、《与于襄阳书》、《与陈给事书》、《应科目时与人书》。

韩愈自小孤贫却刻苦好学。20岁赴长安考进士,三试不第。第四次参加考试总算考上进士,时年25岁。但通过礼部的考试只是拥有了入仕的资格,要想授官还得通过吏部的考试,而吏部考试的难度有时并不在进士试之下,其中就有出身二十年而未曾授予官职的。韩愈进士及第后,又曾参加三次吏部主持的博学宏词科考试,结果接连败北,他的《应科目时与人书》,与三上宰相书便写于这一时期。多年求官不成,韩愈只好离开长安,悒郁东归。后来回京并且官至国子祭酒、兵部侍郎、吏部侍郎、京兆尹等职。此时回首早年艰辛,倍加沉痛,他跟李翱说:"当时行之不觉也,今而思之,如痛定之人思当痛之时,不知何能自处也。"(《与李翱书》)

韩愈一生也并不以自荐为耻。在他看来,有难必求是人之常情甚至本能,形势危急者尤其如此。他跟宰相说:处在水深火热中的人,只要看到旁边有人,哪怕那是他憎恶怨恨的人,他也会大声呼救,因为形势实在危急。(《后十九日复上宰相书》)

③ 郝经. 郝文忠公陵川文集. 卷首. 苟宗道. 故翰林侍读学士国信使郝公行状. 太原:山西人民出版社,山西古籍出版社,2006:18.

贤思治如此,吾学其有用矣"①。蒙古宪宗六年(1256年)郝经进入忽必烈幕府并日渐得到重用。中统元年(1260年),元世祖忽必烈派遣郝经赴南宋议和。郝经入宋后即被拘禁,十六年后才被释放北归,至元十二年(1275年)七月去世。元朝封之为冀国公,谥文忠。

(二)著作

郝经著有《续后汉书》②《太极演》《原古录》《通鉴书法》等。今仅存收入《四库全书》的《续后汉书》九十卷和《陵川集》三十九卷。四库馆臣评论到:"其生平大节,炳耀古今,而学问文章,亦具有根柢,如《太极先天诸图说》《辨微论》数十篇,及论学诸书,皆深切著明,洞见阃奥。《周易》《春秋》诸传,于经术尤深。故其文雅健雄深,无宋末肤廓之习;其诗亦神思深秀,天骨挺拔,与其师元好问可以雁行,不但以忠义著者也。"③

郝经成熟期的正统观部分散见于其各类型著述中,但其要者主要体现在《续后汉书》中。《续后汉书》原名《三国志》,元延祐五年(1318年)经翰林国史院官员考校后更名《续后汉书》。该书所体现的正统观,在蒙元初期思想史上有着相当重要的地位,也是政治背叛者重要的思想武器。

二、史经结合,以论入史

金朝的一代文宗、以儒家正统面目出现的赵秉文就曾明言:"至于诗文之意,当以明王道、辅教化为主,六经吾师也。"④借助象征符号来记忆历史在中国语境下早已司空见惯。而宋元之际的政治背叛者也已经习惯于借助史学和文笔的力量来修饰其政治背叛文化。

郝经一生信奉儒道,推崇六经⑤,"故《易》即道之理也,《书》道之辞也,《诗》道之情也,《春秋》道之政也,《礼》《乐》道之用也。至中而不过,至正而不偏,愚夫

---

① 郝经. 郝文忠公陵川文集. 卷首. 苟宗道. 故翰林侍读学士国信使郝公行状. 太原:山西人民出版社,山西古籍出版社,2006:18.
② 《续后汉书》是作于郝经出使南宋被拘真州期间的众多著作之一。原名《三国志》。元延祐五年(1318年)经翰林国史院官员考校后更名《续后汉书》。具体参见:邱居里. 郝经"续后汉书"平议(北京师范大学学报,2003年专刊:51-53页)文中的相关考订。
③ 四库全书总目[M].北京:中华书局,1965:1422.
④ 答李天英书. 金文最. 卷第54.
⑤ 一般指《易经》、《尚书》、《诗经》、《春秋》、《礼》、《乐》6本古代著作。

愚妇可以与知,可以能行,非有太高远以惑世者。"①郝经积极务实,反对历史上认为"道"虚无缥缈的妄论,"谓夫虚无恍惚而不可稽极者,非道也。谓夫艰深幽阻高远而难行者,非道也。谓夫寂灭空阔而恣为诞妄者,非道也。"②在郝经看来,道是简单的、具体可感的,存在于天地万物中,"至易者乾,至简者坤。圣人所教,六经所载者,多人事而罕天道,谓尽人之道,则可以尽天地万物之道。"③可见,郝经的道不同于其他儒者天道、性理、象数等抽象、玄虚、高远的观念,而是"期于有用"④,颇具实用色彩。

郝经认为,六经并非僵化的"神圣"教条,而是特定历史时期社会生活史学化的反映,展现了道在现实中的运行运用:"《春秋》以一字为义、一句为法,杂于数十国之众,绵历数百年之远,而其所书虽加笔削,不离乎史氏纪事之策,而无他辞说。"⑤这里,郝经明确指出《春秋》记录历史的文笔特征。郝经又进一步把经与史更密切地联系起来:"六经具述王道,而《诗》、《书》、《春秋》皆本乎史。王者之迹备乎《诗》,而兴废之端明;王者之事备乎《书》,而善恶之理著;王者之政备乎《春秋》,而褒贬之义见。圣人皆因其国史之旧而加修之,为之删定笔削,创法立制,而王道尽矣。"⑥就郝经看来,首先,六经可谓经史同源,六经中的《诗》《书》《春秋》是儒家先圣先师"因其国史之旧"⑦修订而成的;其次,六经可谓经道同源,六经中的《诗》《书》《春秋》三部经典分别反映了王者之迹、王者之事、王者之政,都阐述的是王者之道。经、史、道三者汇聚六经一身。

郝经在《经史》大谈他对古今经史之分的看法,如"古无经史之分。孔子定六经,而经之名始立,未始有史之分也。六经自有史耳。故《易》即史之理也,《书》

---

① 郝经. 郝文忠公陵川文集. 卷第17. 论八首. 道. 太原:山西人民出版社,山西古籍出版社,2006:264.
② 郝经. 郝文忠公陵川文集. 卷第17. 论八首. 道. 太原:山西人民出版社,山西古籍出版社,2006:264.
③ 郝经. 郝文忠公陵川文集. 卷第17. 论八首. 道. 太原:山西人民出版社,山西古籍出版社,2006:264.
④ 郝经. 郝文忠公陵川文集. 卷第37. 与宋国两淮制置使书. 太原:山西人民出版社,山西古籍出版社,2006:514.
⑤ 郝经. 郝文忠公陵川文集. 卷第28. 春秋制作本原序. 太原:山西人民出版社,山西古籍出版社,2006:389.
⑥ 郝经. 郝文忠公陵川文集. 卷第28. 一王雅序. 太原:山西人民出版社,山西古籍出版社,2006:388.
⑦ 郝经. 郝文忠公陵川文集. 卷第28. 一王雅序. 太原:山西人民出版社,山西古籍出版社,2006:388.

史之辞也,《诗》史之政也,《春秋》史之断也,礼乐经纬于其间矣,何有于异哉!至马迁父子为《史记》,而经史始分矣。其后遂有经学、有史学,学者始二矣。经者,万世常行之典,非圣人莫能作。史即记人君言动之一书耳,经恶可并?虽然,经史而既分矣,圣人不作,不可复合。第以昔之经而律今之史可也,以今之史而正于经可也。若乃治经而不治史,则知理而不知迹;治史而不治经,则知迹而不知理。苟能一之,则无害于分也。"①

在郝经看来,经与史两者依然互相渗透、互为依存、殊途同归,是不可分割的统一体。这不仅因为二者同源,更因为经和史、义理和史迹都是道的形器,只是在表现形式方面有所侧重而已。郝经大费周章地论证经史关系,最主要的目的在于要求以史观经、以经为史。一则是为了与当时的章句训诂、空谈义理的腐儒之学拉开距离、政治隔绝;二是要强调经世致用的重要性、参与社会历史的重要性;三是为政治背叛价值观念、正统观念、忠节观念找到传统文化中的理论支撑点和辩护发力点。

三、"行中国之道,则中国之主"

首先,郝经认为正统不应过于强调玉玺、地域、夷夏等细枝末节。

对于玉玺,郝经在《传国玺论》中谈到,相传秦始皇时期皇帝玉玺问世之后,"天下之人,遂以为帝王之统,不在于道,而在于玺。以玺之得失,为天命之绝续,或以之纪年,或假之建号,区区数寸之玉,而为万世乱阶矣。厥后,晋传之宋,宋传之齐、梁、陈,陈传之隋,隋传之唐,而五季更相争夺,以得者为正统,遂入于宋。靖康之乱,为金所有。"②郝经认为,物与品性、国玺与正统之间不存在一一对应的关系。正统不系于物,而系于道。郝经承认国确可以传,如尧传之舜,舜传之禹。武王传之成王,成王传之康王等等。但传国的要点有二:其一在于要以礼授受,否则都不能称之为"传"。"征伐而得,则谓之取;篡杀而得,则谓之夺;攘窃而得,则谓之盗。"③其二在于要传之以道,否则都不能称之为"传"。尧、舜及三代之所以可

---

① 郝经.郝文忠公陵川文集.卷第19.论.经史[M].太原:山西人民出版社,山西古籍出版社,2006:290.
② 郝经.郝文忠公陵川文集.卷第19.传国玺论[M].太原:山西人民出版社,山西古籍出版社,2006:293-294.
③ 郝经.郝文忠公陵川文集.卷第19.传国玺论.太原:山西人民出版社,山西古籍出版社,2006:294.

以称之为具有正统性的"传",是因为他们所传主要是"道","圣主受命,为天地人物立主,乃复以道为统,而以为传。"①

对于地域,郝经在《上宋主请区处书》一文中说:"窃惟王者王有天下,必以天下为度,恢弘正大,不限中表而有偏驳之意也;建极垂统,不颇不挠,心乎生民,不心乎夷夏而有彼我之私也。故能奄有四海,长世隆平,包并遍覆,如天之大,使天下后世推其圣而归其仁。"②他认为真正的王者必然要以民为本、胸怀天下,而不会有偏狭、私利的心。落实到具体政策上,就是在劝诫统治者不要去区别对待不同地域和文化的人民,要做到一视同仁,像程颐所描绘的那样圣人以大公无私治天下。

对于夷夏,郝经在《续后汉书》之《四夷总序》中回顾了晋朝之前的历史,总结了中原周边四夷盛衰与中原治乱之间的内在关联。在郝经搭建的历史模型中:远古时代本无夷夏之分,后来随着发展水平的差异,文明程度随之分化,夷夏自然分流。但二帝三王时代,中国的君主"自古为天下者,务广德而不务广地,德不足矣,地虽广莫能守也"③。自"周德既衰"开始,四夷对于中原的威胁逐渐增强。又由于土地的争夺、战争的杀伐,夷夏之间的仇怨、隔阂越来越深。中原王朝"土虽广而德不足"④,所以"终不能制其侵轶"⑤。在两汉期间,北方多个少数族群南下与汉人杂居,后来酿成祸乱、终至五胡乱华,但根本原因不在于外部的动乱,而是在于中原德政不施、枉靠武力:"中国之德衰而尚力故也。"⑥这一认识体现了郝经的自省自察意识,他并未将中原动乱的责任都推给周边的少数族群,而是强调中原王朝必须内求立德才能外求施化。

其次,郝经提出"中国亡于晋"⑦的历史观。

在《辨微论》的《时务》篇中,郝经提出"礼乐灭于秦,而中国亡于晋"⑧的观

---

① 郝经. 郝文忠公陵川文集. 卷第19. 传国玺论. 太原:山西人民出版社,山西古籍出版社,2006:293.
② 郝经. 郝文忠公陵川文集. 卷第37. 上宋主请区处书. 太原:山西人民出版社,山西古籍出版社,2006:518.
③ 欧阳修,宋祁. 新唐书. 志第27. 地理一.
④ 郝经. 续后汉书. 四夷总序. 四库全书本.
⑤ 郝经. 续后汉书. 四夷总序. 四库全书本.
⑥ 郝经. 续后汉书. 四夷总序. 四库全书本.
⑦ 郝经. 郝文忠公陵川文集. 卷第19. 辨微论. 时务. 太原:山西人民出版社,山西古籍出版社,2006:292.
⑧ 郝经. 郝文忠公陵川文集. 卷第19. 辨微论. 时务. 太原:山西人民出版社,山西古籍出版社,2006:292.

点，认为"夏、殷之季，中国未亡。而秦、楚之际，已无中国者数百年矣"①。关于后一句，他的理由是："及于晋氏，狙诈取而无君臣，谗间行而无父子，贼妒骋而夫妇废，骨肉逆而兄弟绝，致夷狄兵争，而汉之遗泽尽矣，中国遂亡也。"②郝经判断亡与不亡的标准不是土地的得失、人口的多寡，而是德与道的存废。这是后世不能复见尧舜、三代、两汉之治的原因："二汉之亡，天地无正气，天下无全才。及于晋氏，狙诈取而无君臣，谗间行而无父子，贼妒骋而夫妇废，骨肉逆而兄弟绝，致以夷狄兵争，而汉之遗泽尽矣，中国遂亡也。故礼乐火于秦，而中国亡于晋已矣乎，吾民遂不沾三代、二汉之泽矣乎。"③

中国之德治未衰之时还有夷夏之分。既然中国之德治已衰，则无法再区分夷夏了。因此，郝经认为"天无必与，惟善是与；民无必从，惟德之从。中国而既亡矣，岂必中国之人而后善治哉？圣人有云：'夷而进于中国，则中国之。'苟有善者，与之可也，从之可也，何有于中国、于夷？"④天意所在，不是一定要给某人，而是要择善施予；民意所在，不是一定要听命于某人，而是要择德听命。可见地域、族群的差异并不能视为能够担当中国之主的决定性因素。只要能致力于行道，任何政权都具备入主中原的资格。中原在晋朝时已经衰退了，那就不一定非得要中原人才能重建善治。中原人做不到，夷狄可以做到的话，那么夷狄当然也可以入主中原，又何必区分华夷呢？1260 年，郝经作《立政议》之时，就实践了这样的理论，以元魏、金朝为正统⑤。

最后，郝经认为正统应该与道、与文化相关。

既然在晋灭亡以后中原真正的正统就不存在了，"道"和"国"也自然不能够按照"礼"的要求代代相传。基于此，郝经推导出的另一个结论，即道之所在 = 国之所在 = 正统之所在。"以是知天之所与，不在于地，而在于人；不在于人，而在于

---

① 郝经. 郝文忠公陵川文集. 卷第 34. 留城留侯庙碑. 太原：山西人民出版社，山西古籍出版社，2006：475.
② 郝经. 郝文忠公陵川文集. 卷第 19. 辨微论. 时务. 太原：山西人民出版社，山西古籍出版社，2006：292.
③ 郝经. 郝文忠公陵川文集. 卷第 19. 辨微论. 时务. 太原：山西人民出版社，山西古籍出版社，2006：292.
④ 郝经. 郝文忠公陵川文集. 卷第 19. 辨微论. 时务. 太原：山西人民出版社，山西古籍出版社，2006：292.
⑤ 李修生. 全元文. 4 册. 1998：88.

道;不在于道,而在于必行力为之而已矣。"①由此可知,天所倾心的,不在于地,而在于人;不在于人,而在于道;不在于道,而在于努力循道行事。郝经的"正统观念"正是矗立在"中国亡于晋"这一历史结论之上。郝经在《涿郡汉昭烈皇帝庙碑》中再次表明了自己对于正统的认识:"王统系于天命,天命系于人心。人心之去就,即天命之绝续,统体存亡于是乎在"②,即正统来自于天命,而天命来自人心。人心向背才是正统所在与所失。而刘备"以胄遗孤,有大志,尚义烈,与人诚尽,坚忍自强,一时推为英雄,尤得人心"③,故"曹氏虽据中夏,为僭伪,天命王统,卒在昭烈"④。故此,刘备兼具血统、道义、人心,自然也就兼具天命和正统了。

由此推之,郝经在《与宋国两淮制置使书》(1260年)中提出"能行中国之道,则中国之主也"⑤的观点就水到渠成了。和韩愈、赵秉文等人"诸侯用夷礼,则夷之;夷而进于中国,则中国之"⑥、杨奂"王道之所在,正统之所在也"⑦的提法相比郝经的提法在指向政统与道统的关系时,更为直截了当。在《立政议》一文中,郝经以此为标准列举了历史上他认可的二十六位贤君,其中有五位是属于一般人认知意义上的夷狄之君。郝经把夷狄的有德之君与汉唐的有德之君完全并列,再次凸显了其文化标准而非血缘族群标准,同时也再次呼应了其核心观点:"能行中国之道,则中国之主。"⑧

---

① 郝经. 郝文忠公陵川集. 卷第19. 辨微论. 时务. 太原:山西人民出版社,山西古籍出版社,2006:292.
② 郝经. 郝文忠公陵川集. 卷第32. 涿郡汉昭烈黄帝庙碑. 太原:山西人民出版社,山西古籍出版社,2006:460.
③ 郝经. 郝文忠公陵川集. 卷第32. 涿郡汉昭烈黄帝庙碑. 太原:山西人民出版社,山西古籍出版社,2006:460.
④ 郝经. 郝文忠公陵川集. 卷第32. 涿郡汉昭烈黄帝庙碑. 太原:山西人民出版社,山西古籍出版社,2006:460.
⑤ 郝经. 郝文忠公陵川集. 卷第37. 与宋国两淮制置使书. 太原:山西人民出版社,山西古籍出版社,2006:515.
  按:据郝经文书所言(郝经. 郝文忠公陵川集. 卷第24. 上紫阳先生论学书. 太原:山西人民出版社,山西古籍出版社,2006:343.),郝经于28岁时(1250年)曾拜访杨奂,聆听教诲。后又读杨奂《正统书》等著作。可见郝经曾受杨奂影响。
⑥ 杨奂. 正统八例. 总序. 元文类. 卷第32.
⑦ 杨奂. 正统八例. 总序. 元文类. 卷第32.
⑧ 郝经. 郝文忠公陵川集. 卷第37. 与宋国两淮制置使书. 太原:山西人民出版社,山西古籍出版社,2006:515.
  参见:据郝经文书所言(郝经. 郝文忠公陵川集. 卷第24. 上紫阳先生论学书. 太原:山西人民出版社,山西古籍出版社,2006:343.),郝经于28岁时(1250年)曾拜访杨奂,聆听教诲。后又读杨奂《正统书》等著作。推理而言,郝经应当受到杨奂的政治影响。

第七章

"忠节"观念——主流意识形态的改造与复归

中国的文化传统和政治语境对于"忠义守节"(以下简称"忠节")的要求由来已久。每个王朝对于"忠节"的意识形态要求在程度上可能会有差别,但本质上都会非常强烈,哪怕是辽、金、元这样的异族群王朝。强烈的价值导向甚至政治背叛者本身亦不可免,遑论他人。况且政治背叛者也都明白褒扬忠义、贬斥背叛从来都是新朝证明其合法性以及权威性的必选动作。当时此类的例子就比比皆是。那么,如何提出自己的"忠节"观从而让自身在伦理和政治两个层面都能解套呢?

政治背叛者的选择是不拒绝传统政治思想观念,而是在利用其既有内部矛盾的前提下继续使用它们,只是其使用目的与理论参照都与原政治系统大相迥异。政治背叛者以文笔的力量来圆润其政治思想、以历史书写为武器来参与各种形式的意识形态竞争,最终使原系统别无选择,只得接受政治背叛者新论述的渗透和改造。

第一节　政治背叛话语的"忠节"转换

"忠节"观念是中国文化传统和政治思想的重要内容,也是宋元之际政治背叛者实施记忆塑造、自我辩护的归宿。通过对《牧庵集》等文本的精英历史书写的分析,背叛者忠节话语塑造的模型被逐步建构起来。就这一模型来看,背叛者忠节话语塑造具有"中国古代历史脉络的断裂和模块嵌入型的秩序接续"[1]的特性。背叛者利用传统话语的兼容与破损尽量对"忠义"和"守节"的议题进行背叛者话

---

[1] 班瑞钧. 蒙元际族群畛域关系模型略论[J]. 贵州民族研究, 2014(4).

语的转换,通过"立本立吾身"的价值认知转向、"孝"与"忠节"的权威竞争、"勤"对"忠节"的偷梁换柱、"道"对"忠节"的天命超越、"道统无南北"对"忠节"的道德渗透、"位"对"忠节"的利益侵蚀等环节一步步对传统忠节思想进行改造,从而"调适""回应"以及"回归"以"忠节"为主流话语的中国政治场域。

一、传统话语的兼容与破损

"不为介推之逃,则为屈原之死"①,这既是古代中国统治阶层希望灌输给普罗大众的"忠节"意识形态,也是后世对古代中国进行政治想象时极易形成的"忠节"话语狂欢。

事实上,中国传统文化存在结构性的共轭矛盾和技术性障碍。这些矛盾和障碍是客观存在甚至是不可或缺的。首先是因为"国家和社会的利害,不是全然一致的,又不是截然分离的"②。国家和社会不同的利益诉求反映在文化中必然造成矛盾和障碍。其次是因为"中国的地形本身并不有利于中央政权的崛起;相反,它的由来已久的统一是人的制度战胜地理条件的结果"③。作为制度的反映,文化自然要关照中央政权治下的各个自然区域、各个群体的利益诉求。最后,相对稳定的中国传统文化还要适应中国在地理层面和社会层面的扩增和缩减。要保证在发生扩增和缩减时,文化不至于推倒重来。因此,它必然要面对"原则性"与"灵活性"的共轭困境。对此,中国传统文化以扩大自身理论的兼容性来应对,其给出的处理方式是"自取之","沧浪之水清兮,可以濯吾缨;沧浪之水浊兮,可以濯吾足"④。这就涉及中国古代文化的一对重要范畴:经和权。所谓"经",一般指涉带有普遍性和绝对性的规范、权威,体现为"常"的意味,即长时段常态化的道理与法则。所谓"权",一般指"反常",即在面对具体情况时所采取的临时性和应急性的特定对策,是在特定时间与空间里的随机应变。

中国文化的这种兼容性的存在,使得在历史瞬间选择的严肃性方面,对"忠节"的衡度仍然不失弹性;在诸多伦理规范之间,选择者仍然有一定的回旋余地与

---

① 顾炎武记与孝感熊先生语.顾亭林诗文集.北京:中华书局,1983:196.
② 吕思勉.中国政治思想史[M].北京:北京出版社,2015.
③ 费正清.剑桥中华人民共和国史(1949-1965年)[M].北京:中国社会科学出版社,1990:16.
④ 孟子.离娄.

空间。这也解释了"吴起常辞魏,韩非遂入秦"①的历史现实。在特定条件下,救亡未必被作为不计代价的绝对律令,"民生"也绝非可以无条件支付的牺牲。"三为亡国之人"的颜之推,在流离不定、辗转起伏的一生中自认掌握了"处世之道",以至于历仕南北四朝而仕途不坠。感慨于自身经历的颜之推在晚年完成《颜氏家训》,虽然主要意图在于教育子孙如何生存、养生和保持家族兴旺,但也借由反映这一时期的关于"忠节"的社会现实和文化现实来塑造其漫长的个人记忆,其手法还是政治背叛者屡试不爽的"无我"策略,即把责任完全抛给外在的客观政治社会环境。

首先,颜之推承认远古时期忠节的存在,"不屈二姓,夷、齐之节也;何事非君,伊、箕之义也"②。然后,颜之推指出客观社会现实的变化,"自春秋以来,家有奔亡,国有吞灭,君臣固无常分矣"③。再后,以"建安七子"之一的陈琳在政治上"朝三暮四"的故事为例,影射暗示自己也是"人在江湖、身不由己","然而君子之交绝无恶声,一旦屈膝而事人,岂以存亡而改虑?陈孔章居袁裁书,则呼操为豺狼;在魏制檄,则目绍为蛇虺。在时君所命,不得自专,然亦文之巨患也,当务从容消息之。"④总之,政治背叛者把外在政治社会环境完全描绘为耶律楚材笔下的境况:"学术忠义两无用,道之将丧予忧惶。"⑤以此,政治背叛者给出暗示:传统的"忠节"已经是一个化外论题了。

宋元之际的历史书写中,政治背叛者在塑造了恶劣的外在政治社会环境后,转而在"忠节"细节方面塑造了不少的坚守史迹。如在宋濂的文本中就塑造了赵复虽然背叛南宋、政治背叛蒙元,但依然心系"父母国"的细节:"至燕,学子从者百余人。世祖在潜邸,尝召见,问曰:'我欲取宋,卿可导之乎?'对曰:'宋,吾父母国也,未有引他人以伐吾父母者。'世祖悦,因不强之仕。"⑥在姚燧的文本中,政治背叛者李聚也有心系"父母国"、不言"前朝事"的记述:"言惟前朝事,绝口府县得失、乡邻短长,闻人误及此者,则欠伸思睡,掩耳而起,时以长者多之。"⑦在元好问的文本中,杨奂的史迹也颇大张个人层面的"忠节"要求,如杨奂先被赵天锡延揽

---

① 庾子山集注:232.
② 颜氏家训. 文章第9.
③ 颜氏家训. 文章第9.
④ 颜氏家训. 文章第9.
⑤ 用前韵感事二首. 湛然居士文集卷第2.
⑥ 宋濂. 元史. 列传第66. 儒学一. 赵复传.
⑦ 姚燧. 牧庵集. 卷第27. 招抚使李君阡表. 四部丛刊本.

入门下"待之师友间"①,后来严实"久闻君(按:指杨奂)名,数以行藏为问"②,希望杨奂加入东平。而杨奂"终不一诣"③。别人问他为何不去东平投奔严实?杨奂回答道:"业已主赵侯矣,将无以我为二三乎?"④

二、话语转换模型

"忠节"观念是中国文化传统和政治思想的重要内容,也是宋元之际政治背叛者实施政治思想塑造的归宿。身处乱世,一方面,政治背叛者拥负"期于有用"的价值导向,"丈夫当先据要路以制人,岂能默默受制于人?"⑤;另一方面,政治背叛者又不支持所谓的"隐逸不仕",认为"屈原之不忘君,其失未免怨怼激发而不平。林逋终身遁弃而忘君,又类洁身乱伦"⑥,那他们的伦理出口和政治出口又在哪里呢?

通过对《牧庵集》等文本的精英历史书写的分析,背叛者忠节话语塑造的模型被逐步建构起来。就这一模型来看,背叛者忠节话语塑造具有"中国古代历史脉络的断裂和模块嵌入型的秩序接续"⑦的特性。作为背叛者的政治背叛者通过对文化中间地带的争夺与塑造,利用传统话语的兼容与破损尽量对"忠义"和"守节"的议题进行政治背叛话语的转换,在意识形态的权威竞争中占得一席之地,并逐步在对主流意识形态进行改造的基础上争取复归其中。达成这样的结果,政治背叛者就有可能最终把自身的背叛经历"隐身"或"洗白",甚至从"背叛者"摇身一变成为"忠节者"。

(一)"立本立吾身"的基础认知转向

《牧庵集》中,姚燧撰写了诸多篇章借助阐述道统、忠义、为臣之道等来塑造"忠节观念"的认知转向。如《忠勤堂记》阐述为臣之道在于内忠外勤,《遗安堂

---

① 元好问. 遗山先生文集. 卷第23. 故河南路课税所长官兼廉访使杨君神道之碑. 文渊阁四库全书本.
② 元好问. 遗山先生文集. 卷第23. 故河南路课税所长官兼廉访使杨君神道之碑. 文渊阁四库全书本.
③ 元好问. 遗山先生文集. 卷第23. 故河南路课税所长官兼廉访使杨君神道之碑. 文渊阁四库全书本.
④ 元好问. 遗山先生文集. 卷第23. 故河南路课税所长官兼廉访使杨君神道之碑. 文渊阁四库全书本.
⑤ 太平广记. 卷第184. 北京:中华书局,1961:1378.
⑥ 姚燧. 牧庵集. 卷第8. 归来园记. 四部丛刊本.
⑦ 班瑞钧. 蒙元际族群畛域关系模型略论[J]. 贵州民族研究,2014(4).

记》阐发顺时随分之"安",《承颜亭记》讲孝亲承颜之事,《遐观堂记》《归来园记》讲周世保身之道,《乔木堂记》讲克忠尽职之理等等。

"立者,颠之反也;本者,末之负也。天下无无本之物,亦无不大之本。其观植戈乎?下镦则立,下刃则颠。镦大而刃小,大为之本,而小其末也。语学则不然,大顾其末,而小为之本。故天下本国,国本家,而家本身。至于身,则居亿兆人之一,若是小矣。要其归也,乃为天下安危治乱之闗,则身非独本一家,实为本于天下。故曰:小者本之,大者末之。然立本有道而非他,立吾身焉耳矣。孔子语孝子之终节,第立身于事亲、事君之后。则立身者,惟忠孝之家为克对,而无著闻。"①

中国传统政治思想体系一般强调集体对个体的统领、个体在集体中求取个体意义。但姚燧在《董氏立本堂记》中紧紧抓住中国传统话语的理论缺损,基本否定了传统政治思想体系中的本、末关系。姚燧以孟子"天下之本在国,国之本在家,家之本在身"②的观点为理论起点,以"语学"为隐喻来阐述其理论进路。"镦大而刃小,大为之本,而小其末也。语学则不然,大顾其末,而小为之本。"③然后,姚燧从学者即儒者的角度,对"个人、家庭、国家、天下"这一体系中诸要素的作用进行了新的定位:把国家定位于"末",而把个人定位于"本",最终得出"立本有道而非他,立吾身焉耳矣"的结论。从立意角度而言,这一观点非常贴近近现代个人主义倾向,为政治背叛者在背叛时刻的"立本存身"进行辩护的意图若隐若现。

(二)"孝"与"忠节"的权威竞争

中国的文化传统和政治思想语境当中,"孝"几乎是实质上唯一可挑战"忠节"的重要价值观念:"夫孝,始于事亲,中于事君,终于立身。"④为了避免这种"孝"与"忠节"对抗局面的出现,古代政治思想家常常将二者进行捆绑,试图消弭双方的对立可能。宋元之际的政治背叛者当然不会对这一天赐的武器视而不见。抓住"孝"与"忠节"之间的对立性大做文章,显然有助于在道德高地找到背叛者的存身之所。

在《成守邓州千户杨公神道碑》一文中,姚燧使用了非常隐蔽的手法、巧妙地阐述"孝"与"忠节"之间的进退尺度。首先,姚燧以退为进,承认"孝"与"忠节"的一体性,"臣之事君,犹子事父,虽出苏武告李陵之言,而千载以为得。然事父敬

---

① 姚燧. 牧庵集. 卷第6. 董氏立本堂记. 四部丛刊本.
② 孟子. 离娄上.
③ 姚燧. 牧庵集. 卷第6. 董氏立本堂记. 四部丛刊本.
④ 孝经. 开宗明义章.

身,事君致身,道固有不悖并行者。"但在行文中,姚燧也悄悄指出"孝"与"忠节"二者的矛盾之处:"孝"要求存身,"身体发肤,受之父母,不敢毁伤,孝之始也"①;而"忠节"则要求在必要时捐躯献身。然后,姚燧以曾子为例,展开隐晦地书写:"曾参将死,召门弟子,启手足以示全归。其平居,则又以战阵无勇为非孝。夫小而残形、大而陨元,至不旋踵,孰速战陈?苟于是而曰'吾全归,吾全归'。则天下无授命之臣,君何赖以守邦?人子惟无事戎行,不善将身以死者,是诚不孝。而执绥援枹以死固其所也。况战不必创,创不必死,与虽死而名曰延哉。"②一方面,高调阐述人臣应为国尽忠之理,但同时又低调地论证"无事戎行,将身以死者"就是不孝了,而且"战不必创,创不必死"。那么,何谓"无事"?何谓"不善"?何谓"创不必死"?姚燧并未明确说明,这一模糊的思想空间显然留给了那些背叛者。

在孝悌问题上,姚燧更是围绕"承颜"和"色难"来大书特书其实用倾向的观点:"尝谓人子之事亲,不难于燠寒其衣、旨甘其味,以适其口体之奉,而难于承颜以得其欢心。斯政孔子语子夏以'色难'者也。"③置身于背叛者的立场,姚燧继而对所谓的"忠孝两难"做出了断然的选择,猛攻"忠在孝先"的观点,将"公尔忘私者"定位为"五典之罪人":"或牵于禄仕,遐游远适,委亲而不遑将,反曰'吾能公尔忘私,不得承颜'者。是数者,皆五典之罪人"④。其政治书写为背叛者的背叛行为辩护的意味越来越浓。

姚燧还在文本中以看起来"单纯"的叙事手法,感性阐述了一件所谓的"孝子事例",与其政治思想的阐述相互佐证。文中,驻扎在衡州的真定新军万户张兴祖及其夫人去世后,他的儿子希望能归葬二老的灵柩回家乡河北真定。但多次申请后,上级都以军将要执行军务、履行军令为要而迟迟不肯答应他的请求。张兴祖的儿子最后干脆违反上级的命令,带着父母的灵柩回家乡安葬。他的这种以孝为先,违抗君命的做法被大书特书,如"公既卒于戍所衡州,之明年,而夫人亦卒。其中子世其真定等路新军万户、怀远大将军塔喇齐者,将归葬其乡先茔。由是军受湖广省节度,请告数数。终以故事职兵之臣,无听丧葬之文不得命。乃曰:'父子之道,在君臣先。其序则然,未有责其能忠,而禁其为孝者。吾令何恤?俟舟二丧毕葬,小从而夺虎节,大置于理,一惟命。'竟窆而还。凡闻者,莫不称咨其能拔流

---

① 孝经. 开宗明义章.
② 姚燧. 牧庵集. 卷第18. 戍守邓州千户杨公神道碑. 四部丛刊本.
③ 姚燧. 牧庵集. 卷第8. 承颜亭记. 四部丛刊本.
④ 姚燧. 牧庵集. 卷第8. 承颜亭记. 四部丛刊本.

俗,善于子职,无少老一喙焉。"①文本中,姚燧借助张兴祖儿子之口吐露了背叛者的集体自辩:"父子之道,在君臣先。其序则然,未有责其能忠,而禁其为孝者。"②

(三)"勤"对"忠节"的偷梁换柱

政治背叛者进行忠节话语塑造的下一个环节是努力把"忠节"由"忠君"向日常的具象工作的坚守来引导。抛开时代背景对之进行审视,这一思想似乎无懈可击甚至利大于弊。但放置于当时宋元王朝鼎革之际,则这一思想的目的似乎有"偷梁换柱"之嫌。

姚燧在《千户所厅壁记》中提出:"知尊君亲上,而易使于一日,此先王维持太平之宏纲大经也。"即尊君并非最终目标,真正的最终目标是太平,尊君只是达致太平的手段而已。在《忠勤堂记》中,姚燧提出:"为名臣之居其职而职修,授以事而事治,为忠以尽其心,勤以致其力耳。然二者相须:忠,内也,非尽其心则不能本以为勤;勤,外也,非致具力则无以见诸行事而实其忠。"③忠就是内在的尽心,怎样表现出尽心呢?需要外在的勤于政事、人事。古代的大禹、商汤就是这样的圣人:"禹汤,圣人。禹臣虞,克勤于邦,舜贤之;汤臣夏,为下克忠,伊尹明之。然非忠之至、勤之极也,不可曰克。两圣则然,下两圣者宜如何哉!"④在《安西路同州儒学正潘君阡表》中,政治背叛者更是借两种观点的对话明确了自己的主张:一方认为自己虽然尽孝,但"忠不及事君";另一方则认为做好自己的工作即可视为忠,"惟视所在,晨门夜柝,不废乃事,犹足曰忠。"那种认为只有当官或疆场厮杀才是忠的观点遭到政治背叛者姚燧的坚决否认,"奚其讦谋庙堂,捍御疆场,奔走豆笾金粟,当会郡县率职,始名宣力耶?"⑤从某种角度而言,政治背叛者的这种化忠为勤的政治思想和禅宗倒有几分相似之处,表面上以进入的方式充实"有",实则逐渐消融特立的"有"于日常的"无"。

(四)"道"对"忠节"的天命超越

天人感应是古代中国重要的思维方式,孔子有"畏天命""知天命"之说。孟子则更直白:"莫之为而为者,天也;莫之致而致者,命也。"⑥而这在政治领域同样

---

① 姚燧. 牧庵集. 卷第23. 真定新军万户张公神道碑. 四部丛刊本.
② 姚燧. 牧庵集. 卷第23. 真定新军万户张公神道碑. 四部丛刊本.
③ 姚燧. 牧庵集. 卷第6. 忠勤堂记. 四部丛刊本.
④ 姚燧. 牧庵集. 卷第6. 忠勤堂记. 四部丛刊本.
⑤ 姚燧. 牧庵集. 卷第27. 安西路同州儒学正潘君阡表. 四部丛刊本.
⑥ 孟子. 万章上.

第七章 "忠节"观念——主流意识形态的改造与复归

有着基础性影响。通过对天人关系的理解与定位来塑造政治合法性是古代中国政治领域最重要的合法性逻辑之一。政治背叛者也善于利用所谓的"天命""大道"来达到改造"忠节"观念的目的。

姚燧《牧庵集》中的《遐观堂记》就是这样一篇利用"道"来实现对"忠节"的天命超越的文本。《遐观堂记》应是姚燧为"遐观堂"所作的一篇记文。这样一篇看似文学性叙事的记文,仔细观摩揣测其内容铺排则会发现,这篇记文实则暗藏着非常独特隐晦的政治意图。

"长安城西二途:西北通咸阳,王公之开府于此。与西南北三陲之使,冠盖之去来,樽俎之候饯者所出,行旅之伙,不列也。西南入鄠,抵山,无所适赀,乃今承余,则田夫樵妇,与城居有墅于郊者所出。斯固巳可为倦游而休仕者所托庐矣。二涂同出,其远近无几何,而喧寂异然,亦可见利势之在与所无也。鄠涂之北,距城不数里,则宣尉张公之别业规园。其中,筑台为堂,崇袤寻丈,纵广十辙。清风之朝,长日之夕,四方胜槩,极目千里。凡秦汉隋唐之陵庙池籞,由人力以废兴,可吊而游可登而览者,在所不取。其高上,如华阳、终南、太白,嵯峨吴岳,岐梁之奇峰绝巘,为三辅之镇。穷日而有者,皆环列乎轩户之外、而卧对之几席之上。余曰:遐乎观哉! 古人堂者多矣,其壮有加于此乎? 使诚有耶? 虽风摧雨剥于千载之上,亦宜略存陁然之迹,可存于今。今则束板以载之,负畚以兴之,以是知无因于前,而独始于公也。今我与公属觞乎此,夫岂苟然哉? 百年之身,其有几何? 是及赏其成而不及忧其败也,及乐其完而不及悲其毁也。后之时或风摧雨剥于千载之下,有登吾弛然之迹者,曰:嘻,斯何世何人之为? 公名不既寿矣乎? 公笑曰:吾何期之何是之久哉? 第择君言与吾堂称者,即名曰遐观,盍记诸? 余曰:公通介贵臣也,请与之言臣可乎? 古之人,惟见危受命者,故得守节仗义、杀身成仁之名乎? 可以无死而死,犹为徒死而伤勇。然则出处之际,死生之所關;死生之所關,善恶之攸归者,莫大于为人臣。使不遇存亡危急之会,亦未尝不以明哲保身为贤,斯揆道归义之臣所能也。尝闻之望诸君:善作者不必善成,善始者不必善终。九原可作,之将无谓秦无人也。今之仕者,吾不知孰为道义之臣,能志功名者亦鲜矣。志富贵私身以毒世,卒离尤而蹈祸者,骈首接踵也。是于计功谋利之间,且有不能,况揆道而归义乎哉? 究公平生,尝吏民矣,又尝治兵矣,亦尝持宪矣。忠炳日星而难不辞于汤火,气吞湖海而信不移于丘山,视竹帛之书、鼎钟之勒,恒有晚古人,薄前世,不足为之心。以故在庭之百辟,山东数州、秦俗九路之氓,泸篙荷? 方三千里之獠,孰不闻其名而奇其才,沐其爱而怛其威? 年五十二,竟以许国,尽瘁而归。

265

鼓舞僮奴，干指而食其力，甘自侪于匹夫。读书以教子，饮酒以乐宾，将终其身，非熟烂世故遐观一代之表者，能是乎哉？盖天下之事，观遐则先识，先识则几矣。雉兔之不能搏人，谁不知之？突起道左，或失声辟易，而丧其常守，以其卒然遇之也。使前见于数百步之外，无曰雉兔，虽虎兕之暴，人得以为备，将不患矣。斯不亦吾堂言外之微意乎？未易以语他人，将惟公可。公名庭瑞，字天表。至元癸未，以太中大夫诸蛮夷部宣尉使致仕云。又四年，丁亥六月，下澣日记。"①

文中，姚燧在简单记兴"遐观堂"的营造过程并埋下"长安城西二途"的伏笔后，笔锋一转阐述其忠臣之论："公（按：指张庭瑞。）通介贵臣，请与之言臣可乎？"②接下来，姚燧认为：人在存亡危急之际，肯定需要守节仗义、杀身成仁的气节，但是人生并不是总会遇到生死抉择的考验。"可以无死而死，犹为徒死而伤勇"③；"不遇存亡危急之会，亦未尝不以明哲保身为贤。"④也就是说，姚燧认为，判断一个人是否"忠节"，更多的情况下是看一个人是否能坚持"道义"。这样一来，"忠节"的对象被从现实可考察、可判断的实存，转向为抽象的、主观化的"道义"。在此，姚燧的观点与元好问的"死不难，诚能安社稷、救生灵，死而可也"⑤的观点不谋而合。与之前类似的是，元好问避而不谈两件事：第一，怎样判断"诚能安社稷、救生灵"？第二，如果安社稷和救生灵发生冲突了怎么办？而姚燧也再次避而不谈操作层面的根本问题：第一，何时是"存亡危急之会"？第二，何时"可以无死"？

之后，姚燧以"道义"为"忠节"量度将为臣者分为了"揆道而归义"⑥与"志富贵"⑦两类，并且认为"揆道而归义"⑧者寡，"志富贵"⑨者多，"今之仕者，吾不知孰为道义之臣，能志功名者亦鲜矣。志富贵者私身毒世，卒离尤而蹈祸者，骈首接踵也。是于计功谋利之间，且有不能，况揆道而归义乎哉？"⑩为臣者人生之"两条路"恰恰与文章开头遐观堂西北的"两条路"相暗合，"二涂同出，其远近无几何，

---

① 姚燧. 牧庵集. 卷第6. 遐观堂记. 四部丛刊本.
② 姚燧. 牧庵集. 卷第6. 遐观堂记. 四部丛刊本.
③ 姚燧. 牧庵集. 卷第6. 遐观堂记. 四部丛刊本.
④ 姚燧. 牧庵集. 卷第6. 遐观堂记. 四部丛刊本.
⑤ 脱脱. 金史. 北京：中华书局，1975：2525.
⑥ 姚燧. 牧庵集. 卷第6. 遐观堂记. 四部丛刊本.
⑦ 姚燧. 牧庵集. 卷第6. 遐观堂记. 四部丛刊本.
⑧ 姚燧. 牧庵集. 卷第6. 遐观堂记. 四部丛刊本.
⑨ 姚燧. 牧庵集. 卷第6. 遐观堂记. 四部丛刊本.
⑩ 姚燧. 牧庵集. 卷第6. 遐观堂记. 四部丛刊本.

而喧寂异然,亦可见利势之在与所无也。"①同出而殊归的两条自然道路的"嚣"与"寂"正隐喻了失之毫厘、差之千里的人生道路,更隐喻了历史关键时刻做出的不相为谋的政治选择。

由此可测,姚燧《遐观堂记》整篇文章只是借"遐观堂"之名来申发其围绕"道"与"忠节"的政治思想。姚燧在篇末也毫不隐晦地直言:"盖天下之事,观遐则先识,先识则几矣。雉兔之不能搏人,谁不知之?突起道左,或失声辟易,而丧其常守,以其卒然遇之也。使前见于数百步之外,无曰雉兔,虽虎兕之暴,人得以为备,将不患矣。斯不亦吾堂言外之微意乎?"②正如姚燧所言,文章之宗旨在于揭示"言外之微意"③,即为政治背叛者辩护,为政治背叛者的未来辩护。较之其他普通政治背叛者,作为学术大家的姚燧更深切地了解"背叛"行为未来将面对的历史遭遇。浅层而言,"殁不知所谓哀,久不知所谓忘,亦人之情宜然也"④。更为重要的是,王朝"有遇其时,未必见隆于后"⑤。新朝定鼎时对背叛者加以利用是为了靖人心,事后则会黜之以砺臣节,实施道德方面的"教育运动"。因此,要以"观遐"的"远见卓识"早做准备,才能"虽虎兕之暴,人得以为备,将不患矣"⑥。

(五)"道统无南北"对"忠节"的道德渗透

在宋元际政治背叛者笔下,有一种超乎普通人想象和理解的现象:很多通常被认知的"守节"者或至少事件发生时尚未政治背叛的"守节"者,与政治背叛者形成了某种程度的组合,他们或相互关照荫庇、或相互明争暗合,充分展示了历史现实和政治认知的复杂性。家铉翁与元好问的组合就是这种典型案例。

元好问为时人和后人所诟病的主要集中在"崔立碑"及"境外之交""儒教大宗师"等事件,尤其以"崔立碑"事最为关涉其名节。郝经所撰墓志及《金史》本传,皆试图以"金亡不仕"为元好问遮掩。而家铉翁则抛开遮掩、主动出击。就现有史料来看,号称"义不二君,足为臣轨"⑦、"数为诸生谈宋故事及宋兴亡之故,或流涕太息"⑧的家铉翁是忠贞不贰的代表。但是,深读家铉翁在论及元好问及其

---

① 姚燧. 牧庵集. 卷第6. 遐观堂记. 四部丛刊本.
② 姚燧. 牧庵集. 卷第6. 遐观堂记. 四部丛刊本.
③ 姚燧. 牧庵集. 卷第6. 遐观堂记. 四部丛刊本.
④ 姚燧. 牧庵集. 卷第3. 冯松庵挽诗序. 四部丛刊本.
⑤ 姚燧. 牧庵集. 卷第11. 长春宫碑. 四部丛刊本.
⑥ 姚燧. 牧庵集. 卷第6. 遐观堂记. 四部丛刊本.
⑦ 脱脱. 宋史. 卷第421. 列传第180. 家铉翁传.
⑧ 脱脱. 宋史. 卷第421. 列传第180. 家铉翁传.

《中州集》的文本时,其文字间所展现的政治思想是如此震撼:

"世之治也,三光五岳之气,钟而为一代人物。其生乎中原,奋乎齐、鲁、汴、洛之间者,固中州人物也。亦有生于四方,奋于遐外,而道学文章,为世所宗,功化德业,被于海内,虽谓之中州人物可也。盖天为斯世而生斯人,气化之全,光岳之英,实萃于是,一方岂得而私其有哉。迨夫宇宙中分,南北异壤,而论道统之所自来,必曰宗于某;言文脉之所从出,必曰派于某。又莫非盛时人物,范模宪度之所流衍。故壤地有南北,而人物无南北,道统文脉无南北,虽在万里外皆中州也,况于在中州者乎?余尝有见于此,自燕徙而河闲,稍得与儒冠缙绅游,暇日获观遗山元子所裒《中州集》者,百年而上,南北名人、节士、钜儒、达官所为诗,与其平生出处大致,皆采录不遗,而宋建炎以后,衔命见留,与留而得归者,其所为诗与其大节始终,亦复见纪。凡十卷,总而名之曰《中州集》。盛矣哉! 元子之为此名也。广矣哉! 元子之用心也。夫生于中原,而视九州之人物,犹吾同国之人。生于数十百年后,而视数十百年前人物,犹吾生并世之人。片言一善,残编佚诗,搜访惟恐其不能尽。余于是知元子胸怀卓荦,过人远甚。彼小智自私者,同室藩篱,一家尔汝,视元子之大度伟识,溟涬下风矣。呜呼! 若元子者,可谓天下士矣。数百载之下,必有谓余言为然者。"①

首先,家铉翁从论人物入手,彻底抛弃地域性的华夷观,代之以道学性的华夷观:"其生乎中原,奋乎齐、鲁、汴、洛之间者,固中州人物也。亦有生于四方,奋于遐外,而道学文章,为世所宗,功化德业,被于海内,虽谓之中州人物可也。"②家铉翁不但打破华夷认知的空间局限,甚至迅速打破了华夷认知的时间局限,"广矣哉! 元子之用心也。夫生于中原,而视九州之人物,犹吾同国之人。生于数十百年后,而视数十百年前人物,犹吾生并世之人。"③

其次,家铉翁认为"道"不可为任意一方私有,"盖天为斯世而生斯人,气化之全,光岳之英,实萃于是,一方岂得而私其有哉。"④同时,家铉翁称赞元好问的心胸宽广,而讥讽狭隘的地域维度的夷夏观念者为"小智自私者","余于是知元子胸怀卓荦,过人远甚。彼小智自私者,同室藩篱,一家尔汝,视元子之大度伟识,溟涬

---

① 家铉翁. 题中州诗集后. 元文类. 83.
② 家铉翁. 题中州诗集后. 元文类. 83.
③ 家铉翁. 题中州诗集后. 元文类. 83.
④ 家铉翁. 题中州诗集后. 元文类. 83.

下风矣。"①

最后，家铉翁认为，元好问是以"天下"为服务对象的伟人，"若元子者，可谓天下士矣"②，甚至宣称"故壤地有南北，而人物无南北，道统文脉无南北，虽在万里外皆中州也。"③

总之，史称"义不二君，足为臣轨"的家铉翁在其《题中州诗集后》的文本中已经把亡国的阵痛抛弃得干干净净，只留下抽象的道统与文脉。保存文理、保护文人，在家铉翁笔下成为可以理解的高于名节的更重要的问题。家铉翁正是在这个意义上把元好问推上神位的。虞集的文本也有同感："国朝之初，故金进士太原元好问著《中州集》于野史之亭，盖伤夫百十年间，中州板荡，人物凋谢，文章不概见于世，姑因录诗传其人之梗概，君子固有深闵其心矣。"④

也正是在传续道统的基础上，才使得杨维祯敢于在《正统辨》中"义正言辞"地认为，如同历史上的正统传承一样，宋的正统已经归之于元朝，而且元朝把它发扬光大了！同时，杨维祯对那些反对元朝拥有正统的人士发出质问和威胁："吁！不以天数之正、华统之大，属之我元、承乎有宋，如宋之承唐、唐之承隋、承晋、承汉也；而妄分闰代之承，欲以荒夷非统之统属之我元。吾又不知今之君子待今日为何时？待今圣人为何君也哉？"⑤

（六）"位"对"忠节"的利益侵蚀

利益的诱惑总是时时、事事存在。对于"政治人"，官位的诱惑是非常现实的。政治背叛者也抓住了这一点，潜移默化地以之实施了对于"忠节"的利益侵蚀。姚燧在《易安斋记》中就曲折地阐发了其对于"位"和"忠节"关系的政治思想。姚燧以一个形象的比喻起笔："医之为业，有相道焉。"⑥然后在历史中引经据典加以阐发，"伊尹耕莘，说筑傅岩之野，太公钓渭，诸葛亮耕南阳。之数子者，其始岂有心求商汤、高宗、周文与汉昭烈之知己乎哉！彼四君者，知有命世之才，可与共天位，故或三聘，或俾以形旁求天下，或见于卜兆，或闻之水镜、三顾草庐之中，身先求之、深拒固闭、弗得弗已。彼数臣者，由礼至情笃，始起而应之。"⑦然后得出断言：

---

① 家铉翁. 题中州诗集后. 元文类. 83.
② 家铉翁. 题中州诗集后. 元文类. 83.
③ 家铉翁. 题中州诗集后. 元文类. 83.
④ 虞集. 道园学古录. 卷第32. 国朝风雅序. 四部丛刊缩本.
⑤ 陶宗仪. 南村辍耕录. 北京：中华书局，1959；32.
⑥ 姚燧. 牧庵集. 卷第9. 易安斋记. 四部丛刊本.
⑦ 姚燧. 牧庵集. 卷第9. 易安斋记. 四部丛刊本.

"是与夫医者不求疾家,而疾家恳恳夫我,奚以异哉?"①即只要我有才能,谁出的价码高,我就可以把我的才能卖给他。

如果病家不信任医生,那医生就无法放手治病,只好离去。以此为模板,那大臣得不到国君的信任,无法放手治理国家,也就可以离去。"彼为相者,见时君任己贰而不专,则解冠纳履而去,是与夫医之为彼疾家不专主己,参以他医,则卷其术,不发药而委去,亦奚以异哉?是二也。"②短短一个比喻,已经把政治背叛者自我辩护的内心暴露无遗。"其甚不异者,古贤相之为治也,必当天下阽危之际,其君任之信之,成焉由汝,圮焉由汝,而后为相者,始自任天下之重,展其所蕴,措幅员于天下四维之安。天下后世诵之曰:'彼相之才,能易危而安者也。'夫人谁不有疾?非必委顿之劣,而后为危。凡小不康,失治于蚤者,皆危渐也。为医者,惟疾家知之仗之,生焉惟汝,死焉惟汝,而后始敢尽其搰髓、擢胃、剔蛇、毙犬之技,如扁鹊华佗之为,而易危为安。范文正公之言曰:'得志愿为贤宰相,不得志愿为良医。'其真知言哉!"③

在《冯松庵挽诗序》中,姚燧再次以"医"为喻。首先,姚燧以良医"秦和"开场,认为秦和对于"病阽脉绝息困之人"④晋侯"不发药而委去"⑤是为了"自免误人之名"⑥。而"金之叔世"⑦如同"病阽脉绝息困之人"⑧,那如"良医"般的"良相"是否就应该"委去"?当然,"良相"也可以不"委去"。比如历史上那些在国家危机时刻身任高位的伟大人物,他们身担国运民心,与国家休戚相关,即使明知国家必然要灭亡,但基于"义"也可以置生死于度外,例如,"彼大君子者,顾岂不医若而强起,自试于必亡之国乎?虽然,有义焉:使先生已为将相,国命民心,休戚存亡,视吾一身,故死生有不恤焉耳。"⑨最后,姚燧用了一个"幸"字,其"位德一体"的实质恐怕也显露无遗,"幸其时无是位,浮沉于常官,于时不可为,于义无必死"⑩。好在当时没有处于那样的高官位置,所以就不必像上文所述那样知其不

---

① 姚燧. 牧庵集. 卷第9. 易安斋记. 四部丛刊本.
② 姚燧. 牧庵集. 卷第9. 易安斋记. 四部丛刊本.
③ 姚燧. 牧庵集. 卷第9. 易安斋记. 四部丛刊本.
④ 姚燧. 牧庵集. 卷第3. 冯松庵挽诗序. 四部丛刊本.
⑤ 姚燧. 牧庵集. 卷第3. 冯松庵挽诗序. 四部丛刊本.
⑥ 姚燧. 牧庵集. 卷第3. 冯松庵挽诗序. 四部丛刊本.
⑦ 姚燧. 牧庵集. 卷第3. 冯松庵挽诗序. 四部丛刊本.
⑧ 姚燧. 牧庵集. 卷第3. 冯松庵挽诗序. 四部丛刊本.
⑨ 姚燧. 牧庵集. 卷第3. 冯松庵挽诗序. 四部丛刊本.
⑩ 姚燧. 牧庵集. 卷第3. 冯松庵挽诗序. 四部丛刊本.

可而为之、以死殉国了,不但不必以死殉国,还可以趁时逍遥,"膏车而归,搴裳以行,倘佯于泉石,肆志于文酒间"①。在姚燧这样的政治背叛者眼中,这不但无愧,而且是"正大君子用世全名之先识高致"②。

深掘深思政治背叛者记忆塑造的文本后可以发现,"医之为业,有相道焉"③这一比喻本身就被政治背叛者暗藏了杀机,医生与病人之间互无瓜葛和归属,只是在"病"这一聚合因素的凝聚下发生关系。臣与君之间是否也是如此呢?政治背叛者的巧妙之处就在于把臣与君之间的关系简单化,把家国等等抛掉,只留下一层因"事"而生的雇佣与被雇佣关系。于是,在政治背叛者的笔下,政治背叛的原因被归结为君对臣的不信和不用,从而被干干净净地抛给了旧朝。即使是得到皇帝和朝廷的信任,政治背叛者又可以用官"位"不够高为理由再次拒绝为国尽忠。在这个局部而言,政治背叛者记忆塑造为自己留下了一环又一环的退路。通过这样的塑造,政治背叛者终于可以心安理得地政治背叛、心安理得地享受新朝之"位"了。

第二节 "忠节"的转移兑付

一、"守节"与政治背叛的共契

在宋元际政治背叛者笔下,还有一种超乎普通人想象和理解的现象:很多通常被认知的"守节"者或至少事件发生时尚未政治背叛的"守节"者,与政治背叛者形成了某种程度的组合,他们或相互关照荫庇,或相互明争暗合,充分展示了历史现实的复杂性。这与北美学者谢慧贤(Jennifer Jay)的研究结果颇为契合。谢慧贤深入研究了1273至1300年的抗元战争及忠烈精神。她认为,宋朝遗民的忠烈精神表现为各种不同的形式,即使是最典范的南宋忠臣也曾经向蒙古政权寻求各种通融的办法。

宋元之际,文天祥兄弟的史迹具有典型的意义,提供了易代之际精英的不同

---

① 姚燧. 牧庵集. 卷第3. 冯松庵挽诗序. 四部丛刊本.
② 姚燧. 牧庵集. 卷第3. 冯松庵挽诗序. 四部丛刊本.
③ 姚燧. 牧庵集. 卷第9. 易安斋记. 四部丛刊本.

政治选择及各自依据。文天祥在元大都被囚禁了三年多,坚贞不降而被杀,被历代塑造为忠臣模版。文天祥有三个兄弟:文璧、文霆、文璋。文霆早卒,文璧与文天祥同登进士第,南宋景定年间(1260－1264年)出任广东惠州知府,当蒙元大军围攻惠州时献城政治背叛;文璋随文璧降,后隐居不仕。时人评说,江南见说好溪山,兄也难时弟也难。可惜梅花异南北,一枝向暖一枝寒。① 但文天祥似乎接受文璧降元,其理由就是文天祥母亲身死异乡,按照礼俗当移灵归乡安葬。文天祥在给儿子的《狱中家书》中写道:吾以备位将相,义不得不殉国;汝生父与汝叔姑全身以全宗祀。惟忠惟孝,各行其志矣。所以兄弟之间只能"惟忠惟孝,各行其志",一边负责尽忠——忠于已不存在的南宋朝廷;一边负责尽孝——使母亲尸骨能够安葬入土。文天祥的《闻季万(按:指文璧)至》一诗也表现了这种纠结、矛盾、左右为难的心理:"去年别我旋出岭,今年汝来亦至燕。兄弟一囚一乘马,同父同母不同天。可怜骨肉相聚散,人间不满五十年。三人生死各有意,悠悠白日横苍烟。"②

而在政治背叛者的文本中,这样的案例也比比皆是。

(一)周应合与周天骥父子

袁桷笔下的周应合与周天骥父子即为明例。周应合(1213－1280年)在南宋开庆二年(1260年)兼明道书院山长,曾任瑞州知州,宋亡时以在野之身隐居不仕,受其子周天骥奉养而终老。周应合之子周天骥在宋朝已经出仕为官,入元后以降臣身份继续为官。一方面,出于生计的考虑,周应合不得不接受儿子的奉养;另一方面,周应合也讳言周天骥与他的父子关系。周应合神道碑里的记载如下:"天骥守吉州,迎以养却甘茹蔬,感慨遁迹,人不知太守为有父。"③

(二)许衡和刘因

许衡(1209－1281年),字仲平,号鲁斋,世称鲁斋先生。去世后被蒙元赐以"文正"的谥号。刘因(1249－1293年),字梦吉,号静修,世称静修先生。去世后被蒙元赐以"文靖"的谥号。许衡和刘因是元朝前期北方的两大理学名儒,在当时思想界具有重要影响,后世也得到了历史的认可,均以"先儒"身份入祭孔庙。

---

① 参见:崖山集. 杂录. 涵芬楼秘籍本:4册:389. 也有版本为"江南见说好溪山. 兄也难时弟也难;可惜梅花如心事. 南枝向暖北枝寒."
② 参见:文天祥全集. 北京市中国书店出版. 北京市新华书店发行. 1985.
又见:文天祥研究资料集. 刘文源编. 中国社会科学出版社,1991.
③ 袁桷:周瑞州神道碑铭. 清容居士集. 卷第9;125. 四部丛刊本.

对于许衡和刘因两位大儒,向有刘因守节、许衡政治背叛之说。《辍耕录》和《元诗选》有非常接近的文字记载谈及许衡和刘因的政治背叛原因,即是围绕"道"而展开。

《辍耕录》中的表述如下:

中书左丞魏国文正公鲁斋许先生衡,中统元年应召赴都。道谒文靖公静修先生。因谓曰:"公一聘而起,毋乃太速乎?"答曰:"不如此,则道不行。"至元间征刘先生以为赞善大夫,未几辞去。又召为集贤学士,复以疾辞,或问之,乃曰:"不如此,则道不尊。"①

而《元诗选》的文本如下:

当世庙初,姚文献公枢、许文正公衡、杨文献公果、商文定公挺辈布列台省,号称盛治。既而诸公相继告老,中朝贤士大夫多属意于静修,丞相不忽木尤力荐之,卒未竟其用。许文正公之应召也,道过静修,静修谓之曰:"公一聘而起,毋乃太速乎?"文正曰:"不如此,则道不行。"及静修不就集贤之命,人或问之,乃曰:"不如此,则道不尊。"②

这两部文献的记载塑造了同样的意象:中统元年(1260年),忽必烈即汗位后征召许衡入朝。许衡应征赴任的途中拜访了刘因。刘因以历史上的三顾茅庐、三辞三让的循例揶揄许衡,"人家一聘请,你就接受去赴任。这是不是太快了?"许衡回答道:"不这样的话,则大道如何推行天下呢?"多年后,朝廷又征召刘因担任"集贤学士",刘因称病不去赴任。别人问他为什么?刘因回答:"不这样的话,则大道如何被天下所尊奉呢?"

这一材料流传甚广,后人时常引用。但是,关于许衡传记的其他著作,如《元史》《许文正公遗书》《许文正公世家谱》《元朝名臣事略》《元文类》等史料中,此事都不见记载。关于刘因传记的其他著作如《静修先生墓表》《静修先生祠堂记》和《元史》中,此事也都不见记载。据相关史学同仁考证,此材料的史实性存疑。不过,本文研究的对象是文字及其呈现,而不是文字背后的现实世界实体!因此对于这条流传甚广的材料所彰显的塑造意图也理当做一浅析。而且,政治背叛者"创造"或"接受"这个故事切实反映了时人和后人对许衡、刘因各自的政治选择、

---

① 参见:陶宗仪. 南村辍耕录. 卷第2."征聘"条. 北京:中华书局,1959:21.
② 元诗选. 卷第5. 四库全书本.

政治态度的理解,因而也就有了"四海传诵,以为名言"①的评价:"刘梦吉之高明,许鲁斋之践履,未易优劣。"②在政治背叛者的文本中,许衡和刘因两位大儒,一个是实践道本身,负责"速起"而使道得以行;一个是保持道的严肃性,负责"不起"使道得以尊,以截然不同的态度和方式,联合完成了自诩的"卫道"责任。许衡为了推行"道",转而服务蒙元政权;刘因为了尊奉"道",拒绝为蒙元服务。双方合作共同推升了大"道"。同时,政治背叛者也通过这样的合作悄悄缩短乃至消弭了政治背叛和拒绝政治背叛之间的鸿沟。这样的塑造一旦成功,就可以规避别人的批判,进而可以给政治背叛者戴上超越旁人的无上的光环。

(三)姚燧与丁公

又如姚燧和金朝编修官丁公。在《牧庵集》中的《别丁编修序》中,姚燧谈及了两人的友情。至元二十年(1283年)至二十二年(1285年),姚燧在湖北道任职,期间三分之二的时间用来周游湖北道"五州十七县"③,结交"人才之标特秀异"④者。其中,鼎州的前编修官丁公,文章宏肆、年德高邵,让姚燧非常敬佩。而且,曾为金朝三朝老臣的丁公在金灭亡后屡次拒绝元朝的征召,并且创办沅阳书院,聚徒育材。姚燧"以是多公"⑤,与他交往甚密。姚燧任期将满、即将离任,丁公作文序其行。《别丁编修序》应该是姚燧应和丁公"序行"之作。丁公的原文现在已经不得见,但从姚燧《别丁编修序》的只言片语中依然可以感受二人笃深的知己之谊,感伤的惜别之情:"余今之归,或得请去荆宪而北,不知公由何事何时相遇中原一握手,复道今日之为旧。"⑥

最后,姚燧以一个"劳动合作"的隐喻暗示了两人之间的心照不宣的"合作"关系:"子观夫大役之筑者乎?十人为什,操杵负畚而力作者九人,逸者一人,袖手傍歌,俾九人者勤力而忘劳,乃董役而犒功,逸者与受直焉。今日之居,诸君知德编修负畚操杵之劳,亦思袖手傍歌者乎?以是为学者引臂,而资公一笑。"⑦大意为:十个人一组干活,九个拿着工具辛勤劳作;一个不直接参加劳作,而是"袖手傍歌"。等工作完成,大家共享其成。

---

① 江存礼:建言从祀. 刘文靖公文集. 卷第27. 附录上.
② 江存礼:建言从祀. 刘文靖公文集. 卷第27. 附录上.
③ 姚燧. 牧庵集. 卷第4. 别丁编修序. 四部丛刊本.
④ 姚燧. 牧庵集. 卷第4. 别丁编修序. 四部丛刊本.
⑤ 姚燧. 牧庵集. 卷第4. 别丁编修序. 四部丛刊本.
⑥ 姚燧. 牧庵集. 卷第4. 别丁编修序. 四部丛刊本.
⑦ 姚燧. 牧庵集. 卷第4. 别丁编修序. 四部丛刊本.

<<< 第七章 "忠节"观念——主流意识形态的改造与复归

这里的核心在于歌的内容是什么？姚燧没有明示。但合理的想象一下，"逸者"的歌应该是有利于9个"力作者"的，或者是配合其劳动的节奏，抑或是承担记述那九个人劳作的"史迹"。总之，"力作者"与"逸者"之间是一种合作关系，双方各展所长、各取所需。"学者引譬"自然应该有更深层次的意蕴，联系到姚燧和丁公在政治上的身份，似乎更印证了政治背叛者与守节之臣的合作。

(四) 姚燧与岳飞家人

作为政治背叛者的核心人物，令人咋舌的是姚燧与岳飞家人关系匪浅。据山东济南市齐河县志记载，至元二年(1265)，姚燧为其地的岳飞家人撰写了《岳氏宗茔之碑》①，全文如下：

天定生民，古有氏无姓。迨轩辕氏作，姓始著。尝稽岳姓，其来远。盖自陶唐，命掌方岳，为牧长，因揭岳以表其宗，即《禹贡》所谓别土姓也。世居相州汤阴县，本枝蕃衍，乔梓桂兰，流荫数千载，其间人才辈出，固有不待五百年名世，如景星庆云，快人先睹者，惟宋安抚公鹏举，声名忠孝，昭如日月，刳庙食江左，英风凛然犹在，虽陵谷海田有变迁，而名称不朽者，腾青史之芳也。今德秀公克绍厥后，膺服祖父遗训，熟知安抚公举自刘翰，从高宗开封、河北，启驾南渡，留妻养母。姚夫人后为金所陷，密谴人十有八返，得请归养。值弟婿齐河邓氏家，名杰，弗果从侍。生三子，孟名青，娶刘氏；仲名义，早卒；季名静，娶王氏。皆隐德勿仕。青字仁叔，生四子：曰安、曰宁、曰全、曰政。宁即德秀，娶冯氏。少博学，从仕三为令尹。德政四驰，秩增赣推，刑清讼简，宣知武安郡。儿童骑竹，父老歌棠，抚字邦氓，襟度宽适，春熙海涵，雨畅时若，而赈惠克足，千里击壤。由是封亲，增判官。封母，赠恭人。妻亦增恭人。荣以哉！有子五人，福、禄、庆、寿、昌也。福在嫡长，受荫。余皆彬彬成材，若沮徕松、新甫柏，挺栋梁奇气，是其积德钟秀，而人莫不以为燕山禹钧也。嗟呼！安抚公忠孝所感千百世，宜其宦谱昌盛，况德秀之生，去安抚公仅百年三世，今百九十有余祀(年)矣，子请述其事而志之。使公之云礽春秋祭扫马鼠之封，聿念宗先，而兴起者将袞袞公侯，永葆弗替。诗不云乎："惟其有之，是以似之"。于是敬为之铭曰：

岳氏先烈，忠孝是传。本支百世，官谱绵延。衣冠诗礼，修德象贤。思亲追远，昭穆焕然。瞻彼佳城，永矢弗谖。

大元至元二年，岁次丙子(1265)春三月吉日中大夫东平路总管兼本路诸军奥

---

① 记载于1933年《齐河县志》卷第33。

275

鲁劝农事岳宁立石。

碑志命名为《岳氏宗茔之碑》,显然这不是某个人的碑传,而是一群人、一个宗族集体。碑志从叙述岳氏得姓开场,话题很快转入这群人中的主体岳飞,对于这种高知名度的人物,姚燧予以了极高的评价,例如"声名忠孝,昭如日月""庙食江左,英风凛然犹在""虽陵谷海田有变迁,而名称不朽者,腾青史之芳也!"①定性评价之后,姚燧一反常人把重点放在岳飞之"忠节"的常俗,对于其"忠节"只用"从高宗开封、河北"寥寥几笔带过,着重阐述了岳飞"孝"的部分,陈述了岳飞抗金南渡、留妻养母,费尽心力往返18次找到母亲姚氏夫人归养细节。最后阐述了这一支岳飞家人的来源、繁衍和与岳飞的关系以及来到此地的具体因果(恰逢岳飞的弟弟岳杰因战乱流落山东齐河岳丈邓氏家中,并定居落业于斯)。

如前所述,在政治背叛者的笔下,在"位德一体"的结构中,个人的成功与地位似乎重之又重。于此,姚燧体现得更是淋漓尽致,在短短数百字的碑记中,他三次提到"位"的重要:第一次是"安抚公忠孝所感千百世,宜其宦谱昌盛"②;第二次是预言岳氏后人"兴起者将衮衮公侯,永葆弗替"③;第三次是铭文中的"本支百世,官谱绵延"④。政治背叛者自身政治身份导致的政治态度一目了然。

二、"忠节"于新朝的政治归宿

就政治背叛者的文本来看,有一些政治背叛者政治背叛后异常坚定,关于他们处事坚毅、作战勇敢的记述比比皆是。当然,其中免不了有过分自我渲染、溢美之辞,甚至有篡改之处,以掩人耳目、文过饰非、夺人之功。但是,也有一些撰写得到了正史和其他史料的佐证,其内容所展现的情境超乎后世对政治背叛者"贪生怕死"的标签化理解。

(一)政治背叛后为新朝奋战、捐躯

例如元史就记载了张荣的史迹:"尝从军,为流矢贯眥,拔之不出,令人以足抵其额而拔之,神色自若。"⑤1215 年,政治背叛者谢睦欢参与攻克金朝西京的战役,

---

① 齐河县志. 卷第33. 岳氏宗茔之碑. 1933 年版.
② 齐河县志. 卷第33. 岳氏宗茔之碑. 1933 年版.
③ 齐河县志. 卷第33. 岳氏宗茔之碑. 1933 年版.
④ 齐河县志. 卷第33. 岳氏宗茔之碑. 1933 年版.
⑤ 宋濂. 元史. 卷第150. 列传第37. 张荣传.

第七章 "忠节"观念——主流意识形态的改造与复归

"力战先登,连中三矢,仆城下"①。再如1222年十月,政治背叛者石天应进攻河中府,克之②。接着,木华黎任命石天应为河东南北路陕右关西行台兵马都元帅,留守河中府。自己亲率大军进攻陕西。不料,金河中府治中权元帅右都监侯小叔乘蒙古军主力西去,聚兵十余万偷袭河中府。结果石天应兵力不济,力战而死③。

游显的史迹也会令坚信政治背叛者"贪生怕死"的普通阅读者大惊失色。壬辰年(1232年)游显政治背叛"隶大帅巴尔斯布哈帐下"④,攻下襄阳后,游显被任命为"副达鲁花赤"⑤。之后发生突变,游显被叛军擒住送到了南宋建康,"军将刘仪段哈雅实克叛,执公送建康"⑥。游显为了脱身,来了一次无间道式的"假政治背叛",假装请战为前锋:"太尉刘石河言其材武于制置孟珙,会珙移节于鄂,遣石河防秋淮汉,公说珙,求为前茅,遂得俱北。"⑦然后"弃妻子"⑧"夜遁"⑨,历经生死存亡和艰难险阻,"豺虎纵横,出入林莽,濒死数数。"⑩等到达邓州的新野,结果正巧与蒙元大军会合,"适阿尔乌兰巡徼,相顾悲喜,偕至大将察罕所,为驿致龙廷。岁庚子,入见,具陈思主、弃妻子挺身来归,及自建康抵鄂州军镇戍形便,兵食虚实,'我加兵诛,可以必举'。"⑪见到蒙元大汗后,游显就把沿途的军事情势一一

---

① 宋濂. 元史. 卷第149. 刘伯林传.
  宋濂. 元史. 卷第169. 谢仲温传.
  李庭. 寓庵集. 卷第6. 夹谷公墓志铭.
② 脱脱. 金史. 卷第22. 侯小叔传.
  另见:脱脱. 金史. 卷第1. 太祖纪.
③ 宋濂. 元史. 卷第119. 列传第6. 木华黎传;宋濂. 元史. 卷第122. 列传第9. 按扎儿传.
④ 本段所引均参见:姚燧. 牧庵集. 卷第22. 荣禄大夫江淮等处行中书省平章政事游公神道碑.
⑤ 本段所引均参见:姚燧. 牧庵集. 卷第22. 荣禄大夫江淮等处行中书省平章政事游公神道碑.
⑥ 本段所引均参见:姚燧. 牧庵集. 卷第22. 荣禄大夫江淮等处行中书省平章政事游公神道碑.
⑦ 本段所引均参见:姚燧. 牧庵集. 卷第22. 荣禄大夫江淮等处行中书省平章政事游公神道碑. 四库全书本.
⑧ 本段所引均参见:姚燧. 牧庵集. 卷第22. 荣禄大夫江淮等处行中书省平章政事游公神道碑. 四库全书本.
⑨ 本段所引均参见:姚燧. 牧庵集. 卷第22. 荣禄大夫江淮等处行中书省平章政事游公神道碑. 四库全书本.
⑩ 本段所引均参见:姚燧. 牧庵集. 卷第22. 荣禄大夫江淮等处行中书省平章政事游公神道碑. 四库全书本.
⑪ 本段所引均参见:姚燧. 牧庵集. 卷第22. 荣禄大夫江淮等处行中书省平章政事游公神道碑.

汇报,并建议"我们派军征伐,一定可以成功。"

(二)反转政治背叛后的忠节

就政治背叛者的文本来看,一些政治背叛者在政治背叛前与蒙元之间存在普罗大众意义上的血海深仇。但这些人政治背叛后对蒙元却又是普罗大众意义上的忠贞不贰。

据《元史》和《元朝名臣事略》记载,窦默①的家庭备受蒙元与金大战之祸。窦默家族定居金朝治下的广平肥乡(今属河北)。年轻时候,窦默就遇蒙古军伐金被俘虏,同时被俘的 30 多人均被杀害,只有他自己活了下来并回到家乡。家中亲人仅剩下老母一人。母子虽然相见,但都因乱世担惊受怕然而得病。不久,窦默的母亲就去世了。窦默病还未好,蒙古军又杀到。他被迫南渡河,投奔到母亲的老家。金朝朝廷迁都于蔡,窦默恐蒙古大军再来,又向南迁居到德安(今湖北孝感),可谓颠沛流离!但窦默还是在德安(今湖北孝感)再次被蒙元军队俘虏,最终政治背叛蒙元。尽管窦默与蒙元之间旧恨不断,但政治背叛后的窦默终身都为蒙元效力,官居高位。《元史》评价窦默:"为人乐易,平居未尝评品人物,与人居,温然儒者也。至论国家大计,面折廷诤,人谓汲黯无以过之。"②元世祖忽必烈评价窦默:"朕求贤三十年,惟得窦汉卿及李俊民二人。"③"如窦汉卿之心,姚公茂之才,合而为一,斯可谓全人矣。"④

张文谦在战乱中也险些殒命。据李谦写的《张文谦神道碑》和虞集撰写的《张氏新茔记》的记载,张文谦的父亲遇战乱从世居的邢州沙河县(今属河北)携家南迁,渡过黄河后暂住邓州的南阳(今属河南),张文谦就降生于南阳。三年后,听说河北已经安定,张文谦的父亲权衡后决定携家迁回邢州。路途中正赶上兵乱,遂向西山逃去。"暮夜闻有追兵,同行者数百家,仓皇尽弃婴孺"⑤,只有张英夫妇不

---

① 宋濂. 元史. 卷第 158. 列传第 45. 窦默传.
  另见:苏天爵. 元朝名臣事略. 卷 8."内翰窦文正公".
② 宋濂. 元史. 卷第 158. 列传第 45. 窦默传.
  另见:苏天爵. 元朝名臣事略. 卷 8."内翰窦文正公".
③ 苏天爵. 元朝名臣事略. 卷第 8."内翰窦文正公". 按:李状元指李俊民. 窦默字汉卿. 姚枢字公茂.
  参见:宋濂. 元史. 卷第 158. 列传第 45. 窦默传.
④ 苏天爵. 元朝名臣事略. 卷第 8."内翰窦文正公". 按:李状元指李俊民. 窦默字汉卿. 姚枢字公茂.
  参见:宋濂. 元史. 卷第 158. 列传第 45. 窦默传.
⑤ 元文类. 卷第 58. 李谦. 张文谦神道碑.

肯丢弃3岁的文谦,"同行者恐其累己,往往诟詈"①。而背负如此经历的张文谦最终政治背叛蒙元并与姚枢、窦默、许衡等在政治形同一系。《元史》评价张文谦:"为人刚明简重,凡所陈于上前,莫非尧、舜仁义之道。数忤权幸,而是非得失,一不以经意。家惟藏书数万卷。尤以引荐人材为己任,时论益以是多之。"②累赠推诚同德佐运功臣、太师、开府仪同三司、上柱国,追封魏国公,谥忠宣。

(二)郝经的"忠节"

郝经的史事就更加令人震撼。按照常俗理解,郝经与蒙元势力有血海深仇。郝经家族世代学儒,为陵川之首,其先叔祖郝天祐,熟谙儒家经典,精通性理经术之学,郝天祐的儿子郝思直"亦博学能文"③,郝经的父亲郝思温也以业儒教学为生。出于对金朝日衰的预判,郝天祐"知世有复隍之变④,愈益遁默"⑤,虽金朝累招而不仕。贞祐南渡后,郝天祐一家隐居鲁山。在49岁的时候正逢"壬辰之变"⑥,结果郝天祐和儿子郝思直"皆没于兵"⑦。郝经哀叹勤于学问但人丁凋落且大都早夭,郝家为何如此命运多舛?"呜呼!郝氏之学,大于东轩老而终于君,其嗣胤遂不复见,而诸父昆季亦皆泯泯焉,独遗家君及经,天乎?!何于吾郝氏若是之列也!"⑧

而郝经和母亲也几乎命丧蒙元攻金的乱战之中。当时,郝经的父亲郝思温带领家人在河南鲁山避乱。结果蒙元军队攻入河南,导致大乱。郝经和母亲同乡民百姓一样躲在地窖中。结果乱兵纵火焚烧、以烟熏灼。郝经的母亲被熏晕死。郝

---

① 元文类. 卷第58. 李谦. 张文谦神道碑.
② 宋濂. 元史. 卷第157. 列传第44. 张文谦传.
③ 郝经. 郝文忠公陵川文集. 卷第36. 先叔祖墓铭. 太原:山西人民出版社,山西古籍出版社,2006:501.
④ 语本于《易经》泰卦第六爻,爻辞:"上六:城复于隍;勿用师,自邑告命,贞吝。"其中,复通"覆"。
　　爻辞的大意是:城墙倒塌在久已干涸的护城壕沟里;这时不可进行战争,不要再发布繁琐的命令,以防止可能出现的土崩瓦解。孔颖达注解为:"谓君道已倾,不烦用师也。"
⑤ 郝经. 郝文忠公陵川文集. 卷第36. 先叔祖墓铭. 太原:山西人民出版社,山西古籍出版社,2006:501.
⑥ "壬辰"年(1232年)二月,金军主力在钧州(在今河南禹县)战败。一年后蒙古军兵入金朝南京汴梁(今开封),史称"壬辰之变"。
⑦ 郝经. 郝文忠公陵川文集. 卷第36. 先叔祖墓铭. 太原:山西人民出版社,山西古籍出版社,2006:501.
⑧ 郝经. 郝文忠公陵川文集. 卷第36. 先叔祖墓铭. 太原:山西人民出版社,山西古籍出版社,2006:501.

经以蜂蜜和寒菹汁混合后,撬开母亲的口齿,给母亲喝下,最终救活了母亲。"金末,父思温避地河南之鲁山。河南乱,居民藏匿窖中,乱兵以火熏灼之,民多死,经母许亦死。经以蜜和寒菹汁,决母齿饮服,即苏。"①

宋元之际,许多遗民囿于名节犹豫彷徨于朝廷征召之间,而郝经却以韩愈②和范仲淹③为例,以表做大事不拘小节之志,积极入仕参政,"夕韩文公,大儒也,三上书宰相以自论荐,非戚戚贫贱而汲汲富贵,躁举妄进,自轻而失己也。……故范仲淹有三年之丧而言事不已。"④

后来,他以蒙元国信大使身份出使南宋王朝。使宋之前,友人忧有危险,劝他推辞。但他认为,南北战争打了那么多年,生灵涂炭。出使是为了制止战争、平息战乱、挽救生灵。现在好不容易有了机会,怎么能退缩呢?"南北构难,兵连祸结久矣。圣上一视同仁,通两国之好,虽以微躯蹈不测,苟能弭兵靖乱,活百万生灵于锋镝之下,吾学为有用矣。"⑤但政治实践的复杂超乎郝经的想象。南宋内部和蒙元内部都有强大的反对和议的政治力量。于是出现了历史当中诡异的一幕:郝

---

① 宋濂. 元史. 卷第157. 列传第44. 郝经传.
② 韩愈善于以文自荐,《古文观止》选了他的五篇自荐书,分别是《后十九日复上宰相书》、《后廿九日复上宰相书》、《与于襄阳书》、《与陈给事书》、《应科目时与人书》。

韩愈自小孤贫却刻苦好学。20岁赴长安考进士,三试不第。第四次参加考试总算考上进士,时年25岁。但通过礼部的考试只是拥有了入仕的资格,要想授官还得通过吏部的考试,而吏部考试的难度有时并不在进士试之下,其中就有出身二十年而未曾授予官职的。韩愈进士及第后,又曾参加三次吏部主持的博学宏词科考试,结果接连败北,他的《应科目时与人书》,与三上宰相书便写于这一时期。多年求官不成,韩愈只好离开长安,悒郁东归。后来回京并且官至国子祭酒、兵部侍郎、吏部侍郎、京兆尹等职。此时回首早年艰辛,倍加沉痛,他跟李翱说:"当时行之不觉也,今而思之,如痛定之人思当痛之时,不知何能自处也。"(《与李翱书》)

韩愈一生也并不以自荐为耻。在他看来,有难必求是人之常情甚至本能,形势危急者尤其如此。他跟宰相说:处在水深火热中的人,只要看到旁边有人,哪怕那是他憎恶怨恨的人,他也会大声呼救,因为形势实在危急。(《后十九日复上宰相书》)

③ 天圣四年(1026年)八月,母亲谢氏病逝,范仲淹按照时俗要求辞官居应天府守丧。儒家伦理要求守丧期间要心无旁骛。但范仲淹在守丧期间却事务不断。天圣五年(1027年),晏殊为南京留守(治今商丘)、知应天府,闻范仲淹有才名,就邀请他到府学任职,执掌应天书院教席。范仲淹就积极参与主持教务。天圣六年(1028年),范仲淹向朝廷上疏万言的《上执政书》。宰相王曾对万言书极为赞赏,便极力推荐,晏殊遂面见皇帝陈述范仲淹既往政绩。十二月,仁宗征召尚在守孝期的范仲淹入京为官。范仲淹也欣然接受,但引发时人和后人的伦理非难。

④ 郝经. 郝文忠公陵川文集. 卷第24. 太原:山西人民出版社,2006:347.
⑤ 苏天爵. 元朝名臣事略. 国信使郝文忠公. 1996 中华书局本.
另见:黄宗羲. 宋元学案. 卷第90. 鲁斋学案. 江汉学侣. 文忠郝陵川先生经.

经刚由蒙入宋渡过淮河,蒙元方面驻守山东的边将李璮就派军队攻宋。而宋方的主战派、两淮制置李庭芝当然"顺理成章"地以此为由扣留了郝经。"公方逾淮,边将李璮辄潜师侵宋。两淮制置李庭芝寓书于公,蔑以款兵,馆留真州,藉为口实。"①郝经多次撰书向李庭芝解释这是李璮的个人寻衅、破坏和议行为,蒙元中央还是希望和议,"弭兵息民,通好两国,实出圣衷。日谕边将,戢戍守围,以契和议,众所闻知。"但李庭芝不予理睬,郝经又多次分别上书南宋皇帝和当朝宰相,结果"皆不报"。②

被南宋扣留期间,郝经不断面对南宋的威吓,他的仆人曾被打死了好几个;蒙元先后派出五批使者前往南宋议和,全被南宋守将或民众所杀。面对宋方的威逼利诱,郝经却未动摇。他大义凛然地说:"一人宋境,死生进退听其在彼,守节不屈尽其在我者,岂可不忠不义以辱中州士大夫乎?"③决心忠于蒙元,以死捍卫中原士大夫的尊严。他为什么这么坚持呢?郝经认为南宋坚持不了多久,最终必定会被蒙元一统,于是鼓励下属说:"揆之天时人事,宋祚殆不远矣。"④"众服其言,亦皆自振励。"⑤下属们又重新集聚起了勇气。

郝经前后被宋朝囚禁整整16年,却又不曾为期间的艰难困苦而变节政治背叛。这样的行为也得到了对手的敬重,"宋人知公志节终不可夺,亦不忍害,反畏而敬之,日给廪饩颇有加焉。"⑥还有同样以"忠节"而历史留名的李庭芝,虽然屡

---

① 苏天爵. 元朝名臣事略. 国信使郝文忠公. 1996 中华书局本.
  另见:黄宗羲. 宋元学案. 卷第90. 鲁斋学案. 江汉学侣. 文忠郝陵川先生经.
② 苏天爵. 元朝名臣事略. 国信使郝文忠公. 1996 中华书局本.
  另见:黄宗羲. 宋元学案. 卷第90. 鲁斋学案. 江汉学侣. 文忠郝陵川先生经.
③ 郝经. 郝文忠公陵川文集. 卷第24. 元故翰林侍读学士国信使郝公神道碑铭(卢挚撰)太原:山西人民出版社,2006:14.
④ 郝经. 郝文忠公陵川文集. 卷第24. 元故翰林侍读学士国信使郝公神道碑铭(卢挚撰)太原:山西人民出版社,2006:14.
⑤ 郝经. 郝文忠公陵川文集. 卷第24. 元故翰林侍读学士国信使郝公神道碑铭(卢挚撰)太原:山西人民出版社,2006:14.
⑥ 郝经. 郝文忠公陵川文集. 卷第24. 元故翰林侍读学士国信使郝公神道碑铭(卢挚撰)太原:山西人民出版社,2006:14.

有斩杀使者的行为①,但也许是出于"忠节"惜"忠节"的缘由吧,对郝经却始终网开一面、未加刀刃。最终,郝经以忠节之士的美名留存在历史之中。② 值得一提的是,后来统帅蒙元大军在崖山一役彻底剿灭南宋,击败并屠杀宋朝残部二十万大军的政治背叛者张弘范,并成为郝经在张柔家开学施教的入室弟子。

一位汉人,不肯投降汉人王朝,并因此而被流行于汉族群的文化定性为忠节之士! 这究竟是历史和文化的吊诡? 还是历史和文化的狡黠?

第三节 "忠节"的极端呈现:主奴隐喻

在一定意义上,权力关系的变迁构成了历史。而君主和臣属官僚之间的政治关系显然是中国古代权力关系的重中之重。这种关系是围绕"家国一体"的理论硬核秩序化建构而成。对于君臣政治关系在"家——国"语境下的形成和展开,"父子"隐喻是几千年来的主流。但在蒙元之际这种关系出现转向,"主奴"隐喻开始渐渐由隐及显、登堂入室。

一、关系的显现与表达

(一)君臣政治关系的显现

政治性人际称谓是角色、地位、规范、价值和利益的网络,是某种政治系统及其相应的文化系统的概括。其中,"君"和"臣"属于古代最重要的政治性人际称

---

① 李庭芝(1219 – 1276年),字祥甫,随地(今湖北随州)人,《宋史》卷第四百二十一、列传第一百八十有本传。据记载,德祐元年(公元1275年)春天,李庭芝率所部军队坚守扬州郡县城邑。李虎拿招降榜到扬州招降,李庭芝杀了李虎,焚毁了招降榜。张俊拿着孟之缙的书来招降,李庭芝焚烧了招降书,砍下张俊等五人的脑袋示众于市。德祐元年(公元1275年)十月,蒙元丞相伯颜进入临安,但扬州依然久攻不下。宋朝灭亡,谢太后与瀛国公(南宋恭帝被俘以后,被元朝封为瀛国公)为诏谕劝降,李庭芝登上城墙说:"我奉诏令守城,没有听说有诏谕投降的。"此后谢太后与瀛国公再次劝降李庭芝说:"现在我与太子都已经臣服于元,你还为谁守扬州呢?"李庭芝不回答他的话,令发箭弩射杀来使,杀毙一人,其余的人都退走。1276年三月,夏贵以淮南西路地降,阿术驱降兵到扬州城下让李庭芝他们看。幕客中有用语言来试探李庭芝,李庭芝说:"我只有一死而已。"阿术的使者拿着诏令来招降,李庭芝打开城门让使者进去后就把使者杀了,把诏令放在城墙上一把火烧掉。如此种种,李庭芝都是要表明自己抵抗到底的决心。

② 全元文. 元故翰林侍读学士国信使郝公行状. 卷第406. 南京:江苏古籍出版社,1998:714.

谓之列。君主的政治出现相对明晰,一般认为是从古代社会的氏族族长、部落联盟的军事、政治、宗教首领的世袭化逐渐演变而来。而处于君臣政治关系另一面的"臣"则是从漫长的运动着的时间结构中逐步发展才呈现为当下通识意义上的与"君"对言的"臣"。

在阶级社会的发端,"臣"应该是俘虏或家奴、奴隶以及由他们担任的低级臣僚的称呼。西周时期由于更广泛的征伐活动和奴隶制的高度发展,"臣"的概念有了较大发展,逐渐被用作与"君"对言的"臣"之义。春秋时期,"臣"的几种含义并行而互有消长。总的来说,"臣"从专门用于描摹俘虏或家奴、奴隶等主体为主的发散概念——随着奴隶社会进程中奴役程度的相对逐渐缓和直至奴隶制度的最终崩溃——逐步发展过渡到通识意义上的与"君"对言的"臣"的专一概念,中间经历了整个奴隶制社会绵延的历史时代,反映了奴隶制度发展过程中奴役形式多样化的大趋势。

(二)君臣政治关系的隐喻性表达

一方面,"家"与"国"是中国传统社会千百年来形态相对稳定的社会构成和政治构成。在通过"家国一体"的理论初步建构了国家合法性之后,随着国家的成长扩张和臣属官僚人员的不断扩大,在家国一体的语境下如何通过将君臣政治关系"自然化"来建构具有共同命运象征性的"意识形态"显然是当务之急。而这些具有共同命运象征性的"意识形态"包括君和臣各自的合法性和整体结构的合法性以及其拟复制品官民关系的合法性等。另一方面,中国传统文化总体而言带有浓厚的诗意化类比联想思维的特征。其最直接的表现就在于其思维和行为的表达方式上的隐喻特征。通过隐喻而联系组织起来的各种经验构成了"经验格式塔",它便于使人借助于此经验而理解彼经验。君和臣在相处过程中以双方都认可的现实的表达性文本和确认性行动来隐喻性建构彼此之间的政治关系,而历史行动的外在者也通过了解这些文本和行动来隐喻性认知历史中的君臣政治关系。

君臣政治关系的早期隐喻包括以天和地为基础、以身体的各部分为基础、以男女为基础等等而展开的隐喻,只要天人物我,男女君臣间存在相似相关的关系就可以"推天道明人事""以彼物比此物"①。而用"父子"来隐喻君臣政治关系是早期中国历史的主流。从"家"的物质存在以及支撑"家"的"家族意识"的精神识存在为逻辑起点,形成了探讨古代中国政治秩序系统最为重要的研究维度和研究

---

① 朱熹. 诗集传[M]. 北京:中华书局,1958:4.

范式。中国传统政治思想的着力点在于将个体与类交融互摄,力图把"家"内的秩序形态泛化至"家"外的整个国家,历史生成性地实现个体与类的相互规定性。包括从君主到臣属官僚再到一般庶民的所有人,尽管彼此差异巨大但都被抽象地组成政治意义上基本相同的"家",再以"私"场域的"家"为基础,建构出秩序化的"公"场域的"国"。而作为历史行动者的君主和臣属官僚都从各自的"家"移形跃迁至"公"场域登场。"国"和"公"被拟制性的隐喻为"家"和"私",而"君"和"臣""官"和"民"之间的关系也就自然而然地被拟制性的隐喻为"家"内人员之间的关系,即"广大国家机器各部分间的唯一精神联系"①。系统化的政治秩序就此被内置于家庭中每一个人的内心深处。装在袋子里的一个个土豆还是土豆②,但播种了土豆的一块块土地绝不再是以前的土地了。

(三)蒙元际前的主流——"父子"隐喻

现有资料显示,君臣政治关系至迟在周代已经成为社会显像。"盖天子、诸侯君臣之分始定于此。"③在先秦时期,儒家倾向于认为君臣政治关系应是相互尊重的,孔子强调"君使臣以礼,臣事君以忠";《孟子·离娄篇(下)》也认为,"君之视臣如手足,则臣视君如腹心;君之视臣如犬马,则臣视君如国人;君之视臣如土芥,则臣视君如寇仇。"先秦诸子中君臣相互选择非常开放。纵横家游走于列国,选择自己的君主,君主也选择自己的臣子,比如齐国稷下之学、秦国客卿之遇等等。《左传·昭公三十二年》记载:"社稷无常奉,君臣无常位,自古依然……三后之姓,于今为庶。"

"从汉朝以来,君臣关系性质的主要演变是'父子化'。"④到隋唐统一,君主为君为父、臣属为臣为子的忠孝结合的君臣政治关系最终确立。"父子"隐喻激发了由内而外的道德伦理和由外而内的恩威赏罚相结合而产生的情感和利益捆绑式的双螺旋控制力。君主与官员合组为拟制的家,并落实为国家制度。君主被尊为全国的君父,每一个官吏在他所管辖的地区内被看作是这种父权的代表。"君主专制制度完全是父权中心的大家族制度的发达体。"⑤因为"夫执一术而百善至、

---

① 马克思恩格斯全集. 卷9[M]. 北京:人民出版社,第一版:110.
② 马克思恩格斯全集. 卷8[M]. 北京:人民出版社,第一版:217.
③ 王国维. 观堂集林[M]. 石家庄:河北教育出版社,2001:296.
④ 甘怀真. 皇权、礼仪与经典诠释:中国古代政治史研究[C]. 上海:华东师范大学出版社,2008:210.
⑤ 李大钊选集[M]. 北京:人民出版社,1962:296.

百邪去,天下从者,其惟孝也"①,所以"君子之事亲孝,故忠可移于君"②。忠孝的差异仅仅是报效对象的不同而已,其蕴含的道德感及内在规范非常接近。在官则忠君,在家则孝父。"事君不忠,非孝也。"③于是"忠臣出于孝子之门"④,遂成"天为陛下严父,臣为陛下孝子"⑤的局面。

北宋中期的儒学复兴运动——如王安石新学、二程洛学、三苏蜀学等——所演绎的"父子"隐喻投射出一定的分权制衡意味。其参与者树立了"以天下为己任的集体意识"⑥,借助对所谓"三代之治"的颂扬,在恢复三代政治的名义下提出了"君臣共治"主张。"人君虽才,安能独济天下之险。""居君位而不能致天下出于险,则为有咎"⑦。"帝王之道也,以择任贤俊为本,得人而后与之同治天下"⑧,然后"君臣合力,刚柔相济"⑨达到"己得行其道,君得享其功,下得被其泽,上下并受其福"⑩的最佳政治状态。

二、转向"主奴"隐喻

蒙元际君臣政治关系的"主奴"隐喻转向应是内部和外部共同作用的结果。一方面,中原政治体系内部的各种隐喻,包括"天地""男女""夫妻""父子"隐喻等等都暗含着"主奴"隐喻的基本内核;另一方面,"主奴"隐喻是古代游牧政治体系的总体图景,在以匈奴和突厥为代表的早期就萌芽勃发,在统治中国局部地区的辽金时代逐渐成形,随着蒙元政权对全国的统一而登堂入室,宣告了君臣政治关系正式的和全面的转向。

"奴"是前现代社会中一个地位低下的特殊群体,是等级体制的标志之一。在很多情况下,"奴"仅仅被视为一种会说话的工具,如《唐律疏议》卷六《名例律》就规定:"奴婢贱人,律比畜产"。正因为此,即使奴隶社会已经过去但中国几乎历朝历代都有"奴"。而本文所谓"主奴隐喻"中的"奴",尽管在个体层面有着千差万

---

① 吕氏春秋. 卷14.137. 诸子集成[G]. 北京:中华书局,1954.
② 孝经(今文本)[M]. 广扬名章.
③ 大戴礼记[M]. 曾子大孝篇.
④ 班固. 后汉书. 卷26. 伏侯宋蔡冯赵牟韦列传.
⑤ 班固. 后汉书. 卷29. 申屠刚鲍永郅恽列传.
⑥ 余英时. 朱熹的历史世界:宋代士大夫政治文化的研究[M]. 北京:三联书店,2004:219.
⑦ 程颢 程颐. 二程集[M]. 北京:中华书局,2004:848.
⑧ 余英时. 宋明理学与政治文化[M]. 长春:吉林出版集团,2008:139.
⑨ 程颢 程颐. 二程集[M]. 北京:中华书局,2004:1003.
⑩ 程颢 程颐. 二程集[M]. 北京:中华书局,2004:949.

别,但都有着共同的特点即他们对"主"相当程度的人身依附及由此衍发的人格依附,"因为游牧社会的君主是以一个牧人看待牲畜的眼光去看待他的部属的"①。在这一语境下,"奴"可泛指蒙元体制下官方或民间实际存在的包括"孛斡勒"(奴隶)、私属、奴婢、奴仆、牧奴、"哈刺出"(在《蒙古秘史》中的旁译是"下民")、贵族的"那可儿"(在《蒙古秘史》中的旁译是"伴当")等等群体。

（一）"主奴"隐喻下的社会运行

主奴领属是蒙元际游牧民族社会关系的核心。自公元前3世纪匈奴建制后,蒙古草原长期流传部落奴隶制,即以地缘关系部落为基础组成的奴隶制度,这一制度从匈奴一直延续到鲜卑、柔然、突厥、室韦鞑靼和蒙古。在蒙元时代之前,蒙古部长期都是其他强势族群的奴隶部落。以致在金国时期,"山东、河北谁家不买鞑人为小奴婢,皆诸军掠来者。"②这表明"国家是作为征服外国广大领土的直接结果而产生的。氏族制度是不能提供任何手段来统治这样广阔的领土的。但是,由于同这种征服相联系的,既不是跟旧有居民的严重斗争,也不是更加进步的分工,由于被征服者和征服者差不多处于同一经济发展阶段,社会的经济基础仍然和从前一样,所以,氏族制度还能够以改变了的地区的形式……继续存在几个世纪。"③

蒙古诸部统一前,蒙古社会处于大变革时期,这种变化突出表现在氏族性的以血缘关系为基础形成的原始公有性的"古列延"集体游牧方式被阶级性的以家庭私有为基础的"阿寅勒"个体游牧方式逐步取代并确立了财产私有制。伴随私有制的发展和贫富分化,蒙古社会中逐步产生了三级社会阶层:"那颜"(游牧贵族)、"哈刺出"和处于社会最底层的"孛斡勒",并在"百千户制"中得以被确认、强化和推广。哈刺出虽有少量私有财产,但在社会上则处于无权且受歧视地位,以致"一个卑下的哈刺出,有什么权利讲话"④。从现有资料来看,哈刺出中的大部分具有落向孛斡勒的趋势。孛斡勒是蒙古社会经济生产、军事扩张等活动的实际承担者,其诸多的来源包括:买卖、陪嫁、赏赐、赠予、罪犯或其家属、"主动"投靠为奴者、同族和近亲转化者等,其中最为重要的来源是世袭(奴隶未获自由之前,其

---

① 拉铁摩尔.中国的亚洲内陆边疆[M].唐晓峰.译.南京:江苏人民出版社,2005:60.
② 孟广耀.蒙古民族通史[M].第一卷.呼和浩特:内蒙古大学出版社,2002:105.
③ 李大钊选集[M].21卷.北京:人民出版社,1962:193.
④ 拉施特.史集[M].第一卷第2分册.余大钧、周建奇译.北京:商务印书馆,2009:45.

>>> 第七章 "忠节"观念——主流意识形态的改造与复归

子女继续为奴。"俘到男女匹配为夫妻,而所生子孙永为奴婢。"①)和战俘。

相关史料显示,蒙元崛起的过程中沿袭旧制,把所有被征服者皆置为奴,逐渐衍发出"斡脱古孛斡勒"体制及其在汉地的拟态——"世侯"体制。如果被征服者或投靠者系个人,则归之于某一那颜贵族之下世代为奴。如果被征服者或投靠者系整个部落或类似的成建制的组织,则整个部落世代为黄金家族之奴,该部落中的贵族对上为黄金家族之世代之奴,对下则授权于黄金家族继续保留氏族和管理本部落的奴,成为黄金家族的代理人,成为"斡脱古孛斡勒"。在《蒙古秘史》的旁译中,"斡脱古"翻译为"为首领的","孛斡勒"翻译为"奴隶","斡脱古孛斡勒"即"奴隶部落的首领奴隶"。而拉施特的解释,"斡脱古孛斡勒(这个名称)的意思是说,他们都是成吉思汗祖先的奴隶和奴隶的后裔"②,即奴隶的既定体例,奴隶之子必是主人之子。之后"斡脱古孛斡勒"便成了奴隶部落的统称③。

(二)"主奴"隐喻下的政治运行

蒙元经历了从部落到地区联盟,再到各部大联盟,再转变为国家,最后拓展为大帝国的建制历程。在此进程中,与其他游牧势力不同的是,成吉思汗的创业过程对家族的依赖较小,主要只有两个弟弟和成吉思汗的儿子们,而其叔父答里台和堂兄弟忽察儿都曾与其敌对。与家人相比,异姓和异族成员对他的帮助更大,这尤其体现于"斡脱古孛斡勒"体制和它在汉地的拟态——"世侯"体制。个别人从单纯的"孛斡勒"上升为"斡脱古孛斡勒"甚至更高。而上升的速度和高度既与其在蒙元扩张过程中功劳的累积有关,也与其同黄金家族的历史渊源的疏密相关,这种历史渊源在元代政治用语中称为"跟脚"。而具有最深渊源的所谓"老奴婢跟脚"④大都出自"怯薛"。怯薛体制巩固并加强了"主"和"奴"之间的人身人格依附关系。

当时,"大凡今仕惟三途,一由宿卫,一由儒,一由吏。由宿卫者言出中禁,中书奉行制敕而已。"⑤唐宋高级官僚大都由科举出身且升迁迅速,以致"当时士君子之进,不由是涂则自以为慊"⑥。然而蒙元际从儒通过科举参加选官并非主要

---

① 陶宗仪. 南村辍耕录. 卷17. 奴婢.
② 拉施特. 史集[M]. 第一卷第2分册. 余大钧、周建奇译. 北京:商务印书馆,2009:15.
③ 孟广耀. 蒙古民族通史[M]. 第一卷. 呼和浩特:内蒙古大学出版社,2002:101.
④ 周良霄. 皇帝与皇权[M]. 上海:上海古籍出版社,1999:267.
⑤ 姚燧. 牧庵集. 卷第4. 送李茂卿序. 四库全书本.
⑥ 脱脱. 金史. 卷51. 志32.

途径,况且"省、台要官皆北人(蒙古、色目)为之,汉人南人其得为者,万中无一二,不过州县卑秩,盖亦仅有而决无者也。"①王宗哲是元代唯一"连中三元"的进士,在元代官场中却默默无闻,《元史》中连他的传都没有。而另外二途则几乎是出自"怯薛"的"奴"的专用仕途。怯薛的成员原本只是投靠"主"并成为"主"的"伴当"的个人,后来又增加了作为人质的质子、征召的有才之士和贵族子弟等等。在成吉思汗时期,怯薛几乎是大汗的私人财产,"他们是我的前后的助手,是我的能干的、尽心竭力的奴仆,是我的神箭手,我的快马,我的手上的伶俐的鸟儿,我的拴到马鞍上的猎狗。"②"最盲目的服从乃是奴隶们所仅有的唯一美德……臣民除了君主的意志以外没有别的法律。"③

蒙元际的怯薛是蒙古帝国的重要支柱,也是元朝政制的核心。它不仅是皇室禁军中的精锐和家务处理机构,同时还兼有训练教化充当人质的质子管理机构和政治军事人才培训机构的职能。同时,内廷怯薛因"密近天光"的职务之便,可以"乘间进说无虚时""论奏兵政机密"④。君主对怯薛也非常信任。在御前奏闻的相关圣旨条画及官方文书中,大多是把陪奏的怯薛执事官和中书省、枢密院、御史台等上奏大臣同书一纸。⑤ 实质上元代怯薛构成了长期或合法或非法地插手朝廷大政的特殊政治势力,可以参与御前奏议决策,以内驭外挟制宰相介入宫廷政变及其他皇位更迭⑥等等。采行汉制后,怯薛的部分功能虽然被汉式机构所取代,但仍大权在握。

怯薛成员还可以通过由君主直接任命和选拔官吏的"别里哥选"入仕来实现从中央向地方的势力扩散。"凡入官者,首以宿卫近侍。"⑦"怯薛组织是忽必烈以降朝廷文武官员的预备学校。"⑧"出身怯薛者约占全部官员十分之一。"⑨"怯薛的任官不仅普遍,而且多骤列高位,拔置要津。"⑩同时,在蒙元际疏远儒臣、科举缓滞的大气候下,由吏入仕也逐渐制度化。现有资料显示,元代国家中枢机构的

---

① 叶子奇. 草木子[M]. 上海:上海古籍出版社,2012:40.
② 拉施特. 史集[M]. 第一卷第2分册. 余大钧、周建奇译. 北京:商务印书馆,2009:395.
③ 卢梭. 论人类不平等的起源和基础[M]. 北京:商务印书馆,1982:145-146.
④ 虞集. 道园学古录. 卷18. 贺丞相墓志铭.
⑤ 李治安. 元代政治制度研究[M]. 北京:人民出版社,2003:10.
⑥ 李治安. 元代政治制度研究[M]. 北京:人民出版社,2003:44-55.
⑦ 朱德润. 存复斋集. 送强仲贤之京师序. 四部丛刊续编本.
⑧ 李治安. 忽必烈传[M]. 北京:人民出版社,2004:410.
⑨ 萧启庆. 内北国而外中国(上册)[C]. 北京:中华书局,2007:239.
⑩ 萧启庆. 内北国而外中国(上册)[C]. 北京:中华书局,2007:240.

主要负责人基本没有宗室外戚,几乎都是属于奴臣阶层的次等异姓贵族。

(三)"主奴"隐喻下的君臣对待

任何关系的存在最重要的是通过连续的行动来隐喻性表现,所以"奴"对"主"的奉迎和"主"对"奴"的立威便成为蒙元王朝君臣对待中双方都认可的现实表达性文本和确认性行动。

1."奴"对"主"的奉迎

"奴"出身的官员尽管位高权重,但始终在"主"的面前秉行"奴"的本职。一方面,在言辞上对"主"以"奴婢"自称。至元十年(公元1273年)九月,行秘书监事札马剌丁为职务位序事对忽必烈说:"皇帝委付奴婢与焦大夫一处秘书监里勾当有来。"①至元十七年(公元1280年),南宋降将范文虎在廷奏中也自称奴婢,"乞降圣旨,委付奴婢并李拔都儿再行招收,尽数出来底一般。"②至元三十一年(公元1294年)成宗即位,御史台官员上奏中说:"如今皇帝新即位,歹奴婢每比之在前更索向前用心出气力。"③至正四年(1344年)也先帖木儿受命为首席御史大夫时上奏谦让:"奴婢年幼事上,不省得上位可怜见着……"④这"反映了当时在蒙古、色目、南人,包括北方汉人官僚中十分通行的情况"⑤。另一方面,在行动上对"主"以"奴婢"行事。"诸省部官名隶宿卫者,昼出治事,夜入番直"⑥。在这些官员的双重身份中,似乎"奴"才是他们悉世坚守的真正的身份符号和地位标志,而官僚系统中的头衔变化反倒无关紧要。"虽以才能受任,使服官政,贵盛之极,然一日归至内庭,则执其事如故"⑦。如玉昔帖木儿(1242—1295年)当时虽贵为万户长和怯薛长,但仍是"亲烹饪以奉上饮食"⑧的"博儿赤"(《蒙古秘史》旁译为"厨子"),"国朝重天官内膳之选"⑨。再如董文忠白天是枢密院和典瑞监长官,夜里则给侍忽必烈且服仆妾之役⑩。"与妃嫔杂处,休寝榻下,是宦竖之所不堪的;

---

① 王士点.商启翁[M].秘书监志.杭州:浙江古籍出版社,1992:31.
② 元典章.卷第34.兵部一.招收私投亡宋军人.
③ 元典章.卷第6.台纲二.有司休寻廉访司事.
④ 唐惟明.宪台通纪续编.卷第2.永乐大典本.
⑤ 姚大力.蒙元制度与政治文化[M].北京:北京大学出版社,2011:168.
⑥ 宋濂.元史.刑法志一.
⑦ 宋濂.元史.卷99.志第47.兵二.宿卫.
⑧ 宋濂.元史.卷99.志第47.兵二.宿卫.
⑨ 元文类.卷第23.太师广平贞宪王碑.四部丛刊初编本.
⑩ 姚燧.牧庵集.卷第15.董文忠神道碑.四库全书本.

对此,这些体貌堂堂的高官权贵们是不以为耻,反以为是特殊的荣耀,可以骄人的。"①

2. "主"对"奴"的立威

蒙元际君臣政治关系的"主奴"隐喻转向使得君臣之间的身份差距被大幅拉开,主要表现在"礼"和"刑"两个方面:

就"礼"而言,臣属官僚集团在国家礼制中的地位大幅下降。汉唐时期的宰相三公可以与君主坐而论道。北宋初的宰相失去座位但尚可站立奏闻。而《元朝名臣事略》卷八《左臣许文正公》记载:"入见皆跪奏事,上令先生起赐坐。"《牧庵集》卷十八《领太史院事杨公神道碑》云:至元十七年官员入奏。"方奏,太史臣皆列跪。诏独起司徒(许衡)及公(杨恭懿),曰:'二老自安,是年少皆授学汝者'。故终奏皆坐,毕其说。亦异礼也。"这表明元代御前奏闻时除特许就座外,一般大臣都需要下跪。

就"刑"而言,蒙古社会中的"主"一直都有把"奴"作拟物性处分的权力。在那颜贵族看来,"奴婢与马牛无异"②,只是一种财物和会说话的工具。史籍中曾提到溯儿马罕甚至自称"将俺如西藩狗般使去"③。"奴""每年纳牲畜若干头于那颜,对于那颜为无限之服从。那颜得随意处分其财产,且得处分其身体。"④《江格尔》中就曾描述了奴隶的买卖:"这块珍贵的手帕,曾用一户奴隶交换。"主从之间的界限极其严格,"奴不忠其主……戮之。"⑤合不勒罕就曾声言:"你们都和我一条心……如果你们拒绝……养活这样多的奴仆们,都是为了在千钧一发我就杀死你们。"⑥札木合的奴婢背叛了札木合,不仅奴婢本人被成吉思汗处死,连"他子孙尽典刑了"⑦。察合安由于私自离开主人札木合,被擒后即"所断捏兀歹察合安的头,马尾上拖着"⑧。

而以"奴"身份在场的臣属官僚也在实质上遵从这种处分,毫无其他朝代士大夫官僚们的人格尊严。从唐到宋,极少有士大夫受体罚刑责的记录。"刑不上大

---

① 周良霄.元代的皇权和相权.萧启庆.蒙元历史与文化[C].台北:学生书局,2001.
② 陶宗仪.南村辍耕录.卷第17.奴婢.
③ 参见:元朝秘史.卷第4,续卷1.
④ 多桑.蒙古史[M]上册.冯承钧.译.上海:上海书店出版社,2006:30.
⑤ 宋濂.元史.卷121.
⑥ 拉施特.史集[M].第一卷第2分册.余大钧、周建奇译.北京:商务印书馆,2009:36.
⑦ 参见:元朝秘史.卷第8.
⑧ 参见:元朝秘史.卷第4.

夫,为其近于君,且所以养廉耻也。故士可杀不可辱……有罪应死则死,应流则流,奈何轻加笞辱,以皂隶待之!"①可见当时皂隶和宦官犯错才会有体罚刑责,"比于人臣之家,则奴隶之流"②。而在蒙元际"朝臣受杖之事在现存史料中虽然不多见,但看来人们对此已颇以为常,再也没有什么异议了。"③曾任职马步军都元帅的彻里检举桑哥,元世祖大怒竟然在朝堂之上"命左右批其颊"④,臣属官僚们在被君主认为犯错的情况下曾自承"夺职、追禄、杖三者唯命"⑤,"平章、御史各杖遣之"⑥。"军法施于朝堂,朝官一有过错,一顿棍子板子鞭子,挨不了被打死,侥幸活着照样做官。"⑦

三、转向的遗产

"制度的形成是历史的结果,是历史中的行动者运动的结果。"⑧君主和臣属官僚之间的君臣政治关系在"家——国"语境下由"父子"隐喻转向"主奴"隐喻,而这一事实形成后就拥有了自身的演化逻辑,在表面上并未大规模改变既定的显性规则制度的同时实现了类似制度变迁的结果。"中古时期的君臣关系所处的历史脉络,重要者有二:一是选举制度的形成;二是'士大夫社会'的成立"⑨。君臣政治关系的转向在实质上导致了中国古代历史脉络的断裂和模块嵌入型的秩序接续。

(一)"主奴"关系成为"一般等价物"

转向后,"主奴"关系成为各种资源进行各种形式交换的"一般等价物",成为差序格局的跃迁通货,而权力、地位、财富等只是该关系的附庸。"他把所有的其他人和物都作为他的手段和工具来对待,而且他似乎也可能这样对待自己的性情

---

① 司马光. 资治通鉴. 卷第212. 唐纪28.
② 刘昫等. 旧唐书. 卷第184. 杨复恭传.
③ 姚大力. 蒙元制度与政治文化[M].北京:北京大学出版社.2011:173.
④ 姚燧. 牧庵集. 卷第14. 平章政事徐国公神道碑. 四部丛刊本.
⑤ 宋濂. 元史. 卷14. 彻里传.
⑥ 宋濂. 元史. 卷170. 尚文传.
  另参见:宇术鲁翀. 尚文神道碑. 元文类. 卷第68.
⑦ 吴晗. 皇权与绅权[M].长沙:岳麓书社,2012:48.
⑧ 甘怀真. 皇权、礼仪与经典诠释. 中国古代政治史研究[C].上海:华东师范大学出版社,2008:190.
⑨ 甘怀真. 皇权、礼仪与经典诠释. 中国古代政治史研究[C].上海:华东师范大学出版社,2008:189.

和良知。"①长期处于这种"象梦魇一样纠缠着活人的头脑"②的特定环境和生活中的人,在参与者相互刺激的作用下会自发或自觉形成对应反应形式、认同"主奴"关系群为内团体和拟共同体并以此参与调节乃至支配其行为。对此的认同从具体的现实的"主奴"关系弥散泛化到几乎其他一切社会关系、从内廷弥散泛化到外朝、从中央弥散泛化到地方、从官方弥散泛化到民间、从政治弥散泛化到社会、从心理弥散泛化到行为、从族群文化弥散泛化到个体性格……这种弥散泛化的极端化就是"主"和"奴"的特性同时集于一人之身——显示出同时扮演或进入"主"和"奴"的双重角色和双重人格。每个人都成为——希冀未来会变身为普遍主人或特殊主人——的普遍奴隶,即成为此岸被征服的彼岸征服者!做"奴"是做"主"的必要成本,做"主"是做"奴"的期望收益。所以"自己被人凌虐,但也可以凌虐别人;自己被人吃,但也可以吃别人"③。这种"凌虐"和"吃"不但要补偿做"奴"的必要成本,还要有溢价收益,而这似乎造成了整个社会的道德伦理中枢的位移。

尽管作为认识论视角的整体主义研究方法认为,社会整体显著地影响和制约着其部分的行为或功能④,但作为整体中具有决定性意义的自成一体的个体或个体集合在一定条件下也会对整体形成巨大的甚至是转折性的影响。每一种历史绵延中的文化实质上都是某种、某类人格的无限扩大,独特的文化绵延模式必然造就出独特的国民性特征。蒙元际君臣政治关系从"父子"隐喻到"主奴"隐喻的转向表明,君臣政治关系浪漫的乌托邦被充斥着利用与被利用的经济性的现实王国所渗透乃至僭取。

(二)既有专制共治结构的失衡

近代的西方思想家——包括马基雅维利、波丹、孟德斯鸠、黑格尔和马克思——都认为"中国是一个专制的国家"⑤。但显然君主名义上的无限权力在实际运用中总是受到一定的制约,所以会形成事实上的"敌对的合作"⑥性质的"专制共治"型政治结构。在这一结构中,呈现出一定程度的类似于所有权与管理权

---

① 滕尼斯. 共同体与社会[M]. 林荣远. 译. 北京:商务印书馆,1999:185.
② 马克思恩格斯选集. 第1卷. 北京:人民出版社,1972:603.
③ 鲁迅全集[M]. 第1卷. 北京:人民出版社,1981:215-216.
④ 卢瑟福. 经济学中的制度:老制度主义和新制度主义[M]. 陈建波郁仲莉. 译. 北京:中国社会科学出版社,1999:33-34.
⑤ 孟德斯鸠. 论法的精神[M]. 张雁深. 译. 北京:商务印书馆,1997:129.
⑥ 费孝通. 皇权与绅权[M]. 长沙:岳麓书社,2012:7.

第七章 "忠节"观念——主流意识形态的改造与复归

适度分离性质的"制治分离"。以"家传子,官传贤"的原则实现君臣在保有各自重要利益的基础上相互妥协、相互合作,"天下广大,卿等与朕共理"①。君主世袭,秉持天下一统;臣属官僚通过以科举为中心的选举系统保障精英流动来理性运作国家具体事务。这一体系一旦运行起来就会遵循其自在规则。在实践中,中国古代的君主除个别极其昏庸或暴戾的之外一般都不会轻易尝试实质性破坏这些规则。

在专制共治的过程中,臣属官僚们建构了相关的"共治"理论来凸显自身的合法性。"君主只要不触犯他的皇宗皇祖的制度","总是能够维持他的地位的"②。而依托"天之道"和"祖宗之法"为名而建构的"为君之道"就成为君主必须遵循的"潜规则",因此也成为臣属官僚制衡君主的重要资源。从"法与天下共"的微观具体操作层面先推至"天下乃皇天之天下"③的宏观抽象层面,然后再经由"皇极者,君与臣民共由之者也"④回归到"天下乃天下之天下,非一人之天下"⑤的中观抽象层面,再回归到"天下者,中国之天下,群臣、万姓、三军之天下,非陛下天下"⑥的微观具体层面,最后归结为应该"为天下威一人"而不能"为一人威天下"⑦的微观整体操作层面。这些理论使得君主也不得不承认"天子者,有道则人推而为主,无道则人弃而不用,诚可畏也"⑧。

中国长期以来就是一个多族群的国家,而蒙元帝国时朝是中国统一多族群国家发展历史进程中由分乱到统一的最重要时期之一。蒙元势力进入中原后客观上实现了中原专制共治体系和草原原始专制共治体系的会面,它既不可能完全实行中原的政治体系,同时"一个游牧社会在根据其一部分得自非游牧社会的财富及权利以调整其经济时,就必须同时修改其社会结构。这种新的既得权益的性质使它不再成为纯粹的游牧社会"⑨。最终如前所述,在诸多因素的影响之下,蒙元际出现了"强化专制而弱化共治"的模块嵌入型政治接续。中原体系里的共治因

---

① 李焘. 续资治通鉴长编[M]. 卷26. 雍熙二年十二月.
② 马基雅维里. 君主论[M]. 潘汉典. 译. 北京:商务印书馆,1997:4.
③ 班固. 汉书. 卷第72. 鲍宣传.
④ 王安石. 王安石全集. 卷第25.
⑤ 班固. 汉书. 卷第85. 谷永传.
⑥ 中兴两朝圣政. 卷24. 绍兴八年十二月癸酉.
⑦ 李觏. 直讲李先生文集. 卷20. 潜书.
⑧ 吴兢. 贞观政要. 政体篇. 骈宇骞. 译注. 北京:中华书局,2011.
⑨ 拉铁摩尔. 中国的亚洲内陆边疆[M]. 南京:江苏人民出版社,2005:211.

素并没有和草原体系原有的包括"忽里台"①等在内的原始共治因素合流。相反地,两种体系里的专制成份结合在一起,形成了蒙元际君臣政治关系的"主奴"隐喻转向。中原和草原两个体系中制衡君主的政治运作在君臣政治关系的转向中渐渐湮没!

---

① 又作"忽邻勒塔"或"忽里勒台",蒙古语"聚会""会议"的意思。指蒙元际的诸王大会、大朝会。最初是部落和各部联盟的议事会,用于推举首领、决定征战等大事。1206年,铁木真(成吉思汗)建蒙古帝国,召开忽里台即大汗位。此后汗位继承权或由先朝大汗生前指定或通过明争暗斗强取,但形式上总要召开忽里台由诸王、贵戚推举才能即汗位。

结　语

政治生活一般由四大要素组成：人、价值、组织与制度。其中，"政治人"无疑处在主导的地位。古老中国"社会基础停滞不动，而夺得政治上层建筑的人物和种族却不断更迭"①。因而研究中国古代政治更加不能不关注"政治人"的异质变化，尤其是那些身处朝代鼎革之际的政治背叛者。

一

本书通过描述与叙事结合的框架，围绕姚燧的《牧庵集》等文本为中心，向大家描摹了一幅"政治背叛者以记忆塑造的方式进行自我辩护"的路线图。概括各章的叙事阐述和探讨分析，笔者可以简短地对本研究初始所立意要探讨的主要问题做出下述回应。

政治背叛者的文本显示，他们进行记忆塑造的基本方法是以回忆的部分特定意象或事实为骨架"形成"或"再造"了一些"故事"并对其赋予意义。这些赖以塑造记忆的"故事"反过来促使读者"回忆"某些特定意象或事实，并"遗忘"另一些特定意象或事实。政治背叛者实施记忆塑造，希望整体面相呈现为身处乱世的一帮豪杰之士，在外部因素主导之下卷入了庞大的历史进程之中，走上了政治背叛之路。即便如此，他们依然基于为民、为孝、为道等儒家传统规范和主流意识形态而行事，并最终推动了历史和文化的发展。就文本来看，每个政治背叛者似乎都在自身内部进行过往复的主观厮杀，他们想通过一定程度的"再造"经历来型塑自

---

① 马克思恩格斯全集．卷第15．中国记事．

我,最后的文本呈现就像是在这些主观对战中生存下来的获胜者,是当时"唯一可能的现实"。

具体而言,本书紧紧围绕政治背叛者的文本和"无奈＋无我＋无私——→无错"的塑造路径,阐述其以自我记忆塑造达致自我辩护的方法、过程及细节。其中,政治背叛者记忆塑造"史事回归链",并按照时间的顺序先后分析了政治背叛者在政治背叛前的生态、政治背叛时的过程、政治背叛后的结果所展开的对其个人和群体经历的塑造。政治背叛者记忆塑造"逻辑回归链"按照逻辑顺序,先后阐述了政治背叛者在价值观念、"正统"观念、"忠节"观念三个层次的铺设,从而完成了把自身从"背叛者"塑造为"忠节者"的"以记忆塑造的方式进行自我辩护"的过程,完成了思维和行文的逻辑闭环。

二

通过围绕姚燧《牧庵集》等文本的精英历史书写来研究政治背叛者以记忆塑造形式进行的自我辩护,最终达到了以下的研究目的:其一,对政治背叛者的"记忆书写"进行了较为全面和深入的政治分析;其二,呈现了政治背叛者通过记忆书写来实施记忆塑造的内容、方法和历程;其三,展示了政治背叛者在"有意"的忘却与特别的"记住"中是如何接续传统、实现记忆再生,如何赋予文本以既定的主观意义以及政治背叛者在文本中如何"发现"自身;其四,凸显了政治背叛者自身行为与其知识文化体系之间的紧张性构成的著述和以记忆塑造进行自我辩护的内在张力。

通过本书的写作过程,笔者得出如下认识:其一,中国传统文化的意识形态功能如此强大,对于政治背叛者而言,背叛文化的压力远过于对政权的背叛,政治背叛者虽然做出了对政权的背叛,但依然要追求文化的"回归",更以文化的"回归"意图以记忆塑造进行自我辩护,抵消或部分抵消之前背叛前政权所带来的压力;其二,政治背叛者以记忆塑造进行自我辩护最后成功与否,政府的意识形态控制因素具有决定性影响,个人或群体的塑造争夺是基础性的,政治背叛者在实施记忆塑造的过程中尽量避免与意识形态发生正面对抗,尽量去影响它或改造它;其三,政治背叛者记忆塑造需要事实和理论双轮驱动、双轨并行,群体合作显然有助于构造一个更加具有立体性的叙事,有助于提升叙事的结构性和可信度,"我们"

以记忆塑造进行自我辩护的力度和效果远超"没有我们的我";其四,政治背叛者记忆塑造形塑的个体面相,其丰富性超乎想象,远非一个单调的"贪生怕死、逐利忘义"的固化意识形态印象可以概括。

三

以学术视角来看,"沉默之处"——特别是那些被遗漏或罕被言及之处——也自有其高拔的研究价值。政治背叛所关涉的大都在历史和文本中保持"沉默"——当然,更多的情形是在主流价值系统所指定的统一面相下被遮蔽式的"沉默"。政治背叛者或许只是时代浪潮中的一叶,但它本身却是"特殊"时代、"特殊"情形、"特殊"选择等的一个缩影。

毋庸讳言,全面而系统地揭示政治背叛者的各种维度面相是一个综合性的学术工程,需要大量深入细致的宏观、中观、微观研究做基础、做拓展。研究的任务,除了对对象的抽象和凝练之外,还有对复杂性的理解和解读的一面。本书不过从文献中抽取了若干线索,难言已成经纬。笔者相信一定有更富于解释力的框架,也一定有其重要性不下于本书所引的材料,在笔者未知的某处,尚未经人翻阅、筛选、引用。大量的遗失与遗漏等待着另外的眼光向尘封中去搜寻、去发掘。

一般而言,无知总是危险的,而消除无知的行动无论多么渺小,总是值得的!笔者正是在这一信念的导引下进入和开展了相关的研究,且始终希冀通过自己微不足道的努力,加入人类历史长河中无数累积者的行列,"累积不好理解的东西,直到理解出现"[1]。

---

[1] 张黎. 布莱希特研究[M]. 北京:中国社会科学出版社,1984:147.

附 录

《元史》之《列传》中汉族群传主及留存文集统计

元史列传	序号	姓名	字	谥号	文集
三十三	1	杨惟中	彦诚		
三十四	2	张柔	德刚	忠武	
三十四	3	张弘略	仲杰		
三十四	4	史秉直			
三十四	5	史天倪	和甫		
三十四	6	史楫	大济		
三十四	7	史权	伯衡		
三十四	8	史枢	子明		
三十四	9	史天祥			
三十五	10	董俊	用章	忠烈	
三十五	11	董文蔚	彦华		
三十五	12	董文忠			
三十五	13	董文用	彦材	忠穆	
三十五	14	董文直	彦正		
三十五	15	董文忠	彦诚	忠贞	
三十五	16	严实	武叔	武惠	
三十五	17	严忠济	紫芝	庄孝	
三十五	18	严忠嗣			
三十六	19	刘伯林		忠顺	

续表

元史列传	序号	姓名	字	谥号	文集
三十六	20	刘嶷	孟方		
三十六	21	刘元振	仲举		
三十六	22	刘纬			
三十六	23	刘元礼			
三十六	24	郭宝玉	玉臣		
三十六	25	郭德海	大洋		
三十六	26	郭侃	仲和		
三十六	27	石天应	瑞之		
三十六	28	石安琬			
三十七	29	何伯祥		武昌	
三十七	30	何玮		文正	
三十七	31	李守贤	才叔		
三十七	32	李毂			
三十七	33	何实	诚卿		
三十七	34	郝和尚拔都		忠定	
三十七	35	赵瑨		襄穆	
三十七	36	赵秉温		文昭	
三十七	37	石抹明安			
三十七	38	张荣	世辉		
三十七	39	刘亨安			
三十八	40	薛塔剌海			
三十八	41	薛夺失剌			
三十八	42	薛军胜			
三十八	43	薛四家奴			
三十八	44	王义	宜之		
三十八	45	王玉			
三十八	46	王忱	允中		
三十八	47	赵迪			

续表

元史列传	序号	姓名	字	谥号	文集
三十八	48	邸顺		襄敏	
三十八	49	邸琮			
三十八	50	邸泽			
三十八	51	王善	子善	武靖	
三十八	52	王庆端	正甫		
三十八	53	杜丰	唐臣		
三十八	54	杜思敬			
三十八	55	贾塔剌浑			
三十八	56	抄儿赤			
三十八	57	六十八			
三十八	58	田雄	毅英		
三十八	59	张拔都			
三十八	60	忙古台			
三十八	61	世泽			
三十八	62	张荣			
三十八	63	张奴婢			
三十八	64	张君佐			
三十八	65	赵天锡	受之		
三十八	66	赵贲亨	文甫		
三十九	67	张晋亨	进卿		
三十九	68	张好古	信甫		
三十九	69	王珍	国宝		
三十九	70	王文干			
三十九	71	杨杰只哥			
三十九	72	刘通	仲达		
三十九	73	刘复亨			
三十九	74	刘渊			
三十九	75	岳存	彦诚		

续表

元史列传	序号	姓名	字	谥号	文集
三十九	76	岳天祯			
三十九	77	张子良	汉臣		
三十九	78	张懋	之美	宣敏	
三十九	79	唐庆			
三十九	80	齐荣显	仁卿		
三十九	81	石天禄			
三十九	82	石兴祖			
三十九	83	刘斌		武庄	
三十九	84	刘思敬		忠肃	
三十九	85	赵柔		庄靖	
四十	86	刘敏	有功		
四十	87	王檝	巨川		
四十	88	王守道	仲履	忠惠	
四十	89	高宣		简僖	
四十	90	高天锡		庄懿	
四十	91	高谅		宣靖	
四十	92	塔失不花			
四十	93	王玉汝	君璋		
四十	94	焦德裕	宽父	忠肃	
四十	95	石天麟	天瑞	忠宣	
四十	96	李邦瑞	昌国		
四十	97	杨奂	焕然	文宪	还山集;天兴近鉴;正统书
四十	98	贾居贞	仲明		
四十	99	贾均	元播		
四十一	100	洪福源		忠宪	
四十一	101	洪俊奇			
四十一	102	洪君祥			
四十一	103	洪万			

续表

元史列传	序号	姓名	字	谥号	文集
四十一	104	郑鼎		忠肃	
四十一	105	郑制宜		忠宣	
四十一	106	李进			
四十一	107	郑温			
四十二	108	汪世显	仲明	义武	
四十二	109	汪德臣	舜辅	忠烈	
四十二	110	汪良臣		忠惠	
四十二	111	汪惟正	公理	贞肃	
四十二	112	史天泽	润甫	忠武	
四十二	113	史格	晋明		
四十三	114	董文炳	彦明	忠献	
四十三	115	董士元	长卿	忠愍	
四十三	116	董士选	舜卿		
四十三	117	张弘范	仲畴	献武	
四十四	118	刘秉忠	仲悔		
四十四	119	刘秉恕	长卿		
四十四	120	张文谦	仲谦	忠宣	
四十四	121	郝经	伯常	文忠	
四十五	122	姚枢	公茂	文献	
四十五	123	许衡	仲平	文正	
四十五	124	窦默	子声	文正	
四十五	125	李俊民	用章	庄静	
四十六	126	宋子贞	周臣		
四十六	127	商挺	孟卿	文定	
四十六	128	商琥	台符		彝斋文集
四十六	129	商瑭	礼符		
四十六	130	商琦	德符		
四十六	131	赵璧	宝臣	忠亮	

续表

元史列传	序号	姓名	字	谥号	文集
四十七	132	王磐	文炳	文忠	
四十七	133	王鹗	百一	文康	论语集义;汝南遗事;应物集
四十七	134	高鸣	雄飞		
四十七	135	李冶	仁卿		敬斋文集;壁书丛削;泛说;古今黈;测圆海镜
四十七	136	李昶	士都		春秋左氏遗意;孟子权衡遗说
四十七	137	刘肃	才卿	文献	读易备志
四十七	138	王思廉	仲常	文恭	
四十七	139	李谦	受益		
四十七	140	徐世隆	威卿		瀛洲集
四十七	141	孟祺	德卿	文襄	
四十七	142	阎复	子靖	文康	静轩集
四十八	143	杨大渊		肃翼	
四十八	144	杨文安	泰叔		
四十八	145	刘整	武仲	武敏	
四十九	146	李忽兰吉		襄敏	
四十九	147	史弼	君佐		
四十九	148	高兴	功起	武宣	
五十	149	李德辉	仲实		
五十	150	张雄飞	鹏举		
五十	151	张德辉	耀卿		
五十	152	马亨	大用		
五十	153	程思廉	介甫	敬肃	
五十	154	赵炳		忠愍	
五十一	155	杨恭懿	元甫		
五十一	156	王恂	敬甫	文肃	
五十一	157	郭守敬	若思		
五十一	158	杨桓	武子		六书统;六书溯源;书学正韶

续表

元史列传	序号	姓名	字	谥号	文集
五十一	159	杨果	正卿	文献	
五十一	160	王构	肯堂		
五十一	161	魏初	大初		
五十一	162	焦养直	无咎	文靖	
五十一	163	孟攀鳞	驾之	文定	
五十一	164	尚野	文蔚	文懿	
五十一	165	李之绍	伯宗		
五十二	166	张禧			
五十二	167	张弘纲	宪臣	武定	
五十二	168	贾文备	仲武	庄武	
五十二	169	解诚		武定	
五十二	170	解汝楫		忠毅	
五十二	171	帖哥		武宣	
五十二	172	解世英			
五十二	173	管如德		武襄	
五十二	174	赵匣剌			
五十二	175	周全			
五十二	176	孔元	彦亨		
五十二	177	朱国宝			
五十二	178	张立			
五十二	179	齐秉节	子度		
五十二	180	张万家奴			
五十二	181	郭昂	彦高		
五十二	182	綦公直			
五十二	183	杨赛英不花	熙载	忠宣	
五十二	184	鲜卑仲吉			
五十二	185	鲜卑准			
五十二	186	鲜卑诚			

续表

元史列传	序号	姓名	字	谥号	文集
五十二	187	完颜石柱			
五十三	188	罗璧	仲玉		
五十三	189	刘恩	仁甫		
五十三	190	石高山			
五十三	191	巩彦晖			
五十三	192	巩信			
五十三	193	蔡珍			
五十三	194	张泰亨			
五十三	195	贺祉			
五十三	196	孟德			
五十三	197	孟义			
五十三	198	郑义			
五十三	199	郑江			
五十三	200	张荣贵			
五十三	201	张玉			
五十三	202	楚鼎			
五十三	203	樊楫		忠定	
五十三	204	张均			
五十三	205	王昔剌			
五十三	206	王宏			
五十三	207	赵宏伟	子英	贞献	
五十四	208	张立道	显卿		效古集;平蜀总论;安南录;云南风土记;六诏通说
五十四	209	张庭珍	国宝		
五十四	210	张庭瑞	天表		
五十四	211	张惠	廷杰		
五十四	212	刘好礼	敬之		
五十四	213	王国昌			

续表

元史列传	序号	姓名	字	谥号	文集
五十四	214	王通			
五十四	215	姜彧	文卿		
五十四	216	张础	可用	文敏	
五十四	217	吕域	伯充	文穆	
五十四	218	谭资荣	茂卿		
五十四	219	谭澄			
五十四	220	王恽	仲谋	文定	相鉴;汲郡志;承华事略;中堂事记;乌台笔补;玉堂佳话
五十五	221	陈祐	庆甫		节齐集
五十五	222	陈天祥	吉甫	文忠	
五十五	223	刘宣	伯宣	忠宪	
五十五	224	何荣祖	继先	文宪	大畜;学易记;载道集;观物外篇
五十五	225	陈思济	济民	文肃	
五十五	226	秦长卿			
五十五	227	赵与{{莕}}	晦叔	文简	
五十五	228	姚天福	君祥		
五十五	229	许国祯	进之	忠宪	
五十五	230	许扆	君黼	僖简	
五十六	231	贺贲		贞献	
五十六	232	贺仁杰	宽甫	忠贞	
五十六	233	贾昔剌		敬懿	
五十六	234	丑妮子		显毅	
五十六	235	虎林赤			
五十六	236	秃坚不花			
五十六	237	刘哈剌八都鲁			
五十六	238	谢仲温	君玉		
五十六	239	高觿	彦解		
五十六	240	张九思	子有		

续表

元史列传	序号	姓名	字	谥号	文集
五十六	241	王伯胜	忠敏		
五十七	242	尚文	周卿		
五十七	243	申屠致远	大用		忍斋行稿;释奠通礼;杜诗纂例;集验方十二卷;集古印章
五十七	244	雷膺	彦正	文穆	
五十七	245	胡祗遹	绍闻	文靖	
五十七	246	王利用	国宾	文贞	
五十七	247	畅师文	纯甫	文肃	
五十七	248	张炤	彦明	敬惠	
五十七	249	袁裕	仲宽		
五十七	250	张昉	显卿	庄宪	
五十七	251	郝彬	景文		
五十七	252	高源	仲渊		
五十七	253	杨湜(音使)	彦清		
五十七	254	吴鼎	鼎臣	孝敏	
五十七	255	梁德珪	伯温		
五十八	256	刘因	梦吉	文靖	四书精要;丁亥集;小学四书语录;易繁辞说
五十八	257	吴澄	幼清	文正	校订黄极经世书;老子;庄子;太玄经;乐律;八阵图;葬书
五十九	258	程钜夫	文海	文宪	
五十九	259	赵孟頫	子昂	文敏	尚书注;琴源;乐源
五十九	260	邓文原	善之	文肃	
五十九	261	袁桷	伯长	文清	易说;春秋说;清容居士集
五十九	262	曹元用	子贞	文献	超然集
五十九	263	齐履谦	伯恒	文懿	大学四传小著;中庸章句续解;论语言仁通旨;书传详说;易繁辞旨;易本说;春秋诸国统纪;经世书入式;外篇微旨;二至晷景考;经串推演八法

续表

元史列传	序号	姓名	字	谥号	文集
六十	264	崔斌	仲文	忠毅	
六十	265	崔彧	文卿	忠肃	
六十	266	叶李	太白	文简	
六十	267	燕公楠	国材		
六十	268	马绍	子卿		
六十一	269	姚燧	端甫	文	牧庵集
六十一	270	郭贯	安道	文宪	
六十一	271	刘赓	熙载		
六十二	272	张珪	公端		
六十二	273	李孟	道复	文忠	
六十二	274	张养浩	希孟	文忠	
六十二	275	敬俨	威卿	文忠	
六十三	276	曹伯启	士开		汉泉漫藁
六十三	277	李元礼	庭训		
六十三	278	王寿	仁卿	文正	
六十三	279	王倚	辅臣	忠肃	
六十三	280	刘正	清卿	忠宣	
六十三	281	谢让	仲和	宪穆	
六十三	282	韩若愚	希贤	贞肃	
六十三	283	赵师鲁	希颜	文清	
六十三	284	刘德温	纯甫	清惠	
六十三	285	尉迟德诚	信甫		
六十三	286	秦起宗	元卿	昭肃	
六十四	287	张思明	士瞻	贞敏	
六十四	288	吴元珪	君璋	忠简	
六十四	289	张昇	伯高	文宪	
六十四	290	臧梦解			周官考；春秋微
六十四	291	陆垕	仁重	庄简	

续表

元史列传	序号	姓名	字	谥号	文集
六十四	292	陈颢	仲明	文忠	
六十五	293	梁曾	贡父		
六十五	294	刘敏中	端甫	文简	中庵集
六十五	295	王约	彦博		史论;高丽志;潜丘稿
六十五	296	王结	仪伯	文忠	易说
六十五	297	宋衜	弘道		秬山集
六十五	298	张伯淳	师道		
六十六	299	贺胜	贞卿	忠宣	
六十六	300	杨朵儿只		襄愍	
六十六	301	不花			
六十七	302	孔思晦	明道	文肃	
六十八	303	元明善	复初	文敏	
六十八	304	虞集	伯生		
六十八	305	虞槃	仲常		非非国语
六十八	306	范椁(音碰)	亨父		
六十八	307	揭傒斯	曼硕	文安	
六十八	308	黄溍		文献	日损斋稿;义务志;笔记
六十八	309	柳贯	道传		字系;近思录广辑;金石竹帛遗文
六十八	310	吴莱	立夫		尚书标说;春秋事变图;春秋传授谱;古职方录;孟子弟子;楚汉正声;乐府类编;唐律删要
六十九	311	张起岩	梦臣	文穆	华峰漫稿;华峰类稿;金陵集
六十九	312	欧阳玄	原功	文	圭斋文集
六十九	313	许有壬	可用	文忠	至正集
六十九	314	宋本	诚夫	正献	至治集
六十九	315	宋褧	显夫	文清	
六十九	316	谢瑞	敬德		
七十	317	王守成	君实	文昭	
七十	318	王思诚	致道	献肃	

续表

元史列传	序号	姓名	字	谥号	文集
七十	319	李好文	惟中		太常集礼;端本堂经训要议;大宝录;大宝龟鉴
七十	320	李泂	溉之		辅治篇
七十	321	苏天爵	伯修		国朝名臣事略;文类;松厅章疏;春风亭笔记;辽金纪年;黄河原委
七十一	322	王都中	元俞	清献	
七十一	323	王克敬	叔能	文肃	
七十一	324	任速哥			
七十一	325	陈思谦	景让	通敏	
七十一	326	韩元善	大雅		
七十一	327	崔敬	伯恭		
七十二	328	吕思诚	仲实	忠肃	两汉通纪
七十二	329	汪泽民	叔志	文节	
七十二	330	干文传	寿道		
七十二	331	韩镛	伯高		
七十二	332	李稷	孟豳(音宾)		
七十二	333	盖苗	耘夫	文献	
七十三	334	张桢	约中		
七十三	335	归旸	彦温		
七十三	336	陈祖仁	子山		
七十三	337	王逊志	文敏		
七十三	338	成遵	谊叔		
七十三	339	曹鑑	克明	文穆	
七十三	340	张翥	仲举		忠义录
七十四	341	贾鲁	友恒		
七十四	342	褾鲁曾	善止		
七十四	343	贡师泰	泰甫		

续表

元史列传	序号	姓名	字	谥号	文集
七十四	344	周伯琦	伯温		六书正伪;说文字原
七十四	345	吴当	伯尚		周礼纂言;学言稿
七十五	346	董抟霄	孟起	忠定	
七十五	347	刘哈剌不花			
七十五	348	王英	邦杰		
七十五	349	迈里古思	善卿		
七十六	350	赵复	仁甫		传道图;伊洛发挥;师友图;希贤录
七十六	351	张䇇	达善		经说
七十六	352	金履祥	吉父	文安	通鉴前编;大学章句疏义;论语孟子集注考证;书表注
七十六	353	徐谦	益之	文懿	
七十六	354	陈栎	寿翁		四书发明;书集传纂疏;礼记集义
七十六	355	胡一桂	庭芳		周易本义附录纂疏;本义启蒙翼传;朱子诗传附录纂疏;十七史纂
七十六	356	胡炳文	仲文		易本义通释;四书通
七十六	357	黄泽	楚望		颜渊仰高钻坚论;易春秋二经解;二礼祭祀述略;元年春王正月辩;诸侯娶女立子通考;鲁隐公不书即位义;殷周诸侯禘祫考;周庙太庙单祭合食说,丘甲辩
七十六	358	萧㪺	惟斗	贞敏	三礼说;小学标题驳论;九州志,勤斋集
七十六	359	韩择	从善		
七十六	360	侯均	伯仁		
七十六	361	同恕	宽甫	文贞	榘庵集
七十六	362	五居仁	士安	私谥静安先生	
七十六	363	安熙	敬仲		
七十七	364	胡长孺			瓦缶编;南昌集;宁海漫抄;颜乐斋稿
七十七	365	熊朋来	与可		瑟赋

续表

元史列传	序号	姓名	字	谥号	文集
七十七	366	戴表元	帅初、曾伯		剡源集
七十七	367	牟应龙	伯成		五经音考
七十七	368	郑滁孙	景欧		大易法象通赞;周易记玩
七十七	369	郑陶孙	景潜		
七十七	370	陈孚	刚中		
七十七	371	董朴	太初		
七十七	372	杨载	仲弘		
七十七	373	杨刚中	志行		霜月集
七十七	374	李桓	晋仲		桂隐集
七十七	375	刘诜	桂翁		
七十七	376	韩性	明善	庄节先生	礼记说;诗音释;书辨疑;郡志
七十七	377	程端礼	敬叔		读书工程
七十七	378	程端学	时叔		春秋本义,三传辨疑,春秋或问
七十七	379	吴师道	正传		易诗书杂说;春秋胡传附辨;战国策校注;敬乡录
七十七	380	陆文圭	子方		墙东类稿
七十七	381	梁益	友直		三山稿;诗绪余;史传姓氏纂,诗传旁通
七十七	382	周仁荣	本心		
七十七	383	周仔肩	本道		
七十七	384	孟梦恂	长文	康靖先生	性理本旨;四书辨疑;汉唐会要;七政疑解,笔海杂录
七十七	385	陈旅	众仲		
七十七	386	李孝光	季和		
七十七	387	宇文公谅	子贞	私谥纯节先生	折桂集;观光集;辟水集;以斋诗稿;玉堂漫稿;越中行稿
七十八	388	谭澄	彦清		

续表

元史列传	序号	姓名	字	谥号	文集
七十八	389	许维祯	周卿		
七十八	390	许楫	公度		
七十八	391	田滋	荣甫	庄肃	
七十八	392	卜天璋	君璋	正献	
七十九	393	耶律伯坚	寿之		
七十九	394	段直	正卿		
七十九	395	杨景行	贤可		
七十九	396	林兴祖	宗起		
七十九	397	周自强	刚善		
七十九	398	白景亮	明甫		
七十九	399	王艮	止善		
七十九	400	卢琦	希韩		
七十九	401	邹伯颜	从吉		
七十九	402	刘秉直	清臣		
七十九	403	许义夫			
八十	404	李伯温			
八十	405	李守正			
八十	406	李守忠			
八十	407	石珪			
八十	408	攸哈剌拔都			
八十	409	任志			
八十	410	刘天孚		忠毅	
八十	411	萧景茂			
八十一	412	张桓	彦威	忠洁	
八十一	413	李黼	子威	崇烈	
八十一	414	李齐	公平		
八十一	415	褚不华	君实	忠肃	
八十一	416	郭嘉	元礼	忠烈	

续表

元史列传	序号	姓名	字	谥号	文集
八十一	417	喜同			
八十一	418	韩因	可宗		
八十一	419	卞琛			
八十一	420	乔彝	仲常	纯洁	
八十一	421	张岩起	傅霖		
八十一	422	王佐	元辅		
八十一	423	吴德新	止善		
八十一	424	颜瑜	德润		
八十一	425	曹彦可		节愍	
八十一	426	王士元	尧佐		
八十一	427	杨朴	文素		
八十一	428	赵琏	伯器		
八十一	429	孙捴	自谦	忠烈	
八十一	430	石普	元周		
八十一	431	盛昭	克明		
八十一	432	杨乘	文载		
八十二	433	樊执敬	时中	忠烈	
八十二	434	周镗	以声		
八十二	435	谢一鲁	至道		
八十二	436	聂炳	韫夫		
八十二	437	刘耕孙	存吾		
八十二	438	刘焘孙			
八十二	439	俞述祖	绍芳		
八十二	440	桂完泽			
八十二	441	彭庭坚	允诚		
八十二	442	王伯颜	伯敬		
八十二	443	刘濬	济川		
八十二	444	陈君用	子材	忠毅	

续表

元史列传	序号	姓名	字	谥号	文集
八十二	445	黄绍	仲先		
八十二	446	斗元	元浩		
八十二	447	黄云			
八十二	448	魏中立	伯时		
八十二	449	于大本	德中		
八十三	450	闵本	宗先		
八十三	451	赵弘毅	仁卿		
八十三	452	郑玉	子美		周易纂注
八十三	453	黄昺	殷士		
八十三	454	张庸	存中		太乙数图
八十三	455	丁好礼	敬可		
八十六	456	杜瑛	文玉	文献	春秋地理原委十卷;语孟旁通八卷;皇极引用八卷;皇极疑事四卷;极学十卷;律吕律历礼乐杂志
八十六	457	张特立	文举		易集说;历年系事记
八十六	458	杜本	伯原		四经表义;六书通编;十原
八十六	459	张枢	子长		汉本纪,魏吴载记,续后汉书;春秋三传归一义三十卷,刊定三国志六十五卷,林下窃议;曲江张公年谱各一卷,敝帚编若干卷
八十六	460	孙辙	履常		
八十六	461	吴定翁	仲谷		
八十六	462	何中	太虚		易类象二卷;书传补遗十卷;通鉴纲目测海三卷;知非堂稿十七卷
八十六	463	危复之	建心	私谥贞白先生	
八十六	464	武恪	伯威		水云集
八十九	465	丘处机			
八十九	466	祁志诚			
八十九	467	宗演			

续表

元史列传	序号	姓名	字	谥号	文集
八十九	468	张留孙	师汉		
八十九	469	吴全节	成季		
八十九	470	郦希成			
八十九	471	萧辅道			
九十	472	田忠良	正卿	忠献	
九十	473	靳德进		文穆	
九十	474	张康	汝安		
九十	475	李杲	明之		
九十	476	孙威		忠惠	
九十	477	孙拱		文庄	
九十	478	刘元	秉元		
九十一	479	李邦宁	叔固		
九十二	480	卢世荣			
九十三	481	李璮	松寿		
九十三	482	王文统	以道		
八十四	483	王闰			
八十四	484	郭道卿			
八十四	485	萧道寿			
八十四	486	郭狗狗			
八十四	487	张闰			
八十四	488	田改住			
八十四	489	王住儿			
八十四	490	宁猪狗			
八十四	491	李家奴			
八十四	492	尹梦龙			
八十四	493	樊渊			
八十四	494	赖禄孙			
八十四	495	刘德泉			

续表

元史列传	序号	姓名	字	谥号	文集
八十四	496	吴思达			
八十四	497	硃汝谐			
八十四	498	郭回			
八十四	499	孔全			
八十四	500	张子夔			
八十四	501	陈乞儿			
八十四	502	杨一			
八十四	503	张本			
八十四	504	张庆			
八十四	505	元善			
八十四	506	赵毓			
八十四	507	胡光远			
八十四	508	庞遵			
八十四	509	陈韶孙			
八十四	510	李忠			
八十四	511	吴国宝			
八十四	512	李茂			
八十四	513	羊仁			
八十四	514	黄觉经			
八十四	515	章卿孙			
八十四	516	俞全			
八十四	517	李鹏飞			
八十四	518	赵一德			
八十四	519	王思聪			
八十四	520	王初应			
八十四	521	施合德			
八十四	522	郑文嗣			
八十四	523	王荐			

续表

元史列传	序号	姓名	字	谥号	文集
八十四	524	郭全			
八十四	525	刘德			
八十四	526	刘居敬			
八十四	527	杨皞			
八十四	528	丁文忠			
八十四	529	邵敬祖			
八十四	530	扈铎			
八十四	531	孙秀实			
八十四	532	贾进			
八十四	533	李子敬			
八十四	534	宗杞			
八十四	535	赵荣			
八十四	536	吴好直			
八十四	537	余丙			
八十四	538	徐钰			
八十四	539	尹莘			
八十四	540	孙希贤			
八十四	541	卜胜荣			
八十四	542	刘廷让			
八十四	543	刘通			
八十四	544	张旺舅			
八十四	545	张思孝			
八十四	546	杜佑			
八十四	547	梁外僧			
八十四	548	孙瑾			
八十四	549	吴希曾			
八十四	550	张恭			
八十四	551	訾汝道			

续表

元史列传	序号	姓名	字	谥号	文集
八十五	552	王庸	伯常		
八十五	553	黄赟	止敬		
八十五	554	石明三			
八十五	555	刘琦			
八十五	556	刘源			
八十五	557	祝公荣	大昌		
八十五	558	陆思孝			
八十五	559	姜兼			
八十五	560	胡伴侣			
八十五	561	王士弘			
八十五	562	何从义			
八十五	563	哈都赤			
八十五	564	高必达			
八十五	565	曾德			
八十五	566	靳昺	克昌		
八十五	567	黄道贤			
八十五	568	史彦斌			
八十五	569	张绍祖	子让		
八十五	570	李明德			
八十五	571	张缉	士明		
八十五	572	魏敬益	士友		
八十五	573	汤霖	伯雨		
八十五	574	孙抑	希武		
八十五	575	石永			
八十五	576	王克己			
八十五	577	刘思敬			
八十五	578	吕祐	伯通		
八十五	579	周乐			
八十七	580	崔氏			

续表

元史列传	序号	姓名	字	谥号	文集
八十七	581	周氏			
八十七	582	杨氏			
八十七	583	胡烈妇			
八十七	584	王氏女			
八十七	585	王丑丑		贞烈夫人	
八十七	586	郎氏			
八十七	587	秦氏二女			
八十七	588	孙氏			
八十七	589	许氏			
八十七	590	张氏			
八十七	591	焦氏			
八十七	592	周氏			
八十七	593	赵孝妇			
八十七	594	尹氏			
八十七	595	杨氏			
八十七	596	郭氏			
八十七	597	段氏			
八十七	598	茅氏			
八十七	599	闻氏			
八十七	600	刘氏			
八十七	601	马英			
八十七	602	赵玉兒			
八十七	603	冯淑安	静君		
八十七	604	王氏			
八十七	605	赵哇兒			
八十七	606	砵淑信			
八十七	607	葛妙真			

续表

元史列传	序号	姓名	字	谥号	文集
八十七	608	王氏			
八十七	609	张义妇			
八十七	610	丁氏			
八十七	611	白氏			
八十七	612	王氏			
八十七	613	李冬儿			
八十七	614	李氏			
八十七	615	王氏			
八十七	616	硃锦哥			
八十七	617	王安哥			
八十七	618	刘氏			
八十七	619	李智贞			
八十七	620	蔡三玉			
八十八	621	苏氏			
八十八	622	林氏			
八十八	623	范妙元			
八十八	624	柳氏			
八十八	625	姚氏			
八十八	626	官胜娘			
八十八	627	衣氏			
八十八	628	侯氏			
八十八	629	张氏			
八十八	630	汤猗			
八十八	631	童氏			
八十八	632	张氏女			
八十八	633	高氏			
八十八	634	王氏			
八十八	635	王氏			

续表

元史列传	序号	姓名	字	谥号	文集
八十八	636	徐彩鸾			
八十八	637	毛氏			
八十八	638	李氏			
八十八	639	李顺儿			
八十八	640	禹淑静	素清		
八十八	641	砵氏			
八十八	642	王氏			
八十八	643	赵氏			
八十八	644	陈淑真			
八十八	645	柴氏			
八十八	646	刘氏			
八十八	647	萧氏			
八十八	648	袁氏孤女			
八十八	649	潘妙圆			
八十八	650	蔡氏			
八十八	651	许氏			
八十八	652	韩氏			
八十八	653	刘氏二女			
八十八	654	曹氏			
八十八	655	刘氏			
八十八	656	申氏			
八十八	657	安氏			
八十八	658	罗妙安			
八十八	659	周如砥			
八十八	660	徐氏			
八十八	661	陈氏			
八十八	662	袁氏			
八十八	663	李赛儿			

续表

元史列传	序号	姓名	字	谥号	文集
八十八	664	陶宗媛			
八十八	665	刘氏			
八十八	666	华氏			
八十八	667	王氏			
八十八	668	刘氏			
八十八	669	赵氏			
八十八	670	刘氏			
八十八	671	宋氏			
八十八	672	齐氏			
八十八	673	安正同		庄洁	
八十八	674	岳氏			
八十八	675	金氏			
八十八	676	潘氏			
八十八	677	蒋氏			

参考文献

一、古籍类

1. 姚燧. 牧庵集. 四部丛刊本.
2. 元好问. 遗山先生文集. 文渊阁四库全书本.
3. 郝经. 郝文忠公陵川文集. 太原：山西人民出版社，山西古籍出版社，2006.
4. 郝经. 续后汉书. 丛书集成初编本.
5. 魏初. 青崖集. 四库全书本.
6. 陈舜俞. 都官集. 文渊阁四库全书本.
7. 司马光. 传家集. 文渊阁四库全书本.
8. 彭龟年. 止堂集. 文渊阁四库全书本.
9. 虞集. 道园学古录. 四部丛刊缩本.
10. 崖山集. 涵芬楼秘籍.
11. 袁桷. 清容居士集. 四部丛刊本.
12. 吴澄. 吴文正集. 四库全书本.
13. 苏轼. 东坡志林. 1997 中华书局本.
14. 刘因. 静修集. 四部丛刊本.
15. 虞集. 道园类稿. 元人文集珍本丛刊.
16. 夏竦. 文庄集. 四库全书本.
17. 苏轼. 苏轼文集. 中华书局点校本.
18. 王若虚. 滹南王先生文集.
19. 王明清. 挥麈录. 丛书集成初编.
20. 赵彦卫. 云麓漫钞. 丛书集成初编.
21. 苏颂. 苏魏公文集. 1988 中华书局本.
22. 苏辙. 栾城集. 中华书局点校本.

23. 叶适. 水心文集. 明刻本
24. 耶律楚材. 湛然居士文集. 四部丛刊本.
25. 程钜夫. 雪楼集. 文渊阁四库全书本.
26. 刘敏中. 中庵集. 文渊阁四库全书本.
27. 蒲道源. 顺斋先生闲居丛稿. 至正刻本.
28. 王恽. 秋涧先生大全集. 元人文集珍本丛刊.
29. 邵亨贞. 野处集. 文渊阁四库全书本.
30. 许有壬. 至正集. 文渊阁四库全书本.
31. 苏天爵. 滋溪文稿. 适园丛书本.
32. 张之翰. 西严集. 四库全书本.
33. 许衡. 鲁斋遗书. 四库全书本.
34. 宋子贞. 国朝文类. 四部丛刊本.
35. 杨惟桢. 铁崖先生集. 清抄本.
36. 吴师道. 礼部集. 四库全书本.
37. 许衡. 中庸直解. 许文正公遗书.
38. 赵秉文. 闲闲老人滏水文集. 四部丛刊本.
39. 周密. 癸辛杂识. 1988 中华书局本.
40. 宋濂. 文宪集. 四库全书本.
41. 刘秉忠. 藏春集. 四库全书本.
42. 韩愈. 韩昌黎文集. 四库备要本.
43. 黄宗羲. 宋元学案. 中华书局版.
44. 欧阳修. 欧阳文忠公文集. 四部丛刊本.
45. 吕祖谦: 左氏传续说. 影印文渊阁四库全书本.
46. 苏天爵. 元朝名臣事略. 1996 中华书局本.
47. 山西通志. 明朝成化本.
48. 畿辅通志. 商务印书馆, 影印本.
49. 涞水县志. 光绪二十一年刊本.
50. 山右石刻丛编. 光绪年间刻本.
51. 陈垣. 道家金石略[Z]. 北京: 文物出版社, 1988.
52. 藏外道书[Z]. 成都: 巴蜀书社, 1992.
53. 李志常. 长春真人西游记[M]. 王国维校注本.
54. 金文最. [Z]. 北京: 中华书局, 1990.
55. 向南. 辽代石刻文编[M]. 石家庄: 河北教育出版社, 1995.

56. 顾炎武. 日知录. 遂初堂本.

57. 全元文[Z]. 南京：江苏古籍出版社，1999.

58. 王钦若. 册府元龟[M]. 中华书局影印明本.

59. 孟子. 十三经注疏本.

60. 太平广记. 1961 中华书局本.

61. 陶宗仪. 南村辍耕录. 1958 中华书局本.

62. 元文类. 四部丛刊本.

63. 李祖陶. 金元明八大家文选. 清道光二十五年本.

二、史籍类

1. 司马迁. 史记.

2. 班固. 汉书.

3. 陈寿. 三国志.

4. 薛居正. 旧五代史.

5. 欧阳修. 五代史记.

6. 司马光. 资治通鉴.

7. 毕沅. 续资治通鉴.

8. 李焘. 续资治通鉴长编.

9. 叶隆礼. 契丹国志.

10. 徐梦莘. 三朝北盟会编.

11. 赵汝愚. 宋朝诸臣奏议.

12. 脱脱. 宋史.

13. 脱脱. 辽史.

14. 脱脱. 金史.

15. 陈邦瞻. 宋史纪事本末. 1977 中华书局本.

16. 李心传. 建炎以来系年要录. 四库全书本.

17. 李心传. 建炎以来朝野杂记. 1937 商务印书馆本.

18. 宋濂. 元史.

19. 魏源. 元史新编. 江苏广陵古籍刻印社影印清光绪三十一年湖南邵阳魏氏慎初堂刊本.

20. 通制条格. 明写本.

21. 元典章. 1972 台湾故宫博物院影印本.

22. 四库全书总目.

三、著作类

1. 摩尔根. 古代社会[M]. 上海:三联书店. 1957.
2. 朱东润. 中国历代文学作品选[M]. 上海:上海古籍出版社,1980.
3. 陈寅恪. 金明馆丛稿[M]. 上海:上海古籍出版社,1980.
4. 杨伯峻. 论语译注[M]. 北京:中华书局,1980.
5. 张黎. 布莱希特研究[M]. 北京:中国社会科学出版社,1984.
6. 唐启宇. 中国农史稿[M]. 北京:中国农业出版社,1985.
7. 周振甫. 文心雕龙今译[M]. 北京:中华书局,1986.
8. 陈寅恪. 魏晋南北朝史演讲录[M]. 合肥:黄山书社,1987.
9. 布劳. 社会生活中的交换与权力[M]. 华夏出版社,1988.
10. 道藏[Z]. 上海:上海书店,天津:天津古籍出版社,北京:文物出版社,1988.
11. 安东尼·M·奥勒姆. 政治社会学导论——对政治实体的社会学剖析[M]. 董云虎、李云龙,译. 杭州:浙江人民出版社,1989.
12. 任崇岳. 庚申外史笺证[M]. 郑州:中州古籍出版社,1991.
13. 邓绍基. 元代文学史[M]. 北京:人民文学出版社,1991.
14. 托克维尔. 旧制度与大革命[M]. 北京:商务印书馆,1992.
15. S.N. 艾森斯塔得. 帝国的政治体系[M]. 贵阳:贵州人民出版社,1992.
16. 梁漱溟. 梁漱溟学术论著自选集[M]. 北京:北京师范学院出版社,1992.
17. 么书仪. 元代文人心态[M]. 北京:文化艺术出版社,1993.
18. 麦金泰尔. 德性之后[M]. 龚群等,译. 北京:中国社会科学出版社,1995.
19. 钱穆. 中国文化史导论[M]. 北京:商务印书馆,1996.
20. 萧公权. 中国政治思想史[M]. 沈阳:辽宁教育出版社版,1998.
21. 刘泽华. 中国政治思想史[M]. 浙江:浙江人民出版社,1996.
22. 曹德本. 中国政治思想史[M]. 北京:高等教育出版社,2004.
23. 张凤阳,等. 政治哲学关键词[M]. 南京:江苏人民出版社,2006.
24. 罗伯特·达尔. 谁管理[M]. 载于格林斯坦、波尔斯比编政治学手册精选. 储复耘译. 北京:商务印书馆,1996.
25. 罗贤佑. 元代民族史[M]. 成都:四川民族出版社,1996.
26. J. 米格代尔. 农民、政治与革命——第三世界政治与社会变革的压力[M]. 李玉琪,袁宁,译. 北京:中央编译出版社,1996.

27. 朱瑞熙. 中国政治制度通史[M]. 北京:人民出版社,1996.

28. 邓小南. 北宋苏州的士人家族交游圈.《国学研究》3卷[Z]. 北京:北京大学出版社,1996.

29. 王铭铭. 宗族、社会与国家——对弗里德曼理论的再思考. 社会人类学与中国研究[Z]. 北京:三联书店,1997.

30. 马戎. 西方民族社会学的理论与方法[M]. 天津:天津人民出版社,北京:中华书局,1997.

31. 何休. 春秋公羊传解诂[M]. 上海:上海古籍出版社,1997.

32. 米歇尔·福柯. 知识考古学[M]. 北京:生活·读书·新知三联书店.1998.

33. 吉登斯. 民族——国家与暴力[M]. 胡宗泽,译. 上海:三联书店.1998.

34. 兹纳涅茨基. 知识人的社会角色[M]. 南京:译林出版社,2000.

35. 郭裕衡. 中国散文史[M]. 上海:上海古籍出版社,2000.

36. 梁思成. 梁思成全集[M]. 北京:中国建筑工业出版社,2001.

37. 陈华文. 文化学概论[M]. 上海:上海文艺出版社,2001.

38. 葛兆光. 中国思想史[M]. 上海:复旦大学出版社,2001.

39. 刘晓. 耶律楚材评传[M]. 南京:南京大学出版社,2001.

40. 章义和. 地域集团与南朝政治[M]. 上海:华东师范大学出版社,2002.

41. 白滨,李锡厚. 辽金西夏史[M]. 上海:上海人民出版社,2003.

42. 赵白生. 传记文学理论[M]. 北京:北京大学出版社,2003.

43. 杨镰. 元诗史[M]. 北京:人民文学出版社,2003.

44. 杨伯峻. 孟子译注[M]. 北京:中华书局,2005.

45. 王晓清. 元代社会婚姻形态[M]. 武汉:武汉出版社,2005.

46. 胡务. 元代庙学——无法割舍的儒学教育链[M]. 成都:巴蜀书社,2005.

47. 吕思勉. 吕思勉读史札记[M]. 上海:上海古籍出版社,2005.

48. 顾祖禹. 读史方舆纪要[M]. 北京:中华书局,2005.

49. 郭沫若. 奴隶制时代[M]. 北京:中国人民大学出版社,2005.

50. 查洪德. 理学背景下的元代文论与诗文[M]. 北京:中华书局,2005.

51. 袁行霈. 中国文学史[M]. 北京:高等教育出版社,2006.

52. 邓绍基,杨镰. 中国文学家大辞典[M]. 北京:中华书局,2006.

53. 许衡. 王成儒. 许衡集[M]. 北京:东方出版社,2007.

54. 符海朝. 元代汉人世侯群体研究[M]. 石家庄:河北大学出版社,2007.

55. 俞樟华. 传记文学谈薮[M]. 北京:中国文史出版社,2007.

56. 朗西埃．姜宇辉．政治的边缘[M]．上海：上海译文出版社，2007.

57. 李丹．理解农民中国[M]．南京：江苏人民出版社，2009.

58. 特德．C．卢埃林．政治人类学导论[M]．朱伦，译．北京：中央民族大学出版社，2009.

59. 魏崇武．杨奂集[M]．长春：吉林文史出版社，2010.

60. 许倬云．我者与他者[M]．上海：生活·读书·新知三联书店．2010.

61. 西摩·马丁·李普塞特．政治人：政治的社会基础[M]．张绍宗，译．上海：上海人民出版社，2011.

62. 顾宏义．金元方志考[M]．上海：上海古籍出版社，2012.

63. 王赓武．五代时期北方中国的权力结构[M]．上海：中西书局，2014.

64. 吕思勉．中国政治思想史[M]．北京：北京出版社，2015.

65. 柏文莉．权力关系：宋代中国的家族、地位与国家[M]．南京：江苏人民出版社，2015.

四、连续出版物

1. 洪金富．元代汉人与非汉人通婚问题初探[J]．食货月刊，1976(第6卷第12期).

2. 到何之．关于金末元初的汉人地主问题武装[J]．内蒙古大学学报(哲学社会科学版)，1978(1).

3. 黄时鉴译．福赫伯关于金史的两篇讲稿[J]．中国史研究动态，1981(12).

4. 朱清泽,李鹏贵．木华黎厚待降将之初探[J]．蒙古史研究，1986：5-14.

5. 池内功．忽必烈政权的建立及其麾下的汉军[J]．蒙古学资料与情报，1986(8).

6. 参见：杨建华．春秋时期对战俘的处置方式[J]．历史教学，1987(7).

7. 植松正．关于元代江南的地方官任用[J]．日本法制史研究，1988(38).

8. 赵园．明清之际士人的"世族论"[J]．中国文化研究，1996(11).

9. 陈得芝．论宋元之际江南士人的思想和政治动向[J]．南京大学学报(哲学社会科学版)，1997(2).

10. 赵文坦．忽必烈早期与汉人士人关系考察[J]．山东大学学报(哲学社会科学版)，1997(4).

11. 瞿大风．金元之际山西的汉人世侯[J]．蒙古学信息，1999(2).

12. 董克昌．大金在东亚各国中的地位[J]．黑龙江民族丛刊，2001(1).

13. 黄宽重．地方武力与国家认同：以两宋之际洛阳地区的地方势力为例．

十——十三世纪中国文化的碰撞与融合暨赤峰第三届中国古代北方文化国际学术研讨会论文集[C],2004.

14. 张建彬.大蒙古国时期的济南张氏[J].山东师范大学学报(人文社会科学版),2005,50(5).

15. 魏崇武.论蒙元初期的正统论[J].史学史研究.2007(09).

16. 刘冬青,贾修莲.宋蒙(元)战争中的蒙方招降政策[J].宋史研究论丛,2007(12).

17. 符海朝.蒙(元)时期汉人世侯文化素质之探讨[J].殷都学刊,2008(2).

18. 杨永亮,巩君慧.试论张载礼学思想[J].西藏民族学院学报(哲学社会科学版),2008(3).

19. 赵永春.辽人自称"北朝"考论[J]史学集刊,2008(5).

20. 郭旭东.甲骨卜辞缩减的商代献捷献俘礼[J].史学集刊,2009(3).

21. 李治安.元代汉人受蒙古文化影响考述[J].历史研究,2009(1).

22. 赵永春.试论辽人的"中国"观[J].文史哲,2010(3).

23. 孙方一.两汉时期匈奴降将的安置与管辖[J].前沿,2012(20).

24. 王建华.抗战时期中国共产党的形象塑造[J].福建论坛(人文社会科学版),2013(3).

25. 班瑞钧.蒙元际族群畛域关系模型略论[J].贵州民族研究,2014(4).

26. 班瑞钧.蒙元际君臣政治关系的隐喻转向[J].贵州社会科学,2014(9).

27. 周爽.郝经"中国"观的理学化倾向[J].江西社会科学,2014(11).

28. 曹鹏程.萧常、郝经的两部《续后汉书》比较研究[J].中华文化论坛,2014(11).

29. 田海林,许倩.三十多年来许衡研究述评[J].河南理工大学学报(社会科学版),2015(3)

30. 班瑞钧.蒙元际易帜精英的政治生态研析[J].理论与改革,2016(1).

31. 陈晓伟,刘宪祯.辽代《姚企晖墓志铭》与蒙元姚枢、姚燧家族[J].中央民族大学学报(哲学社会科学版),2016(5).

32. 狄宝心.论元好问的民本实践[J].民族文学研究,2017(1).

33. 高桥幸吉.论王恽与元好问等人的师承关系[J].忻州师范学院学报,2017(3).

34. 侯文宜.金元之际北方诗学探微——从元好问到郝经诗论中的"重气之旨"[J].中北大学学报(社会科学版),2017(4).

五、硕博士论文

1. 王茂华. 试论宋蒙(元)战争中的南宋降将[D]. 上海:上海师范大学,2004.
2. 李辉. 宋金交聘制度研究(1127-1234)[D]. 上海:复旦大学,2005.
3. 王旺祥. 元代汉人世侯初步研究[D]. 兰州:西北师范大学,2006.
4. 路阳. 蒙(元)时期汉人世侯群体和北方儒士关系探讨[D]. 郑州:郑州大学,2006.
5. 温海清. 金元之际的华北地方行政建置——《元史·地理志》腹里部分研究[D]. 上海:复旦大学,2008.
6. 任红敏. 金莲川藩府文人群体之文学研究[D]. 天津:南开大学,2010.
7. 武波. 元代法律问题研究[D]. 天津:南开大学,2010.
8. 丛海平. 元代军事后勤制度研究[D]. 天津:南开大学,2010.
9. 白哈斯. 忽必烈汗"变通"思想的逻辑研究[D]. 呼和浩特:内蒙古师范大学,2010.
10. 任金龙. 金元之际汉人世侯对汉文化的保护和传承[D]. 兰州:西北师范大学,2011.
11. 邱轶皓. 蒙古帝国的权力结构(13-14世纪)[D]. 上海:复旦大学,2011.
12. 马晓林. 元代国家祭祀研究[D]. 天津:南开大学,2012.
13. 董云飞. 蒙(元)前期汉军万户研究[D]. 兰州:西北师范大学,2013.
14. 张华清. 姚燧散文研究[D]. 扬州:扬州大学,2015.
15. 郭发喜. 姚燧诗歌研究[D]. 保定:河北大学,2015.
16. 张瑞芹. 蒙元时期金遗民研究——以蒙元时期金遗民的特性为中心[D]. 北京:中央民族大学,2015.
17. 代珍. 晚金士人的存"文"与守"道"——以元好问研究为中心[D]. 武汉:华中师范大学,2015.
18. 韩松枝. 许衡及其弟子与元代文化及政治[D]. 太原:山西大学,2015.
19. 韩波. 胡祗遹研究[D]. 哈尔滨:黑龙江大学,2016.
20. 田静雅. 许衡社会控制思想研究[D]. 重庆:重庆师范大学,2016.
21. 李楠. 元好问《中州集研究》[D]. 聊城:聊城大学,2017.

后 记

无论是文章还是著作，写到最后，总还是有些许莫名的怅有所失！

照例是应该表达诸多感谢的，但对笔者而言，"感谢"两个字却是最难说出口的，原因如下：

其一，本"产品"成书过程中，笔者不断得益于先贤、家人、老师、同学、友人等的不吝赐教！对笔者这样一个过了而立之年才开始窥伺学术之门的后发者而言，这种支持总是令人鼓舞不已！但是，对于真正值得"感谢"的对象，大多数情况下根本无法用"感谢"二字来表达情怀，何况列举贤良大名，又自忖时有拉旗背书之嫌。

其二，说"感谢"的语境通常是离别的前奏。某种角度而言，书读到最后也是进入了一种离别，甚至是更"高尚"的离别！我本人是乐观主义者，但乐观不等于不会感受、不会体炼、不会被打动……

个人认为，无论"感谢时刻"还是"离别时分"，沉默总是最好的注脚，"无语"的力量远过于"千言万语"。

基于此，这将是一篇没有"感谢"的"致谢"，没有"感伤"的"离别"，或言：

这仅仅只是一个单调的感慨！

这仅仅只是一个简单的规划！

感慨的是笔者的幸运：幸为万物之灵、幸拥健康之骨；幸为双亲之子、幸为贤妻之夫；幸为母校之学子、幸为大师之鸳徒；幸有贤人之垂青、幸有良人之鼎助！

规划的是笔者的未来：穷究于理、成就于工；诚朴雄伟、励学敦行；无咎于幸运、无愧于本心！